Adolf Schlatter

Die Apostelgeschichte

Adolf Schlatter

Erläuterungen zum Neuen Testament

Band 4

ADOLF SCHLATTER

Die Apostelgeschichte

Ausgelegt für Bibelleser

Calwer Verlag Stuttgart

CIP-Kurztitelaufnahme der Deutschen Bibliothek

Schlatter, Adolf:
Erläuterungen zum Neuen Testament / Adolf Schlatter. -
Stuttgart : Calwer Verlag
Bd. 4. Die Apostelgeschichte : ausgelegt für Bibelleser. -
45.-46. Tsd. d. Gesamtaufl.,
Unveränd. Nachdr. d. 1962 neu durchges. Ausg. - 1984.
ISBN 3-7668-0187-2

ISBN 3-7668-0187-2

45. bis 46. Tausend der Gesamtauflage
Unveränderter Nachdruck 1984 der 1962 neu
durchgesehenen Ausgabe

Druck: Gutmann + Co. GmbH, Heilbronn

Kapitel 1,1-14

Der Abschied des Auferstandenen von den Jüngern

Die „Taten der Apostel" erzählte Lukas erst, nachdem er vorher sein Evangelium verfaßt hatte. Was die Apostel waren und taten, hatte seinen Grund in der Arbeit Jesu, ohne deren Kenntnis ihre Wirksamkeit uns notwendig unverständlich bleibt. 1,1-2: *Den ersten Bericht* (Luk. 1,3) *habe ich, Theophilus, über alles verfaßt, was Jesus zu tun und zu lehren begann bis zu dem Tag, an dem er den Boten, die er erwählt hatte, durch den heiligen Geist seine Gebote gab und darauf hinaufgenommen wurde* (Luk. 24,46-51). Mit der Erinnerung an den ersten Bericht beginnt Lukas einmal, um das neue Buch als den zweiten Band zu bezeichnen, der zusammen mit dem ersten ein Ganzes ist, sodann, damit wir seinen ersten Bericht bei dem nicht vergessen, was er uns nun zu erzählen hat. Wer Jesu Wort und Werk erfaßt hat, hat ein starkes und begründetes Verlangen, weiter zu hören, wie es durch den Dienst seiner Boten vorwärts ging. Für Theophilus und diejenige Gemeinde, der Lukas mit dem Evangelium diente, entstand dieses Begehren mit besonderer Kraft daraus, daß sie Glieder der griechischen Kirche waren, während Jesus seine ganze Arbeit für Israel getan hatte. Wie kam es, daß der für Israel Gekommene von Israel verworfen, dafür aber zum Heiland der Heiden wurde? Um uns zu zeigen, wie die Regierung Gottes dieses Ergebnis herbeiführte, schrieb Lukas sein zweites Buch.

Verfaßte Lukas in zusammenhängender Arbeit beide Bücher nacheinander oder lag ein längerer Zeitraum zwischen ihnen und führte erst eine erneute Bitte des Theophilus die Abfassung des zweiten herbei? Von diesen beiden Möglichkeiten darf man die erste die wahrscheinlichere heißen, schon deshalb, weil die Apostelgeschichte in derselben Weise wie das Evangelium Theophilus gewidmet ist. Daß Lukas nach langer Unterbrechung sein zweites Buch nochmals an denselben Christen gerichtet habe, ist weniger wahrscheinlich, als daß er die beiden zusammengehörenden Teile derselben Arbeit demselben Manne übergab. Doch lag Lukas deutlich daran, daß jedes der beiden Bücher als ein Ganzes mit einem Anfang und Schluß versehen sei, wohl schon mit Rücksicht auf die Vorlesung der Bücher in den Versammlungen. Jedes sollte für sich zur Vorlesung geeignet sein. Darum hört das Evangelium nicht vor der Himmelfahrt auf, wie die Apostelgeschichte wieder mit ihr beginnt.

Jesus wurde emporgenommen; seine Arbeit auf Erden war getan, auch dasjenige Werk, das er in den Ostertagen an den Seinen ausgerichtet hat. Nun ist er beim Vater droben. Deshalb beginnt jetzt die Geschichte der Apostel; jetzt treten sie in seine Arbeit ein. Ehe er aber zum Vater ging, gab er ihnen sein Gebot, den Apostelauftrag, der ihnen ihr Amt auflegt und das Werk, das sie auszurichten haben, beschreibt. Das ist auch in allen Evangelien als ein Hauptstück der Ostergeschichte hervorgehoben. Jesus kam zu den Jüngern nicht nur dazu, damit sie wissen, er lebe und sei ihr Heiland geblieben, sondern auch dazu, um sie in ihr Zeugenamt einzusetzen und ihnen den Dienst aufzutragen, den sie von nun an in seinem Namen auszurichten haben. Am Gebot Jesu waren Lukas zwei Dinge wichtig, durch die die Arbeit der Apostel ihre besondere Art bekam. Jesus gab es ihnen durch den heiligen Geist, als der, der in Vollmacht das Wort Gottes redet und den Willen Gottes offenbart. Mit dem Gebot Jesu war ihnen Gottes Gebot erteilt. Sodann gab Jesus es den Boten, die er erwählt hatte. Die Jünger traten nicht nach ihrer eigenen Wahl in seinen Dienst; nicht ihr Eifer und ihre Liebe zum Herrn übernahm in eigenem Antrieb diesen Dienst. Ihre Stellung war auf die Wahl und Berufung Jesu gegründet. Darum setzte sich in ihrem Werk das Werk Jesu fort; er selbst redet und handelt nur durch sie.

Lukas verweilt zuerst bei der Gewißheit, die Jesus seinen Jüngern über seine Auferstehung gab; aus dieser floß ihr Glaube und ihre Predigt. Sie verkündigten den Auferstandenen; wer dies aus ihrem Wort strich, nahm ihr ganzes Evangelium fort. Darum zeigt Lukas auf den Grund ihrer Gewißheit hin. 1,3: *denen er sich auch als lebendig erwies, nachdem er gelitten hatte, durch viele Beweise, da er sich während vierzig Tagen ihnen zeigte und über Gottes Herrschaft sprach.* Das war die Ausrüstung der Jünger zu ihrem Werk; sie mußten wissen, er lebe. Das schlossen sie nicht nur aus einzelnen Erlebnissen, sondern Jesus machte es ihnen oft und mannigfach erkennbar. Wie Paulus 1. Kor. 15, so sagt uns auch Lukas, daß die Ostergeschichte um vieles reicher war als der Osterbericht in unseren Evangelien. Aber auch er betont wie Paulus, daß diese Erweisungen des Herrn von einer bestimmten Frist umfaßt waren und sich später in der Gemeinde nicht mehr wiederholten. Diese wird auf den Glauben, nicht auf das Schauen auf das Wort, nicht auf die sichtbare Gegenwart des Auferstandenen begründet. Seinen Boten gab Jesus seinen Anblick und damit den Beweis seines Lebens; der Gemeinde wird seine sichtbare Erscheinung für den letzten, großen Tag des Herrn verheißen. Zu den Beweisen, an denen die Jünger des Lebens Jesu gewiß wurden, gehörte weiter, daß sie ihn nicht nur sahen, sondern auch Worte von ihm empfingen. Diese handelten wie alle seine Worte von Gottes königlichem Werk, durch das er uns seine gnädige Gegenwart und die Gemeinschaft mit ihm verleiht.

1,4.5: *Und als er mit ihnen aß*[1] (10,41; Joh. 21,12), *befahl er ihnen, sich von Jerusalem nicht zu trennen, sondern auf die Verheißung des Vaters zu warten, die ihr von mir gehört habt* (2,33; Luk. 24,49; Gal. 3,14). *Denn Johannes taufte mit Wasser, ihr aber werdet nach diesen wenigen Tagen durch heiligen Geist getauft werden* (11,16; 19,4; Matth. 3,11; Mark. 1,8; Joh. 1,26.33). Die Tischgemeinschaft, die der Auferstandene seinen Jüngern gewährte, machte besonders deutlich, wie wahr und treu er sich auch jetzt mit seinen Jüngern verband. Er war in einzelnen Stunden wieder bei ihnen wie vor seinem Leiden und hielt wieder das Mahl mit ihnen. Ein solches Mahl des Auferstandenen mit den Jüngern hat Johannes Kap. 21 dargestellt. Weil Jesus den Jüngern befahl, Jerusalem nicht zu verlassen, erfolgte auch sein letztes Zusammensein mit ihnen bei Jerusalem und sein Abschied von ihnen auf dem Ölberg. Lukas hat kein Gewicht darauf gelegt, daß die Jünger nach dem Osterfest in Galiläa waren und auch dort den Auferstandenen mehrfach bei sich hatten; denn sein Blick ist auf das Werk gerichtet, zu dem Jesus die

[1] Die Deutung des Worts, die Luther vorzog: „und indem er sich mit ihnen versammelte", ist weniger wahrscheinlich.

Jünger ausgerüstet hat. Dieses Werk hatten sie nicht in Galiläa, sondern in Jerusalem zu tun. Dorthin hat sie der Auferstandene selbst geleitet; dort hieß er sie bleiben, bis ihnen gegeben werde, was der Vater ihnen verheißen hat, der Geist Gottes. Der wird hernach ihre weiteren Schritte leiten und jedem von ihnen zeigen, wo er sein Apostelwerk auszurichten hat. Von Jesus, der die Vollmacht hatte, ihnen zu sagen, was die Gnade Gottes ihnen bereitet hat, hatten sie die göttliche Verheißung gehört. Sie empfangen sie dadurch, daß ihnen jetzt eine andere Taufe gegeben wird als die, die Johannes brachte. Dieser hatte zur Reinigung von der Schuld und zur Bereitung der Gemeinde für ihre ewige Gemeinschaft mit Gott kein anderes Mittel als ein Wasserbad. Jetzt aber werden die Jünger Jesu mit heiligem Geist getauft und dadurch von innen her zu einem Leben erneuert, das Gott selbst in ihnen wirkt.

Es ist bedeutsam, daß Lukas hier auf die Verheißung zurückgreift, mit der der Täufer die Ankunft des Christus angezeigt und das Fundament für die Arbeit Jesu gelegt hatte. Auf diesen Grund stellt Jesus sich auch noch in seiner Ostergestalt, kündigt aber jetzt die nahe Erfüllung dieser Verheißung an. Nun tauft er, wie der Täufer es verheißen hatte, mit dem Geist, und diese Taufe wird den Jüngern geschenkt werden, sobald die kurze Osterzeit vorüber ist.

1,6: *Sie kamen nun zusammen, fragten ihn und sagten: Herr, stellst du in dieser Zeit das Königtum für Israel wieder her?* (Luk. 24,21.) Damit stehen wir bei dem letzten Zusammensein Jesu mit den Aposteln, mit dem er von ihnen Abschied nahm. Weil Jesus ihnen gesagt hatte, sie sollten in Jerusalem bleiben und dort auf den Geist Gottes warten, kamen sie dort zusammen, und dort trat Jesus nochmals zu ihnen. Auf die Weise, wie er in ihre Mitte trat, richtet Lukas unseren Blick nicht. Die über unser Begreifen hinausragende Herrlichkeit des Lebens, die Jesus nun an sich hat, wird nicht beschrieben; nur darauf heißt Lukas uns achten, was Jesus als Beruf und Arbeit seinen Jüngern aufgetragen hat. Zwei Dinge waren den Jüngern schon gesagt: Jesus lebt, und sie empfangen den Geist Gottes. Das sind die beiden Haupt- und Kernsätze des Evangeliums. Nun kommt noch ein Drittes hinzu: Jesus spricht aus, wie es sich mit der Israel gegebenen Verheißung verhalte.

Darüber fragten ihn die Jünger; es lag ihnen wegen der alttestamentlichen Schrift und wegen der Erwartung, die Israel für sich hegte, am Herzen. Einst lebte Israel unter einem König, den ihm die Regierung Gottes gegeben hatte, von den Heiden frei in Sicherheit und Frieden; das war durch die Schuld des Volkes dahin, das Volk war den Heiden unterworfen. Die Propheten hatten aber von dem König, den Gott geben werde, gesagt, durch ihn werde das Königtum wieder zu Israel kommen und das Volk Herrschaft und Freiheit gewinnen. Jetzt war Jesus auferstanden, der Kreuzesweg vollbracht und die Herrlichkeit Gottes in seiner Hand; ist jetzt der Zeitpunkt da, in dem er das erneuerte und verherrlichte Israel schafft? Für die Jünger hatte diese Frage große Wichtigkeit; denn von der Art, wie Jesus sie beantwortete, hing ihre Arbeit und ihre Predigt in Jerusalem ab. Es wäre darum unverständig, wenn wir sie ihrer Frage wegen schelten wollten, als hätten sie das Wort Jesu noch nicht verstanden und ungeistige Hoffnungen gehegt, weil sie auch jetzt noch an das Reich Israels dachten. Wohl hatte Israel Jesus gekreuzigt, und der Auferstandene hatte das Reich Gottes über die Grenzen des alten Bundes und über die Schwachheit des irdischen Lebens emporgehoben. Aber die Jünger gingen nicht so geringschätzig mit den biblischen Verheißungen um, hatten auch nicht so leere, zerfließende Meinungen über den Geist und über Gott, als wäre er nicht imstande, im Bereich der menschlichen Geschichte seine Macht und Herrlichkeit kundzutun.

Die Antwort Jesu hat den Jüngern, ohne ihre Frage zu schelten, so viel Licht dargereicht, als sie zur Ausrüstung für ihren Beruf nötig hatten. 1,7: *Er sagte zu ihnen: Es ist nicht eure Sache, Zeiten oder Fristen zu erkennen, die der Vater in seiner eigenen Macht festgesetzt hat.* Was aus Israel wird und wie ihm das Reich zuteil wird, bedeckt Jesus mit einem Geheimnis; denn die Aufrichtung des Reichs für Israel gehört nicht zum Beruf der Jünger. Das heißt er sie ruhig in die Hände Gottes legen. Er bestätigt alle Verheißung Gottes; auch an Israel wird sie sich reichlich und überreichlich erfüllen. Wann und wie Gott dies tut, steht klar in Gottes Blick. Den Jüngern dagegen ist nicht aufgetragen, Israel zur Herrschaft zu verhelfen; also fällt es auch nicht in ihren Beruf, sich um die Zeiten und Weisen zu kümmern, wann und wodurch dies geschehen wird.

Jesus hält den Blick der Jünger bei dem fest, was ihr eigenes Werk ausmacht. 1,8: *Ihr aber werdet Kraft erhalten, da der heilige Geist auf euch kommt, und werdet für mich Zeugen sein* (Joh. 15,27) *in Jerusalem und in ganz Judäa und in Samaria und bis zum Ende der Erde.* Jetzt waren die Jünger noch ohnmächtig und begriffen nicht, wie sie Jesus dienen, sein königliches Recht offenbaren und die Menschheit in das Reich Gottes führen können. Die Kraft, mit der sie die Welt überwinden und Gott offenbaren, wird ihnen dadurch gegeben werden, daß der Geist Gottes durch sie spricht und wirkt. Durch ihn werden sie die Zeugen Jesu, die durch ihr Wort und Werk bewähren, daß er der Christus ist. Diese Botschaft haben sie auszurichten sowohl in Jerusalem als für die ganze in Palästina wohnende Judenschaft[1], zu der auch die vom übrigen Volk abgetrennte samaritische Gemeinde ausdrücklich hinzugerechnet wird. Aber nicht der Judenschaft allein haben sie Jesus zu verkündigen, sondern der Menschheit, so groß sie ist.

Nun, nachdem Jesus die Jünger als seine Zeugen unter Israel und für die ganze Erde zurücklassen konnte, schied er von ihnen. 1,9: *Und als er das gesagt hatte, wurde er, während sie es sahen, emporgehoben, und eine Wolke nahm ihn von ihren Augen weg* (Luk. 24,51). Die Jünger sahen: Jesus geht, und zwar hinauf zum Vater; die Wolke verbarg ihn für sie zum Zeichen, daß sie ihn nicht mehr sehen; er hat von nun an an der Unsichtbarkeit Gottes teil, und der Abschluß, der Gott und seinen Thron für uns verhüllt, verbirgt auch ihn. 1,10.11: *Und als sie zum Himmel sahen, während er wegging, sieh! da standen zwei Männer bei ihnen in weißen Gewändern, die auch sagten: Ihr Männer aus Galiläa, warum steht ihr und seht zum Himmel? Dieser Jesus, der von euch weg in den Himmel emporgenommen wurde, wird so kommen, wie ihr ihn in den Himmel gehen saht.* Jesus sandte den Jüngern durch seine himmlischen Boten noch ein Abschiedswort. Von seinem Weggang wird ihr Blick hinübergelenkt auf seine neue Offenbarung; sie sehen ihn nicht mehr, aber sie warten auf ihn.

Damit hat uns Lukas die in der ersten Christenheit lebendigen Kräfte in aller Schlichtheit dargelegt, aber mit der vollen Klarheit, die ins Wesen der Sache schaut. Die Gewißheit, Jesus sei nach dem

[1] Galiläa ist hier nicht genannt, weil Lukas mit „Judäa" gewöhnlich den ganzen von den Juden besetzten Teil Palästinas meint.

Kreuz auferstanden, die Gewißheit, er gebe den an ihn Glaubenden den Geist Gottes, die Gewißheit, er komme wieder und werde sich in der Herrlichkeit Gottes allen offenbaren, das war das apostolische Christentum. Diese Überzeugungen haben die Kirche geschaffen und in ihrer ersten Zeit ihr ganzes Leben bestimmt. Lukas hält sie uns in der Absicht vor, daß wir auch beim Fortgang der Erzählung nie vergessen, was uns der erste Abschnitt ein für allemal als die Grundlage der Gemeinde gezeigt hat.

Lukas nennt uns noch den Ort, wo die Jünger Jesus scheiden sahen. 1,12: *Da kehrten sie nach Jerusalem zurück vom Berg, der Ölberg heißt, der nahe bei Jerusalem ist, einen Sabbatweg entfernt* (Luk. 24,52). Nicht in der Stadt selbst, aber dicht bei ihr hat das letzte Zusammensein Jesu mit den Jüngern stattgefunden. So konnte keine Unklarheit darüber entstehen, wohin sie nun zu gehen hatten: hin in die heilige Stadt, die auf dem Ölberg vor ihren Blicken lag. Der Sabbatweg beträgt 2000 Ellen, nach der Größe des Lagers Israels in der Wüste. Die Rabbinen stellten dafür, wie weit man am Sabbat ohne Bruch der Sabbatruhe gehen dürfe, ein bestimmtes Maß auf und nahmen es von der Größe des Lagers während der Wanderung durch die Wüste her.

1,13.14: *Und als sie hineinkamen, gingen sie hinauf in das Obergemach*[1]*, wo sie blieben, Petrus und Johannes und Jakobus und Andreas, Philippus und Thomas, Bartholomäus und Matthäus, Jakobus, der Sohn des Alphäus, und Simon, der Eiferer, und Judas, der Sohn des Jakobus* (Matth. 10,2-4; Mark. 3,14-19; Luk. 6,12-16). *Diese alle verharrten einträchtig im Gebet mit den Frauen und Maria, der Mutter Jesu, und mit seinen Brüdern* (Joh. 19,27; 1. Kor. 15,7; 9,5). Die Jünger gingen nicht in die Wohn- und Arbeitsräume, sondern in ein auf das flache Dach gebautes Zimmer, das geräumig und still und für ihr gemeinsames Tun geeignet war. Eine Wirksamkeit nach außen war ihnen noch nicht überwiesen; dagegen war ihnen durch das, was sie bei Jesus empfangen hatten, das Gebet gegeben, ein beständiges und beharrliches, das unablässig ihre Gedanken aufwärts hob; es schloß alle einmütig zusammen und gab ihren Tagen

1 An das Obergemach des Tempels ist nicht zu denken. Wohl hatte der Tempel seit seinem Umbau durch Herodes ein oberes Stockwerk über dem Heiligen und Allerheiligsten. Allein das Tempelhaus zu betreten war nur den Priestern möglich.

den vollen Inhalt; sie wurden ihnen zum ununterbrochenen Gebetsgottesdienst.

Lukas nennt hier nochmals wie im Evangelium 6,14 die Namen der elf Jünger. Es lag nicht in seinem Vermögen und Plan, über ihren Lebensweg und ihre Arbeit im einzelnen zu berichten; nicht einmal über das Werk des Petrus erhalten wir eine Darstellung, die auch über seine zweite Hälfte Auskunft gäbe. Damit wird aber der Kreis der zwölf Apostel für Lukas keineswegs bedeutungslos; er erinnert uns hier durch das Verzeichnis ihrer Namen und ebenso in der folgenden Erzählung nachdrücklich daran, daß sie von Anfang an die Träger und Führer der Kirche gewesen sind. Wenn wir nach ihrem Werk fragen, so zeigt Lukas auf die Kirche hin. Daß eine Gemeinde Jesu entstand, die ihn kannte, in der sein Bild lebendig blieb, sein Wort bewahrt und getan wurde, sein Kreuz unvergessen war und seine Auferstehung geglaubt wurde, war das Werk der zwölf Jünger. Wieviel hievon auf jeden einzelnen fiel, hat man im Kreis der Apostel nicht ausgerechnet, konnte es auch nicht; denn gerade auf ihrer Vereinigung, darauf, daß ihr Wort zusammenstimmte und ihre Arbeit in Eintracht geschah, beruhte zum großen Teil ihre Kraft.

Schon damals bildeten aber die elf Jünger nicht einen von allen anderen abgesonderten Kreis, so daß an ihrem Gebetsgottesdienst niemand teilgehabt hätte als sie; andere wichtige Glieder der ersten Gemeinde waren schon damals mit ihnen verbunden: Frauen, nicht nur die der Jünger, sondern auch die, die schon in Galiläa in der Begleitung Jesu waren und das Geschehen am Kreuz und Ostertag in besonderer Weise miterlebt hatten, dazu Maria und die Brüder Jesu. Da Jesus Johannes die Fürsorge für seine Mutter übergeben hatte, lebte sie, seit die Apostel in Jerusalem waren, auch in der heiligen Stadt, und da sie in einer besonderen, unvergleichlichen Weise die Geschichte Jesu zu bezeugen vermochte, war sie ein wichtiges Glied im Jüngerkreis. Eine ähnliche Bedeutung kam den Brüdern Jesu zu, denen die Ostertage die Widerlegung ihrer Einreden gegen Jesus und dafür den Glauben an ihn gebracht hatten. Paulus teilt mit, daß der Herr Jakobus erschienen ist (1. Kor. 15,7). Von da an standen seine Brüder neben den Zwölf obenan in der Christenheit.

Achtet man auf die natürlichen Regungen im Menschen, so könnte man erwarten, ein Teil der Verehrung, die Jesus von der Gemeinde erwiesen wurde, sei auch auf seine Mutter und seine Brüder übertragen worden; waren sie ihm doch nach Gottes Ordnung besonders verbunden und hatten an seinem Lebensgang einen großen Anteil. Im Neuen Testament tritt aber nichts ans Licht, was dahin wiese. Mit durchgreifender Macht hatte das Kreuz aller Verherrlichung dessen, was in den Bereich von „Fleisch und Blut" gehörte, ein Ende gemacht und den Blick aller zu Gott emporgehoben, der durch die Sünde und den Tod des Menschen hindurch allein in seiner Gnade und durch seinen Geist sein Reich erbaut. Die Angehörigen Jesu wurden deshalb nicht neben ihn gestellt, als wären sie an seinem Heilandsamt und seiner Herrlichkeit mitbeteiligt; sie standen innerhalb der Gemeinde bei denen, die von der Erde her glaubend zu ihm aufsahen, auf seine Gnade trauten und seinem Reich zuwanderten. Innerhalb der Christenheit hatten sie freilich wegen ihrer besonderen Verbundenheit mit Jesus einen besonders bedeutsamen Platz. Der Älteste unter den Brüdern Jesu, Jakobus, war zudem ein hochbegabter, geistig mächtiger Mann. Es war nichts Geringes, neben einem Petrus und Johannes als eine „Säule" der Christenheit dazustehen, wie es Paulus von ihm sagt (Gal. 2,9).

Kapitel 1,15-26

Die Lücke im Apostelkreis wird ausgefüllt

Wie entschlossen und glaubensfest die Jünger auf die Zeit hinaussahen, in der sie die Verkündigung Jesu beginnen sollten, wird daran sichtbar, daß sie damals die Lücke in ihrem Kreis durch die Wahl eines zwölften Apostels füllten. Lukas zeigt in seiner ganzen Erzählung je und je, wie der Herr der Kirche die Männer gab, die zur Arbeit in ihr bereit und geeignet waren. Er läßt uns daran ein Hauptstück der Regierung und Gnade Jesu erkennen, durch die er seine Gemeinde erhält und mehrt. Das erste, was die Kirche in dieser Hinsicht empfing, war der Ersatz für Judas, ein neuer Apostel, der die vom Herrn angeordnete Zwölfzahl wieder voll machte.

1,15: *Und in diesen Tagen stand Petrus auf und sprach in der Mitte der Brüder, und die Schar der Namen, die beisammen waren, war etwa hundertzwanzig.* In unserem Bericht wird nicht nach den

Gründen geforscht, weshalb Jesus die Zwölfzahl gewählt habe und was sie bedeutsam mache. Es genügte Petrus und den anderen Jüngern, daß der Herr es so bestimmt hatte. Daraus ergab sich ihnen die Überzeugung, daß jetzt, da sie ihr Zeugenamt vor Israel bald beginnen sollten, aus der Zahl der übrigen Jünger ein zwölfter Apostel bestellt werden müsse. Das sollte nicht erst geschehen, wenn der Geist gekommen war und die Predigt an Israel begann, als wäre nachträglich im Verlauf der Missionsarbeit noch eine Apostelwahl denkbar, sondern jetzt sollte es geschehen, damit die Jünger in ihrer vollen Zahl die göttliche Gabe empfangen und gemeinsam das Wort Jesu zu Israel bringen.

Zum weiteren Jüngerkreis, aus dem der zwölfte Apostel gewählt werden mußte, rechnet Lukas etwa 120 Männer. Die Zahl ist als ungefähre bezeichnet, weil keine scharfe Grenze gezogen werden konnte zwischen denen, deren Anschluß an Jesus und die Jünger fest und offenkundig war, und solchen, die mit Glauben und Verehrung mehr aus der Ferne seiner gedachten. Für das Apostelamt kamen aber nur die in Betracht, die sich zu einem festen, bleibenden Verband um die Apostel scharten. Manche von ihnen, jedenfalls die beiden, deren Namen wir nachher hören, hatten auch in den Ostertagen an der Erscheinung des Auferstandenen Anteil.

Um uns die Bedeutung der Sache verständlich zu machen, gibt uns Lukas eine Rede des Petrus; im Fortgang der Erzählung hat er das je und je wiederholt. Das ergibt einen lehrreichen Unterschied zwischen dem ersten und dem zweiten von Lukas verfaßten Buch. Das Evangelium enthält keine ähnlich geformten Reden Jesu; es verdeutlicht uns das Wort Jesu nur durch Sprüche, die freilich nach ihrem Inhalt zu größeren und kleineren „Reden" verbunden sind. Ähnliche Sprüche gibt uns Lukas weder von Petrus noch von Paulus; er stellt uns vielmehr die für ihre Wirksamkeit entscheidenden Überzeugungen dadurch dar, daß er ihnen die Form kurzgefaßter Reden gibt. Hiedurch kommt die verschiedene Stellung des Lukas zum Wort Jesu und zu dem der Apostel ans Licht. Jesu Wort wurde in der Kirche festgehalten, wie er es gesprochen hat. Darin bestand ein wesentliches Stück des apostolischen Amts, daß es der Gemeinde das Wort Jesu überbrachte. Die Apostel dagegen haben ihre Autorität nur daher, daß sie die Boten Jesu sind; der Nachdruck liegt bei ihnen auf dem Inhalt ihrer Predigt, nicht auch auf ihrer Form. Lukas hat darum hier mit größerer Freiheit gearbeitet: nicht so, daß er einzelne Aussprüche in einer durch die Überlieferung fixierten Form aneinander reihte, sondern so, daß er uns die Grundgedanken der apostolischen Predigt in lehrhafter Ausführung wiederholt.

Die Anleitung zur Wahl des Apostels gibt Petrus, wie er auch im folgenden Bericht immer als erster der Apostel sowohl vor der Judenschaft als auch in der Gemeinde das Wort ergreift. Lukas bezeugt unzweideutig, daß sich der Vorrang des Petrus nicht erst im Verlauf seiner Arbeit bildete, sondern von Anfang an durch die eigene Anordnung Jesu bestand. Schon der Berufsname „Fels", den Jesus ihm als dem, der die Gemeinde tragen wird, gegeben hatte, sprach seinen Vorrang aus. Gerade weil Jesus selbst ihm diesen Rang als Erstem der Jünger erteilte, konnte ihn damals niemand als eine Herrschergewalt mißdeuten, die die übrigen Apostel von der Mitarbeit ausschlösse und die Gemeinde als unmündig beiseite schöbe. Ein solches Herrschen, das auf der Erniedrigung anderer beruht, hat Jesus seinen Jüngern nicht nur nicht aufgetragen, sondern als Sünde und Fall untersagt. Darum sehen wir auch bei der Apostelwahl Petrus in der Gemeinschaft mit den Brüdern die Beratung führen und die Entscheidung fällen. Die Eintracht, die den Apostelkreis zusammenhielt, war von Anfang an auf beides begründet, auf die gemeinsame Unterordnung unter den einen mit der Leitung beauftragten Mann und auf Selbständigkeit aller, die nicht zuließ, daß etwas ohne die Zustimmung aller geschah.

Petrus spricht zuerst aus, daß über dem Verrat und Tod des Judas wie über der Wahl eines neuen Apostels eine göttlich geordnete Notwendigkeit zu erkennen ist. Aus dieser Überzeugung schöpfen alle für den Entscheid, den sie nun zu treffen haben, Ruhe und Sicherheit. Daß auch im Verrat und Tod des Judas die Hand Gottes waltete, entnahm Petrus den Worten, mit denen der Psalmist über Verrat klagte und dem Verräter die Strafe Gottes ansagte. Den Psalter hatte Jesus mit seinen Jüngern als das vor allem für ihn selbst geschriebene Buch gelesen, das ihm seinen Weg und sein Werk vorzeichnet. So erkannte auch Petrus darin, daß der Psalmist nicht nur durch Feinde leidet, sondern sogar unter seinen Gefährten solche hat, die ihn zu verderben suchen und über die er den Fluch spricht

(Ps. 69,26; 109,8), den göttlichen Willen, daß auch im Kreis der Jünger Jesu die Sünde in ihrer Furchtbarkeit hervorbrechen und gerichtet werden mußte. Die Erinnerung an den Verrat war für die Jünger ein besonders schmerzliches Stück der Passionsgeschichte. Die Erschütterung, die aus ihr für sie entstand, haben sie überwunden, weil sie auch hier auf das Wirken Gottes sahen. Damit wollten sie nicht den Willen und die Schuld des Menschen verdecken oder verkleinern, wohl aber bewirken, daß das Geschehene mit Ergebung getragen und das jetzt Nötige mit Ruhe und Tapferkeit getan werde.

1,16-20: *Ihr Männer und Brüder, der Spruch mußte erfüllt werden, den der heilige Geist durch den Mund Davids über Judas vorhergesagt hat, der für die, die Jesus gefangennahmen, zum Führer wurde. Denn er war zu uns gezählt und hat das Los dieses Dienstes verlangt. Dieser nun erwarb sich mit dem Lohn für die Ungerechtigkeit ein Grundstück, stürzte herab und barst in der Mitte, und alle seine Eingeweide traten heraus, und es wurde allen, die in Jerusalem wohnen, bekannt, so daß jenes Grundstück in ihrer Sprache Akeldama genannt wird, das heißt Blutacker* (Matth. 27,8). *Denn es ist im Buch der Psalmen geschrieben: Sein Gehöft werde verödet, und es gebe keinen, der darin wohne* (Ps. 69,26); *und: Sein Amt empfange ein anderer* (Ps. 109,8). Da Lukas über den Tod des Judas in der Passionsgeschichte noch nicht gesprochen hat, gibt er an dieser Stelle über ihn Bericht. Er erzählt wie Matthäus, 27,1 ff., daß Judas kurz nach der Tat umkam; beide heben ferner hervor, daß dies in Jerusalem öffentlich bekannt wurde und bleibend ein ernstes Mahnzeichen für die Stadt bildete; denn das Andenken an Judas und seinen Tod wurde durch das Grundstück erhalten, das von daher den Namen Blutacker trug. Verschieden ist dagegen die Angabe der Evangelisten über die Weise, wie Judas starb. Matthäus sagt, er sei durch Selbstmord gestorben, da er sich erhängte. Lukas sagt, er sei durch einen Sturz umgekommen; ob dieser durch Selbstmord oder durch einen Unglücksfall herbeigeführt wurde, wird nicht gesagt. Außerdem ist die Weise verschieden, wie der Blutacker mit Judas verknüpft wird. Nach Matthäus war er eine Grabstätte für Fremde, die die Priester mit dem Geld des Judas kauften; es war von Judas in den Tempel geworfen worden, also geheiligt, durfte aber als Blutgeld nicht in den Tempelschatz gelegt werden. Bei Lukas führt der Wortlaut darauf, daß Judas diesen Acker für sich gekauft habe; daß er sich auf ihm in den Tod gestürzt habe, ist nicht bestimmt gesagt, vielleicht aber die Meinung des Berichts. Jedenfalls betont auch Lukas, daß das Ende des Judas für die Bewohner Jerusalems deutlich das Merkmal eines göttlichen Gerichts an sich trug, und dies im Namen des Ackers zum Ausdruck kam.

Die Abweichung kam möglicherweise daher, daß sich abseits von Jerusalem eine deutliche Vorstellung vom Blutacker nicht leicht erhielt. Dieser war eine ausschließlich jüdische Einrichtung, zu deren Verständnis man auch die in Jerusalem übliche Bestattungssitte und die Anlage der dortigen Grabkammern kennen mußte. Sowie aber den Bericht über den Tod des Judas keine deutliche Vorstellung vom Blutacker mehr begleitete, hängten sich die übrigen Abweichungen, daß Judas selbst den Acker kaufte und dort durch einen Sturz ums Leben kam, leicht an ihn an. Der Bericht des Lukas führt nicht auf andere Ereignisse als die, die Matthäus mit voller Kenntnis der jüdischen Sitte und Denkweise richtiger erzählt.

Weil Judas untergegangen war und nur durch sein furchtbares Ende noch eine Art Zeugnis für Jesus ablegte, das Jerusalem zur Furcht Gottes und zur Buße mahnte, mußte nun ein anderer an seine Stelle treten. Die Notwendigkeit, daß sein Platz wieder besetzt wird, beruhte vor allem im Zweck des Apostolats, Zeuge der Auferstehung Jesu zu sein. Zwölf Männer hatte Jesus dazu bestimmt; das sollte durch den Fall des Judas nicht durchkreuzt werden. Es waren ja andere Männer vorhanden, die imstande waren, das Apostelwerk auszurichten. Auch der von Petrus angeführte Psalmspruch war den Jüngern wichtig; das Amt, um das sich Judas brachte, sollte nicht zu Ende sein, weil ein anderer an seinen Platz treten wird.

1,21.22: *Darum muß von den Männern, die in der ganzen Zeit mit uns gingen, während der Herr Jesus bei uns ein- und ausging, seit der Taufe des Johannes bis zu dem Tag, an dem er von uns hinaufgenommen wurde, einer von diesen mit uns zum Zeugen seiner Auferstehung werden* (Joh. 15,27). Das Botenamt der Jünger bestand nicht nur in der Bezeugung der Auferstehung; diese vollendete, was Jesus während seines Lebens gearbeitet und gelitten hatte. Er empfing mit der Auferstehung die Bestätigung der Sendung, in der er seine ganze Arbeit bis zum Sterben am Kreuz getan hatte. Die Erinnerung an ihn mußte lebendig bleiben; Jesu Wort mußte erhalten, sein Werk verkündigt werden. Darum waren nur die Männer zur Übernahme des Apostelamts geschickt, die Jesu ganze Arbeit vor Augen hatten. Die Berufung Israels zur Taufe durch Johannes und die Himmelfahrt Jesu sind ihre beiden Grenzpunkte. Schon jene gehört ins Evangelium, weil die apostolische Predigt mit der Aufforderung schließt: „Laßt euch taufen!" Der Zeuge mußte daher auch wissen, woher die Taufe stammte: Der vor Jesus hergehende Prophet hatte sie gebracht, um durch sie Israel für den Christus zu rüsten, und Jesus hatte hernach auf die von Johannes verkündigte Buße und Taufe sein eigenes Wort gegründet. Zwischen diesen beiden Grenzpunkten lag das Werk Jesu: Er hatte mit Worten und Zeichen die Gnade Gottes und das Reich enthüllt und an seinem Kreuz die Versöhnung geschaffen. Das selbst miterlebt zu haben, war für einen Apostel wesentlich; es gab ihm seinen Vorzug vor der übrigen Gemeinde und machte, daß diese an seinen Dienst gewiesen ist.

1,23: *Und sie stellten zwei auf, Joseph, der Barsabbas genannt wird, der den Beinamen Justus hat, und Matthias.* Die Jünger erkannten im Wort des Petrus eine Weisung des Herrn; sie erwogen daher, wer unter ihnen mit Jesus besonders eng verbunden war und seine Geschichte am vollständigsten miterlebt hatte. Zwei Männer zeichneten sie aus, die nicht weniger als sie selbst als Augenzeugen für das Evangelium reden konnten. Der eine führte den Doppelnamen Joseph Justus nach der jüdischen Sitte, daß man sich außer dem biblischen Namen noch einen griechischen oder lateinischen gab. Jenen brauchte man im Kreis der Glaubensgenossen, diesen im Verkehr mit den Fremden. Die Sitte hat dabei gewisse Paare von Namen gebildet, darunter auch dieses, daß sich ein Joseph unter Griechen Justus hieß. Weil aber die biblischen Namen und ihre griechischen Begleiter in der jüdischen Gemeinde sehr häufig vorkamen, verwendete man zur Benennung des Mannes auch noch den Namen seines Vaters oder eine ähnliche auf das Geschlecht zielende Bezeichnung; von dieser Art ist hier die nähere Bezeichnung des Joseph durch Barsabbas. Der zweite Jünger, der zum Aposteldienst geeignet war, war Matthias. Nun stellten die Jünger absichtlich die Wahl ein; sie wünschten, daß die Berufung nicht nur durch ihre Erwägungen und Entschließungen erfolge, sondern der göttlichen Leitung

Raum zu unmittelbarer Einwirkung bleibe. Sie wandten sich zum Gebet und warfen danach für beide das Los.

1,24-26: *Und sie beteten und sprachen: Du, Herr, der du aller Herzen kennst, zeige den einen, den du von diesen beiden erwählt hast, daß er den Platz dieses Dienstes und dieser Sendung erhalte, von der Judas abtrat, um an seinen Ort zu gehen. Und sie legten für sie Lose, und das Los fiel auf Matthias, und er wurde zu den elf Aposteln gezählt.* Die Jünger heißen Gott den Kenner der Herzen; damit sprechen sie aus, warum sie nicht in eigener Wahl diese Entscheidung treffen wollen, sondern sich an Gott wenden, damit er jetzt handle. Sie können ermessen, wann und wie sich diese Männer, von außen her gesehen, zu Jesus hielten. Aber das Inwendige ist allein dem Blick Gottes offen, und doch hängt die treue und fruchtbare Ausrichtung des Apostelwerks von der Gestalt des Herzens ab. Darum möge der Herr, der die Herzen aller kennt, selbst die Entscheidung treffen, wen er als seinen Diener senden will. Nicht auf Ehre und Macht war der Blick der Jünger gerichtet, sondern auf Dienst und Sendung. Die Hoheit ihrer Aufgabe stand freilich hell in ihrem Blick; sie bestand in der Bezeugung des Christus und war daher mit Gottes Ernst und Macht erfüllt. Diese Erkenntnis führte sie aber nicht zu ehrgeiziger und herrschsüchtiger Überhebung; vielmehr halten sie mit klarem Bewußtsein fest, daß ihnen mit ihrer Berufung zum Apostelamt nicht Ehre und Gewalt, sondern Dienst übertragen ist.

Das Los traf Matthias. Aber auch Justus Barsabbas hat Lukas schwerlich bloß der Vollständigkeit wegen mit Namen genannt, sondern deshalb, weil auch er in der Kirche eine hervorragende Arbeit tat. Er gehörte zu denjenigen Christen Jerusalems, an die noch bis ins zweite Jahrhundert hinab eine Erinnerung in der Kirche fortlebte. Der kleinasiatische Bischof Papias hat noch von ihm gesprochen und erzählt, er sei, als er einst Gift trinken mußte, wunderbar erhalten worden.

Im späteren Bericht über die Apostel kommt kein zweiter Fall vor, bei dem das Los gebraucht wurde, damit sich dadurch Gottes Wille offenbare. Es wurde in der Kirche oft und nicht ohne Grund hervorgehoben, daß diese Handlung noch vor den Pfingsttag fällt. Nach ihm gibt, wenn die Jünger eines besonderen Befehls des Herrn bedürfen und ihn erbitten, der Geist die Entscheidung. Dann treten die innerlichen Bewegungen der Seele ein, die den Propheten mit der Vollmacht versehen, im Namen Gottes zu sprechen, sei es auf Grund eines Gesichts, sei es auf Grund einer von innen her sich bildenden Gewißheit, die das Merkmal eines göttlichen Zuspruchs hatte. Vor Pfingsten sahen sich die Apostel noch nach einem von außen kommenden Zeichen um, das den Willen des Herrn kundtuen soll. Dazu war nach Anleitung der alttestamentlichen Vorbilder das Los das nächstliegende Mittel; es war in diesem Fall vor Mißbrauch dadurch geschützt, daß es mit ernstem Glauben an die Gegenwart und Regierung Gottes und deshalb nicht blindlings, sondern mit sorgfältiger Überlegung gebraucht wurde.

Kapitel 2

Der Geist kommt, und die Gemeinde in Jerusalem wird gesammelt

Daß der Geist Gottes komme, darauf warteten die Jünger. Ihre Erwartung verwandelte sich in die Gewißheit, er sei ihnen gegeben, und nicht nur ihnen, sondern allen, die sich zu Jesus halten. Diese Gewißheit wurde nicht nur durch innere Erlebnisse bewirkt; sie stützte sich auch auf auswendige Zeichen, die die Änderung ihres inwendigen Verhältnisses zu Gott begleiteten und kundmachten. Das Wesentliche an den Ereignissen des Pfingsttages waren freilich nicht die äußeren Zeichen, sondern die inwendig wirksame göttliche Gabe, die dem inneren Leben der Apostel eine neue Gestalt verlieh. Sie schuf in ihnen ein Denken und Wollen, wie die Gnade Gottes es schenkt. Doch hat es auch den mit dem Kommen des Geists verbundenen Zeichen keineswegs an Bedeutung gefehlt; sie leisteten, was im Verlauf der göttlichen Offenbarung das Wunder immer leistet: Sie hefteten das Auge auf die Tat Gottes, machten sie sichtbar und stellten so die Jünger in eine fröhliche, vollendete Gewißheit hinein.

2,1: *Und als der Tag des Pfingstfestes erfüllt war, waren alle beisammen.* Der Pfingsttag war erfüllt, als er eintraf. An diesem Tag geschah das Neue, weil am Festtag die Jünger sämtlich vereinigt und zugleich ein großer Teil der Judenschaft in der heiligen Stadt zur Feier versammelt waren. Auch hatte der Anschluß der neuen Gottestat an die alte Festordnung ähnliche Bedeutung wie das Zusammentreffen des Todes Jesu mit dem Passahfest. Diese Gleichzeitigkeit hat Jesus nicht als nebensächlich betrachtet; er hat sein Werk als die Fortführung und Vollendung der alten Taten Gottes vollbracht. Dies wird jetzt daran sichtbar, daß es am alten Festtag geschah, der so einen neuen Grund und Inhalt empfing. Wie auf das Passah, das Fest zum Beginn der Ernte, als seine Vollendung Pfingsten folgte, nachdem die Ernte eingebracht war, so folgte auf das Passah des Christus als Vollendung seiner Heilandstat am Pfingsttag die Sendung des Geistes. Mit ihr hat das Werk des Christus nach seiner irdischen Gestalt sein Ziel erreicht und ist der Segen seines Todes seinen Jüngern zugeteilt und ausgehändigt worden.

2,2: *Und es entstand plötzlich vom Himmel her ein Rauschen, wie wenn ein starker Wind daherfährt, und füllte das ganze Haus, wo sie saßen.* Die Zeichen, mit denen sich die Gegenwart des Geistes kundgab, waren denjenigen Naturvorgängen entnommen, an die die Menschen immer dachten, um sich das Wesen und Wirken des Geistes zu verdeutlichen. Geist und Wind wurden von jeher miteinander verglichen; der Odem, der aus dem Inneren das Wort zu den anderen hinüberträgt, wird zum Zeichen des Lebens, und die Luft erfüllt unsichtbar und doch mit starker Bewegungskraft die ganze irdische Natur. So kam der Geist mit einem Rauschen, das an einen starken Wind erinnerte. Der Schall bewegte sich vom Himmel her und fuhr in das Haus und Gemach, in dem die Jünger versammelt waren.

2,3: *Und es wurden ihnen sich teilende Zungen wie von Feuer sichtbar, und es setzte sich auf einen jeden von ihnen.* Das zweite Zeichen des Geistes war Feuer, ein Zeichen für das Auge, wie das Rauschen ein solches für das Ohr war. Geist und Feuer standen schon im Wort des Täufers beisammen als die Werkzeuge des Christus, mit denen ihm die Kraft Gottes gegeben wurde. Wegen seiner durchdringenden Kraft, die durch die Wärme Leben weckt und zugleich leuchtet, ist auch das Feuer geeignet, als Zeichen des Geistes zu dienen. „Zunge von Feuer" war ein in der Sprache Jerusalems üblicher Ausdruck für die Flamme. Dadurch, daß diese Flammen sich verteilten, kam im Unterschied vom Windesrauschen noch ein wesentliches Merkmal des Geistes zur Darstellung: Er umfaßt uns nicht nur von außen wie die Natur, sondern bewegt uns von innen her und wird damit zum Eigentum jedes einzelnen; ein jeder empfängt durch ihn ein eigenes Leben.

Das waren die Zeichen, die die Gabe des Christus kundmachten; nun wird diese selbst beschrieben. 2,4: *Und alle wurden von heiligem Geist voll und begannen, mit anderen Zungen zu reden, wie der Geist es ihnen gab zu sprechen* (10,46; 19,6; 1. Kor. 12,10.30; 14,2). Nun war das Innere der Jünger durch göttlichen Antrieb bewegt; aus Gottes Licht flossen ihre Gedanken, unter seiner Wirkung hob sich ihr Herz nach oben, und ihr Begehren und Lieben wurde rein und stark an der Kraft Gottes und eins mit seinem Willen.

Der neue Geist wirkte ein neues Wort; er gab den Jüngern andere Zungen als die, die die natürliche Geisteskraft dem Menschen gibt. Was sie sprachen, formten sie sich nicht mehr selbst mit des eigenen Herzens Dichten, an dem viel Eitelkeit hängt, sie sprachen aus, was sie inwendig aus Gott empfangen hatten. Es folgte aus dem Wesen des Geistes als der Gegenwart und Wirkung Gottes, daß die neue Zunge vor allem im Gebet bestand. Wenn Gott uns das Wort gibt, so verherrlicht es ihn. Die Jünger sprachen in Anbetung von der Herrlichkeit Gottes, nicht mit dunklen, allgemeinen Begriffen, sondern im Blick auf sein Werk und Reich; die Größe Gottes priesen sie, die sich in der Sendung des Christus offenbart. Über die Form und den Laut ihrer Worte ist in V. 4 noch nichts gesagt; nur das sagt Lukas: sie trugen deutlich das Merkmal an sich, daß sie aus dem Geist stammten, nicht aus den Jüngern, und von Gott her empfangen waren, nicht von ihnen selbst gemacht.

Damit hat uns Lukas das Erlebnis der Jünger so weit beschrieben, als es die Jünger selbst ergriff und ihre Hoffnung in Besitz, ihre Bitten in Dank und Anbetung verwandelte. Christus hatte sie, als er zum Vater ging, nicht verlassen; vom Thron Gottes her gab er ihnen das Gut, das all ihr Bitten und Verstehen überstieg: Geist Gottes legte er in sie. Damit gab er ihnen das höchste Pfand der Gnade und die gewisseste Bezeugung Gottes, eine Lebensgemeinschaft mit ihm, die sie innerlich und darum ganz mit Gott verband. Allein weil sie Jesu Jünger waren, kam für sie nie bloß das in Betracht, was sie für sich selbst an Erfahrung der Gnade und an himmlischen Gaben erlangten; sie hatten einen Beruf, ein Werk war ihnen aufgetragen, und auch dafür wurde ihnen die Pfingstgabe gegeben. Im unmittelbaren Zusammenhang mit ihr begann ihr Apostelдienst. Würden wir die eine Bedeutung des Vorgangs von der anderen trennen, so wäre die Meinung des Berichts verletzt. Weder nur eine Amtsgnade noch nur ein persönlicher Besitz, weder nur die Ausrüstung zum Werk noch nur die eigene innerliche Heiligung und Glaubensfähigkeit war die Gabe des Geistes, sondern beides zusammen in untrennbarer Einigung. Die Jünger waren nicht beides nebeneinander, Christen und auch noch Apostel; sie hatten nicht ein doppeltes Ziel, für sich im Glauben zu leben und auch noch den Menschen zu helfen. Beides lag für sie völlig ineinander: als die Jünger Jesu waren sie die Apostel, und in der Durchführung ihres Berufs hatten und behielten sie ihren Glaubensstand. So wurde auch durch das eine und selbe Erlebnis am Pfingsttag beides bewirkt: neu wurde ihr Aufblick zu Gott und ebenso neu auch ihr Verhalten gegenüber der Judenschaft.

Schon jetzt wurde der Blick der Jünger darauf gerichtet, daß die Kraft des Evangeliums die ganze Welt umfaßt. Sie sprachen zu Jerusalem, damit aber zu einer Versammlung, in der sich schon Vertreter vieler Völker zusammenfanden. 2,5: *Es wohnten aber in Jerusalem Juden, fromme Männer, aus jedem Volk unter dem Himmel.* Schon seit Jahrhunderten hatte sich die Judenschaft durch alle Völker von Persien bis Rom ausgebreitet; doch war für diese weitverzweigte Gemeinde Jerusalem und sein Tempel die heilige Stätte geblieben, auf die ihr Blick gerichtet war. Sie kamen deshalb nicht nur von Zeit zu Zeit zum Fest für einige Tage hin, sondern viele kehrten auch wieder ganz in die heilige Stadt zurück und ließen sich dort nieder. Nicht die in heidnischem Sinn und im Erwerbsgetriebe Versinkenden kamen, sondern die, die sich eifrig und sorgsam um Gottes Wohlgefallen bemühten und darum nichts unterlassen wollten, was sie bei der Erfüllung des göttlichen Willens unterstützen und zum Empfang des ewigen Lebens führen konnte. Wenn also „Jerusalem" um die Apostel versammelt war, hatten sie schon jetzt Männer aus den verschiedensten Nationen und Sprachen vor sich, und zwar aus allen Völkern gerade die, die sich um Gott kümmerten. Das sagt uns Lukas nicht nur der Pfingstgeschichte wegen; wir dürfen es auch beim Fortgang seiner Erzählung nicht vergessen; auch beim Werk des Paulus nicht, wenn Lukas uns mit so großem Ernst und Nachdruck erzählt, daß das Evangelium von Paulus auch in Jerusalem bezeugt wurde, – freilich nicht so, daß es dort blieb, sondern so, daß es zu den Heiden kam. Jerusalem war die Stadt, in der gottesfürchtige Männer aus jedem Volk zu finden waren.

2,6: *Als aber diese Stimme geschah, kam die Menge zusammen und wurde erschüttert, weil ein jeder sie in der eigenen Sprache reden hörte.* Weil der Sinn aller auf den Gottesdienst gerichtet war, waren alle Gemüter, sowie ein göttliches Zeichen geschah, in Erregung und war die Frage geweckt, was es bedeute. Von der Feuererscheinung spricht Lukas nicht mehr; er gibt uns somit keinen Anlaß, daß wir sie uns als bleibend vorstellen. Dagegen heftete sich an die Rede der Apostel ein neues Zeichen, durch das die Hörer an sich selbst die Macht des Geistes erfuhren und das den Beruf der Apostel, als Boten Gottes zu reden, noch besonders bestätigte. Die aus der Fremde Gekommenen vernahmen ihre Sprache, und doch waren alle Redenden Galiläer, konnten also nicht von Geburt oder durch erlernte Kunst so sprechen, daß die Fremden ihre heimatliche Sprache hörten.

2,7-11: *Sie waren aber außer sich, staunten und sagten: Seht! sind nicht alle diese, die reden, Galiläer? Und wie hören wir jeder unsere eigene Sprache, in der wir geboren wurden, Parther und Meder und Elamiter und die, die in Mesopotamien wohnen, in Judäa und Kappadokien, in Pontus und in der Provinz Asien, in Phrygien und in Pamphylien, in Ägypten und in der Gegend von Lybien bei Kyrene und die aus Rom Eingewanderten, Juden und Proselyten, Kreter und Araber, wir hören sie mit unseren Zungen die großen Taten Gottes reden!* Lukas gibt hier eine Übersicht über die weite Ausbreitung der Judenschaft[1]. Den Anfang machen die Völker im inneren Asien: Parther und Meder in den persischen Ländern und die Elamiter östlich vom unteren Lauf des Tigris. Dann folgt Mesopotamien mit seiner starken Judenschaft und, ehe Lukas zu den

[1] Man darf hier nicht von einem Verzeichnis der Völker und Sprachen reden, sondern nur davon wird gesprochen, wie weit damals die Judenschaft verbreitet war; darum sind nur solche Länder genannt, in denen besonders viele und starke jüdische Gemeinden bestanden.

westlichen Ländern übergeht, die Heimat und das Zentrum des Volkes, Judäa. Aber auch Kleinasien enthielt sehr viele und große jüdische Gemeinden. Zuerst ist der östliche Teil genannt: Kappadokien, dann die Küstenländer, Pontus, die Südküste des Schwarzen Meeres, und die Asia, die Westküste am Ägäischen Meer; dann das Binnenland Phrygien mit der südlich zum Meer hin anschließenden Landschaft Pamphylien. Nun folgt Ägypten, auch der Sitz einer mächtigen Judenschaft, mit seinem Nachbarland Kyrene, und zunächst macht Rom den Schluß. Auch die Kaiser- und Weltstadt hatte ihre große jüdische Gemeinde, daher waren Römer auch in Jerusalem wohnhaft und konnten sich zur ersten Predigt der Apostel einfinden. In allen diesen Gemeinden fanden sich zwei Gruppen zusammen, Juden und Proselyten, geborene Glieder der Gemeinde, die durch ihre Abstammung ihr angehörten, und andere, die aus eigenem Willen zur Gemeinde hinzutraten, weil ihnen neben dem Gott der Bibel die Götter versunken waren und der Lese- und Gebetsgottesdienst der Judenschaft sie anzog. Dann folgt noch ein Nachtrag zum Verzeichnis der jüdischen Gemeinden, der nochmals an ihre weite Ausbreitung erinnert: Kreter und Araber. Auch die Inseln des Mittelmeers waren von ihnen besetzt; auch Zypern hätte hier mit gutem Recht genannt werden können; Lukas läßt es aber bei dem größeren Kreta bewenden. Mit Arabien überschreitet die Aufzählung wieder die Grenzen des römischen Reiches. Es ist an die jüdischen Gemeinden gedacht, die vom Ostjordanland an südlich und südöstlich in die abarische Halbinsel hineinreichten, zunächst in das von den Nabatäern von Petra aus beherrschte Reich. So war auch Jerusalem in seiner Art eine Weltstadt geworden, deren Bewohner sich aus allen Völkern sammelten. Was aber die alte Geschichte in ihrer Weise schon teilweise erreicht hatte, kam nun durch den Dienst der Apostel zur Vollendung; durch sie wurde dasjenige göttliche Wort gesagt, das alle berief und über die Erde hin wuchs von Volk zu Volk.

2,12.13: *Alle aber waren außer sich und ratlos, und der eine sagte zum anderen: Was will dies sein? Andere aber spotteten und sagten: Sie sind mit jungem Wein gefüllt.* Die Zuhörerschaft der Apostel spaltete sich. Die einen fragten nach der Bedeutung des Geschehens, die anderen spotteten. Jedermann sah, daß die Apostel bewegt waren und ihr Gebet die sonst von der Sitte vorgeschriebene Haltung überschritt. Allein auch der Wein erregt die Leute.

Die „anderen Zungen", mit denen die Apostel am Pfingsttag beteten, sind mit denjenigen Formen des Gebets verwandt, die man nachher in der Christenheit mit dem ähnlichen Ausdruck „mit der Zunge reden" bezeichnete. Lukas sagt von der im Hause des Kornelius vereinigten heidnischen Versammlung, daß der heilige Geist auf sie fiel, worauf sie mit Zungen redeten und Gott verherrlichten (10,46); ebenso von den Christen in Ephesus, die Paulus nochmals taufte: „Sie redeten mit Zungen und weissagten" (19,6). Eine eingehende Darlegung über diese Vorgänge gibt Paulus 1. Kor. 14, wo das Reden mit der Zunge ebenfalls mit dem Weissagen als einer Gabe des heiligen Geistes zusammengestellt ist. Aus den Worten des Paulus ergibt sich jedoch deutlich, daß man damit eine Gebetsweise bezeichnete, die für andere unverständlich blieb, weil der Beter dabei über die Fähigkeit sich auszudrücken und über die verständige Ordnung seiner Gedanken emporgehoben war. Darum hat Paulus diese Gebetsform für die Versammlungen der Gemeinde nur in beschränkter Weise zugelassen. Am Pfingsttag dagegen war nicht Unverständlichkeit, sondern eine alle Hörer ergreifende Macht das Merkmal des vom Geist bewirkten Wortes. Der Geist offenbarte sich hier nicht dadurch, daß er den Beter von der Welt und von sich selbst wegzog und in Gott versenkte, sondern dadurch, daß er ihm ein für alle Hörer, so verschieden ihre Heimat war, verständliches Wort verlieh.

Lukas hat das Pfingstzeichen deutlich von dem unterschieden, was er als bleibende Erscheinung in den christlichen Gemeinden kannte; er hat uns hier ein einmaliges, das Kommen des Geistes offenbarendes Zeichen berichtet, das mit den späteren Formen des aus dem Geist geschöpften Gebets wohl Verwandtschaft hatte, ihnen aber nicht gleich war. Wie die Art des Redens, so war auch der ganze Hergang und sein Erfolg von den später erzählten Vorgängen verschieden. Das Beten der Christen „mit der Zunge" wurde nie mit der Absicht oder dem Erfolg geübt, dem Evangelium Fernstehende zu bekehren. Es gehörte ausschließlich ins Innere der Gemeinde und konnte nur dann als Wirkung des Geistes erscheinen, wenn schon bekannt war, welche Kräfte die Gemeinde bewegten. Hier dagegen war um die Apostel eine große Schar von Juden vereinigt, denen alles, was die Apostel sagten, zum erstenmal entgegentrat, also neu und fremd war. Daß sich hier der Geist auf dieselbe Weise äußerte wie in der vertrauten Gebetsgemeinschaft innerhalb der Christenheit, könnte nur dann angenommen werden, wenn dem Geist der Apostel die geistige Art abgesprochen würde. Er wäre dann eine dunkle Macht, die mit Zwang und Drang das inwendige Leben überfiele und unterdrückte und so sich auch überall gleichmäßig äußern müßte, einerlei, ob die Wirkung heilsam oder schädlich, zweckwidrig oder dienlich wäre. Das wäre aber eine Vorstellung, die mit allem, wodurch der den Aposteln gegebene „Geist" sich heute noch bezeugt, unvereinbar ist. Er machte die Apostel nicht blind, sondern sehend, riß sie nicht aus der Gemeinschaft mit den Menschen heraus, sondern machte sie fruchtbar für sie und gab ihrer Liebe die Kraft zu wirksamem Dienst. So gewiß wir mit Recht von göttlichem Geist sprechen dürfen, der als die Gabe Gottes am Pfingsttag zu den Aposteln kam, ebenso gewiß waren seine Äußerungen so, daß sie den Hörern halfen und nicht so, daß sie ihnen notwendig unverständlich und anstößig blieben. Wenn dabei einige spotteten, so ist damit nicht bewiesen, daß sie zum Spotten Grund hatten.[1]

Es sind freilich auch übertreibende Auslegungen unseres Berichts in der Kirche verbreitet gewesen. So ausgedehnt die Judenschaft war, so zerbrach sie doch nicht in Bruchstücke, die durch viele Sprachen voneinander getrennt waren. Sie hat sich in die beiden damals am weitesten verbreiteten Sprachen geteilt; in ihrer östlichen Hälfte von Jerusalem bis nach Persien herrschte die aramäische, in der westlichen Hälfte von Jerusalem bis nach Rom die griechische Sprache. Mit diesen beiden Sprachen, die man auch in den galiläischen Dörfern beständig nebeneinander hörte und die die Apostel von Hause aus kannten, vermochten sie die Predigt von Mesopotamien bis Rom zu tragen. Aber auch dann, wenn wir nicht an die Sondersprachen der Eingeborenen denken, bestanden beträchtliche und für jedes

[1] Auch bei den späteren Vorgängen äußerte sich der Geist nicht bloß dadurch, daß der Redner unverständlich wurde; daneben stand diejenige Gabe, die Paulus Auslegung nennt, die Fähigkeit, das mitzuerleben und auszusprechen, was der Geist in der Seele der mit Zungen Redenden wirkte. Auch an diesen vom Geist gegebenen Einblick in das Herz eines anderen erinnert das Pfingstwunder, es läßt nicht nur an die Unverständlichkeit derjenigen „Zunge" denken, die ohne Deutung bleibt und die Paulus deshalb nicht für eine besonders hohe Gabe ansah.

geübte Ohr erkennbare Unterschiede in der Sprache, ob ein Jude aus Judäa oder aus Babylonien, aus Kappadokien oder aus Alexandria stammte; die Gleichförmigkeit der apostolischen Worte mit der eigenen Sprache hatte auch so für jeden eine eindringliche Bedeutung, weil ihm dadurch das Wort als gerade für ihn geredet nahe kam.

Wie bei jedem Vorgang, in dem sich die Schöpfermacht Gottes kundtut, formt Lukas auch hier die Darstellung mit bescheidener Zurückhaltung. Man kann deshalb fragen: Verlegte er das wunderbare Wirken des Geistes mehr in die Seele der Apostel oder in die der Hörer? Reichte der Geist den Aposteln das Wort so dar, daß es einen ihnen selbst fremden Klang hatte, oder bewegte er die Seele der Hörer so, daß es einen ihnen vertrauten Klang erhielt? Der Versuch, näher zu beschreiben, was unserer Wahrnehmung fremd bleiben muß, führt nur zu Träumereien. Lukas betont einzig die Wirkung: alle verstanden die Apostel zwar nicht so, daß sie sich ein fremdes Wort erst übersetzen und zurechtlegen mußten, sondern so, daß es ihnen klang, als käme es aus ihrem eigenen Mund. Früher lag den Aposteln das Bedenken nahe, ob sie Hörer finden werden und Glauben zu erwecken vermögen. Nun waren alle diese Sorgen vergangen. Der Geist Gottes bereitete ihnen die Hörer; an einem deutlichen Zeichen hatten sie es immer vor Augen: nicht sie allein verwalteten das Wort, sondern der, dessen Hand die Seelen der Hörer wie die der Apostel hält und bewegt, begleitete es mit seiner Wirkung.

Mehr als Fragen und Erstaunen konnte das Zeichen nicht schaffen; es bedurfte der Deutung. Petrus gab sie ihm. 2,14-21: *Aber Petrus stand hin mit den Elf, erhob seine Stimme und richtete das Wort an sie: Ihr Männer aus Judäa und alle Bewohner Jerusalems, dies sei euch kundgetan und horchet auf meine Worte. Denn diese sind nicht, wie ihr annehmt, trunken; denn es ist die dritte Stunde des Tags. Das ist vielmehr das, was durch den Propheten Joel gesagt ist: Und in den letzten Tagen wird es geschehen, spricht Gott, da werde ich von meinem Geist auf alles Fleisch ausgießen, und eure Söhne und eure Töchter werden weissagen und eure Jünglinge Gesichte sehen und eure Alten Träume haben, und auf meine Knechte und auf meine Mägde werde ich in jenen Tagen von meinem Geist ausgießen, und sie werden weissagen. Und ich werde Wunder am Himmel oben geben und Zeichen auf der Erde unten, Blut und Feuer und Rauchwolken. Die Sonne wird sich in Finsternis verwandeln und der Mond in Blut, bevor der große und offenbare Tag des Herrn kommt. Und es wird geschehen: jeder, der den Namen des Herrn anrufen wird, wird errettet werden* (Joel 3,1-5; Röm. 10,13).

Als Joel sprach, standen über der großen Menge der Gemeinde einzelne Propheten, in denen der Geist Gottes sein Werk hatte und die er mit seinem Wort ausrüstete. Das war nicht derjenige Stand des Volks, in den Gott es am Ende führen wird; vielmehr gründet sich auf das, was der Prophet noch allein besaß, die Verheißung, daß Gott die ganze Gemeinde, Männer und Frauen, Jünglinge und Alte, unmittelbar in derselben Weise mit seiner Offenbarung und Leitung begaben wird, wie sie damals der Prophet allein besaß.[1] So gehört nach der Schrift die von Gott durch seinen Geist erleuchtete und regierte Gemeinde zu den großen Dingen, die in der messianischen Zeit Wirklichkeit werden, und wird Jesus eben dadurch, daß er durch den Geist seine Gemeinde schuf, als der Verheißene erwiesen. Auf die Sendung des Geistes folgt beim Propheten der Anbruch des großen Tages Gottes, dessen Größe an den gewaltigen Vorzeichen ermessen werden kann, die ihn anzeigen. Auch dieses prophetische Wort war für Petrus unentbehrlich; denn die Ankunft des Geistes war auch für ihn das Zeichen für den Anbruch des Himmelreichs und die kommende Offenbarung Jesu. Zwar war mit der Sendung des Geistes der Welt noch nicht die ganze Gabe Gottes gewährt. Denn der Geist ist „der Erstling" aus der göttlichen Segnung, noch nicht ihre Fülle (Röm. 8,23). Weil er aber die königliche Sendung Jesu sichtbar machte, richtete er den Blick aller, der Jünger und der Männer von Jerusalem, auf Gottes hohes und ewiges Ziel und verbürgte allen Glaubenden, daß der Christus sie zu seinem ewigen Reich führen wird.

Die Offenbarung der Herrlichkeit Gottes ist aber zugleich die

[1] Daß der Geist über alle komme, erläuterte Joel auch dadurch, daß er auf die Knechte und Mägde ausgegossen werde. Schon in der griechischen Bibelübersetzung war diese Verheißung auf das innere Leben angewendet: „meine", nämlich Gottes Knechte und Mägde; es sollte erkennbar sein, wer die Ausgießung des Geistes empfange und wozu er sie erhalte: der, der im Dienst Gottes steht, empfängt sie, damit er diesen ausrichte.

Offenbarung seines Gerichtes, und der Blick auf sein Gericht weckt in uns die Furcht auf; darum rief Petrus den Hörern auch dasjenige Wort Joels zu, das den Heilsweg beschreibt, durch den der große Tag der Endzeit ihnen den Eingang ins Leben bringt: Gott tritt für jeden, der ihn anruft, mit seiner errettenden Gnade ein. Zur Anrufung des göttlichen Namens führt der Geist durch das Wort, das er gibt, und durch die Buße, die er schafft, und dadurch führt er zur Errettung. Er schafft diejenige Gemeinde, die den Christus kennt und in seinem Namen Gott anruft; sie darf und kann also beten und ist so für Gottes großen Tag bereitet.

So verband Petrus die Ereignisse des Pfingsttags zuerst mit dem Endziel der Weissagung; er gab seinen Hörern von ihrer messianischen Erwartung her das Verständnis für das, was geschehen war. Es mußte aber noch ein anderer Punkt erläutert werden. Das Kommen des Geistes stand nicht nur als Vorbereitung mit den künftigen Gottestaten in Verbindung, sondern gründete sich zugleich auf das, was geschehen war; denn es floß aus dem Werk Jesu. Das war dadurch offenkundig, daß die Jünger Jesu, nicht das übrige Israel, den Geist empfangen hatten. Seine Ausgießung brachte dem Heilandsamt Jesu den Beweis und die Verklärung; darum wußten die Hörer erst dann wirklich, was hier geschah, wenn ihnen die Sendung des Geistes zur Offenbarung Jesu wurde. Daher mußte Petrus von Jesus reden. Er konnte es jetzt anders als bisher; denn seinem Wort stand jetzt die Tatsache zur Seite, die das Wort beglaubigte. Wenn Petrus Jesus jetzt den Christusnamen gab, so drückte dieser nicht mehr nur eine Hoffnung aus; seine Gabe war nun da, die Gabe, die ihn als mächtig vor Gott und als Heiland der Seinen erwies: durch ihn war ihnen der Geist gesandt.

Petrus erzählt den Verlauf der Geschichte Jesu nach ihren Hauptzügen: die Zeichen Jesu, durch die ihn Gott für alle erkennbar machte, seine Kreuzigung durch Israel, seine Auferweckung durch Gott. 2,22-24: *Ihr Männer aus Israel, hört diese Worte. Jesus von Nazareth, einen Mann, der euch von Gott durch mächtige Taten und Wunder und Zeichen kundgemacht war, die Gott durch ihn unter euch tat, wie ihr selbst wißt, den habt ihr, da er durch den festgesetzten Rat und die Vorbestimmung Gottes euch preisgegeben* (4,28; Luk. 22,22) *war, durch die Hand solcher, die ohne Gesetz sind, an das Kreuz genagelt und getötet. Ihn hat Gott auferweckt, da er die Wehen des Todes löste, da es nicht möglich war, daß er von ihm festgehalten werde.*

Das ist die Verkündigung, die die Apostel nach dem Bericht des Lukas beständig ausrichteten. Er hat für das Wesentliche an ihr nicht Erkenntnisse gehalten, die in das Wesen und den Willen Gottes hinüberblicken, oder Lehren, die das Verhältnis Gottes zu uns Menschen beschreiben oder unser Verhältnis zu ihm und zu den Menschen auf eine Formel bringen; der Gegenstand der apostolischen Predigt war nach dem Zeugnis des Lukas überall das, was als Tat Gottes an und durch Jesus geschehen ist und geschieht. Welche Gedanken und Empfindungen jeder Hörer an diese Tatsachen anzuschließen habe, sagt er sich selbst. Was er nicht sich selbst sagen kann, sondern vom Apostel hören muß, ist das, was geschehen ist. Daß Gott Jesus durch viele Zeichen für alle erkennbar machte, zeigt die Gnade Gottes; das muß sich jeder Hörer sagen. Daß die Juden Jesus dennoch den Heiden überliefert und gekreuzigt haben, war, wie wieder jeder Hörer mit Schmerz empfinden mußte, schwere Schuld. Die Rede bleibt aber schlicht und nüchtern bei dem stehen, was für alle unsere Schlüsse und Entschließungen den Grund herstellt, bei Gottes Tat.

Auch bei der Kreuzigung Jesu verübte nicht einzig die Bosheit Israels ihren Willen; auch hier handelte Gott. Das hatten die Jünger bei Jesus gelernt. Er sah bei seinem Kreuzesweg nicht auf die Menschen, als ob einzig sie sein Geschick bestimmten, sondern auf den Vater; er nahm den Kelch aus den Händen des Vaters und brachte ihm das Opfer seines Gehorsams dar.

Weil das Kreuz Jesus von Gott auferlegt war, folgte darauf seine Auferweckung: Gott machte „den Wehen des Todes“ ein Ende. Der Ausdruck stammt aus dem griechischen Psalter (Ps. 18,5) und sagt: Alle Pein, die der Tod Jesus bereitet hat, nahm Gott von ihm weg und ließ aus dem Tod für ihn das Leben entstehen. Kein anderer Ausgang war hier möglich als die Auferstehung Jesu.

Damit war der Punkt berührt, gegen den sich die Einreden der Hörer richteten: in Jerusalem weniger deshalb, weil der Ausgang Jesu den Gang der Natur überragte – man sah in Jerusalem mit Eifer zu Gott empor als zu dem, der Wunder tut –, sondern mehr deshalb, weil die Hoffnung Israels nur auf die Herrlichkeit Gottes gerichtet war und es darum als widersinnig und unmöglich erschien, daß der Christus durch Schande und Tod und Auferstehung zu seiner Herrschaft gekommen sein sollte. Es war aber nicht unmöglich, was mit Jesus geschah; unmöglich war im Gegenteil, daß Jesus vor dem Kreuze floh, das ihm Gottes Rat geordnet hat, und unmöglich war es weiter, daß der Tod sein bleibendes Los und endgültiger Ausgang war und er vom Tod überwältigt und gebunden wurde. Denn dem widerspricht die Schrift. Petrus macht Ps. 16 mit aller Freudigkeit als die für Jesus durch die Schrift aufgezeichnete Regel geltend. 2,25-32: *Denn David sagt im Blick auf ihn: Ich sah den Herrn vor mir beständig, weil er mir zur Rechten ist, damit ich nicht wanke. Deswegen freute sich mein Herz, und meine Zunge jubelte. Zudem wird auch mein Fleisch auf Hoffnung ruhen. Denn du wirst meine Seele nicht der Totenwelt überlassen und nicht zugeben, daß dein Heiliger die Verwesung sehe* (13,35). *Du hast mir Wege zum Leben gezeigt, du wirst mich mit Freude bei deinem Angesicht erfüllen* (Ps. 16,8-11). *Ihr Männer und Brüder, es ist erlaubt, euch vom Erzvater David offen zu sagen, daß er starb und begraben wurde und sein Grab bei uns ist bis auf diesen Tag* (13,36). *Da er nun ein Prophet war und wußte, daß Gott ihm mit einem Eid geschworen hat* (Ps. 89,4.5), *einen aus der Frucht seiner Lende auf seinen Thron zu setzen, redete er vorausschauend über die Auferstehung des Christus, daß er nicht der Totenwelt überlassen wurde und sein Fleisch die Verwesung nicht sah. Diesen Jesus erweckte Gott; für ihn sind wir alle Zeugen.* Wo ist der Heilige Gottes, dessen Seele nicht im Totenreich gelassen wurde und dessen Fleisch die Verwesung nicht sah? David ist es nicht, dessen Grab damals noch in Jerusalem bekannt war und verehrt wurde. Jesus aber ist es, dessen Weg und Ausgang dem Psalm vollkommen entspricht und die Erfüllung brachte. Daher ist der Psalm daraus zu erklären, daß David Prophet war und zum Voraus auf den Christus sah, gestützt auf den Eid Gottes, daß ein Glied seines Geschlechts auf seinem Thron sitzen werde; an diesen künftigen Davidssohn waren seine Worte gerichtet; ihm sagten sie eine solche Gemeinschaft Gottes mit ihm zu, daß der Tod ihn nicht zu halten vermöge, daß seine Seele aus dem Ort der Toten befreit und auch sein Leib dem Verderben entzogen werde, damit er als der Auferstandene mit Gott regiere. So sahen es die Jünger an Jesus.

An die Auferstehung schloß sich für Jesus die Erhöhung durch die Rechte Gottes an. Dafür haben die Hörer jetzt den Tatbeweis vor Augen. 2,33-35: *Da er darum durch die Rechte Gottes erhöht wurde und die Verheißung des heiligen Geistes vom Vater erhielt, goß er das aus, was ihr seht und hört. Denn nicht David fuhr in den Himmel hinauf; er sagt aber selbst: Der Herr sprach zu meinem Herrn: Setze dich zu meiner Rechten, bis ich deine Feinde zum Schemel deiner Füße mache* (Ps. 110,1; Matth. 22,23.24; Hebr. 1,13; 10,13). Das verheißende Wort, das der Gemeinde den Geist versprach, hatte schon der Prophet empfangen; aber den verheißenen Geist selbst, nicht nur zu eigenem Besitz, sondern zur Mitteilung an die Menschen, empfing Jesus. Er empfing ihn, nachdem ihn Gottes starke Hand in die Höhe erhoben hatte.

Wie bei der Auferstehung, so steht auch bei der Erhöhung Jesu das Schriftwort in Übereinstimmung mit dem, was die Apostel an Jesus sahen. Petrus führt dasselbe Wort an, mit dem Jesus selbst auf dem Kreuzesweg triumphierend sein Ziel beschrieben hat. Für David oder irgend einen anderen Herrscher Israels bleibt es leer; es überragt hoch, was sie erlebten. Durch das, was mit Jesus geschah, wurde es wahr.

2,36: *Darum erkenne das ganze Haus Israels mit Sicherheit, daß Gott ihn zum Herrn und Christus gemacht hat, diesen Jesus, den ihr gekreuzigt habt.* Durch die Auferstehung Jesu und durch die Sendung des Geistes ist dem ganzen Israel gezeigt, daß die Verheißung auf Jesus zielt und mit ihm der Gemeinde ihr ewiges Haupt gegeben und der Spender aller göttlichen Gaben erschienen ist. Das fuhr wie ein Pfeil in die Hörer. Gottes Tat und Israels Tat standen im schärfsten Zwiespalt widereinander. Dort war die höchste Gnade, die Sendung des Christus, die Erscheinung und Gegenwart des himmlischen Herrn; hier die Auflehnung gegen ihn und die Versündigung an ihm, bis zu dem Versuch, ihn durch das Sterben am Kreuz seines Christusamts zu berauben. 2,37: *Als sie das hörten, wurde ihr Herz durchbohrt, und sie sagten zu Petrus und den anderen Aposteln: Was sollen wir tun, ihr Männer und Brüder?*

Nun folgt das zweite Hauptstück des Evangeliums, das uns zeigt, wie der Mensch zu Christus kommt. Auch darüber hatten die Apostel eine klare, deutliche Anweisung. 2,38: *Petrus aber sagt zu ihnen: Tut Buße, und jeder von euch lasse sich taufen auf den Namen Jesu, des Christus, zur Vergebung eurer Sünden, und ihr werdet die Gabe des heiligen Geists empfangen* (Matth. 28,19; Luk. 24,47). Der bisherige Weg der Hörer war falsch; das zeigt ihnen das Kreuz Jesu. Ändern müssen sie vor allem ihr Urteil über Jesus; aus dem Verworfenen wird er für sie der Verheißene, aus dem, der in Schuld und Fluch unterging, der Heiland, der sie von ihrer Schuld befreit. Aber diese Wendung greift umwälzend in alles hinein, was jetzt ihr Herz erfüllt. Es war nicht Zufall, daß sie Jesus verwarfen. Das war ein Kampf wider Gott, also die Frucht und Offenbarung ihrer Gottlosigkeit. Nun nahen sie sich, indem sie Jesus erkennen, Gott. Und was sie gottlos und zu Widersachern Jesu machte, das war ihr verkehrtes Trachten und böses Begehren. Das fällt alles mit unter die Reue und Umkehr, die sich vom Kreuz Jesu aus für sie ergibt. Sie stehen vor Gott nun nicht mehr als die Gerechten, die auf sich selbst vertrauen, nicht mehr als die Trotzigen, die sein Gebot zerreißen, sondern als die Reuigen, die seine Gnade begehren und in seiner Furcht auf sein Wort achten. Die Umkehr vollziehen sie dadurch, daß sie die Taufe auf den Namen Jesu erhalten. Damit gestehen sie ihre Schuld vor Gott, scheiden sich von denen, die Jesus kreuzigten, und bekennen sich zu seinem königlichen Heilandsamt. Dadurch treten sie in den Besitz seiner Gaben. Das Bad, das sie empfangen, redet nicht nur von einer künftigen Reinigung, sondern gewährt ihnen jetzt die Vergebung, weil Christus sie ihnen gewährt. Das ist das Ergebnis aus seinem Kommen, Sterben und Auferstehen: nun löscht er im Namen und in der Kraft Gottes ihre Schuld aus.

Durch die Kreuzigung Jesu war Israel vollends dessen bedürftig geworden, was ihm der Täufer schon vor der Arbeit Jesu angeboten hatte: der Umkehr und der Vergebung. Was damals zum Anfang der messianischen Zeit dem Volke gebracht wurde, hat Jesus nicht zurückgenommen und entkräftet; im Gegenteil, jetzt wird es ihm wieder angeboten mit all der Wahrheit und Kraft, die dem Wort Jesu durch seine Auferstehung und Erhöhung zuteil wurde. Lukas hat weder im Evangelium noch im Eingang zur Apostelgeschichte bei dem Befehl, den der Herr den Aposteln gab, ausdrücklich von einem Taufbefehl, sondern nur von der Buße und der Vergebung gesprochen; hier von einer Lücke zu reden und zu fragen, wie denn Petrus dazu komme, die Leute zu taufen, ist aber kein Anlaß. Denn Lukas sagte uns wie alle Evangelisten, daß die Wirksamkeit Jesu mit der Taufpredigt begann, und hieran erinnerte er auch in der Apostelgeschichte 1,5 und 22. Seine Meinung war, die Taufe bleibe von ihrer Stiftung durch Johannes an in Kraft für alle, die zu Jesus herzutreten, und werde nun, nachdem er gekreuzigt und auferstanden sei, in seinem Namen erteilt. Daher vermag auch Petrus jetzt seinen Hörern mehr zu geben, als was der Täufer ihnen anbieten konnte. Jesus tauft den Menschen nicht nur mit Wasser, sondern mit dem heiligen Geist.

2,39: *Denn euch gehört die Verheißung und euren Kindern und allen, die in der Ferne sind, so viele der Herr unser Gott herzurufen wird.* Der volle Segen, der durch Jesu Werk entstanden ist, wird Israel angeboten; weil ihnen die Verheißung gehört, gehört ihnen auch ihre Erfüllung. Für das ganze Israel ist sie bestimmt, nicht nur für Jerusalem, sondern auch für die zerstreuten Glieder des Volkes, an die ja die bunte Mischung der Versammlung jedermann erinnerte. Daß sie jetzt noch ferne sind, schließt sie von dem, was die Gnade Gottes hier und jetzt geschaffen hat, nicht aus; alle empfangen sie, die Gott zu sich und seiner Gemeinde beruft. Wie er das machen wird, liegt noch in der Zukunft. Es soll aber jetzt schon von allen geglaubt werden, daß durch das Evangelium dem ganzen Israel, wohin es zerstreut und wie verwerflich und befleckt es auch sei, die Vergebung und der Geist Gottes angeboten sind. Durch den Christus entsteht die große, geeinte Gemeinde Gottes, die alle umfaßt, die in sein Reich eingehen[1].

Von Gottes gütigem Willen aus, darum mit der Freudigkeit des Evangelisten, gestützt auf die Vollkommenheit der göttlichen Gnade hat Petrus gesprochen, ohne Bitterkeit, freilich auch ohne Verschleierung des Falls, in den Israel geraten ist, nicht mit Verhüllung des Kreuzes Jesu, aber auch nicht als Vertreter des göttlichen Gerichts, vielmehr aus dem Erbarmen Jesu heraus. Hiezu war frei-

1 Manche dachten hier an die Heiden; von ihnen ist aber schwerlich schon hier die Rede. Am Pfingsttag war es der Beruf des Petrus, ganz Israel zu Jesus einzuladen.

lich noch ein Zusatz nötig: es mußte den Hörern deutlich zum Bewußtsein kommen, daß mit der Gnade der Ernst Gottes vereint ist. Darum bringt die Schuld dem Volk die Gefahr des Verderbens; einzig das Evangelium vermag es zu erretten. 2,40: *Und er gab noch mit vielen anderen Worten Zeugnis, mahnte sie und sagte: Laßt euch erretten aus diesem verkehrten Geschlecht.* Damit war die Bezeugung der Gnade Gottes in der Predigt des Petrus nicht gemindert, sondern nach ihrer vollen Bedeutung enthüllt. „Das verdrehte Geschlecht" – in dieses Wort ist im Anschluß an Jesu eigene Predigt der ganze Schaden Israels gefaßt. Sie verderben sich durch Unlauterkeit und sind in Widersprüche verstrickt; denn sie sind fromm und gottlos zugleich, sie hoffen auf den Christus und kreuzigen ihn.

Durch diese Predigt entstand die christliche Gemeinde Jerusalems. 2,41: *Die nun, die sein Wort annahmen, wurden getauft und es wurden an jenem Tag etwa dreitausend Seelen hinzugetan.* Nachdem die Hörer sich in der Taufe zu Jesus bekannt hatten, verbargen sie sich nicht wieder in der jüdischen Gemeinde; sie trugen ihren Glauben nicht nur in ihrem Herzen, sondern blieben zusammen in einer Verbindung, die zwischen allen für ihre ganze Lebensführung Gemeinsamkeit schuf. Das hing an der Größe und Herrlichkeit dessen, auf den ihr Glaube gerichtet war. Um den Christus sammelt sich die Gemeinde; durch die gemeinsame Unterwerfung unter den himmlischen König entsteht sein Volk, und die Berufung in Gottes Reich einigt die, die dieselbe Gnade empfingen. In Israel trat diese Wirkung des Evangeliums ohne besondere Anstrengung leicht und sofort hervor; denn schon die alttestamentliche Offenbarung hatte darin ihr großes Ergebnis gehabt, daß eine im Namen Gottes geeinigte Gemeinde entstanden war.

2,42: *Sie hielten sich aber beharrlich zur Lehre der Apostel und zur Gemeinschaft, zum Brechen des Brotes und zu den Gebeten* (20,7.11). Dadurch erwiesen sich die Getauften als eine Gemeinde. Alle suchten die Lehre der Apostel. Nur von ihnen konnten sie die Erzählung von Jesus erhalten. Diese aber besaß für sie jetzt den größten Wert, da er, der Auferstandene und Erhöhte, ihnen zum Herrn und Christus gesetzt war. Ferner fiel mit der Erkenntnis des Christus auf das Alte Testament ein völlig neues Licht, so daß die bisherigen Lehrer im Schriftverständnis für sie nicht mehr Autorität sein konnten. Endlich – es war der wichtigste Grund – war die Gemeinde mit entschlossenem Ernst darauf bedacht, das Böse zu lassen und den Willen Gottes zu tun. Dafür aber, wie jeder an seinem besonderen Ort sich Christus gehorsam erweise, konnten sie nur bei den Aposteln die Belehrung finden. Mancherlei Fragen und Schwierigkeiten traten auf diesem Gebiet beständig hervor; hatte man sich in solchen Fällen bisher an die Gesetzeslehrer gehalten, so holte man sich nun Rat und Licht bei den Zeugen Jesu, die zu zeigen vermochten, was dem Herrn wohlgefällig ist. Deshalb begann mit dem Pfingstfest für die Apostel eine ausgebreitete, ununterbrochene Lehrarbeit.

Die Getauften hatten aber nicht nur dieselben Lehrer, sie hielten auch untereinander Gemeinschaft. Aus dem Glauben an Jesus kam die Liebe; sie wurde wirklich das Merkmal ihres Willens, darum auch die ihr Handeln bestimmende Kraft. Schon Jesus hatte die Jünger, die er um sich gesammelt hatte, nicht nur mit sich verbunden, sondern auch untereinander vereinigt und ihnen in der Sorge und Arbeit füreinander die Weise gezeigt, wie sie Gott dienen und Jesu Gebot bewahren. Daher hielten die Getauften sich auch zum gemeinsamen Tisch; er machte sichtbar und wirksam, daß die Gemeinde ein verbundenes Ganzes war, in dem jeder mit den anderen teilte, was ihm eigen war. Beim gemeinsamen Mahl wiederholte die erste Christenheit das letzte Mahl Jesu mit seinen Jüngern; sie aß von dem Brot, mit dem Jesus ihr seinen für sie getöteten Leib darreichte, und trank aus dem Becher, der ihr an seinem Blut Anteil gab.

Aber auch das vierte Stück, das Lukas nennt, der beharrliche Anteil aller an den Gebeten, hatte für die Haltung und Geschichte der ersten Gemeinde große Wichtigkeit. Der Blick der Glaubenden war aufwärts gerichtet; ihr Verlangen und Vermögen ging darauf, Gott die Anbetung darzubringen, die in Geist und Wahrheit geschehe. Darum waren ihre Versammlungen zumeist Gebetsgottesdienste, an denen alle in wirksamer und lebendiger Gemeinschaft beständig teilnahmen[1].

Damit hat uns Lukas die Grundlage des Lebens der ersten Ge-

[1] Auch die Ausbreitung und Wichtigkeit des „Redens mit der Zunge" bleibt unverständlich, wenn man nicht die aufwärts zu Gott, nicht zu den Menschen hin gerichtete Art dieser Gottesdienste im Auge hat.

meinde gezeigt. Indem er es uns noch mit einigen Sätzen näher beschreibt, hebt er – und dies ist merkwürdig – an erster Stelle ihre Furcht hervor. 2,43: *Es kam aber über jede Seele Furcht. Viele Wunder und Zeichen geschahen durch die Apostel.* Auch in der Furcht sieht Lukas einen Segen, den die den Aposteln gegebenen Zeichen brachten. Als sichtbare Wirkungen Gottes, die seine Gegenwart allen einprägten, erzeugten sie die große Furcht. Auch daran wird Lukas denken, daß die anderen Einwohner Jerusalems durch das Geschehen in der Gemeinde in die Furcht versetzt wurden, so daß sie nicht wagten, mit bösen Worten und feindseligen Taten sich an den Christen zu vergreifen. Die Gemeinde konnte sich so in der ersten Zeit ohne Verfolgung in Sicherheit sammeln und festigen. Doch bezieht sich der Satz nicht bloß auf die Umgebung der Gemeinde, sondern auch auf diese selbst (vgl. 5,5.11). Durch die Kraft, mit der sich Gott vor ihren Augen offenbarte, wurden sie alle in Furcht gehalten, nicht in der ungläubigen, die sich gegen Gott kehrt und vor ihm flieht, sondern in der aufrichtigen und ernsten, die sich vor ihm beugt, den Ernst seines Willens bedenkt und sich vor Versündigung scheut. Darum war diese Furcht eine heilsame Kraft, die der Gemeinde zur Lauterkeit und Eintracht half und ihr den Eifer zu jedem guten Werke gab. Lukas wird an andere Zustände in den späteren Gemeinden denken, die nicht mehr in derselben Stärke durch die Furcht Gottes bewegt waren. Das Evangelium kann zur gewohnten Sache werden, was zu leichtfertiger Behandlung des göttlichen Worts und der göttlichen Gnade führt. Aus dem Blick auf die Herrlichkeit der göttlichen Gnade kann der Übermut erwachsen und mit der Freiheit der Glaubenden die Ermächtigung zur Sünde begründet werden.

Nun hören wir, wie die Glieder der Gemeinde sich zueinander verhielten. 2,44.45: *Alle aber, die zum Glauben kamen, waren beisammen und hatten alles gemeinsam; ihre Besitztümer und Habe verkauften sie und verteilten es an alle, wie ein jeder bedürftig war* (4,32). Die Getauften waren beisammen; sich absondernde oder vereinsamte Menschen gab es in dieser Gemeinde nicht. Ihr Anliegen war das eine und selbe, die Sache Jesu und ihr Eingang in sein Reich. Dieses gemeinsame Verlangen hob alle Schranken zwischen ihnen auf und machte, daß sie ihre Tage miteinander verlebten wie eine einzige, große Familie. Aus ihrem gemeinsamen Leben ergab sich, daß ihr Eigentum, ihr Tisch und Haus und ihre Habe jeder Art allen diente, und der Eifer, mit dem sie füreinander sorgten und das Gebet übten, zeigte sich darin, daß sie dazu nicht nur die bereitliegenden Mittel verwendeten, sondern auch durch den Verkauf von Wertgegenständen, Schmuck, Silbergerät, Grundstücken sich die Mittel verschafften, damit jeder erhalte, was er bedürfe, und niemand darbe. Sprächen wir hier von „Gütergemeinschaft" in der Meinung, die Gemeinde habe ihren Gliedern untersagt, Eigentum zu haben, so wäre das zweifellos ein Irrtum, zu dem der Bericht des Lukas keinen Anlaß gibt. Er beginnt mit der persönlichen Verbundenheit der Menschen, mit ihrem „Beisammensein", und nennt damit die Quelle, aus der das gesamte Verhalten der Christen floß. Zu einer Theorie über die beste Form des Eigentums, ob Privat- oder Gemeineigentum vorzuziehen und für das Ganze nutzbringender sei, leistet Lukas keinen Beitrag, noch weniger sagt er, daß die Armut auf eine höhere Stufe der Vollkommenheit erhebe. Was diese Christen trieb, war die Liebe, eine starke und aufrichtige Liebe, der es ebensosehr am Herzen lag, daß der Bruder vor Entbehrung geschützt sei, wie, daß der eigene Tisch gedeckt und das eigene Vermögen gesichert sei. In der Kraft der Liebe kam auch die Aufrichtigkeit und der Ernst ihrer Umkehr ans Licht. Sie stieß alles Böse entschlossen von sich und übte darum die Entsagung, die den falschen Reiz des Reichtums überwand, mit Freuden. Die ernsten Worte Jesu über die versuchliche Macht, die am Reichtum haftet, haben das Liebeswerk der Gemeinde mitbestimmt.

Der Bericht zeigt, daß die Gemeinde sofort reichlich Gelegenheit hatte, Not und Armut zu beseitigen. Es gab viele, die bedürftig waren; sonst wäre der Beweggrund, zu verkaufen, was Wert besaß, weggefallen. Schon der älteste Jüngerkreis, der den Kern der Gemeinde bildete, die aus Galiläa nach Jerusalem Gekommenen, waren auf die Unterstützung der anderen angewiesen. Ihre Habe und ihr Handwerk hatten sie damit aufgegeben, daß sie nach Jerusalem gezogen waren. Sie mußten sich an die Verheißung Jesu halten, daß, wer alles seinetwegen verlassen habe, hundertfach Brüder und Äcker finde; diese erfüllte sich nun reichlich an ihnen; denn die Gemeinde, in der sie standen, war von einer Liebe bewegt, die die Abwehr jeden Mangels von den Brüdern für selbstverständlich hielt. Aber auch unter den neu Getauften waren jedenfalls viele Arme; Jerusalem hatte wohl eine kleinere Zahl reicher Familien, namentlich aus der vornehmen Priesterschaft, war aber im ganzen eine arme Stadt. An natürlichen Hilfsmitteln gebrach es ihr. Die sie umgebende Landschaft bot wenig Ertrag, und zum Handel war ihre Lage ganz ungünstig. Nur der Tempel gab der Stadt ihre Bedeutung; er sammelte in ihr eine Bevölkerung, die die Zahl derer weit überstieg, die sich mit Leichtigkeit hier ernähren konnten. Die Mehrzahl waren Handwerker mit kleinem Betrieb, die nur kümmerlich ihren Unterhalt fanden. Es blieb darum für die Christenheit Jerusalems ständig eine schwere Sorge, den Ihrigen die Lebensmittel zu verschaffen. Zu diesen allgemeinen Schwierigkeiten in der Lebenshaltung kam in der christlichen Gemeinde noch der starke Antrieb hinzu, der alle zur steten Vereinigung im Gebet und unter dem Wort der Apostel führte. Darunter mußte die Handarbeit notwendig leiden. Die, die sich täglich mit ihren Händen ihr Brot verschaffen mußten, waren entweder gehindert, am steten Gottesdienst der Gemeinde teilzunehmen, oder die Brüder mußten für ihren Unterhalt sorgen. In der ersten Zeit wurde diese Fürsorge treulich geübt, niemand sollte in seinem Anteil an der Gemeinschaft verkürzt, niemand von der Sorge für die Lebensmittel bedrückt werden. Die Vermöglichen traten für die Armen ein, auch mit dem Opfer ihres eigenen Vermögens. In dieser Hinsicht hatte was in Jerusalem geschah den Charakter der Anfangszeit nach beiden Seiten an sich; es vergegenwärtigt uns das erste Glauben und Lieben mit seinem fröhlichen Mut und seiner frischen Kraft; aber auch das Unfertige, noch weiterer Erfahrung Bedürftige, das jedem Anfang anhaftet, tritt hervor. Die Christenheit mußte noch lernen, die Sorge für die natürlichen Lebensmittel mit ihrem Gebetsleben und ihrer Gemeinschaftspflege in Einklang zu bringen. Daß die vermöglichen Brüder für alle sorgten, war wohl für den Anfang möglich, ergab aber für die Dauer keine haltbare Grundlage der Gemeinde. Auch in dieser Hinsicht hat das Werk des Paulus den Fortschritt gebracht; er führte mit beharrlichem Ernst und großen persönlichen Opfern die Handarbeit in seinem Beruf durch und machte sie damit für alle zur Pflicht.

2,46.47: *Täglich verharrten sie einträchtig im Tempel und brachen in den Häusern das Brot, nahmen die Nahrung mit Jubel und Einfalt des Herzens, lobten Gott und hatten Gunst beim ganzen Volk. Der Herr aber fügte täglich die hinzu, die gerettet wurden.* Zunächst war durch die Liebe derer, die zu geben vermochten, für alle gesorgt, so war die Gemeinde imstande, sich täglich im Tempel zu vereinigen. Die Jünger hatten nicht die Absicht, sich von der alten Gemeinde zu trennen und eine Sekte zu stiften, die sich vom Tempel und den Synagogen gesondert hätte. Nur vom jüdischen Unglauben und der jüdischen Sünde schieden sie sich und die, die ihr Wort annahmen; nicht aber trennten sie sich von dem, was Gott Israel gegeben hatte, von der Heiligen Schrift, dem Tempel und der Gemeinschaft mit allen, die ernstlich Gott suchten. Vielmehr war ihnen jetzt, da sie Christus kannten, der Tempel noch viel teurer als je zuvor; er war der Ort ihrer täglichen Zusammenkunft. Dort pflegten sie zunächst im Anschluß an den Altardienst die Anbetung. Zugleich war dadurch, daß sie in den Hallen oder Höfen des Tempels ihren ständigen Aufenthalt hatten, jedermann im Volk die Gelegenheit gegeben, Anschluß an sie zu finden und sich sagen zu lassen, wer Jesus ist.

Aus dem Tempel ging nicht jeder für sich in sein Haus; auch die Mahlzeit war gemeinsam, natürlich verteilt in Gruppen, wie es die Gelegenheit mit sich brachte. Das „Brechen des Brots" bezieht sich hier zunächst darauf, daß es den Anwesenden zur Sättigung ausgeteilt wurde. Doch hat Lukas den Ausdruck wahrscheinlich in der Absicht gewählt, um an die Feier zu erinnern, die auch den Tisch der Christenheit heiligte. Angaben oder Regeln, wie oft und in welcher Form mit der Mahlzeit das Mahl des Herrn gefeiert wurde, hat er weder hier noch sonst gegeben. Er deutet nur an, daß bei den Mahlzeiten je und je die Feier stattfand, die der Christenheit im Unterschied von der Synagoge eigentümlich war und ihre Gemeinschaft mit Jesus und seinem Kreuz immer wieder erneuerte.

Was Lukas betont, ist die kräftige, selige Freude, die diese erste Gemeinde in ihrer ersten Zeit durchdrang. Es war die Schar derer, die Buße taten und in der Furcht Gottes lebten; aber ihre Buße machte sie nicht verzagt und unselig, und ihre Furcht Gottes quälte sie nicht; vielmehr mit Jubel waren sie beisammen, und das Lob Gottes war ihre tägliche Freude. Denn ihre Buße war Bekehrung zum Glauben an Christus, mit dem die vollkommene Gnade Gottes zu ihnen kam, und ihre Furcht Gottes bezog sich darauf, das herrliche Erbe nicht zu verlieren, das er ihnen verliehen hatte. Einfach, ohne Prunk und Sinnesreiz, ging es bei diesen gemeinsamen Mahlzeiten zu; doch war es nicht eine erzwungene und äußerlich aufgenötigte Einfachheit, sondern sie nahmen die Speise mit Einfalt des Herzens. Ihre Wünsche gingen nicht auf vielerlei und Kostbares; sie ließen ihr Herz nicht durch fleischliche Triebe zerrütten. Weil die bedürfnislose, für das Vorhandene dankbare Einfalt die Art ihres Herzens war, bildeten sie zusammen eine fröhliche Tischgenossenschaft, die Gott zu loben verstand.

In der ersten Zeit sah noch niemand in der Gemeinde etwas Gefährliches, das Haß und Verfolgung herausforderte. Man sah sie mit Eifer Gott dienen und sah ihre Glieder miteinander verbunden durch eine Liebe, die sich am Gewissen aller bewährte. So wurden ihnen noch die Bitterkeiten des Hasses erspart; der Zutritt zur Gemeinde wurde noch niemand durch Verleumdungen erschwert. Die Gemeinde wuchs, und die Taufe der neu Bekehrten gehörte ebenso zu ihrem täglichen Gottesdienst wie der Tempeldienst. „Der Herr tat sie hinzu" – das schärft uns Lukas in der ganzen Darstellung immer wieder ein. Nicht der Mensch, auch nicht der Apostel, bekehrt den anderen; Glauben schafft der Herr allein, das Wachstum der Gemeinde ist sein Werk. Das gab den Aposteln bei ihrer Arbeit die Ruhe und der Gemeinde im Blick auf ihr Wachstum die tiefe Freude; sie sah daran, wie der Herr sein Heilandsamt ausübte und Errettete gewann.

Kapitel 3,1-4,31

Der erste Kampf mit dem jüdischen Rat

Nachdem uns berichtet ist, wie die Gemeinde in Jerusalem entstand, folgt als zweites Hauptstück, wie es zum Bruch und Kampf mit der Judenschaft kam; Lukas hat darauf große Sorgfalt verwendet. Denn dieser Kampf hatte für den Fortgang der apostolischen Arbeit und die Geschichte der Kirche die größte Wichtigkeit. Lukas will uns zeigen, wie die Apostel mit reinem Gewissen und auf gerader Bahn in diesen Kampf geführt wurden. Sie haben ihn nicht etwa durch leidenschaftliche Bußpredigt oder ungeduldige Zudringlichkeit mitverschuldet; er wuchs ihnen auf dem Weg ihrer apostolischen Pflicht zu. Den Anlaß gab das Zeichen an einem Lahmen, nicht eine Tat des Petrus, sondern ein Werk des Christus. Daraus ergab sich für die Jünger die Gelegenheit, im Tempel das Evangelium zu verkündigen; sie durften ihr nicht ausweichen. Daraus entstand ihre Verhaftung und Vorführung vor den Rat.

3,1-3: *Petrus aber und Johannes gingen in den Tempel hinauf um die neunte Stunde, die die Stunde für das Gebet ist (10,3). Und ein Mann, der von Mutterleib her lahm war, wurde hergetragen (14,8), den sie täglich bei der Türe des Tempels niederlegten, die die schöne heißt, damit er ein Almosen von denen erbitte, die in den Tempel hineingingen. Als er Petrus und Johannes sah, die in den Tempel hineingehen wollten, bat er, um ein Almosen zu erhalten.* Die neunte Stunde, ungefähr drei Uhr nachmittags, war die Stunde, in der das zweite tägliche Opfer auf den Altar gebracht wurde. Mit dem Opfer im Tempel verband sich das Gebet des ganzen Volks; daher war diese Stunde zur Gebetsstunde gemacht worden. Petrus und Johannes taten, was jedem frommen Glied des Volks zustand; sie gingen zur Gebetsstunde ins Heiligtum. Nicht Petrus allein, sondern er mit Johannes zusammen haben die Sache Jesu vor dem Rat vertreten. Die Jünger hielten darauf, daß nicht ein einzelner für sich Zeugnis ablege, sondern zwei mit einstimmigem Wort sich gegenseitig unterstützen, wie schon Jesus nach dieser Regel gehandelt hatte (Mark. 6,7). Unter den Zwölf stand Johannes an Ansehen und Kraft Petrus am nächsten; er redete und handelte darum häufig mit ihm zusammen als der ihn unterstützende Zeuge (vgl. 8,14; Gal. 2,9). Sie trafen mit einem Lahmen zusammen, der gleichzeitig in den Tempel getragen wurde. Da zur Gebetsstunde mancher in den Tempel ging und nach ihr mancher ihn verließ, ließ der Lahme sich um diese Zeit an seinen bestimmten Platz beim „schönen Tor" legen, um die Gaben der Tempelbesucher zu empfangen. Unter den Tempeltoren zeichnen Josefus und die Rabbinen an der inneren Tempelmauer, die das eigentliche Heiligtum umgab, eines aus, dessen Torflügel mit kostbarer Bronze beschlagen waren; vielleicht ist dieses das schöne Tor. Es war das Ost-, also Haupttor des inneren Heiligtums und führte aus dem äußeren Tempelhof in den inneren Hof, den sogenannten Frauenhof, der allen Israeliten, die nach dem Gesetz rein waren, zugänglich war.

3,4-11: *Petrus aber sah ihn mit Johannes an und sagte: Sieh auf uns. Er aber achtete auf sie in der Erwartung, er erhalte etwas von ihnen. Petrus aber sprach: Silber und Gold habe ich nicht; was ich aber habe, das gebe ich dir; im Namen Jesu, des Christus, des Nazareners, geh umher! Und er ergriff ihn an der rechten Hand und richtete ihn auf. Sofort wurden seine Füße und die Knöchel fest, und er sprang auf, konnte stehen und ging umher und trat mit ihnen in den Tempel ein, ging umher und sprang und lobte Gott. Und das ganze Volk sah ihn, wie er umherging und Gott lobte. Sie erkannten ihn aber, daß er der war, der wegen des Almosens an der schönen Türe des Tempels saß, und wurden voll Staunen und Verwunderung um deswillen, was ihm geschehen war. Da er sich aber zu Petrus und Johannes hielt, lief das ganze Volk staunend bei ihnen zusammen bei der Halle, die Salomos Halle*[1] *heißt* (5,12; Joh. 10,23). Auch Petrus war ein armer Mann, ebenso arm wie der Bettler, und doch in seiner Armut reicher als alle. Er kennt Christus, dem die schöpferische Allmacht Gottes eigen ist, und ist durch ihn ermächtigt, die Plage von dem Lahmen zu nehmen. Da der Versammlung im Tempel nicht verborgen blieb, was geschehen war, erhielt Petrus nicht nur die Gelegenheit, sondern die Verpflichtung zur Predigt; es wäre ein Unrecht gewesen, wenn er die Bewunderung wegen des Geschehenen für sich angenommen und den Versammelten nicht den gezeigt hätte, der allein die wunderbare Heilung schuf.

3,12.13a: *Petrus aber, der es sah, antwortete dem Volk: Ihr Männer aus Israel, warum verwundert ihr euch über diesen? Oder warum seht ihr auf uns, als hätten wir in eigener Kraft und Frömmigkeit gemacht, daß er gehen kann? Der Gott Abrahams, Isaaks und Jakobs, der Gott unserer Väter, hat seinen Knecht Jesus verherrlicht.* Nicht dazu ist das Zeichen geschehen, damit die Menschen mit stumpfem Staunen den früher Lahmen anschauen. Ebensowenig wie der Lahme sind es die Apostel, auf die ihr Blick gerichtet sein soll. Solange sie bloß auf die Apostel sehen, können sie sich freilich nicht erklären, was hier geschehen ist. Auf Jesus haben sie zu sehen, zu

[1] In Jerusalem nannte man nach dem Bericht des Josefus die Halle, die an der Ostmauer des äußeren Hofes stand, die Halle Salomos.

dessen Verherrlichung Gott dies tat. Die Apostel tragen nicht in sich selbst die Wundermacht, auch nicht so, daß ihre Frömmigkeit Gott bewegte, solches zu tun, so daß ihr Werk auf ihrem Verdienst beruhte. Einzig in der Offenbarung Jesu liegt der Grund und Zweck der Wundertat. Denn Gott allein tut Wunder; er hat dieses dazu getan, damit Jesus Israel bekannt, groß und anbetungswürdig werde. Wegen seines Bundes mit Israel, um seiner Treue willen, mit der er ihm sein Wort hält und seine Verheißung erfüllt, hat er ihnen jetzt den Christus geoffenbart in derselben Weise, wie er sich je und je mit wunderbaren Zeichen schon den Vätern kundgetan hat. Knecht Gottes wird Jesus hier von Petrus genannt; das ist der Name, den die Hörer aus der Schrift kennen; zugleich zeigt dieser Name den Grund, weshalb sich Gott mit den Zeichen seiner Allmacht zu ihm bekennt: Jesus vollführt den Willen Gottes und tut sein Werk auf Erden. Darum macht Gott seinen Namen mit Macht und Ehre offenbar.

So erhielt das Zeichen die Kraft, Israel eindringlich zur Buße zu bewegen. Was Gott für Jesus tut und was Israel ihm tat, steht in völligem Gegensatz widereinander. Gott hat ihn verherrlicht, Israel ihn verleugnet. 3,13b-15: *Ihn habt ihr überantwortet und vor Pilatus verleugnet, als jener das Urteil fällte, ihn freizugeben. Ihr aber habt den Heiligen und Gerechten verleugnet und begehrt, daß euch ein Mörder geschenkt werde* (Matth. 27,15-26). *Aber den Anfänger des Lebens habt ihr getötet, den Gott aus den Toten erweckte, für den wir Zeugen sind.* Petrus erinnert an die Vorgänge in der Passionsgeschichte, die besonders geeignet waren, den Juden ihre Schuld sichtbar zu machen. Pilatus wollte Jesus freilassen, sie verleugneten ihn. Um das Leben des Mörders baten sie, den Heiligen und Gerechten verleugneten sie. Seine Gabe für sie war das Leben, da sich sein Werk in der Erhöhung zum ewigen Leben vollendet; sie aber wiesen nicht nur für sich die Lebensgabe zurück, sie töteten auch ihn. Ihrem Tun steht gegenüber, was Gott getan hat: die Auferweckung Jesu, ebenso aber das jetzt am Lahmen geschehene Zeichen. 3,16: *Und wegen des Glaubens an seinen Namen hat sein Name diesen, den ihr seht und kennt, kräftig gemacht, und der durch ihn bewirkte Glaube gab ihm diese Gesundheit vor euch allen.* Aus dem Glauben an Jesus kam diese Heilung und dient dadurch ihm zur Verherrlichung. Denn was der Glaube vermag und empfängt, das schöpft er nicht aus seiner eigenen Kraft, sondern aus dem, den er anruft und auf den er sich verläßt. Der Glaube, der hier wirksam war, ist an erster Stelle der der Apostel, hernach erst, weil sich an ihrer Zuversicht die des Lahmen aufrichtete, auch der seinige. Ihr Glaube erfaßte das, was der Name Jesu von ihm sagt; er war den Jüngern durch ihn gegeben, weil er durch Jesu Wort und Werk in sie gepflanzt ist. Daß der Glaube an Jesus in so merkwürdiger und sichtbarer Weise Erhörung fand, stellt darum ans Licht, daß Israel sündigte, als es Jesus verleugnete, die Apostel aber in der Wahrheit stehen, weil sie an ihn glauben.

Vor die Erkenntnis ihrer Schuld werden aber die Hörer nicht dazu gestellt, um sie in die Verzweiflung zu stürzen und dem göttlichen Gericht zu übergeben, sondern dazu, damit sie sich bekehren. Darum zeigt ihnen Petrus, was ihnen Hoffnung gibt und die Umkehr möglich macht. 3,17.18: *Und nun, Brüder, ich weiß, daß ihr aus Unwissenheit handeltet wie auch eure Obersten* (1. Tim. 1,13; Luk. 23,34). *Gott aber hat so erfüllt, was er schon vorher durch den Mund aller Propheten verkündigte, daß sein Christus leiden werde.* Auf Seite der Juden kommt hier in Betracht, daß sie den Beruf Jesu nicht verstanden; sie konnten es sich nicht denken, daß er so, wie er vor ihnen stand, der Christus sei. Diese Verhüllung, die seine Herrlichkeit ihrem Blick entzog, milderte ihre Verschuldung. Der schlimmste Kampf mit Gott, der mit vollem Bewußtsein und heller Erkenntnis seine Gnade dennoch wegstößt und sich dem, den er sandte, absichtlich widersetzt, wurde ihnen dadurch noch erspart. Auf Gottes Seite beruht das, was ihnen die Umkehr möglich macht, darin, daß es sein Wille war, daß Jesus durch das Kreuz zum Heiland werde. Gott hat durch alle seine Propheten dem Christus nicht nur Königtum und Herrlichkeit, sondern auch Leiden vorausgesagt, und dies kam durch Israels Unglauben und Versündigung zur Erfüllung. Der Tod Jesu hat also den Rat der Gnade und ihre Verheißung nicht entkräftet, sondern verwirklicht. Daher dürfen sie sich von ihrer Sünde scheiden, umkehren und jetzt an den von ihnen bisher Verworfenen glauben.

3,19.20: *Darum tut Buße und bekehrt euch, damit eure Sünden ausgelöscht werden, damit Zeiten der Erquickung vom Angesicht des*

Herrn kommen und er den für euch zuvor bestellten Christus Jesus schicke. Kehrt Israel reuig zu Gott um, so wird es von seiner Schuld frei durch das Vergeben Gottes, das der empfängt, der sich zu Jesus bekehrt. Wenn es aber von seiner Schuld gelöst ist und das göttliche Vergeben empfangen hat, dann können die großen Dinge geschehen, die ihm für die Endzeit verheißen sind. Dann können die Zeiten kommen, die der jetzigen, mit Schmerzen, Tod und Strafe gefüllten Zeit ein Ende machen und sein Volk erfahren lassen, wie freundlich Gott sich zu ihm hält und wie reich sich seine Güte an ihm offenbart. Diese Zeiten des Lebens, des Friedens und der Herrlichkeit kommen dadurch, daß Gott Jesus sendet. Petrus verkündigt die neue Erscheinung Jesu, weil mit ihr die Verherrlichung Gottes an der Menschheit und an der Erde kommt und der schmerzvolle Lauf der Geschichte durch sie in Herrlichkeit und Seligkeit zum Ziel gelangt.

Für die jetzige Zeit ist Jesus verborgen, wie es sein muß, nachdem Israel ihn verworfen und getötet hat. 3,21: *Ihn muß zwar der Himmel aufnehmen bis auf die Zeiten der Wiederbringung alles dessen, was Gott durch den Mund seiner heiligen Propheten seit alters sprach.* Die Verborgenheit Jesu im Himmel findet einst ein Ende, dann, wenn Gottes ganze Verheißung sich erfüllt. Ein großer Teil der Weissagung ist noch nicht erfüllt, all das, was die Umwandlung der Erde in das Reich Gottes verheißt. Auch dies wird erfüllt werden; die Festigkeit der Verheißung bringt Petrus zu lebendigem Ausdruck: Gott sprach diese verheißenden Worte; dabei waren seine Diener die heiligen Propheten; schon seit unvordenklicher Zeit sind diese Worte gegeben als Bürgen der göttlichen Gedanken, die über dem ganzen Verlauf der menschlichen Geschichte stehen. Die Erfüllung wird darin kommen, daß Jesus in einer zweiten Sendung, die ihn wieder zu Israel bringt, aus dem Himmel hervortritt. Wiederbringung, Rückgabe all dessen, was Gott verhieß, heißt Petrus das, was dann geschieht; denn Christus ist jetzt für Israel entrückt und damit ist ihm auch die Erfüllung der Verheißung vorerst entzogen. Gott gibt ihm aber den Christus wieder und gibt ihm damit die ganze Verheißung zurück.

3,22-24: *Mose hat gesagt: Einen Propheten wird euch Gott der Herr erwecken aus euren Brüdern wie mich. Auf ihn sollt ihr in allem hören, was er zu euch reden wird. Es soll aber geschehen: jede Seele, die auf jenen Propheten nicht hören wird, soll aus dem Volk ausgerottet werden* (5. Mose 18,15.19). *Und alle Propheten von Samuel und den folgenden an, so viele geredet haben, haben auch diese Tage verkündigt.* Von dem großen Ziel, auf das die Verheißung der Schrift und die Hoffnung des Volkes hinaussieht, wendet sich der Schluß der Rede hinüber zu dem, was Israel jetzt zu tun hat, damit es dieses Ziel erreiche. Die Schrift sagt es ihm bereits deutlich: Auf den Propheten, von dem schon Mose sprach, soll es hören. Im Glauben an Jesus und im Gehorsam gegen sein Wort erlangt es, daß Gott ihm die einst ihm gegebene Verheißung wiedergibt. Wer aber Jesus den Gehorsam verweigert, dem hat schon Mose das Gericht Gottes angesagt. Ebenso wie Moses Mahnung zielt die Verkündigung aller späteren Propheten, somit die ganze prophetische Schrift mit allen ihren Mahnungen, Drohungen und Tröstungen auf diese Tage. Christus ist ja jetzt erschienen und wird verkündigt; er wird daher angenommen oder verworfen. Deshalb fällt in diesen Tagen die Entscheidung über das Geschick Israels; dieser Zeit gelten alle Worte der Propheten wie früher keinem anderen Geschlecht.

Die Mahnung des Apostels zieht ihre Dringlichkeit daraus, daß die Verheißung Gottes seinen Zuhörern gehört und auch die Sendung des Christus für sie geschehen ist. 3,25: *Ihr seid die Söhne der Propheten und des Bundes, den Gott euren Vätern verordnet hat, als er zu Abraham sagte: Und durch deine Nachkommenschaft werden alle Geschlechter der Erde gesegnet werden* (1. Mose 12,3; Gal. 3,8). Israel zuerst ist der Segen Gottes zugedacht, und zwar so reich und herrlich, daß er von ihm aus zu allen Völkern kommen wird. 3,26: *Für euch hat Gott zuerst seinen Knecht bestellt und gesandt, der euch dadurch segnet, daß er euch, einen jeden, von euren Bosheiten bekehrt.* Alles, was die Sendung Jesu in sich trägt, geschah zuerst für Israel; als Glied der alttestamentlichen Gemeinde ist Jesus geboren, für sie tat er seine Arbeit auf Erden, für sie trug er das Kreuz und ihr schickt er jetzt das Evangelium. „Euch zuerst", nicht euch allein, sandte ihn Gott. Nie war es die Meinung der Apostel, daß das Reich Gottes nur Israel umfasse. Es reicht in seiner Vollendung bis an die Enden der Erde. Wie aber hernach Jesus auch den anderen Völkern verkündigt werde, lag noch in Gottes Rat verborgen und stand noch nicht im Blick der Apostel. Für die damalige Stunde war es genug, daß Israel es fasse: für uns ist Jesus gekommen, obwohl wir ihn kreuzigten. Und nicht als unser Richter uns zum Verderben kam er, sondern mit dem Segen Gottes, der Verheißung Gottes gemäß, die vom Segen Gottes über Abrahams Geschlecht und durch dieses über alle Geschlechter der Erde sprach. Der Segen wird Israel dann zuteil, wenn es sich von Jesus frei machen läßt von seinem bösen Wollen und Handeln. Wenn Israel aber bei seiner Bosheit bleibt, kann ihm der Segen des Christus nicht gehören; denn er wird nicht der Bosheit gegeben. Aber jeder, der sich von ihr abwendet, empfängt ihn; Israel hat daran die Heilandsgnade des Christus vor Augen, daß er es von seiner Bosheit weg zur Buße beruft.

Dieser Bericht über die Predigt des Petrus steht dem Bericht über die Pfingstrede nahe. Weil Lukas für das Wesentliche am Evangelium Jesu Sterben am Kreuz und seine Auferstehung hielt, ergaben sich für die Predigt der Apostel keine großen Unterschiede, da ihre Bezeugung in den Hauptpunkten nicht wechseln konnte. Aus ihnen erwuchs die Gestalt des Willens, durch den sich der Hörer Gott untergibt, und auch diese konnte nur durch ein bestimmtes, nicht schwankendes Wort beschrieben werden: Die Umkehr zum Glauben an Jesus mußte immer das Ziel bilden, auf das die Verkündigung hinstrebte. Doch besteht zwischen der ersten und der zweiten Rede ein Unterschied: Die Pfingstrede wies nur auf das hin, was vollbracht war, die Sendung, den Tod, die Auferstehung, die Erhöhung Jesu und die Ankunft des Geistes; sie besprach darum auch nur solche Schriftworte, die im vollbrachten Werk Jesu schon ihre Erfüllung gefunden hatten. Hier dagegen wird die ganze Verheißung besprochen, auch die noch nicht erfüllte, und es wird gezeigt, wie das Werk Jesu sich durch sein zweites Kommen bis zur letzten Gestalt des göttlichen Reichs vollenden wird. Damit erhält auch die an Israel gerichtete Mahnung erhöhte Wichtigkeit: durch sein Verhalten verliert oder gewinnt es seine herrliche Zukunft. Den Grund des Glaubens hatte die Gemeinde im vollbrachten Werk Jesu, das die Pfingstrede darlegte. Darum konnte dieses im apostolischen Zeugnis nie fehlen. Indem der Apostel aber auch das neue Kommen Jesu verkündigt und so das Verhältnis des Evangeliums zu den letzten, großen Worten der Schrift ins Licht stellt, erleichtert er dem Juden den Zutritt zu Jesus und macht ihm die Übereinstimmung zwischen dem Werk

Jesu und dem alttestamentlichen Wort deutlicher. Das Bild der apostolischen Predigt wird somit durch diese zweite Rede in einem wichtigen Stück ergänzt.

Für die beiden Apostel hatte die Rede den Erfolg, daß sie verhaftet wurden. 4,1-3: *Als sie aber zum Volk redeten, traten zu ihnen die Priester und der Hauptmann des Tempels und die Sadduzäer, die gekränkt waren, weil sie das Volk lehrten und an Jesus die Auferstehung von den Toten verkündigten* (23,8; Luk. 20,27), *und sie legten die Hände an sie und brachten sie bis zum Morgen in Haft; denn es war schon Abend.* Was sich im Tempel zutrug, geschah unter den Augen der Priester; diese waren entschlossen, die öffentliche Verkündigung Jesu vor einer großen Schar nicht zu dulden. Wenn die Apostel sich damit begnügten, für sich im Bruderkreis still auf die Wiederkunft Jesu zu warten, taten sie ihnen kein Leid an. Weil sie aber den Anspruch erhoben, daß das ganze Volk auf sie höre und sich zu Jesus bekehre, setzten sich die Priester zur Wehr. Das schien ihnen besonders notwendig zu sein, weil durch die Botschaft des Petrus die Auferstehung von den Toten beglaubigt wurde. Die mächtigsten Priestergeschlechter hielten sich zu den Sadduzäern und bekämpften deshalb den Auferstehungsglauben als träumerisch und verwirrend, weil er das Volk von den vernünftigen, erreichbaren Lebenszielen abziehe. Der Hauptmann des Tempels war ein vornehmer Priester, der den Befehl über die aus Priestern und Leviten gebildete Tempelwache führte und für die Ordnung im Tempel zu sorgen hatte; auch er gehörte wahrscheinlich zu den Sadduzäern. Er ließ die Apostel durch die Tempelwache in ein Gefängnis einschließen; ihre Vorführung vor den Rat zur Einholung eines Urteils war am gleichen Tag nicht mehr möglich.

Es ist selbstverständlich, daß auch die Bußpredigt des Apostels die Priester erbitterte. Die Verkündigung Jesu als des Christus beschrieb ihre Tat, als Fall und Sünde, die auf das ganze Volk vor Gott Schuld gebracht habe. Die Frage war aber, ob und warum der Glaube an Jesus ein Verbrechen sei. Hier kam es auf den Beweis an, den die Apostel für das messianische Amt Jesu hatten. Ihr Hauptbeweis war die Auferstehung. Das war aber in den Augen der Sadduzäer eine offenkundige Torheit; für sie war es ein ausgemachter Lehrsatz: Tote stehen nicht auf. Nun aber erschien dieser Wahnsinn nicht nur als eine Hoffnung und eine Lehre; er sollte durch die Tat Gottes erwiesen sein, und auf ihm wurde die Predigt von Jesus als dem Christus mit all ihren Folgerungen aufgebaut. Das hießen die sadduzäischen Priester einen groben Unfug, der nicht geduldet werden dürfe. Die pharisäischen Priester und Lehrer dagegen standen zur apostolischen Predigt anders; sie konnten Petrus nicht erwidern: „Was du sagst, ist Torheit; Tote stehen nicht auf." Ihnen galt es als gewiß, daß die Toten auferstehen und der Christus, wenn er kommt, sie auferweckt. Dann war es auch nicht schlechthin unmöglich. daß Gott Jesus auferweckt habe. Die Pharisäer brauchten darum Zeit und Überlegung, wie sie über die Verkündigung der Apostel urteilen sollten. Die sadduzäischen Priester waren rasch mit ihrem Urteil fertig; alles hing in der Predigt des Petrus an der Auferstehung Jesu, und diese war – das wußten sie – eine Unmöglichkeit.

Die Verhaftung der Apostel war jedoch nicht das einzige Ergebnis der Rede. 4,4: *Aber viele von denen, die das Wort gehört hatten, wurden gläubig, und die Zahl der Männer belief sich auf etwa fünftausend.* Der Erfolg wird von Lukas für noch größer geschätzt als der der Pfingstpredigt, wobei freilich die Entstehung der Pfingstgemeinde und ihr Eindruck auf die Einwohnerschaft dem neuen Zeugnis kräftig vorgearbeitet hat. Nur für die erste Zeit der apostolischen Mission und nur für Jerusalem gibt Lukas diese großen Zahlen: 3000 am Pfingstfest, 5000 infolge der Heilung des Lahmen und der Predigt im Tempel. Wir haben dabei daran zu denken, daß in Jerusalem alles zur Entscheidung reif war: die Zuhörer lebten in der Schrift und in der Weissagung. Nun wurde ihnen die Frage mit aller Bestimmtheit gestellt: Ist Jesus der Christus, oder ist er es nicht? Was für ihn sprach, hatte die Kraft eines in die Herzen dringenden göttlichen Zeugnisses. Mit der Ruhe, die die Wahrhaftigkeit gewährt, erklärten die Apostel: „Wir sahen ihn auferstanden". Der Geist war in ihnen, und die Zeichen bestätigten ihr Wort. Das waren so mächtige Antriebe zum Glauben, daß wir kein Recht haben, daran zu zweifeln, daß viele ihnen gehorchten. Freilich zerbrach das Kreuz Jesu allen Ruhm Israels; aber viele in der Gemeinde wußten, daß ihr Ruhm nichtig war; sie hatten keine Zuversicht zu ihrer eigenen Gerechtigkeit. An bußfertigen Stimmungen fehlte es der Judenschaft nicht; woran es ihr fehlte, war die klare Antwort auf die Frage:

„Wohin sollen wir uns wenden? Wie wird in uns etwas Neues?" Nun war die Antwort da: „Zu Jesus bekehrt euch!" Sie fand bei Tausenden Gehör. Dabei steht der Annahme nichts im Weg, daß Lukas den ganzen Erfolg zusammenfaßte, der sich an diese Ereignisse anschloß. Zum Glauben und zur Taufe kamen die Menschen nicht nur durch ein einmaliges Hören, sondern dadurch, daß sie auf Grund der Verkündigung den persönlichen Anschluß an die Apostel und die Gemeinde suchten und fanden.

Auf dem griechischen Boden war die Missionsarbeit viel schwerer; denn hier fehlten die Voraussetzungen für sie, die in Jerusalem in dem ernsten Teil der Gemeinde mit voller Kraft wirksam waren. Aller Augen waren hier auf Gott gerichtet, jedermanns Fleiß auf das Gesetz gewendet und alle Sehnsucht wartete auf den, der von Gott gesandt werde und seine Gnade offenbare. Bis der Heide dahin gebracht war, wo die Zuhörer des Petrus von Anfang an standen, war viel Unterricht und Arbeit erforderlich. Daher ging die Missionsarbeit des Paulus immer von einzelnen Bekehrungen aus und wuchs nur allmählich zu größeren Zahlen.

Man kann auch nicht sagen, für die eigene Arbeit Jesu wären solche Zahlen eher zu erwarten gewesen als für die der Jünger. Denn Jesus konnte seinen Hörern die Entscheidung für oder gegen ihn nicht mit derselben Bestimmtheit vorlegen wie die Apostel, die auf das fertige Werk Jesu hinzuzeigen vermochten. Vor dem Sterben am Kreuz blieb Jesu Ziel und Werk vom Geheimnis umgeben; er konnte es nicht mit Worten deuten; die Tat Gottes allein mußte hier Licht schaffen. Darum konnte in dem gleichen Jerusalem, in dem Petrus nach der Auferstehung Jesu Tausende zum Glauben führte, Jesus selbst das Evangelium nur so sagen, wie es uns Johannes an Nikodemus zeigt: Ein einziger Schriftgelehrter kommt zu ihm in der Nacht, und auch er geht vorerst wieder, weil Jesu Wort und Ziel ihm völlig dunkel bleibt. Für die Apostel aber waren alle damals noch offnen Fragen beantwortet: Die Kreuzestat war vollbracht, die Auferstehung geschehen; jedermann konnte sich entscheiden, ob er an diesen Jesus glaube, bei ihm das Wort Gottes höre und an ihm die Gnade Gottes schaue oder nicht.

Am folgenden Morgen kam der Rat zusammen, um über die Apostel einen Beschluß zu fassen. 4,5-7: *Es geschah aber, daß sich am*

Morgen ihre Obersten und Ältesten und Schriftgelehrten in Jerusalem versammelten und der Hohepriester Hannas und Kajaphas und Johannes und Alexander und alle, die zu einem hohepriesterlichen Geschlecht gehörten (Luk. 3,2), *und sie stellten sie in die Mitte und fragten: In was für einer Kraft und in was für einen Namen habt ihr das getan?* Lukas nennt die regierenden Priester, Hannas und Kajaphas, dieselben Männer, die den Prozeß gegen Jesus geführt hatten; über Johannes und Alexander sind sonst keine Nachrichten erhalten. Die Apostel standen also jetzt vor denselben Richtern, die einige Monate früher über Jesus das „Schuldig" gesprochen hatten. Untersucht wurde nicht die Lehre, sondern das Handeln der Apostel. War die Lehre gotteslästerlich, Verleugnung des Gesetzes oder offenkundiger Widerspruch gegen die Schrift, so unterlag freilich auch sie der Zuchtgewalt des jüdischen Gerichts. Hiefür mußte aber den Aposteln gegenüber der Beweis erst erbracht werden. Die Auferstehungslehre ließ sich vor dem Rat nicht als Grund ihrer Verurteilung verwenden; denn im Rat hatten auch die pharisäischen Lehrer Sitz und Stimme. Man hatte auch bisher mancherlei Lehrformen in der Gemeinde geduldet und es nicht erreicht, tiefgehende religiöse Gegensätze von ihr fernzuhalten. Wie es sonst allerlei Sondergruppen in der Gemeinde gab, die unter der Duldung des Rates standen, so mußte auch die Christenheit geduldet werden. Nun war aber die Heilung des Lahmen geschehen; das war eine Tat, die dem Wort des Apostel ein Gewicht gab, durch das es gefährlich wurde. Wie war diese Heilung geschehen?

Petrus gibt darüber sofort die bestimmte Auskunft. 4,8-12: *Da sprach Petrus, mit heiligem Geist erfüllt, zu ihnen: Oberste des Volks und Älteste, wenn wir heute wegen der Wohltat an einem kranken Menschen verhört werden, durch wen diesem geholfen worden sei, so sei es euch allen und dem ganzen Volk Israel bekannt, daß im Namen Jesu, des Christus, des Nazareners, den ihr gekreuzigt habt, den Gott aus den Toten auferweckt hat, in ihm dieser gesund vor euch steht. Dieser ist der Stein, der von euch, den Bauleuten, verachtet wurde, der zum Eckstein wurde* (Ps. 118,22; Matth. 21,42; Mark. 12,10; Luk. 20,17; 1. Petr. 2,7). *Und die Errettung geschieht durch keinen anderen. Denn es gibt auch keinen anderen Namen unter dem Himmel, der den Menschen gegeben wäre, durch den wir gerettet werden sollten.* Petrus hält dem Rat vor, daß sie aus einem seltsamen Grund angeklagt seien, da es ja der Heilung wegen geschieht, die sie dem Lahmen verschafft haben. Die, die offenkundig wohltun, und zwar da, wo niemand helfen konnte, unterliegen sonst nicht einem gerichtlichen Verhör. Der Name, durch den das Wunder geschah, den Gott mit seiner Macht verherrlichte, ist der Name Jesu. Dabei legt Petrus dem Rat dar, welcher Jesus gemeint ist: der von euch ans Kreuz gehängte, von Gott auferweckte, an dem das Psalmwort in Erfüllung ging: Die Bauleute verwarfen den Stein und wollten ihn nicht zum Bau zulassen; Gott aber machte aus ihm den Eckstein, auf den er den ganzen Bau, den er selbst aufrichtet, gründete. Mit diesem Wort hatte schon Jesus selbst den Machthabern sein Ende gedeutet. Das am Lahmen geschehene Werk beleuchtet grundlegend, welche Bedeutung Jesu für die ganze Menschheit hat. In ihm ist die Errettung und in keinem anderen. Er versöhnt und vergibt, er spendet den Geist und das ewige Leben. Niemand kann das; er allein tut es. So gibt es auch keinen anderen Namen als den seinen, der so angerufen und so geglaubt werden könnte, daß durch ihn Errettung gewonnen würde.

4,13.14: *Da sie aber das mutige Reden des Petrus und Johannes sahen und in Erfahrung brachten, daß sie Menschen ohne Schulung und ungebildet seien, verwunderten sie sich, und sie erkannten sie, daß sie mit Jesus gewesen waren, und da sie den Menschen bei ihnen stehen sahen, der geheilt worden war, konnten sie nicht widersprechen.* Bei den beiden Jüngern fand der Rat keine angstvolle Sorge für ihr Leben, kein unterwürfiges Werben um die Gunst der Machthaber. Sie standen vor ihnen frei, weil auf Gott gestützt, und freudig, weil seines Schutzes gewiß. Sonst erhob man sich durch Studien und Jüngerschaft bei einem Meister über das übrige Volk und gewann dadurch ein hohes Selbstbewußtsein und den Mut, sogar mit den Priestern und Lehrern des Rates offen und tapfer zu verhandeln. Daß dies bei den Aposteln nicht die Quelle ihrer Freudigkeit war, lag am Tage. Dagegen wurde festgestellt, daß sie zu den Gefährten Jesu gehört hatten. Der Rat hatte sich bei der Verurteilung Jesu nicht um die Jünger gekümmert in der Meinung, wenn er selbst beseitigt ist, verschwänden auch seine Anhänger. So war es dem Rat nicht von Anfang bekannt, daß er diejenigen Männer vor sich hatte, die Jesus begleitet hatten. Dadurch, daß dies durch die eigene Aussage der Apostel und das Zeugnis derer, die sie kannten, festgestellt wurde, war nicht nur die Zuversicht der Jünger erklärt, sondern auch die Wichtigkeit der Sache wesentlich erhöht.

Die Lage war aber für die Gegner Jesu nicht günstig. Auch der Geheilte war dem Rat vorgeführt worden und hielt sich treu und dankbar zu den Aposteln. 4,15-18: *Sie befahlen ihnen aber, aus dem Rat abzutreten, besprachen sich untereinander und sagten: Was wollen wir diesen Menschen tun? Denn ein unverkennbares Zeichen ist durch sie geschehen, das allen, die in Jerusalem wohnen, bekannt ist, und wir können es nicht leugnen. Aber damit es nicht weiter unter dem Volk verbreitet werde, wollen wir sie bedrohen, daß sie zu keinem Menschen mehr auf Grund dieses Namens reden sollen. Und sie riefen sie und befahlen, daß sie überhaupt nicht mehr reden oder lehren dürften auf Grund des Namens Jesu.* Unmittelbar auf das Wunder hin, die Apostel zu bestrafen, gleichsam zum Lohn dafür, daß Gott ihnen die Heilung des Kranken gewährt hatte, ging nicht an. Auch hier stellt Lukas dar, wie sehr der Rat gewohnt und auch genötigt war, auf das Urteil des Volks zu achten. Er hatte eine Gemeinde um sich, die nicht blindlings hinnahm, was er beschloß, sondern jeden Schritt der Regierenden daraufhin prüfte, ob er sich am Gesetz rechtfertigen lasse und der Gerechtigkeit entspreche. Nun wurde aber die Verbreitung des Evangeliums unter der Judenschaft durch das Zeichen unterstützt; darum fürchtete der Rat, der Glaube an Jesus breite sich aus, und dies umso mehr, wenn bekannt würde, der Rat habe zwar über die Apostel verhandelt, aber nichts gegen sie unternommen. So wurde beschlossen, ihnen jedes Reden und Lehren über Jesus zu verbieten.

Die Apostel verhielten sich so, wie es die Wahrhaftigkeit verlangte. 4,19.20: *Petrus und Johannes antworteten aber und sprachen zu ihnen: Ob es vor Gott gerecht ist, auf euch mehr als auf Gott zu hören* (5,29), *darüber fällt ein Urteil. Denn uns ist es unmöglich, was wir sahen und hörten* (1. Joh. 1,1) *nicht zu sagen.* Das Verbot des Rats trifft nicht die eigenen Meinungen der Apostel, Dinge, die in ihrer Gewalt und Willkür liegen, sondern, was sie sahen und hörten, hat Gott so bewirkt. Daher ist ihnen von Gott die Pflicht auferlegt zu reden; sie würden Gott den Gehorsam verweigern, wenn sie dem

Rat gehorchten. Der Rat hat also darüber zu beschließen, ob er von ihnen den Ungehorsam gegen einen offenkundigen Befehl Gottes verlangen darf. Die Apostel waren dessen gewiß, wie sie sich zu verhalten haben; sie werden tun, was Gott sie tun hieß. Darum weckten sie auch keinen Augenblick den Schein, als sei der Befehl des Rats für sie annehmbar.

Damit war der Kampf begonnen. Entweder ging der Rat von seinem Verbot zurück, oder mußte er die Apostel strafen und die Verfolgung beginnen. 4,21.22: *Sie aber fügten Drohungen hinzu und ließen sie frei, da sie nicht fanden, wie sie sie strafen könnten, wegen des Volks, weil alle Gott um deswillen priesen, was geschehen war. Denn der Mensch, an dem dieses Zeichen der Heilung geschehen war, war mehr als vierzig Jahre alt.* Der Rat gab seine Feindschaft nicht auf, blieb aber jetzt noch bei Drohungen stehen. Er hoffte, die Apostel würden vielleicht doch, durch die Furcht vor dem Tod zur Vorsicht bewogen, schweigen, aus Jerusalem wegziehen oder doch größere Zurückhaltung üben und nicht mehr vor allem Volk im Tempel Jesus verherrlichen.

Die Apostel erstatteten der Gemeinde Bericht. Der Ernst der Lage war allen klar. Der schwere Kampf begann, reich an Schmerzen für alle, nicht nur um der Schmach und der Leiden willen, die zu tragen waren; er mußte zuletzt auch den Untergang Israels und die Ausstoßung der Christenheit aus dem Tempel und den Synagogen herbeiführen. Wie die Gemeinde in diesen Kampf trat, hat uns Lukas wunderbar schön durch ihr Gebet verdeutlicht.

4,23-28: *Als sie freigelassen waren, kamen sie zu den Ihrigen und berichteten, was die Hohenpriester und die Ältesten zu ihnen gesagt hatten. Sie aber erhoben, als sie es hörten, einmütig die Stimme zu Gott und sprachen: Herrscher, der du den Himmel und die Erde und das Meer und alles, was in ihnen ist, gemacht hast, der du durch den heiligen Geist durch den Mund Davids, deines Knechts, gesagt hast: Warum tobten Heiden und Völker planten Nichtiges? Die Könige der Erde traten auf, und die Herrscher versammelten sich gegen den Herrn und gegen seinen Christus* (Ps. 2,1.2). *Denn es haben sich in Wahrheit in dieser Stadt gegen deinen heiligen Knecht Jesus, den du gesalbt hast, Herodes und Pontius Pilatus mit den Heiden und den Scharen Israels versammelt* (Luk. 23,1-25), *um zu tun, was deine Hand und dein Rat bestimmt hat, daß es geschehen soll.* Die Gemeinde hält sich zunächst die Schöpferherrlichkeit Gottes vor Augen, neben der alle menschliche Größe und Macht dahinfällt. Sodann hat Gott im zweiten Psalm den Aufruhr der Völker und Fürsten gegen ihn und seinen Gesalbten zum voraus kundgetan, ihnen aber auch zum voraus das Urteil gesprochen. Was sie beginnen, zerfällt, wenn sie sich gegen den Christus erheben; denn der im Himmel sitzt, lacht. Das zeigte der Gemeinde ihren Weg; die Schrift spendete ihr auch in dieser Lage Trost und Mut. Sie hielt Gott die Gefahr ihrer Lage ernstlich vor. In Jerusalem ist geschehen, was der Psalm sagt: Fürsten und Völker waren gegen Christus eins geworden, Pilatus und Herodes, die bei der Kreuzigung Jesu mitwirkten; sie sind auch jetzt wieder bereit, den Beschlüssen des Rats zur Ausführung zu helfen: die Heiden, die von vornherein Gottes Wort verwerfen, und die Scharen der Völker Israels, die dem Rat und den Priestern anhängen. Neben ihnen ist die Gemeinde ein kleines Häuflein, das bald erdrückt sein wird; sie bewahrt aber den Glaubensstand. Nichts geschieht auch durch die Widersacher Jesu als der Wille Gottes. Wie er bei der Kreuzigung Jesu geschah, so wird er auch jetzt bei der Verfolgung der Christenheit wieder geschehen. Die Gemeinde glaubte an die Regierung Gottes; daraus gewann sie die Ergebung, die alles hinzunehmen vermag, was Gott ihr gibt, Tod oder Leben, Verfolgung oder Frieden. Nun baut sie auf die Ergebung ihre Bitten auf. Es ist ihr mehr geschenkt als das Stillewerden, mit dem sie ihren Willen dem Willen Gottes unterwirft; sie darf bitten. 4,29.30: *Und jetzt, Herr, siehe auf ihre Drohungen und gib deinen Knechten, daß sie mit voller Freudigkeit dein Wort sagen* (Eph. 6,19), *indem du die Hand zur Heilung ausstreckst und Zeichen und Wunder durch den Namen deines heiligen Knechts Jesus geschehen.* Zart, dem göttlichen Gericht nicht vorgreifend, wird ausgesprochen, was Gott mit den Verfolgern tun soll. Die Gemeinde bittet, daß Gott auf die Drohungen ihrer Widersacher achte; mehr braucht es nicht. Er wird alles tun, was zu ihrem Schutz nötig ist. Etwas zweites erbittet die Gemeinde bestimmter mit klar gefaßtem Verlangen: Sie legt in die Ausrichtung ihres Berufs ihren ganzen Willen; ob sie das mit Freudigkeit tun kann, das ist durch Gottes Gabe bedingt; darum bittet sie.

Zum freudigen Reden des göttlichen Wortes helfen die Zeichen. Lukas hebt nicht umsonst hervor, daß die Zeichen erbeten waren. Sie entstanden nicht abseits vom Gebetsleben der Jünger; denn sie beruhten auf Glauben, und dieser entsteht und erhält sich im Gebet.

Ein Zeichen der Erhörung folgte. 4,31: *Und als sie beteten, schwankte der Ort, in dem sie versammelt waren, und alle wurden vom heiligen Geist erfüllt und sagten das Wort Gottes mit freudigem Mut.* Die Gemeinde spürte die Macht Gottes, die alles umfaßt, und neue, reiche Äußerungen des aus dem Geiste stammenden Gebets und Worts folgten. Demgemäß wurde der Gemeinde auch gegeben, worum sie gebetet hatte. Die Missionsarbeit stockte nicht; auf der Predigt lag kein innerer Druck, der ihre Wirkung gehemmt hätte. Der Beschluß des Rates hatte kein Ergebnis. Die Jünger Jesu beriefen das ganze Volk freudig und öffentlich zu ihm.

Als Lukas schrieb, war die Lage der Kirche im ganzen römischen Reich wahrscheinlich schon sehr schwer. Die Judenschaft betrieb überall mit glühendem Eifer ihre Ausrottung, und auch die römischen Machthaber in den griechischen Landen suchten ihr Wachstum zu unterdrücken. Lukas hat dieses Bild schwerlich ohne Rücksicht auf seine Gegenwart gezeichnet. Die Christenheit konnte daran lernen, nicht nur, wie es einst die Apostel machten, sondern auch, wie sie selbst ihren Kampf richtig und treu vollführe. So ruhig auf den Weg der Pflicht beschränkt, aber auch so tapfer und so gläubig hat sie in die Leidenszeit hineinzugehen.

Kapitel 4,32-5,16

Die innere Kraft der Gemeinde

Ehe die vorangehende Erzählung zum Abschluß gebracht wird und wir hören, was der Rat unternahm, um den Ungehorsam der Apostel gegen seinen Befehl zu bestrafen, beschreibt uns Lukas, was die Gemeinde inwendig stark machte; es war ihre Liebe, aber auch der Ernst der Zucht, mit dem sie der Sünde in ihrer Mitte widerstand. 4,32.33: *Aber die Schar derer, die gläubig geworden waren, hatte ein Herz und eine Seele, und nicht einer sagte von etwas, was ihm gehörte, es sei sein eigen, sondern alles war ihnen gemeinsam*

(2,44). *Und mit großer Kraft richteten die Apostel das Zeugnis von der Auferstehung des Herrn Jesus aus, und große Gnade war auf ihnen allen.* Wie in Kap. 2,43-45, steht auch hier die persönliche Verbundenheit der Gemeindeglieder miteinander voran; sie dachten aneinander, sorgten füreinander, litten miteinander und vermochten es darum, einträchtig zu sein. Das steht auch hier vor der Verwendung der Geld- und Lebensmittel für alle. Darauf, daß ihnen alles gemeinsam war, würde Lukas keinen Wert legen, wäre nicht zuerst das eine Herz und die eine Seele in der Gemeinde vorhanden gewesen. Aus ihrer innerlichen Verbundenheit entstand die Regel, nach der sie ihren Besitz für einander fruchtbar machten. Wenn Lukas sagt, keiner habe von seinem Besitz gesagt, ihm gehöre er, so schließt das die Deutung aus, er berichte von einer neuen, der Christenheit eigentümlichen Gesetzgebung über die Eigentumsverhältnisse. Jeder konnte von seinem Haus und Vermögen sagen, es sei sein; er hätte damit nur ausgesprochen, was rechtens war; aber er sagte es nicht. Seine Habe „gehörte ihm"; aber er verwendete sie nicht für sich. Lukas betont, daß sich alle in diesen starken, entschiedenen Liebessinn hineinziehen ließen. Nicht nur einzelne in der Gemeinde dachten so: Denen, die hier vorangingen, folgten alle nach. Darum war ihnen alles gemeinsam. Auch hier liegt der Ton wieder auf der Unbegrenztheit der Liebe, die den Brüdern nichts entzog, nichts nur für sich selbst verwertete, jeden Gewinn mit den anderen teilte und alle Mittel auch für sie ausnützte. Weil aber die Gemeinde am Wort ihren Grund und ihr Leben hatte, folgt sofort die Erinnerung an die Lehre der Apostel, an ihr Zeugnis von der Auferstehung Jesu, das sie mit großer Kraft ablegten. Und wie der Herr sich zu ihnen hielt, sagen die Worte: Sie erfuhren von ihm große Gnade.

Doch kam es Lukas besonders auf die Fürsorge der Gemeinde für ihre Armen an. Er stellte zwei Beispiele einander gegenüber; das eine zeigt die entschlossene, tapfere Hingabe des eigenen Besitzes an die Gemeinde; das andere zeigt, wie sich auch hieran Sünde und Unwahrhaftigkeit anschloß und wie ernst die Apostel den Kampf dagegen führten.

4,34.35: *Denn es war auch kein Darbender unter ihnen. Denn alle, die Besitzer von Grundstücken und Häusern waren, verkauften sie und brachten den Preis für das Verkaufte und legten ihn zu den*

Füßen der Apostel nieder. Es wurde aber jedem ausgeteilt, wie er es bedurfte. Lukas bringt die Fürsorge der Gemeinde für ihre Glieder mit dem Reichtum von Gnade in Zusammenhang, der ihre Arbeit begleitete. Wie die Gläubigen füreinander sorgten, das bedingte und begründete, wie der Herr sich zu ihnen verhielt. Er gab ihnen reichlich, weil auch sie reichlich gaben. Den Lohn ihrer Liebe hatten sie in der großen Gnade, die ihnen von oben her widerfuhr.

Neu ist hier gegenüber dem früheren Bericht nur, daß ausdrücklich betont wird, die Verteilung der Gaben habe nicht jeder nach seinem Ermessen besorgt. Sowie die Gemeinde größer wurde, war hier Ordnung und Einheitlichkeit unerläßlich. Daher wurde das Geld den Aposteln übergeben. Es entstand also eine von den Aposteln verwaltete Gemeindekasse, aus der die einzelnen erhielten, was zu ihrem Unterhalt nötig war.

4,36.37: *Joseph aber, dem die Apostel den Beinamen Barnabas gaben, was übersetzt heißt „Sohn der Tröstung", ein Levit, seinem Geschlecht nach ein Cyprier, verkaufte den Acker, den er besaß, und brachte das Geld und legte es vor den Füßen der Apostel nieder.* Als Beispiel für die reine, aufopfernde Liebe, in der die Gemeinde damals handelte, nennt Lukas Barnabas; er hat damit begonnen, daß er seinen Grundbesitz für die Gemeinde opferte. Nachher hat er in der Verbreitung des Wortes und in der Leitung der Gemeinden Großes geleistet und ist für viele zum Apostel geworden. Daher sind auch seine Namen und seine Herkunft genau angegeben. Er war Levit, jedoch aus Cypern gebürtig, das eine große Judenschaft hatte, und gehörte so zum griechisch redenden Teil der Gemeinde. Von den Eltern her hatte er den Namen Joseph, Barnabas war Zuname. Der „Trost Israels" war ein in Jerusalem häufig gehörter, schöner Name für das Heilsgut, das der Christus bringen wird (Luk. 2,25). „Der Sohn der Tröstung" wird wie Sohn des Reiches, des Bundes, des Lichtes, den bezeichnen, dem die Tröstung gehört. Die Apostel hießen Barnabas so als den, der des Trostes in Gottes Reich, den Christus seinen Jüngern bereiten wird, gewiß sein darf.[1] Undeutlich ist, wie sich diese Übersetzung mit dem Laut des

[1] Auch daran läßt sich denken, daß der Name auf die prophetischen Gaben des Barnabas sieht und ihn Sohn des Trostes nennt, weil durch ihn der ermunternde, mahnende Anruf des Geistes zur Gemeinde kommt.

Namens Barnabas verbinden soll. Wahrscheinlich wurde bei dieser Deutung – mit freiem Anklang an den Laut ohne buchstäbliche Genauigkeit – ein bedeutsamer Gedanke mit einem anderweitig entstandenen Namen verknüpft.[1]

Nun hören wir, wie die Apostel der Sünde in der Gemeinde widerstanden und ihre Macht, Böses zu richten, erwiesen. Verwunderlich wäre es nicht, wenn uns Lukas von Versündigungen derer erzählte, die die Unterstützung der Gemeinde empfingen, dabei aber unlauterer, träger Begehrlichkeit nachgaben und die Liebe der Brüder ohne Not ausnützten. Gegen solche Versündigungen mußte eine Gemeinde, die so eifrig für alle sorgte, jedenfalls ernstlich kämpfen. Lukas wollte uns aber noch tiefer in die Versuchungen und Kämpfe hineinsehen lassen, in denen die Christenheit die Kraft der Überwindung zu bewähren hatte. Er wählte darum mit Bedacht sein Beispiel nicht aus der Zahl der Empfänger der Gaben, sondern aus der ihrer Geber. Auch denen, die dem Zug der Liebe folgten und beträchtliche Opfer für die Brüder brachten, stellte sich die Versuchung entgegen, und nicht alle bestanden sie. Es wurde nötig, die Verwerflichkeit der Sünde durch Gericht und Tod öffentlich ans Licht zu stellen.

5,1.2: *Aber ein Mann mit Namen Ananias mit seiner Frau Sapphira verkaufte den Besitz und entwendete von dem Preis, was auch die Frau wußte, und brachte einen Teil und legte ihn zu den Füßen der Apostel nieder.* Was Ananias tat, war eine unredliche Entwendung. Der Acker und sein Verkaufspreis gehörten ihm; aber er erklärte, er verkaufe ihn für die Gemeinde und gebe ihr den Erlös. Er hatte durch seine Erklärung den Acker der Gemeinde übergeben, brachte nun aber doch nicht das Ganze, sondern nur einen Teil zu den Aposteln. Was ihn bewegte, ist durchsichtig. Er hing am Besitz und sagte sich alle die triftigen Gründe, durch die auch wir die eifrige Erhaltung und Mehrung unseres Vermögens vor uns rechtfertigen. Behielt er einen Teil seines Vermögens in seiner Hand, so ließ dieser sich zu allerlei Bequemlichkeit und Vorteil verwerten, die wegfielen, wenn sein Unterhalt nur von seiner eigenen Arbeit und im Notfall von der Hilfe der Gemeinde abhing. Wenn sich die anderen

[1] Nach dem Laut exakt geschrieben, hieße „Sohn des Trosts" Barnaamas.

nach des Herrn Wort der Sorglosigkeit überließen und jeden Tag ihre Nahrung aus Gottes Händen nahmen, so hatte dies leicht eine bittere Kehrseite; jedenfalls war ein sichtbarer Stützpunkt und Vorrat, woran sich das Herz tröstete, nicht zu verachten. Auf der anderen Seite reizte ihn der Liebeseifer der anderen. Auch er sah, es sei recht und schön, daß die Brüder füreinander sorgten und dafür ihre Vermögen einsetzten. Die Rücksicht auf die Ehre war wohl auch dabei. Er wollte nicht hinter anderen zurückstehen und nicht zugeben, daß es ihm an Glauben und Liebe gebreche und er nicht imstande sei, auf seinen Grundbesitz zu verzichten. In dieser Schwankung widereinander stoßender Begehrungen brach er nicht mit klarer Entscheidung durch, sondern ging den krummen, unredlichen Mittelweg. Er verkaufte und behielt doch vom Preis zurück; er gab, aber nicht, wie er sagte, alles; er behielt zurück und wollte es dennoch nicht Wort haben; er hoffte wie alle Toren, die sündigen, er könne es heimlich tun. Seine Frau wußte davon; er hatte sein Verfahren reiflich überlegt und mit seiner Frau besprochen. Es war eine bewußte Sünde, für die er verantwortlich war.

Nun war es die Aufgabe des Apostels, den Schein zu zerstören und die Lüge ans Licht zu ziehen. Die Grundbedingung für die Reinheit der Gemeinde war angetastet, die Aufrichtigkeit vor Gott und gegeneinander.

5,3.4: *Petrus aber sagte: Ananias, warum hat der Satan dein Herz gefüllt, daß du den heiligen Geist anlügst und vom Preis des Grundstücks entwendest? Blieb es nicht dein eigen, und war es nicht, nachdem es verkauft war, in deiner Macht? Warum hast du in deinem Herzen diese Sache beschlossen? Du hast nicht Menschen, sondern Gott belogen.* Petrus wurde der prophetische Blick gegeben, der ihm die Willenshaltung und die geheimen Handlungen des Ananias sichtbar machte. Gefüllt ist dasjenige Herz, das einen festen Entschluß und Willen hat, aus dem die Tat erwächst. Ringen noch der gute und der böse Wille im Herzen miteinander, schwankt und zweifelt es noch, steht es zwar in der Versuchung, aber noch nicht im Entschluß und Fall, dann ist es noch nicht „gefüllt". Ananias hatte sich entschieden, und sein Wille ging dahin, den heiligen Geist zu belügen. Diesen Entschluß wirkte der Satan in ihm. Er hat nicht nur als Versucher die sündlichen Reizungen in die Seele des Ananias geworfen, sondern ihn damit gefangen, so daß daraus dessen eigener Wille wurde. So wurde sein Herz „gefüllt".

Den heiligen Geist belog Ananias, der in der Gemeinde seine Gegenwart hat und in den Aposteln wirksam ist. Er trotzte dem Geist und stellte ihn auf die Probe, ob er sich hintergehen lasse und als echt hinnehme, was nur Schein war. Petrus spricht wie Jesus mit besonderem Gerichtsernst dann, wenn der Geist angetastet wird. Das ergibt die tiefsten Versündigungen, weil sie gegen Gottes deutliche Gegenwart und reichste Gnade gerichtet sind. Daraus, daß der Geist in der Gemeinde wirkt, fließt ihr Frohlocken, ihre Anbetung Gottes, ihre Gewißheit des Heils, ihre Gemeinschaft; aber daraus ergibt sich auch die unzerbrechliche Verpflichtung, daß sie in der Wahrheit stehe und im Licht wandle. Denn sie steht in der Gegenwart dessen, der nicht belogen werden kann und dem, der ihn zu belügen versucht, seine Gemeinschaft entzieht. Petrus hält Ananias die verblendete Torheit seines Entschlusses vor. Niemand nahm ihm seinen Acker, und wenn er ihn verkaufen wollte, so gehörte ihm der Erlös. Was bewog ihn nun, ihn der Gemeinde zu übergeben und doch etwas davon heimlich für sich zu behalten? Er dachte nur an die Menschen, die er belügen könne; aber er hat es in dieser Sache nicht mit den Menschen, sondern mit Gott zu tun.

Das kranke Gewissen des Ananias war enthüllt; er stand vor Petrus als der Schuldige vor dem Richter. Da zerbrach sein Leben. 5,5.6: *Als aber Ananias diese Worte hörte, stürzte er hin und verschied. Und große Furcht kam auf alle, die es hörten. Die Jugendlichen aber standen auf, rüsteten ihn, trugen ihn hinaus und begruben ihn* (1. Petr. 5,5). Nicht Petrus sprach Ananias dieses Urteil. Der Geist, der durch Petrus redet, erweist sich als der Kenner des Herzens und als der Widersacher aller Lüge und lieblosen, ungläubigen Eigensucht; daß aber dem Urteil die Strafe folgte und in dieser Form, das war Gottes Tat. Die Furcht, von der Lukas schon 2,43 gesprochen hat, wurde dadurch in allen neu erweckt und verstärkt. Jedermann sah, es gelte einen ernsten, aufrichtigen Bruch mit allem, was böse ist. Die jüngeren Männer, denen die für die Versammlungen nötigen Dienstleistungen zufielen, rüsteten die Leiche zum Begräbnis und trugen sie in eine der Grabkammern, deren Benützung der Gemeinde zustand.

5,7-11: *Es gab aber eine Unterbrechung etwa von drei Stunden, da trat seine Frau herein, die nicht wußte, was geschehen war. Petrus aber antwortete ihr: Sage mir, habt ihr das Grundstück um so viel verkauft? Sie sagte: Ja, um so viel. Petrus aber sprach zu ihr: Warum habt ihr euch vereinbart, den Geist des Herrn zu versuchen? Sieh! die Füße derer, die deinen Mann begruben, sind an der Türe, und sie werden dich hinaustragen. Sofort stürzte sie zu seinen Füßen hin und verschied. Als aber die Jünglinge hereinkamen, fanden sie sie tot, und sie trugen sie hinaus und begruben sie bei ihrem Mann. Und es kam große Furcht auf die ganze Gemeinde und auf alle, die das hörten.* Die Frage des Petrus stellte die Frau inwendig vor die Entscheidung. Sie fand den Willen nicht, die Lüge zu zerreißen, und gab dadurch ans Licht, daß in ihrem Mann und ihr der sündliche Entschluß gefestigt und vollendet war. Sie stellte den Geist Gottes auf die Probe, ob er ihre verborgene Sünde kenne und dulde oder nicht. Auch sie starb. Dadurch erhielt der Vorgang noch mehr das Merkmal einer göttlichen Gerichtstat, die alle vor der Sünde warnte und zum Kampf gegen sie stärkte.

5,12.13: *Durch die Hände der Apostel geschahen aber viele Zeichen und Wunder im Volk, und alle waren einträchtig in der Halle Salomos* (3,11; Joh. 10,23). *Von den anderen aber wagte keiner, sich ihnen anzuschließen, sondern das Volk hielt sie hoch.* Lukas fügt bei, daß sich auch sonst viele Wunder zutrugen; sie stellten die prophetische Macht im Wort der Boten Jesu und die Wirksamkeit des Geistes durch sie hell ans Licht. Das bewirkte innerhalb der Christenheit, deren Versammlungsort damals noch der Tempel war, die feste Verbundenheit. Zugleich hatte die Gemeinde am Wunder, das die Apostel wirkten, einen festen Schutz gegen unredliche Leute, die sich heuchlerisch, etwa um der Liebesgaben willen, hätten an sie anschließen können. Die kräftige Gegenwart Gottes bei der Gemeinde hielt alle, die nicht mit aufrichtigem Glauben zu ihr kamen, von ihr fern. Dazu half auch die Ehrfurcht mit, mit der das Volk sie behandelte. Weil jedermann sah, daß man sie nicht verachten durfte, blieben die Unredlichen abseits. Darin lag aber kein Hindernis für den Fortgang der Missionspredigt. 5,14.15: *Immer mehr wurden aber solche, die dem Herrn glaubten, hinzugetan, Scharen von Männern und Frauen, so daß sie sogar auf die Straßen die Kranken hinaustrugen und sie auf Betten und Polster legten, damit, wenn Petrus komme, wenigstens sein Schatten einen von ihnen beschatte.*

So zuversichtlich erwarteten die Menschen von jeder Berührung mit Petrus den Empfang göttlicher Kraft und Gnade, durch die ihnen Heilung gespendet werde. Lukas sagt nicht, daß der Schatten des Petrus jemand gesund machte. Die Jünger blieben klar und fest dabei, daß sie nicht in sich selbst die Wundermacht hatten, sondern daß diese allein Gottes sei und im Glauben an Jesus empfangen werde zur Verherrlichung seines Namens. Jedermann in der Christenheit freute sich aber, daß die Kraft Gottes sich so sichtbar in den Aposteln erwies. So wurden aller Augen auf sie als auf die Werkzeuge Gottes gerichtet, mit denen man nicht in Berührung komme, ohne daß Segen und Kraft von ihnen ausgehe.

5,16: *Es kam aber auch die Menge aus den Städten rings um Jerusalem her zusammen, und sie brachten Kranke und von unreinen Geistern Geplagte, die alle geheilt wurden.* Da der Ruf der Apostel auch in die anderen Orte Judäas kam, wiederholte sich Ähnliches, wie es bei Jesus geschehen war: Die Kranken wurden ihnen auch aus der Landschaft zugetragen. Besonders hervorgehoben sind auch hier wie in den Evangelien die, die von Geistern gequält wurden. Sie bedurften besonders der Hilfe und nahmen den Glauben der Apostel in besonderer Weise in Anspruch. Denn hier war das heilende Wort an die jenseitigen Verderber gerichtet in der Zuversicht, daß Christus der Beschützer und Schirmer auch gegen alle unsichtbaren Feinde sei und sein Wort bis in die Tiefen des Abgrunds hinab mit königlicher Macht wirke.

Kapitel 5,17-42

Der zweite Angriff des Rats auf die Apostel

Wie lange der Rat zusah, wie die Apostel seinen Befehl, von Jesus zu schweigen, übertraten, sagt uns Lukas nicht. Schließlich bewog aber das Wachstum der Gemeinde die Häupter der Priesterschaft zu einem erneuten Versuch, die Apostel zu beseitigen. 5,17.18: *Aber der Hohepriester stand auf, und alle, die zu ihm hielten, die Partei der Sadduzäer, wurden voll von Eifer und legten die Hände an die*

Apostel und brachten sie in Haft im Staatsgefängnis. Der Angriff auf die Jünger Jesu ging vom Hohenpriester und den mit ihm verbundenen Priestergeschlechtern, also von der Partei der Sadduzäer aus. Die Verhältnisse lagen noch ebenso wie in den Tagen Jesu. Auch die Pharisäer hielten sich vom Evangelium fern; sie fanden aber schwer den Entschluß zur Gewalttat, da sie durch die Furcht, sie könnten sich versündigen, vom Handeln zurückgehalten wurden. Die Sadduzäer dagegen verwarfen dieses Zagen, bei dem das Übel nur immer größer werde, und machten sich ans Werk. Den Namen des Hohenpriesters hat uns Lukas nicht genannt; dies soll aber schwerlich eine Andeutung sein, daß Kajaphas damals nicht mehr Hoherpriester war; er wurde erst im Frühjahr 36 zugleich mit der Entfernung des Pilatus von der Statthalterschaft seines Amts enthoben; an seine Stelle trat der Sohn des Hannas, Jonathan[1]. Die Priester veranlaßten die Verhaftung der Apostel. Diesmal traf sie nicht nur Petrus und Johannes, wenngleich der Ausdruck des Lukas darüber keine Sicherheit gibt, daß genau alle Zwölf gefangen wurden. Auch die Gegner wußten, daß die Gemeinde ihren Halt an den Aposteln hatte; wurden diese getötet, so konnten sie hoffen, das Christentum werde wieder erlöschen.

5,19-21a: *Aber ein Engel des Herrn öffnete während der Nacht die Türen des Gefängnisses, führte sie heraus und sagte: Geht, stellt euch hin und sagt im Tempel dem Volk alle Worte dieses Lebens!* (Joh. 6,68.) *Als sie dies hörten, gingen sie bei der Morgendämmerung in den Tempel hinein und lehrten.* Die Einkerkerung der Jünger hatte den Zweck, für den nächsten Tag ihre Vorführung vor den Rat zu sichern, von dem sie ihr Urteil erhalten sollten. Diese Absicht machte Gott den Priestern zunichte, jedoch nicht um den Aposteln zur Flucht zu verhelfen; denn der Rat soll sein Urteil über sie fällen und sich entscheiden, wie er sich zu Jesus stellen will. Er soll aber zuerst noch ein deutliches Zeichen dafür erhalten, daß die Boten Jesu unter dem Schutz Gottes stehen und das Verbot, von seinem Namen zu reden, vor Gott nichts gilt. Deshalb erhalten die Apostel den Befehl, sich in den Tempel zu stellen und dort dem Volk „alle Worte

1 Aus der in Delphi gefundenen Inschrift, die es möglich macht, den Regierungsantritt des Prokonsuls Gallio in Achaja zu berechnen, ergibt sich, daß die ersten 9 Kapitel der Apostelgeschichte nur einen kurzen Zeitraum umfassen.

dieses Lebens" zu sagen. In dieser Benennung des Evangeliums ist der Grund ausgesprochen, warum die Apostel wunderbar geschützt werden und nicht schweigen dürfen, vielmehr ihr Amt ohne Schwanken auszurichten haben. Ihr Wort gibt das Leben, weil es von der Sünde weg zu Christus führt. Dadurch befreit es von Gericht und Tod und bringt den Glaubenden das Leben. Der Wille Gottes ist aber darauf gerichtet, daß seinem Volk das Leben zuteil werde, während die Priester es ihm rauben wollen. Daher wird der Rat der Priester von der Wundermacht Gottes durchkreuzt. Sowie das Morgenrot wahrnehmbar wurde, schloß die Tempelwache das Heiligtum auf; das Morgenopfer wurde gerüstet. Somit konnten die Apostel frühmorgens in den Tempel gehen; sie fanden dort auch schon Zuhörer, den Teil der Priesterschaft und der Gemeinde, der im Tempel beim Morgenopfer sein Gebet verrichtete.

5,21b: *Als aber der Hohepriester und die, die zu ihm hielten, kamen, riefen sie den Rat zusammen und alle, die zu den Ältesten der Söhne Israels gehörten, und sandten in das Gefängnis, um sie herführen zu lassen.* Lukas scheint anzudeuten, daß die Versammlung besonders groß war und alle zu ihr zugezogen wurden, die durch Ansehen, Heiligkeit und Gelehrsamkeit im Volk die führende Autorität besaßen. Dies entsprach der Wichtigkeit der zu verhandelnden Sache; jedermann sah, daß die Entscheidung der Frage, ob die Christenheit geduldet werden dürfe oder ausgerottet werden müsse, große Folgen haben mußte.

Nun wird dem Rat das Zeichen, das in der Nacht geschehen war, gemeldet. 5,22-27: *Als aber die Diener kamen, fanden sie sie nicht im Gefängnis. Sie kehrten um und meldeten: Das Gefängnis fanden wir verschlossen mit aller Sicherheit und die Wachen an den Türen stehend; als wir aber öffneten, fanden wir niemand darin. Als der Hauptmann des Tempels und die Hohenpriester diese Worte hörten, waren sie darüber in Verlegenheit, was wohl daraus werde. Es kam aber einer herbei und meldete ihnen: Seht! die Männer, die ihr in das Gefängnis gelegt habt, stehen im Tempel und lehren das Volk. Da ging der Hauptmann mit den Dienern fort und führte sie herbei, nicht mit Gewalt; denn sie fürchteten das Volk, sie könnten gesteinigt werden. Als sie sie aber herbeigeführt hatten, stellten sie sie vor den Rat.* Der Priester, der den Befehl über die Wache hatte, ist hier, wie 4,1, deshalb genannt, weil die Verhaftung und Bewachung derer, die sich im Tempel vergingen, unter seiner Verantwortung geschah. Als er, obwohl er einer der vornehmsten Priester war, selbst mit den Dienern in den Tempel ging, um die Jünger herzuholen, sah er sogleich, daß er sich vorsichtig verhalten müsse. Das Zeichen machte auf die Judenschaft Eindruck; hier hatte sich das Walten Gottes unzweifelhaft geoffenbart. Wenn der Priester die verfolgen wollte, die Gott wunderbar schützte, verdiente er selbst die Steinigung. Daher forderte der Hauptmann die Apostel auf, ihn freiwillig vor den Rat zu begleiten. Sie taten es zum Erweis, daß sie nichts zu verbergen hatten, sondern jederzeit bereit waren, über ihre Arbeit den Regierenden des Volks Rechenschaft zu geben.

5,28: *Und der Hohepriester befragte sie und sagte: Wir haben euch ernstlich geboten, nicht auf Grund dieses Namens zu lehren, und seht! ihr habt Jerusalem mit eurer Lehre erfüllt und wollt das Blut dieses Menschen auf uns bringen.* Der Hohepriester meint, nur Zwietracht, Unglück und Verderben könne sich aus dem wahnsinnigen Glauben an das Königtum Jesu ergeben; aber dies sei eben der Wunsch der Apostel. Nachdem Jesus hingerichtet worden sei, wollten sie mit rachsüchtigem Haß möglichst viel Unheil in Jerusalem stiften, damit der Untergang Jesu an der Stadt gerächt werde.

Die Übertretung des Verbots hatten die Apostel sofort, als es ausgesprochen wurde, vor dem Rat erklärt und begründet. Petrus wiederholt dies. 5,29-31: *Aber Petrus und die Apostel antworteten und sprachen: Man muß Gott mehr gehorchen als Menschen* (4,19). *Der Gott unserer Väter hat Jesus auferweckt, den ihr umgebracht habt, da ihr ihn an das Holz hängtet. Diesen hat Gott durch seine rechte Hand zum Anfänger und Heiland erhöht, um Israel Buße und Vergebung der Sünden zu geben.* Gottes Wille und Werk geschieht durch die Verkündigung der Apostel, weil er Jesus die Heilandsmacht gegeben hat; sein Ziel dabei ist lauter Gnade. Durch sie wird Jerusalem nicht das Verderben bereitet, sondern der Raum zur Umkehr gewährt. Nur Gott selbst macht dem, der schuldig wurde, den Rückweg zu ihm frei. Das geschieht dadurch, daß Israel jetzt Jesus verkündigt wird. Dadurch ist es zur Umkehr berufen, und es erlangt durch sie die Vergebung. Der Beweis hiefür ist ein zweifacher. 5,32: *Und wir sind für diese Worte Zeugen und der heilige Geist, den*

Gott denen gab, die ihm gehorchen. Am Wort der Apostel haftet Glauben schaffende Kraft; denn sie reden, was sie gehört und gesehen haben. Aber nicht sie allein reden für den Herrn, sondern von ihnen unterschieden legt mit selbständigem Gewicht der Geist sein Zeugnis ab. Die tut er durch die Worte und Werke, von denen offenkundig ist, daß sie nicht aus den Aposteln stammen, sondern ihnen von oben gegeben sind. Daß aber denen, die sich zu Jesus halten, der Geist Gottes verliehen ist, das macht den Heilandsnamen Jesu gewiß. Denen, die Gott gehorchen, gab Gott den Geist; das ist gegen den Anspruch des Rats gesagt, daß die Apostel ihm gehorchen müßten. Die Gegenwart des Geistes bei ihnen tut dar, daß sie wirklich und wahrhaft im Gehorsam Gottes stehen, somit dem Rat mit vollem Grund und innerer Notwendigkeit den Gehorsam aufsagen.

5,33: *Sie wurden aber, als sie das hörten, durchbohrt und wollten sie töten.* Die Priester sahen, Nachgiebigkeit sei von den Aposteln nicht zu erwarten. Diese hießen recht vor Gott, was sie taten, und Sünde und Schuld, was der Rat getan hatte. Jenen Menschen, dessen Namen die Priester nicht aussprechen mochten, hielten sie ihnen als ihren Heiland vor und erhoben den Anspruch, den heiligen Geist zu haben, also mit der Autorität göttlicher Boten zu reden, deren Wort getan werden muß. Hier führte nach der Meinung der Priester nur entschlossene Gewalt zum Ziel. Aber die Priester mit ihren sadduzäischen Grundsätzen waren im jüdischen Rat nicht allein vertreten; sie konnten ihre Ansicht nicht zum Ratsbeschluß machen, wenn die Pharisäer nicht zustimmten; diese aber waren nicht für die Hinrichtung der Apostel.

5,34.35: *Es stand aber einer im Rat auf, ein Pharisäer mit Namen Gamaliel, ein Gesetzeslehrer, der beim ganzen Volk hoch geschätzt war, befahl, die Menschen für kurze Zeit hinauszuführen, und sagte zu ihnen: Ihr Männer aus Israel, gebt bei diesen Menschen acht auf euch, was ihr tun wollt.* Gegen die Priester sprach Gamaliel, einer der berühmtesten pharisäischen Gelehrten, der Enkel des Schriftgelehrten Hillel und damals das Haupt des „Hauses Hillels", zu dem sich ein großer Teil der Pharisäer als zum besten Muster des gesetzmäßigen Wandels hielt; deshalb stand sein Urteil beim Volk in hoher Geltung. Wie Lukas sagt, das ganze Volk habe ihn verehrt, so hat auch die jüdische Überlieferung seinen Namen mit hoher Ehre bewahrt.

Gamaliel vertrat den Satz, der sicherste Weg für den Rat sei der, daß er sich nicht in die Sache mische, sondern Gott walten lasse. Nach der Weise der Pharisäer begründete er dies durch ähnliche Fälle, in denen derselbe Grundsatz sich als der richtige erwiesen habe. 5,36-39: *Denn vor diesen Tagen stand Theudas auf und sagte, er sei etwas, dem eine Schar von etwa vierhundert Männern anhing, der getötet wurde, und alle, die ihm folgten, wurden zersprengt und wurden zu nichts. Nach diesem stand Judas, der Galiläer, in den Tagen der Schätzung auf, und er brachte eine Schar ihm nach zum Abfall, und er kam um, und alle, die ihm folgten, wurden zerstreut. Und für jetzt sage ich euch: Laßt von diesen Menschen ab und gebt sie frei! Denn wenn dieser Rat oder dieses Werk von den Menschen ist, wird es vernichtet werden; wenn es aber aus Gott ist, werdet ihr sie nicht vernichten können, damit ihr nicht auch als solche erfunden werdet, die gegen Gott streiten.* Theudas nahm wie die Apostel göttliche Sendung für sich in Anspruch und trat als Prophet auf. Es fehlte ihm auch nicht an Anhängern. Aber die Sache zerfiel. Das zweite Beispiel, das Lukas für jünger hält, ist von dem Stifter der zelotischen Bewegung, von Judas, dem Galiläer, hergenommen. Auch er jagte Zukunftsträumen nach, wollte Israel Freiheit, Sieg über Rom und weltbeherrschende Macht mit Gottes Hilfe verschaffen. Der Erfolg war auch zuerst auf seiner Seite; viele nahmen damals am Abfall von der römischen Obrigkeit teil. Aber das Gericht Gottes blieb nicht aus. So wird es, das ist Gamaliels Meinung, auch den Aposteln gehen, falls sie den Namen Gottes mißbrauchen und nur ihren Träumen nachjagen. Gottes Gericht wird sie zerschmettern, wie es einen Theudas und Judas zerschmettert hat. Die Unternehmungen des Rats sind darum überflüssig. Gamaliel rechnet aber auch mit der anderen Möglichkeit, die die Apostel so ernst behaupten, daß ihr Auftreten irgendwie durch den Willen Gottes herbeigeführt sei. Dann wären die Unternehmungen des Rats vollends verwerflich; er liefe Gefahr, mit Gott in Streit zu geraten. Nicht als gläubig hat Lukas Gamaliel dargestellt, sondern nur von ihm gesagt, er habe die Verantwortung dafür abgelehnt, das Todesurteil über die Apostel zu fällen, das in seiner Auswirkung zugleich die große Schar der Christenheit treffen mußte. Was Gamaliel hiezu bewog, bildete einen Grundzug im Pharisäismus, der seine Geschichte vielfach wirkungsvoll gestaltete: es war die ernste Furcht vor Gott, darum auch die Furcht vor Versündigung. Diese machte den Pharisäer bescheiden im Urteil, langsam zum Zorn und zu Todesurteilen. Gamaliel glaubte dem Evangelium nicht; doch geschahen offenkundig seltsame Dinge in der Christenheit, und ihre Sprecher beriefen sich auf den Befehl und das Wort Gottes in einer Weise, die sie nicht als Heuchler darstellte; denn sie setzten mit redlichem Glauben ihre Person samt Leib und Leben an ihren Beruf. Vielleicht hatten sie doch nicht vollständig unrecht, wenn sie sich auf Gott beriefen. Doch blieb für Gamaliel die andere Möglichkeit die wahrscheinlichere: das Ganze werde eine eigenwillige Schwärmerei sein, wie man sie in Israel schon mehrfach gesehen hatte; dann ist ihr Untergang unvermeidlich; Gott selbst wird ihn herbeiführen.

Diese Beschreibung Gamaliels und seines Anteils an der Rettung der Apostel empfängt durch das, was wir sonst über den Pharisäismus wissen, mancherlei Bestätigung. Indes entsteht eine Schwierigkeit durch die Beispiele, mit denen seine Rede den Nachweis führt, daß falsches Prophetentum und messianische Schwärmerei durch das Gericht Gottes zerstört werden. Auch Josefus spricht von Theudas und seiner falschen Prophetie, stellt ihn aber in die Jahre nach dem Tode Agrippas, in die Regierungszeit des Cuspius Fadus, also in eine spätere Zeit, die bei Lukas über Kapitel 12 und das Ende seines Berichts über Jerusalem hinausliegt. Den Aufstand des Judas erwähnt auch Josefus in Verbindung mit der Schätzung, die Quirinius nach dem Tode des Archelaus in Jerusalem gehalten habe. Lukas dagegen schreibt in der Meinung, Theudas und sein Prophetentum sei früher als der Aufstand des Judas anzusetzen, während er, da die Angabe des Josefus umzustoßen ist, erst ein volles Menschenalter später aufgetreten ist und auch später, als nach der Angabe des Lukas die Verhandlung des Rats über die Apostel stattgefunden hat. Der Fehler befand sich wahrscheinlich schon in dem Bericht, den Lukas über diese Ereignisse erhalten hat. Ein solcher Bericht lag ihm für seine Erzählung zweifellos vor; denn es liegen nicht nur in den Angaben über Judas und Theudas, abgesehen von der Chronologie, richtige Erinnerungen vor, sondern es ist auch die Stellung Gamaliels zu jenen schwärmerischen Bewegungen sachkundig dargestellt. Die pharisäischen Lehrer haben Judas und seine Schar, die man die Eiferer nannte, weder gewaltsam bekämpft noch sich mit ihnen zusammengetan, vielmehr einen deutlichen Unterschied zwischen sich und ihnen festgehalten, ohne doch den Bann über sie zu sprechen. Ebenso wurden Propheten von der Art des Theudas, die mit gewaltsamen Unternehmungen den Anbruch des Himmelreichs erzwingen wollten, von Gamaliel und seiner Schule abgelehnt. Aus diesen Fällen konnte auf dem Standpunkt der Pharisäer in der Tat die Regel abgeleitet werden, wie man es mit dem Christentum zu halten habe, das ihnen ebenfalls als eine ungeduldige, schwärmerische Verkehrung der messianischen Verheißung erschien. Die Ungenauigkeit in dem Bericht, den Lukas erhalten hat, kann daher rühren, daß spätere Verhandlungen, bei denen auch der Ausgang des Theudas erörtert wurde, mit der Erzählung über die ältere Verhandlung des Rats zusammengenommen sind. Es ist nicht denkbar, daß sich die Pharisäer in der Zeit vom Tod des Agrippa bis zum Prozeß des Paulus nie mehr mit der Christenfrage befaßt haben. Wie sie sich zu ihr stellten, zeigt der Verlauf der Ereignisse: Die Christen genossen in Palästina vom Tod Agrippas bis zu dem des Festus Duldung; ihre gewaltsame Vernichtung wurde noch nicht versucht. Darum wuchs die Christenheit Palästinas in dieser Zeit zu einer ansehnlichen Zahl. Es wurde also auch später nach dem Grundsatz verfahren, den Gamaliels Rede dem Rat empfohlen hat.

Ebenso gewiß ist, daß auch bei der früheren Verhandlung kein Todesurteil über die Apostel gesprochen wurde. Man erneuerte nur das Verbot, von Jesus zu predigen, und erteilte den Aposteln wegen ihres Ungehorsams gegen den Rat die vierzig Streiche weniger einen, die die jüdischen Richter überall verwendeten, wo sie Gehorsam gegen die Verfügungen jüdischer Behörden erzwingen wollten. 5,40-42: *Sie folgten ihm aber und riefen die Apostel herein, schlugen sie und befahlen ihnen, nicht auf Grund des Namens Jesu zu reden, und ließen sie gehen. Sie nun gingen freudig vom Angesicht des Rats weg, weil sie gewürdigt worden waren, für den Namen entehrt zu werden* (1. Petr. 4,14), *und sie hörten keinen Tag auf, im Tempel und in Häusern zu lehren und die gute Botschaft von Jesus, dem Christus, zu verkündigen.* Lukas braucht nicht zu sagen, für welchen Namen die Jünger die Schande und Strafe mit Freuden litten. Das ist derjenige Name, in dem sich das ganze Zeugnis der Apostel zusammenfaßte. So blieben die Apostel durch Gottes Schutz am Leben; der Zorn der Feinde wurde noch zurückgehalten. Eine neue Frist war ihnen gegeben, die sie in derselben Weise wie bisher zur Ausrichtung ihrer Arbeit im Tempel und in den Christenhäusern verwendeten.

Kapitel 6,1-7

Die Verwaltung des Worts wird von der Spendung des Brots geschieden

Aus dem früheren Bericht wissen wir, daß die Gemeinschaft der Gläubigen sich auf alles erstreckte, was für das Menschenleben wichtig ist. Himmlisches und Irdisches teilten sie miteinander; was ihnen der Geist gab, verwerteten sie für die Brüder, ebenso was sie an Geld und Gut besaßen oder gewannen; wer nach dem Wort Gottes verlangte, erhielt es, und wer des Brots bedürftig war, erhielt es auch. Hier war noch keine Scheidung und Teilung durchgeführt.

Das erwies sich aber nur in den Anfängen der Gemeinde als möglich und nützlich. Lukas bezeichnet es als einen wichtigen Wendepunkt in ihrer Geschichte, daß, was zuerst vereinigt war, der „Dienst am Wort" und der „Dienst an den Tischen", deutlich geschieden wurde. Die Apostel halten fest, daß das Wort der erste und wichtigste Besitz der Kirche sei; um seinetwillen ist sie versammelt, und in seiner Darbietung besteht das apostolische Werk. Die Fürsorge für den Unterhalt wird zwar keineswegs aufgegeben; auch sie ist nötig, auch der „Dienst an den Tischen" muß geschehen; allein diese Aufgabe tritt an die zweite Stelle, sie bildet nicht das Hauptanliegen der Gemeinde und nicht den Auftrag der Apostel. Vielmehr wurde für diese Arbeit ein eigenes Amt neben den Aposteln bestellt.

Man hat den Abschnitt oft in der Meinung gelesen, es liege Lukas an der „Verfassung" der Kirche und an der Bestellung von Ämtern, durch die das Leben der Gemeinde in eine bestimmte Form gebracht werden sollte. So bleibt aber unerklärlich, weshalb er von der Einsetzung des wichtigsten Amts, des Ältestenamts, in Jerusalem nichts erzählt. Auch spricht er, obwohl er hier so nachdrücklich von der Wahl derer redet, die für die Tische der Armen zu sorgen hatten, im Bericht über die später gegründeten Gemeinden nie mehr von ihrem Amt.

Die Ältesten, die mit den Aposteln den „Dienst am Wort" besorgten, erwähnt Lukas für Jerusalem zuerst 11,30 und nennt sie weiterhin regelmäßig dann, wenn er eine in Jerusalem getroffene Entscheidung erzählt, die sich auf den Inhalt des Evangeliums bezog. Wie viele Älteste gewählt wurden, wer sie wählte, was den Umkreis ihrer Pflichten bildete, hierüber unterrichtet Lukas uns nicht. Es entsteht dadurch keine ernsthafte Lücke in seiner Erzählung; denn er bezeugt reichlich, daß für das Wort in der Gemeinde gesorgt werden muß. Weitere Regeln, die die Apostel für alle Verhältnisse festgestellt hätten, gab es nach der Überzeugung des Lukas nicht. Das Ältestenamt war nötig, weil Männer bestellt und verpflichtet werden mußten, das Wort allen zu sagen, sowohl in der Versammlung als persönlich in der seelsorgerlichen Unterweisung der einzelnen. Dazu nahm man nicht Jünglinge an Jahren oder Neulinge im Glauben, sondern die Alten mit bewährtem Christenstand. Deshalb erwähnt Lukas für die griechischen Gemeinden auch nur die Ältesten. Schon in der Zeit, in der Paulus selbst die Anliegen seiner Gemeinde überwachte, gab es aber in diesen ein zweites, unter den Ältesten stehendes Amt: das der „Diener" (Diakonen: Röm. 16,1; Phil. 1,1). Schon im zweiten Jahrhundert hat man auch unseren Abschnitt auf diese Diener bezogen und die hier gewählten Männer die Diakone Jerusalems genannt. Lukas selbst hat aber nicht ausgesprochen, daß dieses Amt auch in die griechischen Gemeinden verpflanzt wurde und dort als das Diakonat fortbestand. Das bleibt alles unbegreiflich, wenn er uns hier wirklich die Geschichte der Verfassung und Ämterordnung erzählen wollte; für diesen Zweck ließ er seinen Bericht zu lückenhaft.

Lukas selbst hat in dieser Erzählung etwas anderes zur Hauptsache gemacht: den Grundsatz, um deswillen die Apostel den Auftrag der Neugewählten als ein besonderes Amt vom apostolischen Werk schieden. Nicht darüber, wieviele Ämter es in der Kirche gebe und was für Regeln dabei beobachtet werden müssen, sondern darüber, wie die beiden große Zwecke der Gemeinde, ihr geistiges und ihr leibliches Wohl, miteinander erreicht werden und wie sie einander über- und untergeordnet werden müssen, gibt er den apostolischen Unterricht. Die Verfassungs- und Rechtsfragen stellt Lukas der Freiheit der Kirche anheim. Er kannte kein apostolisches „Kirchenrecht". Aus ihrem Beruf heraus hat die Gemeinde über die Mittel zu entscheiden, mit denen sie ihren Dienst tut. Sie hat sich dabei teils durch die Gaben leiten zu lassen, die der Geist ihr darreicht, teils durch die natürlichen Verhältnisse, von denen ihre Arbeit abhängig ist. Lukas richtet unseren Blick darauf, wie die Liebe ihr Werk ausrichte, so daß die erste Pflicht der Gemeinde, die Bezeugung des Worts, zuerst geschieht, aber auch ihr zweites Anliegen, die Dinge des Leibes, zu seinem Rechte kommt. Er sieht die Wichtigkeit der damals getroffenen Entscheidung darin, daß durch sie die beiden Aufgaben der Kirche deutlich voneinander unterschieden wurden. Daher gehört unsere Erzählung in die Reihe der Stücke, die die kräftige Fürsorge der Brüder füreinander zeigen (2,44; 4,32; 11,29); mit ihnen stehen hernach im Bericht über Paulus die Angaben über seine Handarbeit in innerer Beziehung (20,33 ff.; 18,2.3).

6,1: *In diesen Tagen, als die Jünger sich mehrten, entstand bei den griechisch Redenden ein Murren gegen die Hebräer, weil ihre Witwen beim täglichen Dienst übersehen wurden.* Der Anlaß zur Umgestaltung der von der Gemeinde geübten Liebesarbeit ergab sich daraus, daß die Gemeinde bei ihrem Wachstum ihre Aufgabe nicht mehr vollständig erfüllte. Nicht darüber, daß die Geldmittel fehlten, wurde geklagt; die Kraft, allen Bedürftigen nachzugehen, versagte. Erschwert wurde die Ausrichtung der Liebesarbeit dadurch, daß die Gemeinde von Anfang an zwei Sprachen in ihrer Mitte hatte. Sie bestand aus Hellenisten, aus solchen jüdischen Familien, die aus den westlichen Ländern nach Jerusalem zurückgewandert waren und nur griechisch sprachen, und aus „Hebräern"; diese waren in Palästina oder im inneren Orient geboren, konnten zwar zum Teil auch griechisch, sprachen aber als Muttersprache das Aramäische. Diese „Hebräer" bildeten die Mehrzahl, und ihnen gehörten die Apostel an. So eng die Gemeinschaft unter den Christen war, so entstand doch unvermeidlich durch die Verschiedenheit der Muttersprache eine gewisse Scheidung. Die nur griechisch redenden Familien waren enger miteinander verbunden und beteiligten sich weniger an Versammlungen, in denen das ihnen unverständliche Aramäisch viel gesprochen wurde. Daher waren sie auch den Aposteln weniger bekannt.

Der griechische Teil der Gemeinde erhob die Beschwerde, daß seine Witwen verkürzt würden. Es wurde nicht um die Berechtigung derer gestritten, die die Gaben beanspruchten. Von den Witwen war es klar, daß sie zuerst das Anrecht an die Fürsorge der Gemeinde hatten. Man konnte sie nicht an ihre eigene Arbeit verweisen; denn für die alleinstehende Frau war keine Arbeitsgelegenheit vorhanden, und sowie sie keine Angehörigen, z. B. nur kleine, keine erwachsenen Kinder hatte, war sie ohne die Fürsorge der Gemeinde hilflos. Mußten Witwen darben, so versagte die Liebesarbeit der Gemeinde, und dies ihr Versagen wirkte sofort störend auf den inneren Frieden und die brüderliche Verbundenheit.

Die Hellenisten klagten, ihre Witwen würden „beim täglichen Dienst" übersehen. Das kann nicht heißen: „bei den gemeinsamen Mahlzeiten"; es ist undenkbar, daß Witwen hungrig vom gemeinsamen Mahl weggingen. Man kann sich ja vielleicht vorstellen, daß dem griechischen Teil der Gemeinde für sein gemeinsames Mahl gelegentlich die Speisen zu kärglich zugeteilt wurden. Warum sollten aber dann gerade die Witwen verkürzt werden? Beim täglichen Dienst läßt sich nur daran denken, daß den Bedürftigen täglich die Nahrung überbracht wurde. Da konnte es vorkommen, daß gerade die Witwen, die mehr als andere Gemeindeglieder in der Zurückgezogenheit und Stille lebten, übersehen wurden, weil man annahm, es werde für sie anderweitig gesorgt. Stellte sich nachträglich heraus, daß sie unter Hunger und Entbehrungen litten, so empörte das die Hellenisten, und sie machten den anderen Christen Vorwürfe.

6,2: *Aber die Zwölf beriefen die Schar der Jünger und sagten: Es ist nicht wohlgefällig, daß wir das Wort Gottes aufgeben und bei den Tischen Dienst tun.* Die Apostel ordneten an, daß die ganze Gemeinde sich versammle, damit der Friede in ihr wieder hergestellt und die Mißstände gebessert werden. Bisher hatten sie die Aufsicht über alles, wie ja auch die Geldmittel vor ihnen niedergelegt wurden. Sie suchten die Besserung aber nicht dadurch, daß sie versprachen, sich künftig noch eifriger der Pflege der Armen zu widmen; sie erklärten im Gegenteil, es sei gegen Gottes Willen, wenn sie noch weiter die Versorgung der Gemeindeglieder zu ihrem Amt rechneten. Den Dienst bei den Tischen tat der Aufwärter, der für die Mahlzeit sorgte. So nannten sie das Geschäft derer, die Tag um Tag dafür besorgt waren, daß jeder die nötigen Lebensmittel erhalte. Würden die Apostel weiter diese Arbeit auf sich nehmen, so müßten sie das Wort lassen; das aber wäre gegen ihren Beruf.

Daher geben die Apostel diesen Teil ihres Werkes in andere Hände. 6,3.4: *Seht euch, Brüder, nach sieben Männern unter euch um, die das Zeugnis haben und voll von Geist und Weisheit sind. Diese werden wir für dieses Anliegen einsetzen. Wir aber werden beim Gebet und beim Dienst am Wort beharren.* Das Werk dieser Männer gilt nicht etwa als gering, weil sie für das leibliche Wohl der Brüder sorgen; auch dieser Dienst wird zum Wohl der Gemeinde übernommen und ist ein Gott getaner Dienst. Darum sollen nicht schwache, sondern die tüchtigsten Männer der Gemeinde mit ihm beauftragt werden. Nichts anderes soll sich an ihnen zeigen, als was aus dem Geiste stammt und von Weisheit zeugt. Die Apostel dagegen rechnen zu ihrem Amt das Gebet und die Verkündigung des Worts. Auch im Gebet sehen sie ein wichtiges Hauptstück ihres Berufs, von dem sie sich nicht durch mancherlei äußere Arbeit abziehen lassen dürfen.

6,5.6: *Und das Wort gefiel der ganzen Schar, und sie wählten Stephanus, einen Mann voll von Glauben und heiligem Geist, und Philippus und Prochorus und Nikanor und Timon und Parmenas und Nikolaus, einen Proselyten aus Antiochia* (8,5; 21,8). *Diese stellten sie vor die Apostel, und sie beteten und legten die Hände auf sie.* Die Männer, die gewählt wurden, tragen griechische Namen; einige von ihnen waren Hellenisten, z. B. der Proselyt aus Antiochia Nikolaus, wahrscheinlich auch Stephanus, den wir hernach in den Synagogen der Hellenisten finden. Doch beweisen die Namen nicht, daß man lauter griechische Männer in das neue Amt einsetzte. Eher läßt sich aus ihnen schließen, daß man nur solche Männer auswählte, die auch Griechisch konnten, also in allen Häusern der Gemeinde zu verkehren vermochten. Philippus z. B. war schwerlich Hellenist, da er später unter den Samaritern – das heißt im aramäischen Sprachgebiet – das Missionswerk tat. Die Einsetzung der Gewählten geschah dadurch, daß die Apostel ihnen die Handauflegung gewährten. Mit ihr geschah ein Akt der Segnung, der aus der Fürbitte erwächst, die ihrer Erhörung vor Gott gewiß ist. Die Apostel stellten damit die Gebetsgemeinschaft mit den Neugewählten in sichtbarer Weise dar und taten kund, daß sie ihnen im Glauben an die mit ihnen wirkende Gnade die Segnung und Gabe des Herrn für ihr Amt erteilten.

Über Stephanus und Philippus erhalten wir sofort wieder Bericht, nicht über den täglichen Dienst an den Bedürftigen, sondern über ihre Missionsarbeit. Da die Gemeinde ihre stärksten, tüchtigsten Leute in dieses Amt stellte, ergab sich sofort, daß die Diakone auch in der Verwaltung des Worts neben den Aposteln und Ältesten an der ersten Stelle standen. Ihre Bestellung für den täglichen Dienst geschah nicht in der Absicht, ihnen das Wort zu verbieten; es gab damals noch keine Amtsvorrechte, zu denen man auf der unteren Stufe noch nicht würdig gewesen wäre. Ihr Amt verpflichtete die Diakone, zuerst für die äußeren Bedürfnisse der Christen zu sorgen, und machte sie für dieses Stück des Gemeindelebens verantwortlich. Was sie sonst noch an Zeit und Kraft an den Dienst des Herrn wenden konnten, stand in ihrer freien Entscheidung.[1]

6,7: *Und das Wort Gottes wuchs, und die Zahl der Jünger mehrte sich in Jerusalem sehr, und eine große Schar Priester gehorchte dem Glauben.* Die Priester gaben damit, daß sie sich zu Jesus bekannten, ihr Priesteramt nicht auf; sie versahen nach wie vor ihren Dienst im Tempel und am Altar nach der im Gesetz gegebenen Regel. Der Gemeinde war es eine besondere Freude, daß auch der für den Tempeldienst geheiligte Teil des Volks die Berufung zu Jesus nicht ganz verschmähte. Man konnte damals noch hoffen, das echte, fromme Israel gehe in die Gemeinde Jesu über, so daß diese sich immer vollständiger und zahlreicher als die Erneuerung und Vollendung der alten Gottesgemeinde darstelle. Wenn Lukas von diesen Priestern sagt, daß sie dem Glauben gehorchten, so beschreibt er damit, wie es zur inwendigen Entscheidung für Jesus kommt. Der Glaube entsteht im Menschen nicht durch seinen Willen oder Verstand, sondern als Gabe Gottes. Das Wort, das der Mensch hört, erfaßt ihn mit sei-

[1] Darin liegt der Hauptunterschied dieser Einrichtung von den späteren Diakonen. Später wurden höhere und niedere Funktionen unterschieden und jene denen untersagt, die diese zu besorgen hatten.

ner Wahrheitsmacht und erweckt in ihm gläubige Zustimmung; das Erlebnis, das ihm damit widerfährt, schafft in ihm die Gewißheit des Glaubens. Aber nun kommt die Probe und Entscheidung, ob der Mensch sich dem ihm gegebenen Glauben widersetzt, ihn mit allerlei Einreden bekämpft, seine ihm widerstrebenden Neigungen über ihn herrschen läßt und ihn deshalb aus dem Herzen ausstößt oder ob er ihm gehorcht und die Seele in das legt, was ihm als Wahrheit gewiß geworden ist. Dadurch, daß wir dem uns gegebenen Glauben gehorchen, werden wirklich wir die Glaubenden. Vorher war der Glaube in uns, und wir konnten ihn bewahren oder auch wieder verstoßen, verdrängen, verderben. Gehorchen wir ihm, so ergreifen wir die Gabe Gottes mit dankbarem Willen, und dadurch wird sie unser Eigentum. Von den Priestern, die zur Taufe kamen, braucht Lukas diesen Ausdruck wohl mit Bedacht; denn sie hatten vieles zu überwinden, was sie vom Glauben wegriß und zum Widerstreben gegen ihn antrieb. Ihre Standesgenossen schmähten Jesus und verachteten seine Gemeinde; das Amt gab ihnen eine Heiligkeit, mit der sie sich einreden konnten, sie brauchten die Versöhnung Jesu nicht; ihr Vorzug vor der Gemeinde kam in der Christenheit nicht mehr zur Geltung. Trotz all dem gehorchten sie dem Glauben, weil Jesu Wort sich ihnen als Gottes Wort bezeugte; sie wußten, daß sie mit dem Unglauben gegen dieses Wort sich versündigen würden.

Kapitel 6,8–8,3

Stephanus wird getötet

Der Kampf der Judenschaft gegen die Gemeinde verschärfte sich immer mehr. Zuerst wurde die christliche Predigt verboten, dann den Aposteln durch die Stäupung das Schandzeichen des Ungehorsams gegen das göttliche Gesetz aufgeprägt; nun folgt das erste Todesurteil und darauf die erste Verfolgung, die gegen die ganze Gemeinde gerichtet war und ihre Zerstörung anstrebte.

6,8: *Aber Stephanus tat voll Glauben und Kraft große Wunder und Zeichen unter dem Volk.* Je reicher ein Christ von Gott begabt war und je treuer er seinen Dienst ausrichtete, um so größer war für ihn die Gefahr, um so näher war ihm die Hinrichtung. Darum wurde

Stephanus der erste, der Jesu wegen den Tod erlitt. „Voll Glaubens und heiligen Geistes" nannte ihn Lukas, als ihm zuerst die Verwaltung der Gemeindekasse und die Leitung der Liebesarbeit übergeben wurde (6,5); „voll Gnade und Kraft" nennt er ihn jetzt, wenn er von seiner Missionsarbeit berichtet. Die Stephanus gegebene Gnade und Macht offenbarten sich auch in Heilungen und anderen machtvollen, helfenden oder richtenden Eingriffen in den Lebenslauf der anderen, durch die er sich als Verwalter des göttlichen Worts erwies.

6,9: *Es standen aber einige von denen auf, die zum Betsaal gehörten, den man den der Libertiner hieß, und zu dem der Kyrenäer und der Alexandriner und derer aus Cilicien und der Provinz Asia, und besprachen sich mit Stephanus.* Hier hören wir zuerst, daß die Christen nicht nur den Tempel, sondern auch diejenigen Gottesdienste, die in den Bethäusern (Synagogen) gehalten wurden, für die Missionsarbeit ausnützten. Der Hauptzweck dieser Versammlungen bestand in der Vorlesung der Schrift, da sich aber an diese mancherlei auslegende Rede anschloß, hatte schon Jesus sie als Mittel benützt, um die Herrschaft Gottes zu verkündigen. In Jerusalem traten zwar die Bethäuser hinter dem Tempel zurück; sie fanden sich aber auch hier in großer Zahl und boten so den Christen mancherlei Gelegenheit zum Bekenntnis. Als die Orte, an denen Stephanus das Evangelium vertrat, werden die griechischen Betsäle genannt. Denn die großen Judenschaften in den griechischen Handelsstädten Kyrene, Alexandria, Tarsus (Cilicien), Ephesus (Asia) errichteten in Jerusalem eigene Bethäuser, teils für die Pilger, die in den Festzeiten dorthin kamen, teils für die, die sich für längere Zeit der Studien wegen oder für immer in der heiligen Stadt niederließen. Die Synagoge der Libertiner, d. h. Freigelassenen, wird eine römische Synagoge gewesen sein; sie hatte ihren Namen wohl von den Juden, die seit der Eroberung Jerusalems durch Pompejus in beträchtlicher Zahl in römische Kriegsgefangenschaft gefallen waren und die Freiheit gewonnen hatten. In diesen griechischen Synagogen wurde der Gottesdienst griechisch gehalten; zugleich hatte bei diesen griechischen Juden der Aufblick zu Gott und ihr Verständnis der Schrift unter dem Einfluß griechischer Gedanken ein von Jerusalem abweichendes Gepräge empfangen. Man konnte erwarten, hier werde sich ein besonders fruchtbarer Boden für die christliche Missionsarbeit finden. Der

Blick der Hellenisten war in mancher Hinsicht weiter und freier als der der Pharisäer. Sie hingen nicht an den Einzelheiten des Ritus, sahen in der richtigen Willensgestalt das wichtige Ziel, zu dem das Wort Gottes verhelfen will, und suchten oft eine persönliche und innerlich erfahrene Gemeinschaft mit Gott. Es sind in der Tat von Anfang an Hellenisten in der Christenheit gewesen, z. B. Kyrenäer und Cyprier wie Barnabas. Aber auch unter den griechisch erzogenen Lehrern stieß das Evangelium auf heftigen Widerstand. Die Verkündigung des Stephanus, der wahrscheinlich seiner Herkunft nach zu einer dieser Synagogen gehörte, war ihnen anstößig. Ihre Führer vereinbarten sich, um sie zu verhindern; sie bestellten aus ihrem Kreise Lehrer, die Stephanus in einer Disputation widerlegen sollten. Ein Religionsgespräch fand statt, bei dem wir uns auch Paulus als Zuhörer denken dürfen, da auch die Synagoge seiner Landsleute, der Cilicier, daran beteiligt war.

6,10: *Und sie vermochten der Weisheit und dem Geist nicht standzuhalten, mit dem er redete.* Was die Griechen über den Zweck und Sinn des Alten Testaments zu sagen wußten, erschien als Willkür und Träumerei neben der klaren, festen Stellung des Christen, dem das, was die Geschichte Jesu gebracht hatte, zum Schlüssel für das Alte Testament geworden war.

Das Gespräch hatte aber ein wichtiges Ergebnis. Der Widerwille und Argwohn der Griechen gegen Stephanus stieg; er sollte beim Gespräch Mose und damit auch Gott gelästert haben. 6,11.12: *Da stellten sie Männer an, die sagten: Wir haben ihn lästernde Worte gegen Mose und gegen Gott reden hören. Und sie erregten das Volk und die Ältesten und die Schriftgelehrten, traten herzu und ergriffen ihn und führten ihn in den Rat.* Für das, was Stephanus Gottloses gesagt haben sollte, wurden Zeugen bestellt, und in der Stadt, beim Rat und bei den Schriftgelehrten der hebräischen Schulen wurde heftige Beschwerde geführt. Der Rat nahm sich der Sache an und war bereit, über die Verkündigung des Stephanus zu verhandeln. Daher brachten ihn seine Gegner in ihre Gewalt und führten ihn vor den Rat.

Die Anklage ging auf Gotteslästerung; es wurde nach den Formen des jüdischen Rechts verhandelt. 6,13.14: *Und sie stellten falsche Zeugen auf, die sagten: Dieser Mensch hört nicht auf gegen den hei-*

ligen Ort und gegen das Gesetz Worte zu sagen. Denn wir haben ihn gehört, wie er sagte: Dieser Jesus, der Nazarener, wird diesen Ort beseitigen und die Sitten ändern, die uns Mose überliefert hat. Die Stellung der Christen zum Tempel und zum Gesetz kam hier zur Sprache und damit eine neue Anklage, die rasch den Riß zwischen der Christenheit und der Judenschaft unüberwindlich machte. Vom Gesetz hatte die Predigt der Apostel, wie sie uns Lukas bisher gab, gar nicht gesprochen. Sie verkündigten Christus; zu Christus bekehrten sich die, die ihr Wort annahmen; auf ihn setzten sie nun ihre Hoffnung, an ihm hatten sie den, der ihre Schuld tilgte und dessen Wort und Geist sie gehorchten, damit sie, wenn er komme, vor ihm bestehen könnten. Daneben blieb die mosaische Ordnung, wie sie von der Judenschaft befolgt wurde, unverletzt in Geltung. Das genügte für die Gegenwart. Allein die griechisch geschulten Lehrer hatten bei ihren Verhandlungen mit Stephanus darauf gedrungen, daß er sich auch darüber erkläre, was denn schließlich mit dem Gesetz und dem Tempel werde. Man hatte jetzt zwei Offenbarungen: die eine war durch Mose, die andere durch Jesus gebracht; welche war die höhere? Man hatte zwei Opfer, durch die die Versöhnung mit Gott bewirkt wurde: das am Altar und das im Tod des Christus; welches war das wirksame? Man hatte zwei Gemeinden; denn die Priester und Lehrer widersetzten sich ja der Predigt von Jesus: was wurde nun aus Israel? Stephanus hat geantwortet, wie es das Wort Jesu seinen Jüngern vorgeschrieben hat. So treu und ernstgemeint Jesu Anerbietung der Gnade an Israel durch das Wort der Apostel war, er selbst hatte schon das richtende Urteil gesprochen: der Tempel muß fallen, kein Stein bleibt auf dem anderen; die Zeit der alten Gemeinde ist vorbei.

„Falsches Zeugnis" war dies; denn nur der Haß konnte daraus eine Gotteslästerung hören. Kein Christ hat Mose oder den Tempel gelästert und für sich selbst das Recht in Anspruch genommen, vom Gesetz zu weichen oder den Tempel zu verlassen. Sie warteten auf den Herrn, der allein in Gnade und Gericht Israels weiteren Weg zu ordnen hat. Daß aber der Nazarener in der Vollmacht Gottes handle, das stießen die jüdischen Lehrer weit von sich; darum hatte der Satz, Jesus führe für den Tempel und das Gesetz das Ende herbei, in ihren Ohren den gotteslästerlichen Ton. Sowie das Gesetz in

Frage kam, wurde die Lage der Christenheit um vieles gefährlicher. Schwärmerische Hoffnungen auf Jesus, als sei er der Christus, konnte ein Gamaliel ertragen und „dem Gericht des Himmels", wie die Pharisäer sagten, überlassen. Aber die Verachtung des Gesetzes aus Israel auszurotten, erschien auch den Pharisäern als Pflicht. Erhob die Christenheit Jesus über Mose und urteilte sie geringschätzig über den Tempel, dessen Zeit vorüber sei, dann beging sie ein Verbrechen, das in den Augen ihrer Richter unentschuldbar war.

Was wird Stephanus sagen? 6,15: *Und alle, die im Rat saßen, schauten auf ihn und sahen sein Antlitz wie eines Engels Antlitz.* Der Rat erlebte, daß das Menschenherz in Gottes Hand liegt. Es ging ein Schauer durch die Versammlung, eine Empfindung der göttlichen Nähe und Heiligkeit. Sie alle wußten, dieser Mann, der so ruhig vor ihnen stand, bereit, sein Leben für Gott zu lassen, rede als der Bote Gottes zu ihnen und habe die Heiligkeit dessen, der das Wort Gottes wider die Bosheit der Menschen und für den herrlichen Rat seiner Gnade bezeugt. Der, der es wahrscheinlich am tiefsten gespürt hat, daß Stephanus jetzt wie ein Engel Gottes vor ihnen stand, war Saul.

7,1: *Aber der Hohepriester sagte: Verhält sich dies so?* Als der Hohepriester Stephanus befahl, sich über die Anklage auszusprechen, erzählte er dem Rat die Geschichte, die in der Schrift, der ihrigen und der seinigen, bezeugt ist; er erzählte, wie Israel das Gesetz und den Tempel bekam, bis hin zu dem Höhepunkt, als der Tempel fertig dastand. Was das Gesetz Moses und was der Tempel sei, war die Frage. Stephanus antwortete: Das, was die Schrift von ihnen sagt, nicht mehr, nicht weniger. Er trat nicht hinüber in den Bereich der Weissagung über das, was einst geschehen werde. Hierüber gab es mit seinen Gegnern keine Verständigung. Für ihr Urteil kommt jetzt einzig in Betracht, ob Stephanus vom Gesetz und Tempel anders rede als die Schrift. Er erzählt ihnen aber die biblische Geschichte nicht nur, um ihnen seinen Glauben an die Schrift zu bezeugen, sondern zugleich deshalb, weil sie nicht mehr wissen, was in der Schrift steht. Er muß es diesen Schriftgelehrten erst wieder sagen. Sie begraben, so schriftgelehrt sie sind, mit ihren Systemen deren Inhalt. Die griechischen Lehrer machten aus ihr ein System der Moral, die

Lehrer Jerusalems ein System des Rechts. Beide können, was sie von Mose und dem Tempel sagen, nur so in der Schrift finden, daß sie sie nach ihrem System verkehren und dafür blind werden, was Gott wirklich sagte und tat. Mit ihren Schlüsseln und Wünschen verdeckten sie sich den Gang der göttlichen Regierung in ihrer wunderbaren Art, die sich nie an die Meinungen und Wünsche Israels band und nie zum voraus berechnet werden konnte; immer überraschte sie den Menschen, immer hielt sie ihn zum Glauben an; beständig lag sie mit seinem bösen Herzen im Kampf. Aber durch alle Sünde hindurch ging sie dennoch ihren Weg und verkündigte immer durch klare, gewisse Worte ihr Ziel, das hoch über dem liegt, was die Verkläger des Stephanus als die unveränderliche Stiftung Gottes priesen.

7,2: *Er aber sprach: Ihr Männer, Brüder und Väter, hört! Der Gott der Herrlichkeit erschien unserem Vater Abraham, als er in Mesopotamien war, bevor er sich in Haran niederließ* (1. Mose 11,31; 15,7). Das steht als Aufschrift über dieser ganzen Geschichte, dem Juden zur Mahnung, daß er Gott nicht meistere, sondern in der Beugung vor ihm, seiner Majestät bewußt, seinem Werke zuschaue und sein Wort erwäge. Zuerst erzählt Stephanus, wie Mose gesandt wurde und was der Ausgang seiner Sendung war. Gott bereitete aber sein Werk durch eine lange Offenbarung vor. Er erschien Abraham, nicht erst Mose. Die Gemeinschaft Gottes mit seinem Volk entstand nicht durch das Gesetz; Israel hat nicht Mose, sondern Abraham zum Vater.

7,3-5: *Und er sprach zu ihm: Zieh aus deinem Land und deiner Verwandtschaft, und geh in das Land, das ich dir zeigen werde* (1. Mose 12,1). *Da zog er aus dem Land der Chaldäer aus und ließ sich in Haran nieder. Und von da hieß er ihn nach dem Tode seines Vaters in diesem Land sich niederlassen, in dem ihr jetzt wohnt, und er gab ihm kein Erbe in ihm, auch nicht einen Fußbreit* (5. Mose 2,5), *und er verhieß, er werde es ihm und seiner Nachkommenschaft nach ihm zum Besitz geben, während er kein Kind hatte* (1. Mose 17,8). Gott führte[1] Abraham zuerst nach Haran, dann erst nach Kanaan; er gab ihm aber dieses Land noch nicht, sondern verhieß es ihm nur,

1 Die kleinen Abweichungen der Erzählung vom Bibeltext beruhen teils darauf, daß die griechische Bibel zugrunde liegt, teils darauf, daß in der Synagoge übliche Auslegungen unmittelbar mit dem Text verwoben sind. Doch ist der Einfluß der letzteren

während er weder Land noch Kind besaß. Darum hatte Abraham sich allein an die Verheißung Gottes zu halten und ihn durch Glauben und Gehorsam zu ehren.

7,6-8: *Gott sprach aber so: Seine Nachkommenschaft wird in einem fremden Land Beisasse werden, und sie werden sie knechten und plagen während vierhundert Jahren, und das Volk, dem sie dienstbar sein werden* (2. Mose 3,12), *werde ich richten, sprach Gott, und hernach werden sie ausziehen und mir an diesem Ort dienen* (1. Mose 15,13.14). *Und er gab ihm den Bund der Beschneidung, und so erzeugte er Isaak und beschnitt ihn am achten Tag und Isaak den Jakob und Jakob die zwölf Erzväter.* Gott sprach mit Abraham freilich auch vom Tempel und gab ihm die Verheißung, daß sein Geschlecht an diesem Ort ihm dienen werde; aber sie galt erst für die Zukunft, nachdem es zuerst im fremden Lande Knechtschaft zu tragen hatte. Abraham selbst erhielt nur den Befehl der Beschneidung, und so, nicht auf das Gesetz hin und ohne Tempel, sondern nur unter dem Beschneidungsgebot wurden die Erzväter alle geboren.

Dann führte Gott die Väter wieder aus Kanaan heraus, vom Lande der Verheißung fort, und doch war er es, der diese Wendung bewirkte. 7,9-16: *Und die Erzväter wurden eifersüchtig auf Joseph* (1. Mose 37,11.26) *und verkauften ihn nach Ägypten, und Gott war mit ihm und rettete*(1. Mose 39,2) *ihn aus allen seinen Nöten und gab ihm Gnade und Weisheit vor Pharao, dem König Ägyptens* (1. Mose 41,41; Psalm 105,21), *und er bestellte ihn zum Fürsten über Ägypten und über sein ganzes Haus* (1. Mose 41,54). *Es kam aber Hunger über das ganze Ägypten und Kanaan und eine große Bedrängnis, und unsere Väter fanden keine Nahrung* (1. Mose 42,2). *Da aber Jakob hörte, daß Getreide in Ägypten sei, sandte er unsere Väter das erstemal aus; und beim zweitenmal wurde Joseph von seinen Brüdern erkannt* (1. Mose 45,1), *und das Geschlecht Josephs wurde Pharao offenbar. Joseph aber sandte hin und rief Jakob, seinen Vater, und seine ganze Verwandtschaft, fünfundsiebzig Seelen* (1. Mose 46,27). *Und Jakob kam nach Ägypten herab und starb, er und unsere Väter, und sie wurden nach Sichem hinübergebracht und in das Grab*

sehr gering; der Text ist siegreich gegen seine Entstellung durch die Lehrer zur Geltung gebracht.

gelegt, das Abraham um Geld von den Söhnen Emors in Sichem gekauft hatte.[1]

Dann kam die Not über Israel; damals wurde Mose geboren, in einer Zeit, der niemand ansah, daß mit ihr die Heilszeit Israels begann. 7,17-22: *Wie aber die Zeit der Verheißung nahte, die Gott Abraham versprochen hatte, wuchs das Volk und wurde in Ägypten zahlreich, bis ein anderer König über Ägypten auftrat, der Joseph nicht kannte* (2. Mose 1,7). *Dieser handelte an unserem Geschlecht hinterlistig und plagte die Väter, so daß sie ihre Kinder aussetzen mußten, damit sie nicht am Leben blieben* (2. Mose 1,10.11.22). *In dieser Zeit wurde Mose geboren und war ein schönes Kind vor Gott* (2. Mose 2,2). *Er wurde drei Monate im Hause seines Vaters auferzogen; als er aber ausgesetzt wurde, nahm ihn die Tochter Pharaos auf und zog ihn für sich selbst zum Sohne auf* (2. Mose 2,5.10). *Und Mose wurde in aller Weisheit der Ägypter unterrichtet; er war aber in seinen Worten und Werken mächtig.* Damals konnte noch niemand erkennen, wie Gott Israel die Befreiung vorbereitete. Sein Werk hat alle menschlichen Gedanken durchkreuzt. So waren auch jetzt wieder durch die Weise, wie Gott Jesus vollendete, alle menschlichen Erwartungen durchgestrichen; alle waren genötigt, ihre eigenen Gedanken aufzugeben und sich durch das weisen zu lassen, was als Gottes Werk vor ihnen stand. Und als Mose den Versuch machte, seinem Volk Hilfe zu bringen, stieß er nur auf Feindschaft und Verdächtigung und mußte fliehen wegen der Klage, die der Angehörige seines Volks wider ihn erhob. 7,23-29: *Als aber eine Zeit von vierzig Jahren für ihn voll geworden war, kam es in sein Herz, daß er nach seinen Brüdern, nach den Söhnen Israels, sehen wollte* (2. Mose 2,11.12). *Und als er einen sah, dem Unrecht geschah, wehrte er sich, und er schuf dem, an dem die Gewalt geschah, Recht, indem er den Ägypter erschlug. Er meinte aber, die Brüder verständen, daß Gott ihnen durch seine Hand Errettung gebe. Sie aber verstanden es nicht. Und am folgenden Tag zeigte er sich ihnen, während sie stritten, wollte sie versöhnen, damit sie Frieden hielten und sagte: Ihr Männer, ihr seid Brüder, warum tut ihr einander Unrecht? Der aber, der*

[1] Die Berichte von dem Grab Josephs bei Sichem auf dem von Jakob erworbenen Boden und von dem Grab der Erzväter, das Abraham bei Hebron kaufte, sind hier irrtümlich miteinander verbunden.

seinem Nächsten Unrecht tat, stieß ihn weg und sagte: Wer hat dich zum Herrscher und Richter über uns bestellt? Willst du mich etwa töten, wie du gestern den Ägypter getötet hast? Mose aber floh wegen dieses Worts und wurde ein Fremdling im Land Midian, wo er zwei Söhne zeugte (2. Mose 2,14.15).

Erst nach weiteren vierzig Jahren kam die Stunde Gottes und seine feierliche Offenbarung, durch die er Mose zum Retter Israels machte. 7,30-35: *Und als vierzig Jahre voll geworden waren* (2. Mose 3,2), *erschien ihm in der Wüste am Berg Sinai ein Engel im flammenden Feuer des Dornbusches. Als es aber Mose sah, wunderte er sich über das Gesicht. Wie er aber hinzutrat, um es zu betrachten, kam die Stimme des Herrn: Ich bin der Gott deiner Väter, der Gott Abrahams und Isaaks und Jakobs* (2. Mose 3,6). *Mose aber erbebte und wagte nicht, es zu betrachten. Der Herr aber sprach zu ihm: Löse den Schuh von deinen Füßen; denn der Ort, auf dem du stehst, ist heiliges Land. Ich sah die Plage meines Volks in Ägypten und hörte ihr Seufzen und kam herab, sie zu retten, und jetzt komm, ich sende dich nach Ägypten* (2. Mose 3,5.7). *Diesen Mose, den sie verleugnet hatten, als sie sagten: Wer hat dich zum Herrscher und Richter bestellt? – diesen sandte Gott als Herrscher und Erlöser mit der Macht des Engels, der ihm im Dornbusch erschienen war.* Stephanus sieht deutlich zur Geschichte Jesu hinüber, und seine Zuhörer taten es auch. So unglaublich, wie damals die Sendung Moses war, so unglaublich ist jetzt die Sendung Jesu, und doch hat Gott Mose gesandt und Jesus zum Herrn Israels gemacht.

Dann folgte die Ausführung aus Ägypten mit den Zeichen Gottes. 7,36: *Dieser führte sie aus, da er Zeichen und Wunder tat im Land Ägypten und am Roten Meer und in der Wüste während vierzig Jahren* (4. Mose 14,33). So erhielt Mose die volle Würde seines Mittleramts zwischen Gott und der Gemeinde. Und nun war es Mose selbst, der Israel auf den neuen Propheten wies, den Gott ihm geben werde. Wer diesen um Moses willen verwirft, widerspricht Mose selbst. 7,37: *Dieser Mose ist der, der den Söhnen Israels gesagt hat: Gott wird euch einen Propheten wie mich aus euren Brüdern erwecken* (5. Mose 18,15).

Warum Mose den neuen Propheten verhieß, macht die Schrift selbst deutlich genug. Obwohl er als Mittler zwischen Gott und dem

Volk beim Engel stand, der auf dem Sinai redete, wollte ihm Israel dennoch nicht gehorchen. So deutlich Gott ihn bezeugt, so hoch er ihn verherrlicht hatte, so gewiß es Gottes Wort war, was er brachte, wollte Israel noch nach Ägypten zurück und wollte ein Kalb zum Gott haben. 7,38-41: *Dieser ist der, der bei der Versammlung in der Wüste beim Engel war, der zu ihm auf dem Berg Sinai redete, und bei unseren Vätern, der lebendige Worte empfing, um sie uns zu geben, dem aber unsere Väter nicht gehorsam werden wollten, sondern sie stießen ihn weg und wandten sich mit ihrem Herzen nach Ägypten zurück und sagten zu Aaron: Mache uns Götter, die vor uns hergehen werden; denn von diesem Mose, der uns aus dem Land Ägypten herausführte, wissen wir nicht, was mit ihm geschah* (2. Mose 32,1). *Und sie machten in jenen Tagen ein Kalb und brachten dem Götzenbild Opfer dar und freuten sich an den Werken ihrer Hände* (2. Mose 32,8). Stephanus denkt wieder an Jesus, wie hoch Gott ihn verherrlicht hat und wie Israel ihm dennoch nicht glaubt, und an seine eigene Lage, wie er hier des göttlichen Worts wegen als Angeklagter vor ihnen steht. So geschah es einst, so geschieht es auch jetzt. Mit Gottes Regierung, so mächtig sie sich offenbart, stand Israels Wille stets im Streit.

Darum kam das Gericht. Seine Gegner hatten es eine Lästerei gescholten, daß er vom Gericht des Christus über Israel, vom Fall des Tempels und der Verwerfung der Judenschaft redete. Solches geschah aber schon in der Wüste, als sie Mose nicht hörten. 7,42.43: *Gott aber wandte sich ab und gab sie dahin, daß sie dem Heer des Himmels dienten, wie im Buch der Propheten geschrieben ist: Brachtet ihr mir denn Schlachtopfer und andere Opfer während vierzig Jahren in der Wüste dar, Haus Israels? Und ihr nahmt das Zelt des Moloch an und den Stern des Gottes Romphan, die Bilder, die ihr gemacht habt, um sie anzubeten. So werde ich euch wegführen lassen über Babylon hinaus* (Amos 5,25-27). Für die Verwerfung Israels braucht Stephanus das Zeugnis des Amos, der Israel von der Wanderung durch die Wüste an bis hinab auf seine Zeit Abfall und Götzendienst vorhielt und dazu die Ankündigung des Gerichtes Gottes, der Verbannung in die Fremde, fügte. Er hat damit den Stolz Israels, der sich auf Mose stützt, widerlegt. Die Schrift gibt ihnen nicht das Zeugnis, daß sie das Gesetz getan hätten, sondern bezeugt im Gegenteil, daß sie es übertraten.[1] Darum kann auch jetzt ihr Widerspruch gegen Jesus Stephanus nicht erschüttern; ihre stolze Rede: „Wir gehen nicht in der Irre, unser Tempel bleibt, und unser Gesetz ist unveränderlich", ist in seinen Augen nichtig. Israel ist nicht gegen das Gericht Gottes geschützt; es hat dieses Gericht erfahren und wird es wieder erleben, weil es Jesus tut, was es Mose tat. Der Trotz, mit dem sie sagen: „Uns wird nichts widerfahren!" leugnet die Schrift.

Stephanus spricht sich noch über den Tempel aus. Er macht auch hier zuerst deutlich, was ihm seine Würde und Heiligkeit gibt. 7,44-47: *Unsere Väter hatten das Zelt des Zeugnisses in der Wüste, wie es der angeordnet hatte, der mit Mose redete, daß er es nach dem Vorbild machen solle, das er gesehen hatte* (2. Mose 25,40; Hebr. 8,5). *Dieses übernahmen unsere Väter und führten es mit Josua in das Land, als sie das Land der Völker in Besitz nahmen, die Gott vor dem Angesicht unserer Väter verstieß, bis auf die Tage Davids. Dieser fand vor Gott Gnade und bat darum, daß er für das Haus Jakobs ein Zelt bekomme* (Ps. 132,5). *Salomo aber baute ihm ein Haus* (1. Kön. 6,1). Israel kam langsam zu einem Heiligtum. Zuerst errichtete ihm Mose nach der Anweisung des Engels ein Zelt; dann, nachdem die Väter dieses nach Kanaan gebracht hatten, bat zuerst David, daß er um der Gnade Gottes willen, die ihm gewährt war, für Israel ein Heiligtum herrichten dürfe; darauf erbaute Salomo dem Volk das Tempelhaus. Als aber Israel endlich den Tempel hatte, verkündigte das göttliche Wort ebenso bestimmt, wie es von Mose zum kommenden Propheten hinüberwies, daß dieses Haus von menschlichen Händen gemacht, nicht die Wohnung Gottes ist, der selbst alles geschaffen hat. 7,48-50: *Aber der Höchste wohnt nicht in dem, was mit Händen gemacht ist, wie der Prophet sagt: Der Himmel dient mir als Thron, die Erde als Schemel für meine Füße. Was für ein Haus wollt ihr mir bauen? sagt der Herr, oder was ist der Ort meiner Ruhe? Hat nicht meine Hand dies alles gemacht?*

[1] Die Weissagung des Amos gegen die zehn Stämme wird so wiederholt, wie die griechische Bibel sie gab. Dort wird ihnen aber gedroht, sie werden über Damaskus hinaus geführt werden, während Lukas sagt: „über Babylonien hinaus". Es war die Überzeugung der Judenschaft, daß auch die zehn Stämme nicht untergegangen seien. Da sie aber in Babylonien nirgends zu finden waren, ergab sich daraus der Schluß, sie seien über Babylon hinaus geführt worden.

(Jes. 66,1.2). Wer also auf den Tempel trotzt, als könne er nicht fallen, der leugnet wiederum die Schrift.

7,51.52: *Ihr, die ihr einen harten Nacken habt und an den Herzen und Ohren nicht beschnitten seid, widerstrebt dem heiligen Geist immer, wie eure Väter, so auch ihr.* (2. Mose 33,3.5; 3. Mose 26,41; Jer. 6,10; 9,25; Hes. 44,7; Jer. 63,10). *Welchen von den Propheten haben eure Väter nicht verfolgt? Und sie töteten die, die das Kommen des Gerechten zuvor verkündigt haben, dessen Verräter und Mörder ihr jetzt geworden seid* (Matth. 23,31). Die Väter waren im Streit mit dem heiligen Geist; denn er sprach durch die Propheten und die Schrift zu ihnen, aber sie widersetzten sich ihrem Wort. Nun vollenden ihre Nachkommen den alten Kampf gegen Gottes Wort und Willen. Der heilige Geist redet zu ihnen nicht mehr nur durch die Schrift, sondern auch durch die Apostel Jesu; aber sie widersprechen ihm beständig und entkräften sein Zeugnis. Die einstige Verfolgung der Propheten fand damit ihren Abschluß, daß Israel jetzt den Heiden den übergab, der das göttliche Recht für sich hatte, weil er mit seinem ganzen Wort und Werk im Gehorsam gegen Gott stand.

Daran wird deutlich, wohin Israel mit dem Gesetz gekommen ist. 7,53: *Ihr habt das Gesetz durch Befehle der Engel empfangen und habt es nicht gehalten* (Joh. 7,19; Gal. 3,19; Hebr. 2,2). Das Kreuz Jesu beweist die Auflehnung Israels gegen das Gesetz Gottes. Die Enkel verwarfen mit Jesus das Gesetz geradeso wie die Väter, als sie die Propheten verfolgten, das Gesetz verleugneten. Das Gesetz ist heilig und von Gott so beglaubigt, daß es sie zum ernsten Gehorsam bewegen sollte. Stephanus redet bei der Gesetzgebung von den Engeln, weil sie von sinnfälligen Wundern, vom Posaunenschall, der wunderbaren Stimme, dem Feuerschein und später von der Erscheinung der Wolkensäule in der Hütte begleitet war; dabei sieht er in den Engeln die Diener Gottes, durch die diese Zeichen geschahen. Weil die Engel Israel die göttlichen Befehle brachten, besitzt es jetzt das Gesetz in der Schrift (vgl. Gal. 3,12; Hebr. 2,2). Obwohl es ihm dadurch im höchsten Maße beglaubigt und aufs Herz gebunden war, wurde es dennoch von ihm übertreten. Der Verklagte ist zum Verkläger geworden. Stephanus empfand die Unwahrheit tief, die darin lag, daß die, die Jesus kreuzigten, sich als die Beschirmer des göttlichen Gesetzes gebärdeten und ihn als den verurteilten, der das

Gesetz verleugne. Damit trat der Gegensatz zwischen der Christenheit und der Judenschaft nach einer neuen Seite ans Licht; mit voller Klarheit sprach Stephanus aus, daß aller Ruhm am Gesetz und alles Vertrauen auf die Gesetzeswerke und die Gesetzesgerechtigkeit mit dem Kreuz Jesu zu Ende ist. Unter den Zuhörern des Stephanus war auch Paulus; seine spätere Verkündigung läßt darauf schließen, daß er es wohl verstand und Stephanus darin recht gab, daß, wenn Jesus wirklich der Christus war, der Ruhm Israels dahin, seine eigene Gerechtigkeit begraben und die Hoffnung, mit den Werken des Gesetzes die Rechtfertigung zu erlangen, als Torheit erwiesen war. Dann stand Israel in der Tat da, wohin Stephanus es stellte: neben denen, die das goldene Kalb errichtet hatten, unter denen, die Gott dahingegeben hat.

Pharisäer und Sadduzäer, Hellenisten und Jerusalemiten waren darin einig, daß dieser Angriff auf den Wert des Gesetzes und die Verdienstlichkeit ihrer Gesetzestreue ein unerhörter Frevel sei. 7,54-56: *Als sie aber dies hörten, wurden sie in ihren Herzen durchbohrt und knirschten mit den Zähnen gegen ihn. Da er aber vom heiligen Geist erfüllt war und zum Himmel blickte, sah er die Herrlichkeit Gottes und Jesus zur Rechten Gottes stehen und sagte: Seht! ich sehe die Himmel offen und den Sohn des Menschen zur Rechten Gottes stehen.* Stephanus empfing durch den Geist einen Anblick der Herrlichkeit Gottes und Jesu. Er sprach aus, daß Jesus sich ihm jetzt im Geist zeige, und zwar so, daß er den Sohn des Menschen in göttlicher Macht und Herrlichkeit beim Vater schaue. Unter den Jüngern, die Jesus begleitet hatten, blieb der Name, mit dem Jesus sich selbst genannt hatte, unvergessen; er wird hier mit besonderer Wirkung gebraucht; denn er macht die Größe der an Jesus geschehenen Gottestat hell erkennbar: Der, der des Menschen Art an sich hat, ist mit der Majestät Gottes vereint! Die Erinnerung an Daniel lag dieser schriftkundigen Versammlung nahe, aber auch die Erinnerung an die Worte Jesu, der vor derselben Versammlung – wahrscheinlich saß damals noch mancher der Richter Jesu im Rat – vom Menschensohn gesprochen hatte, den sie von nun an zur Rechten Gottes sehen würden.[1] Was damals noch eine unglaubliche Weissagung war, durch

[1] Jesus hat sein Wort an Ps. 110,1 angeschlossen; darum sagte er, der Menschensohn werde zur Rechten Gottes „sitzen“; hier sagt Stephanus, er sehe ihn dort stehen.

den gesprochen, der sich auf dem Weg zum Kreuz befand, erklärt Stephanus jetzt für erfüllt und von ihm geschaut.

Wie der Rat schon das Wort Jesu vom Menschensohn zur Rechten Gottes als todeswürdige Gotteslästerung verabscheut hatte, so brach jetzt vollends seine Leidenschaft stürmisch hervor. 7,57.58a: *Sie schrien aber mit lauter Stimme, hielten sich ihre Ohren zu und stürmten einträchtig auf ihn los, stießen ihn zur Stadt hinaus und steinigten ihn.* Vielleicht kam es nicht einmal mehr zu einer formellen Urteilssprechung, da die Meinung des Rats deutlich genug zu erkennen war. Jedenfalls gibt Lukas an, die Hinrichtung sei eifrig und eilig betrieben worden. Von der römischen Obrigkeit ist gar nicht die Rede. In diesem besonderen Fall läßt sich das noch so erklären, daß der Rat in der Überzeugung, das Gesetz sei bis in seine Grundfesten erschüttert und eine schreckliche Gotteslästerung geschehen, ohne Rücksicht auf die Folgen handelte und es der Zukunft überließ, wie die Sache mit Pilatus zu ordnen sei. Sehr gefährlich wurde es schwerlich, da Pilatus sich eines Christen wegen nicht in einen Kampf mit den Machthabern Jerusalems einließ. Das bestätigt der Bericht über die Verfolgung, die nach der Hinrichtung des Stephanus begann und sich über Palästina hinaus in die benachbarten Städte erstreckte, ohne daß wir von den römischen Beamten etwas hören.

Als der Zug vor dem Stadttor angekommen war, schickten sich die Zeugen nach der Vorschrift des Gesetzes an, die ersten Steine auf Stephanus zu werfen. Dazu legten sie die Mäntel ab. 7,58b: *Und die Zeugen legten ihre Mäntel zu den Füßen eines Jünglings nieder, der Saulus hieß* (22,20; 5. Mose 17,7). Hier nennt Lukas den Apostel Paulus zum erstenmal. Er war nicht unter den Zeugen und lud nicht durch eigenes Handeln die Mitschuld am Tod des Stephanus auf sich. Ältere Männer waren durch die griechischen Synagogen beauftragt worden, seinen Tod zu bewirken. Paulus war aber bei dem ganzen Vorgang in nächster Nähe.

Stephanus sah im Sterben zu Jesus auf. Dazu war ihm durch den Anblick Jesu im Gerichtssaal eben noch eine besondere Ermächtigung gegeben worden. 7,59: *Und sie steinigten Stephanus, der Jesus*

Ob das einer Erklärung bedarf, ist fraglich. Stephanus sprach aus, was ihm jetzt als Blick in den Himmel gegeben war. Solche Visionen haben etwas Positives, Unerklärliches an sich.

anrief und sagte: Herr Jesus, nimm meinen Geist auf! Nicht nur der letzte Ausblick auf das Reich Gottes, sondern auch das vor ihm liegende Sterben, und was ihm folgte, wurde den Glaubenden durch ihre Verbundenheit mit Christus hell. Aus der Auferstehung Jesu ergab sich als letztes Ende für alle die Auferstehung in das Leben; für das Sterben und dessen Folge floß aus der Einsetzung Jesu in die Macht und Herrlichkeit Gottes die Gewißheit, daß er für die, die mit der Anrufung seines Namens sterben, sorgt und ihrem Geist die Aufnahme bei sich gewährt. Nach dem ersten Gebetswort, durch das Stephanus Jesus nochmals mit Glauben verherrlicht hatte, sprach er noch seine Liebe und Sorge für Israel aus. 7,60: *Er kniete aber nieder und rief mit lauter Stimme: Herr, wäge ihnen diese Sünde nicht zu! Und als er das gesagt hatte, entschlief er.* Daß Gott mit der Waage Schuld und Gerechtigkeit des Menschen feststelle, war ein in der Synagoge verbreitetes Gleichnis. Stephanus benützte es hier, um auszudrücken, was bei dem Verzeihen geschieht. Die Sünde, die Gott nicht wägt, rechnet er nicht an und vergilt er nicht. Weil Stephanus sich dessen bewußt war, daß in ihm Christus verworfen und verfolgt werde, wurde sein letztes Gebet um so dringender zur Fürsprache für die, die dennoch die Priester und Lehrer des zum Eigentum Gottes geheiligten Volkes waren. Von einem der Männer, für die Stephanus betete, wissen wir, daß seine Fürbitte die Erhörung fand, von Saul. Zugleich bekräftigte sie sein Bußwort nachdrücklich; denn sie zeigte, daß es aus einem reinen Herzen gekommen war, nicht aus Zorn und unreiner Leidenschaft; es haßte nichts anderes als die Sünde und blieb in diesem Haß eins mit Gottes Willen, weil es den Blick auf die vergebende Gnade Gottes nicht verlor. 8,1a: *Saulus aber stimmte seiner Tötung zu.* Damit, daß die Zeugen gerade Saulus ihre Mäntel übergaben, war seine innere Stellung zur Sache wohl angedeutet, doch noch nicht ausgesprochen; nun wird sie uns deutlich erkennbar gemacht. Weder der Schriftbeweis, den Stephanus führte, noch das Gesicht, in dem er Jesus sah, noch sein durch Glauben und Liebe verklärtes Sterben hatten auf Saulus Eindruck gemacht. Er war damals fest überzeugt, das Bekenntnis der Christen beruhe auf Täuschung und Lüge; es führe deshalb nur zur Versündigung an Gott durch ihn lästernde Sätze und zur Untergrabung des Gesetzes, dessen Geltung schließlich durch die Verehrung Jesu zerstört werde.

Er ging gewiß mit ernster Traurigkeit vom Richtplatz heim; daß ein solcher Mann wie Stephanus so verblendet war, konnte ein schmerzliches Mitleid erwecken; aber er blieb dabei, der Rat vertrete gegen die Christenheit die Sache Gottes, der Schrift und der Gerechtigkeit.

8,1b: *Es entstand aber an jenem Tage eine große Verfolgung gegen die Gemeinde in Jerusalem.* Der Schutz, unter dem die Gemeinde bisher stand, war durchbrochen, als einer der Ihrigen nicht wegen besonderer Taten oder eigenen Meinungen, für die er sich allein zu verantworten hatte, sondern wegen seiner christlichen Überzeugung hingerichtet worden war. War er schuldig, so waren es alle. So ging man von seiten der Judenschaft sofort eifrig an die Ausrottung des Christentums. Lukas hat, wenn er von den Leiden der Apostel und der Kirche redet, im ganzen Buch mit großer Zurückhaltung gesprochen, so daß des Leides Umfang und Schwere verhüllt bleibt. Weder ein Ton, der mit der Standhaftigkeit und dem Todesmut der Christen prunkt, noch Klage und Murren über das viele Bittere, das sie litten, kommt in seine Erzählung hinein. Er spricht von den Leiden der Gemeinde mit großer Ruhe, in der Gewißheit, daß sie dem Leiden nicht ausweichen darf, sondern es männlich zu tragen hat. Darum hat er uns einzig durch die Hinrichtung des Stephanus beschrieben, wie Christen um Jesu willen sterben. Diese Erzählung soll uns aber als Beispiel dienen, das viele andere Fälle mit umfaßt und dieses für den Gang der Kirche von nun an wichtige Geschehen sichtbar macht. Mit diesem einen Bericht läßt Lukas es bewenden; nicht einmal vom Tod des Paulus und Petrus hat er uns einen Bericht gegeben. Ebensowenig wird uns bei dieser ersten Verfolgung ausgemalt, wie die Christenhäuser überfallen, die Leute beschimpft, mißhandelt, getötet wurden. Einige wenige Angaben erhält man später in den Worten, mit denen Paulus auf seine Tätigkeit als Verfolger der Christenheit zurücksieht.

Erwähnt wird dagegen, daß die Apostel der Gemeinde die Flucht befahlen, während sie selbst in Jerusalem blieben. 8,1c: *Alle aber zerstreuten sich in die Gegenden von Judäa und Samaria, ausgenommen die Apostel.* Über die Mission in den jüdischen Dörfern hat Lukas noch nichts berichtet; Jerusalem überwog an Bedeutung alle anderen Orte Palästinas weit, und für den Gang des Evangeliums durch die Welt und den Anteil der Juden und Heiden an ihm kam nur das in

Betracht, was in Jerusalem geschah. Mit dem starken Wachstum der Gemeinde in Jerusalem war aber unzweifelhaft auch ihre Ausbreitung durch die Landschaft gegeben, und die ländlichen Christengemeinden gewährten den aus Jerusalem fliehenden Christen die nächste Zuflucht, bis der Aufenthalt in der heiligen Stadt wieder ungefährlich für sie war.

Da die Christen sich sofort nach der Hinrichtung des Stephanus nicht mehr öffentlich zeigen durften, konnten sie ihn nicht selbst bestatten. Gleichwohl wurde sein Begräbnis mit großer Klage begangen. 8,2: *Es bestatteten aber gottesfürchtige Männer den Stephanus und hielten um ihn eine große Klage.* Dächte Lukas an die Christen, so spräche er von den Brüdern. Die Aufregung gegen die Christen riß also noch nicht die ganze Stadt mit. Es gab unter der Judenschaft noch solche, die es wagten, dem getöteten Christen nicht nur ein Grab zu verschaffen, sondern auch öffentlich die Totenklage um ihn zu halten. Darin lag zwar keine Auflehnung gegen das Urteil des Rats, immerhin aber die Anerkennung, daß Stephanus viel Löbliches getan habe und sein Andenken ihnen teuer sei, auch wenn sein Christenglaube nicht der ihrige sei.

Ein weiterer folgenreicher Vorgang war, daß Saulus sich mit Eifer an der Verfolgung beteiligte. 8,3: *Saulus aber schädigte die Gemeinde, da er in die Häuser hineinging, und er schleppte Männer und Frauen weg und lieferte sie in das Gefängnis ein* (22,4.19; 26,9-11; Gal. 1,12; Phil. 3,6). Saulus betrat die ihm verdächtigen Häuser, um festzustellen, wer Christ sei. Das erschien als eine Aufgabe, die für ihn als einen angehenden Lehrer passend sei. Als solcher schrieb er sich ein sachkundiges Urteil darüber zu, in welchem Verhältnis das Bekenntnis der Christen zur Schrift stehe; auf Grund seiner Feststellungen bestimmte er, ob sie dem Gericht zugeführt werden müßten oder nicht. Wo er das christliche Bekenntnis fand, ordnete er die gewaltsame Abführung an. Aus dem Gefängnis kamen die Christen dann vor den Richter. In den späteren Worten wird ebenfalls darauf das Hauptgewicht gelegt, daß Paulus den Christen nachging, um herauszubekommen, wer an Jesus glaube, um sie sodann ins Gefängnis abzuführen. Außerdem wird 22,4.19; 26,10.11 noch gesagt, daß er auch an den Gerichtsverhandlungen teilnahm, sowohl auf der ersten Stufe in den Synagogen – hier wurden über die Christen wegen Unbotmäßigkeit und falscher Lehren die Geißelhiebe verfügt – als auch beim Abschluß der Christenprozesse, bei denen die Todesurteile gesprochen wurden. Auf diese war es mit dem Gefängnis abgesehen. Die Gefangensetzung war nicht selbst schon Bestrafung; sie hatte den Zweck, die Schuldigen sicher vor den Gerichtshof zu bringen, der, wenn die Geißelung erfolglos blieb, die Hinrichtung verfügte.[1] Ohne die Zustimmung der römischen Beamten war eine Verfolgung in dem Umfang, wie Saulus sie betrieb, nicht durchführbar. Darüber, daß die Christen aus den Gefängnissen Jerusalems nach Cäsarea gebracht und dort vom Statthalter endgültig verurteilt worden wären, enthalten die Worte des Lukas keine Andeutung. Die Machthaber in Jerusalem hatten sich also die Vollmacht verschafft, gegen die Christenheit einschreiten zu dürfen, ohne daß der Statthalter sich darum kümmerte. Da wir die Bekehrung des Paulus nicht weit vom Ende Jesu entfernen können, war es Pilatus, der dem Rat die Macht zur Verfolgung der Christenheit zugestand. Nachdem er Jesus selbst gekreuzigt hatte, gab er nun auch seine Jünger dem Zorn ihrer Feinde preis.

Kapitel 8,4-25

Die Begründung der Samaritergemeinde

8,4: *Nun zogen sie, nachdem sie sich zerstreut hatten, von Ort zu Ort und verkündigten das Wort.* Zum erstenmal trat ein, was Lukas nun immer wieder zeigt, daß durch die Verfolgung die Verbreitung des Evangeliums bewirkt wurde. Die aus Jerusalem Vertriebenen waren zu neuer Arbeit frei geworden. Wir lesen hier zum erstenmal das Wort, das von nun an im Bericht des Lukas häufig wiederkehrt: „sie zogen durch die Gemeinden durch"; es ist das Wort für die Arbeit der Evangelisten, die je nach der Aufnahme, die sie fanden, bald länger, bald kürzer an einem Ort blieben, die Botschaft von

1 Die Meinung ist häufig geäußert worden, außer Stephanus sei niemand oder doch nur eine kleine Zahl umgebracht worden. Wenn aber z. B. Paulus die Christen von Damaskus gefesselt nach Jerusalem transportierte, was sollte dort mit ihnen geschehen? Es gab in Jerusalem kein Zuchthaus, wo sie untergebracht werden konnten, und bloß, um ihnen die Hiebe zu erteilen, wurden sie nicht nach Jerusalem geschleppt. Das konnte auch in Damaskus geschehen.

Jesus zu den Leuten brachten und dann weiterzogen. 8,5: *Philippus aber kam herab in die Stadt Samarias*[1] *und verkündigte ihnen den Christus.* Samaria war in jener Zeit nur noch der Name der Gegend nördlich von Judäa bis zur Ebene von Jesreel; die Stadt, die in der alten Zeit Samaria hieß, hatte durch Herodes, der sie erneuert hatte, auch den neuen Namen Sebaste erhalten. Sebaste war eine griechische, heidnische Stadt; deshalb ist hier nicht von ihr die Rede. Philippus predigte hier den Samaritern. Mit diesem Namen sind nicht die Einwohner der Gegend Samaria ohne Rücksicht auf ihre Religion mit Einschluß der Heiden und Juden gemeint, sondern die Glieder der besonderen Religionsgemeinde, die sich in der persischen Zeit von Jerusalem losgerissen hatte. Sie besaß ihren eigenen Hohenpriester, früher auch ihren eigenen Tempel auf dem Garizim, jetzt wenigstens noch ihren eigenen heiligen Berg, den Garizim. Die Stadt dieser Samariter war aber nicht Sebaste, sondern Sichem, an das gedacht werden muß, wenn im religiösen Sinn von der Stadt der Samariter gesprochen wird. In Sichem war Philippus in Sicherheit, weil die Macht des jüdischen Rats sich nicht hierher erstreckte.

8,6-8: *Die Menge achtete aber einträchtig auf das, was ihr von Philippus gesagt wurde, weil sie von den Zeichen, die er tat, hörte und sie sah. Denn aus vielen von denen, die unreine Geister hatten, gingen sie mit lautem Geschrei weg, und viele Gelähmte und Verkrüppelte wurden geheilt. Es entstand aber eine große Freude in jener Stadt.* Es wiederholte sich, was schon Jesus selbst erlebt hatte (Joh. 4), als er sich aus Judäa geflüchtet hatte, wurde ihm die Türe bei den Samaritern aufgetan. Während aber Jesus noch nicht bei ihnen verweilen konnte, sondern nach Galiläa weiterzog, um bis zum Ende an der Judenschaft sein Werk zu tun, war jetzt die Zeit da, in der das Evangelium bleibend bei den Samaritern heimisch wurde. Zweierlei hebt Lukas dabei als wichtig hervor: einmal, daß hier sogleich ein Kampf mit einem Magier entstand, sodann, daß die Kirche bei den Samaritern erst durch die eigene Mitarbeit der Apostel begründet wurde.

8,9-11: *Schon vorher war ein Mann mit Namen Simon in der Stadt, der Zauberei trieb und das Volk von Samaria in Erstaunen*

[1] Andere Texte geben: in eine Stadt Samarias.

versetzte, da er sagte, er sei ein großer Mann. Ihm schlossen sich alle an von den Jungen bis zu den Alten und sagten: Dieser ist die Kraft Gottes, die die große heißt. Sie schlossen sich ihm aber deshalb an, weil er sie lange Zeit durch Zaubereien in Erstaunen versetzt hatte. Simon[1] war einer der vielen Männer, die damals nach geheimer Wissenschaft und Kunst strebten; sie sollte ihnen eine besondere Kenntnis der göttlichen Mächte und die Fähigkeit zu geheimnisvollen Wirkungen geben. Diese religiösen Systeme und Heiligungsmethoden sahen von außen ähnlich wie das Evangelium aus; auch sie versprachen ja Vereinigung mit Gott und den Empfang göttlicher Gaben und göttlicher Leitung. Innerlich dagegen bestand zwischen beiden ein tiefer Gegensatz. Der Magier wollte sich Gottes mit seiner Kunst und seinem Zauber bemächtigen, während das Evangelium keine andere Gemeinschaft mit Gott kennt als die, die Gott selbst uns bereitet, und unseren Glauben nicht auf unsere Kunst, sondern auf das Wort und Werk Gottes gründet. Darum trug auch der Magier seinen eigensüchtigen, ungeheiligten Willen in seine religiösen Machenschaften hinein; das Evangelium aber kennt keine Gnade Gottes als die, die unser Herz von böser Sucht reinigt und dem Willen Gottes gehorsam macht. Bei den Samaritern war der Spielraum, der einem Zauberer in der Gemeinde eingeräumt wurde, größer als in Jerusalem. Zwar hatten auch die Samariter sich unter das mosaische Gesetz gestellt und an den fünf Büchern Moses ihre Bibel. Aber der sektenhafte Zank mit der übrigen Judenschaft und ihre Beschränkung auf ihre eigene kleine Gemeinde schwächten ihre Widerstandskraft gegen die heidnischen Einflüsse. Die Zucht, die die Lehrer Jerusalems an der Gemeinde übten, fehlte den Samaritern. Darum war es Simon möglich geworden, sich ein hohes Ansehen bei ihnen zu verschaffen. Er gab sich als die Erscheinung und Verkörperung einer Kraft Gottes aus und kam sich vielleicht, wenigstens in den Stunden religiöser Aufregung, selbst so vor. Er unterschied dabei verschiedene Kräfte innerhalb des göttlichen Lebens, die zusammen das himmlische Wesen ausmachen sollten. Die Namen dieser Kräfte zu erforschen, galt als ein Hauptstück solcher Magie. Simon lehrte, er stehe auf einer besonders hohen Stufe, da er selbst eine

[1] Der aus Sichem gebürtige Justinus hat noch gehört, woher Simon stammte: aus Gitta, heute Karjet Dschit, westlich von Sichem.

solche Kraft Gottes sei, und zwar nicht eine geringe, dienende, sondern die, die vor Gott den Ehrentitel „die große“ besitze. Dergleichen träumerische Lehren über die Zahl und Namen der göttlichen Kräfte und ihr Eingehen in die Menschen, sogar ihre Erscheinungen in menschlicher Figur, haben im Orient eine lange Geschichte gehabt und verderbliche Mischformen zwischen dem Evangelium und dem Heidentum erzeugt. Darum hebt es auch Lukas als eine wichtige Sache hervor, daß das Evangelium, sowie es über Jerusalem hinausgetragen wurde, mit diesen magischen Lehren zu kämpfen hatte, sich aber auch sofort mit voller Deutlichkeit als ihr Widersacher und Zerstörer erwies. Er verdeutlicht uns dadurch an einem Beispiel die Ereignisse, die Paulus und seinen Gemeinden auf dem griechischen Missionsfeld und nachher der Kirche noch lange viel Arbeit und Not bereiteten.

8,12.23: *Als sie aber Philippus glaubten, der die gute Botschaft von der Herrschaft Gottes und vom Namen Jesu, des Christus, verkündigte, wurden Männer und Frauen getauft. Da wurde auch Simon gläubig, und als er getauft war, blieb er beständig bei Philippus, und da er die großen Zeichen und Wunder sah, die geschahen, staunte er.* Simon erkannte, daß der Anteil des Philippus an der Wahrheit und Kraft Gottes etwas anderes war als das, was er selbst mit seiner Magie besaß. Da war keine Lüge, Geheimtuerei und Täuschung der Einfältigen dabei. Das Wort traf mit heller Wahrheit alle Gewissen; der Wandel geschah im Licht, und die wunderbaren Zeichen, die das Wort begleiteten, waren offenkundige Wirklichkeit. Darum begehrte und empfing auch er die Taufe. Es kam aber ans Licht, daß er dennoch in der Gewalt seiner unreinen Gedanken und Begehrungen blieb und sich nicht so bekehrt hatte, daß er in sich dem Magier den Tod gegeben hätte.

Die verkehrte Art des Simon kam ans Licht, als Petrus und Johannes nach Sichem kamen. Dies ist der zweite Punkt, der Lukas an den Vorgängen bei der Gründung der Kirche in Samaria wichtig war. 8,14-17: *Als aber die Apostel in Jerusalem hörten: Samaria hat das Wort Gottes angenommen, sandten sie Petrus und Johannes zu ihnen. Diese kamen herab und beteten für sie, damit sie den heiligen Geist erhielten. Denn er war noch auf keinen von ihnen gefallen, sondern sie waren nur auf den Namen des Herrn Jesus getauft.*

Dann legten sie die Hände auf sie, und sie erhielten den heiligen Geist. Die Jünger Jesu hatten nun die Erfüllung seiner Zusage vor Augen, daß sie nicht nur für die Judenschaft, sondern auch für die Samariter seine Zeugen sein sollten. Dazu kam es eben damals, als es schien, die Gemeinde in Jerusalem habe einen schweren Schaden erlitten. Petrus und Johannes brachen deshalb nach Samaria auf, um selbst die neuen Gemeinden zu sehen und sie in die Gemeinschaft mit der übrigen Christenheit einzuführen. Da zeigte sich, daß diese Gemeinden sich von der Gemeinde Jerusalems noch in einem wesentlichen Punkt unterschieden: Die Gaben, in denen sich der Geist Gottes in Jerusalem kundgab, die Weissagung und das Gebet mit der Zunge fehlten hier. Es schien, als sei die samaritische Christenheit doch nicht ohne Einschränkung in dieselbe Gnade eingesetzt wie die von Jerusalem, als habe diese einen Vorzug vor Gott.

Die Apostel wandten sich wegen dieses Mangels im Gebet an den Herrn, und, nachdem sie Gewißheit erlangt hatten, beteten sie über den Getauften mit Handauflegung; da kam der heilige Geist auch zu ihnen mit denselben Kräften und Bewegungen wie in Jerusalem.

Die Meinung des Lukas ist nicht die, daß die Spendung des Geistes ein Vorrecht der Apostel gewesen sei, so daß nur sie ihn den Gläubigen mitteilen könnten. Wohl aber war es ihm wichtig, daß gerade diese Kirche durch die Apostel selbst zum vollen Besitz der Gabe Jesu und zu der mit der jüdischen Christenheit gleichgestellten Selbständigkeit gebracht wurde; denn sie stand zwar noch unter dem Gesetz, doch schon nicht mehr vollständig im Verband der Judenschaft und tat darum bereits dar, daß das Evangelium die den Frieden schaffende Macht für die ganze Menschheit ist. Auch in den späteren Erzählungen, die uns berichten, wie Petrus nach Cäsarea kam und wie die Apostel über die Freiheit der Heiden vom Gesetz entschieden, ebenso bei dem Bericht über Paulus achtet Lukas darauf, wie die Apostel über die Berufung der Heiden unterwiesen und über den Gang der Missionsarbeit gewiß gemacht worden sind. Zu dieser Unterweisung der Apostel gehörte auch, daß der Herr die Geistesgaben der samaritischen Kirche nicht anders als durch ihr Gebet und ihre Handauflegung gewährte; so konnten sie selbst und jedermann darüber völlig beruhigt sein, daß sie diese Kirche als einen Teil der einen Kirche des Christus anzusehen und volle Gemeinschaft mit ihr zu pflegen haben. Zum Verständnis dieses Abschnitts hilft auch die verwandte Erzählung aus der Arbeit des Paulus (19,11); er fand in Ephesus Christen, die den Geist nicht kannten und ihn nun durch ihn empfingen. Auch hier hat Lukas auf die Gewißheit geachtet, die Paulus dadurch vom Herrn über den Gang seiner Arbeit bekam. Er sah darin, daß Ephesus, obgleich es dort schon Christen gab, doch ihm vom Herrn als sein Arbeitsfeld zugeteilt war, in dem er die Gemeinde zu begründen hatte.

Die mit dem Gebet des Petrus und Johannes verbundenen Wirkungen wurden nun der Anlaß, daß sich die falschen Gedanken Simons hervorwagten. 8,18.19: *Als aber Simon sah, daß der Geist durch die Auflegung der Hände der Apostel gegeben wird, brachte er ihnen Geld und sagte: Gebt auch mir diese Vollmacht, daß jeder, dem ich die Hände auflege, heiligen Geist erhalte.* Simon hatte vor Augen, daß es Unterschiede in der Kirche gab, nach denen das Amt und die Arbeit sich verschieden abstuften. Die Glaubenden hatten auf Petrus warten müssen, um den Geist zu erhalten, und dieser hatte vermocht, was Philippus nicht gekonnt hatte. Das stand in einer gewissen Ähnlichkeit mit dem, was er als Magier von sich ausgegeben hatte; auch er hatte sich damals als Mittler zwischen der unteren Welt und Gott über die anderen gesetzt und versprochen, ihnen durch geheimnisvolle Mittel wunderbare Hilfe und Kraft zu verschaffen. Seine Eitelkeit regte sich wieder; auch innerhalb der Christenheit schien ihm jetzt eine noch höhere Rolle erreichbar. Wenn Petrus willig war, ihm sein Geheimnis zu offenbaren und die Kraft, den Geist auszuteilen, auf ihn zu übertragen, so war ihm seine alte Bedeutung in neuer, höherer Weise wiedergegeben. Mit Vergnügen malte er sich aus, wie er dann imstande sei, durch seine Handauflegung den von ihm Gewonnenen den heiligen Geist zu spenden! Aus dem selbstsüchtigen und ehrgeizigen Begehren floß die Verkehrung seiner Gedanken in Narrheit. Er sah nicht ein, worauf sich das Amt und die Macht des Petrus gründeten; beides hing ja nicht an seiner Person, als hätte er ein wunderbares Vermögen, den heiligen Geist, nach seinem Willen zu dirigieren; sein Amt war Dienst, seine Macht Gabe, deren Grund in dem lag, der ihn berufen hatte und durch ihn wirksam war. Simon sagte sich dabei, daß Petrus schwerlich ohne weiteres willig sei, sein Privileg mit ihm zu teilen. Darum trug er sein Begehren nicht mit leeren Händen vor, sondern bot ihm reichen Lohn an, wenn er ihm sein Geheimnis offenbare.

Nun hatte Petrus wieder wie einst Ananias gegenüber die Pflicht, die richtende Macht des göttlichen Geistes zu erweisen und die Bosheit mit ihrem rechten Namen ans Licht zu ziehen. Beidemal verkannten und verleugneten die Sündigenden die göttliche Art des Geistes und wollten ihn mit ihrer Heuchelei überlisten, und beidemal waren Eitelkeit und Geld mit im Spiel. Ananias griff mit Verstellung nach dem Namen eines Bruders, der alle seine Habe opfere, Simon nach dem Namen eines Apostels, der ein göttliches Amt verwalte und Geisteskräfte austeile. Doch fiel von Simons Verschuldung ein Teil auf die Verblendung durch alte, mächtige Gewohnheiten des Aberglaubens und die Nacht eines halben Heidentums.

Die Antwort des Petrus spricht rund und klar das Gericht über den Willen Simons aus. 8,20-23: *Petrus aber sprach zu ihm: Dein Geld fahre samt dir in das Verderben, weil du gedachtest, die Gabe Gottes mit Geld zu erkaufen. Du hast weder Anteil noch Besitz an diesem Wort. Denn dein Herz ist nicht gerade vor Gott. Darum tue Buße wegen dieser deiner Bosheit, und bitte den Herrn, ob dir wohl der Plan deines Herzens vergeben werde. Denn ich sehe, daß du zu bitterer Galle und zur Fessel der Ungerechtigkeit wirst* (5. Mose 29,18; Jes. 58,6). So, wie sich Simon jetzt inwendig verhält, gebührt ihm Verderben, nicht Gnade und Vergebung, sondern Ausschluß aus Gottes Reich. Davon wird ihn sein Geld nicht befreien; er kann mit ihm das göttliche Urteil nicht bestechen. Wie wenig Petrus auf das Geld Simons Wert legt, sagt er ihm dadurch, daß er sein Geld mit ihm verwünscht. Der Fluch trifft ihn, weil er meinte, durch Geld werde die Gabe Gottes erworben. Das meint nur der, der sich nicht zu Gott bekehrt und die Hoheit und Heiligkeit Gottes verleugnet. Darum gehört ihm das Wort Jesu nicht, das die göttlichen Gaben austeilt und darum den Schatz der Christenheit ausmacht. Denn Simons Herz ist nicht ganz und aufrichtig auf das bedacht, was Gottes ist, sondern sucht mit List und Lügen beides zu verbinden, die Gnade Gottes und die eigene böse Sucht, den heiligen Geist Gottes und die Verherrlichung der eigenen Person als einer über die anderen Christen erhöhten Gestalt. Doch sprach Petrus noch kein endgültiges Urteil über Simon aus. Die Buße wurde ihm noch offen gehalten. Aber er soll sich deutlich machen, daß er am Rand des Verderbens steht und einen Fall tat, aus dem ihn nur das göttliche Vergeben herausziehen kann, falls es der heilige Wille Gottes ihm noch gewährt. Die Größe seiner Schuld ist darin begründet, daß er so, wie er sich jetzt zu Gott verhält, mit sich selbst auch andere verderben würde. Nicht heiligen Geist wendet er den Menschen zu; vielmehr muß die Art, wie er die göttlichen Dinge behandeln will, als Gift auf alle wirken, die ihn hören, und ihnen die Fessel anlegen, die Ungerechtigkeit über den Menschen bringt. Diese kettet jeden, der ihr verfällt, weil sie den von ihr Gebundenen von der Gnade und Hilfe Gottes trennt. Darum sagt Petrus Simon die göttliche Vergebung nicht zu, sondern mahnt ihn nur, um sie zu bitten, ob er sie noch finden möge.

Über den Ausgang erzählt Lukas nur, daß Simon erschrak. Petrus war ja in seinen Augen ein bei Gott mächtiger Mann, so daß sein Ehrgeiz hoffte, dasselbe zu erreichen, was Petrus besaß. Nun kündigte dieser ihm Gottes Gericht und Verderben an. 8,24: *Simon aber antwortete und sprach: Bittet für mich zum Herrn, daß nichts von dem, was ihr gesagt habt, über mich komme.* Vielleicht deutet diese Antwort ebenso wie das strafende Wort des Petrus an, daß der Magier in seiner Verblendung blieb. Das Gericht, mit dem ihm Petrus drohte, erschreckt ihn; aber die Bosheit, die er in sich trägt, sieht er nicht ein, wenigstens nicht klar. Die Fürbitte der Apostel wäre ihm erwünscht; aber selbst Buße zu tun, selbst um Gottes Vergebung zu bitten, vermag er nicht. Über den weiteren Lebenslauf des Simon geben die kirchlichen Lehrer des zweiten Jahrhunderts an, er sei der Gründer einer eigenen Gemeinde, der Simonianer, geworden, die ihn als Mittler mit Gott und Träger der Gegenwart Gottes verehrt hätten. Da das Bestehen einer Simonianischen Gemeinde bis ins zweite Jahrhundert als Tatsache anzusehen ist, ist es auch wahrscheinlich, daß Simon nicht in der christlichen Gemeinde blieb, sondern zur Magie zurückkehrte und diese durch Verschmelzung mit christlichen Gedanken vollends steigerte und vergiftete. Wenn in den Berichten der Späteren über ihn richtige Erinnerungen liegen, ist er noch tief gesunken; er soll seine Offenbarungsrolle in häßlicher Weise mit geschlechtlichen Dingen verknüpft haben. Es ist möglich, daß auch Lukas an diese spätere Wirksamkeit des Mannes dachte. Er hat durch das, was er erzählt, die falsche Berufung solcher Leute auf ihre Bekanntschaft mit den Aposteln widerlegt; er hat ans Licht gestellt, warum Simon es in der Christenheit nicht aushielt und was ihn wieder zum Austritt trieb; er hat klar gemacht, daß solche magische Religionen und das Evangelium gänzlich verschiedene Dinge sind und dies von Anfang an durch die Apostel erwiesen wurde.

8,25: *Nun kehrten sie, nachdem sie Zeugnis abgelegt und das Wort des Herrn gesagt hatten, nach Jerusalem zurück und brachten vielen Dörfern der Samariter die gute Botschaft.* Die Apostel machten also aus ihrer Rückkehr nach Jerusalem eine Missionswanderung, bei der Dorf um Dorf besucht wurde mit dem Zweck, die Kenntnis Jesu dem ganzen Volk zu bringen.

Kapitel 8,26-40

Die Taufe des Proselyten aus Äthiopien

Die Mitteilungen aus der Arbeit des Philippus, die Lukas besaß, gaben ihm die Möglichkeit, an einem besonders lehrreichen Fall uns noch eine andere wichtige Tatsache erkennbar zu machen, die beim Wachstum der Kirche mithalf und den Übergang des Evangeliums zu den Heiden vorbereitete. Die Judenschaft bestand nicht nur aus den geborenen Juden; sie hatte seit der Zeit, da die Griechen den Orient beherrschten, eine anhaltende Missionsarbeit ausgerichtet; dadurch waren nicht nur zahlreiche Heiden in die Synagoge eingetreten, sondern es brachten auch viele, die die besonderen Vorschriften für Israel, wie die Beschneidung und ihre Folgen, nicht übernehmen wollten, dem Gott der Schrift ihr Gebet dar und hielten sich an die Grundlinien der menschlichen Pflicht, wie das biblische Gebot sie gab. So waren diese „Proselyten" ein Mittelglied zwischen dem Judentum und den Heiden; an die heidnischen Götter glaubten sie nicht mehr, und doch waren sie nicht in den nationalen Verband der Judenschaft aufgenommen, weil sie die besonderen jüdischen Sitten nicht annahmen. Indem das Evangelium auch ihnen gebracht wurde, war der Schritt hinüber zu den Heiden schon zur Hälfte getan.

Zu einem solchen Proselyten wurde Philippus durch eine Verkettung von Umständen geschickt, die sich besonders deutlich als göttliche Führung kundgaben und völlig sicherstellten, es sei des Herrn Wille, daß diesen Menschen ohne Zagen und Bedenken sein Wort gesagt werde. 8,26.27a: *Aber ein Engel des Herrn redete zu Philippus und sagte: Steh auf, und geh um die Mittagszeit auf die Straße, die von Jerusalem nach Gaza hinabgeht; dieses ist verödet. Und er stand auf und ging.* Wo Philippus diesen Befehl erhielt, ergibt der Bericht nicht deutlich. Nur von den beiden Aposteln war gesagt, sie seien aus den samaritischen Orten nach Jerusalem zurückgekehrt. Da aber in solchen Nebendingen die Berichte nie vollständig sind, ist es möglich, daß auch Philippus Samaria damals schon verlassen hatte und nach Jerusalem zurückgekehrt war. Doch bleibt es im Blick auf die Art, wie die neue Erzählung an die frühere angefügt ist, am wahrscheinlichsten, daß Philippus die Arbeit in Samaria noch fortsetzte und nun die Weisung erhielt, daß ihn der Herr anderswo brauche und die samaritischen Christen ihren Weg selbständig weiter zu verfolgen haben. Was er zu tun hatte, wurde ihm vorerst nicht gesagt, nur wo und wann er auf das Werk des Herrn zu warten habe: auf der Straße nach Gaza und zur Mittagszeit, als die Straße menschenleer war, weil man während der heißen Stunden des Tages ruhte. Ein ähnlicher Gedanke wird in der Angabe liegen, daß Gaza verödet[1] sei, weshalb nicht viele Leute an dieser Stelle die Straße benützen. Philippus wird gesagt, daß er diesmal nicht einer großen Menge wegen ausgesandt wird, sondern an einen Ort, wo er scheinbar nichts zu tun hat, wo ihm aber der Herr jemand zuführen wird, dem er das Evangelium zu geben hat. Gaza hatte schwer gelitten, als sich der König von Jerusalem, Alexander Jannai, zum Beginn des ersten Jahrhunderts v. Chr. einen großen Teil Palästinas unterwarf. Der Kampf um Gaza war hart gewesen, und Jannai war gegen die Stadt erbittert. Als er sie in seiner Gewalt hatte, zerstörte er sie gründlich. Die Ruinen von Gaza blieben stehen; in einiger Entfernung von ihnen entstand ein neues Gaza, das allmählich wieder eine große Stadt wurde, damals aber noch von den benachbarten

1 Man kann die Aussage „sie ist öde" zur Not auch mit „Straße" verbinden, wobei der Zweck des Sätzchens derselbe bleibt. Nur ist, weil die Wüste erst südlich von Gaza beginnt, nicht zu erkennen, wo sie zwischen Jerusalem und Gaza durch eine Einöde führen soll.

Häfen Anthedon, Raphia und namentlich Askalon an Bedeutung überragt wurde.

Als Philippus bei den Ruinen des alten Gaza wartete, kam der Wagen eines Äthiopen durch, der wieder nach Ägypten fuhr. 8,27b.28: *Und sieh! es kam ein Äthiope, ein Eunuch, ein Machthaber der Kandake, der Königin der Äthiopen, der über ihren ganzen Schatz gesetzt war. Dieser war gekommen, um in Jerusalem anzubeten. Er kehrte aber zurück und saß auf seinem Wagen und las den Propheten Jesaja.* Auch in den Ländern am Oberlauf des Nils, dem heutigen Abessinien, hatte die Synagoge Einfluß gewonnen und für den Tempel in Jerusalem Anbeter geworben. Philippus war also zu einem Mann gesandt, der vom äußersten Grenzgebiet der Judenschaft kam, in das die Verkündigung des Evangeliums noch lange nicht vordringen konnte; diesem aus der Ferne Gekommenen hatte er nach ausdrücklicher Weisung Gottes die Botschaft von Jesus zu sagen. Der Anschluß an das Judentum war in diesen Ländern nur den höherstehenden Klassen möglich; denn er setzte die Fähigkeit voraus, die griechische Bibel zu lesen. Dieser Äthiope gehörte in der Tat zu den Vornehmsten seines Volkes, das damals von Königinnen regiert wurde, deren Titel Kandake war. Am Hof hatte er das hohe Amt des Schatzmeisters. Dadurch war ihm aber der volle Eintritt in die Judenschaft unmöglich gemacht; denn er war, wie dies oft bei den Hofämtern geschah, zum Eunuchen gemacht worden, und die so Verstümmelten wurden nicht in die jüdische Gemeinde aufgenommen.

Das Werk, das Philippus hier auszurichten hatte, war unmittelbar dadurch vorbereitet, daß der Äthiope den Propheten Jesaja, und zwar dessen 53. Kapitel las. Das führte sie sofort zum Kern des Evangelium hin. 8,29.30: *Aber der Geist sprach zu Philippus: Tritt hinzu und halte dich nah an diesen Wagen. Philippus aber lief hinzu, hörte ihn den Propheten Jesaja lesen und sagte: Du verstehst wohl, was du liest?* Mit dunklen Worten, die keinen Sinn für ihn gewinnen, beschäftigt sich kein Verständiger. Da der Äthiope sich in den Propheten vertieft, darf Philippus voraussetzen, sein Wort sei ihm verständlich; damit wäre schon eine tiefe Gemeinschaft zwischen ihnen hergestellt. 8,31: *Er aber sagte: Wie könnte ich es denn, wenn mich nicht jemand anleitet? Und er bat Philippus, aufzusteigen und sich zu ihm zu setzen.* Die Antwort des Äthiopen zeigte sogleich, daß sein Anschluß an das Judentum und seine Beschäftigung mit der Schrift keine äußerliche, abergläubische Torheit war, sondern mit persönlichem Anteil und aufrichtigem Verlangen nach Gott geschah. Er empfand, daß ihm das prophetische Wort dunkel bleibe, sah auch kein Mittel, wie er zu seinem Verständnis kommen könnte, da dazu ein Führer notwendig war, den er nicht besaß. 8,32-35: *Der Abschnitt der Schrift, den er las, war aber dieser: Wie ein Schaf wurde er zur Schlachtung geführt, und wie ein Lamm, das stumm bleibt vor dem, der es schert, so öffnet er nicht seinen Mund. Durch die Erniedrigung wurde das Urteil über ihn weggetan. Wer vermag seine Lebensdauer zu nennen? Denn sein Leben wird von der Erde weggenommen* (Jes. 53,7.8). *Aber der Eunuch antwortete Philippus und sagte: Ich bitte dich, von wem sagt der Prophet dies? von sich selbst oder von einem anderen? Philippus aber tat seinen Mund auf, begann mit dieser Schriftstelle und sagte ihm die gute Botschaft von Jesus.* Den Äthiopen bewegte die Frage, von wem der Prophet hier rede, wenn er den Knecht Gottes in seiner Leidensgestalt beschreibt und ihn durch Leiden und Sterben das Werk Gottes ausrichten läßt. Wenn er hier nicht von sich selber sprach, wer war denn der, für den diese Worte geschrieben sind? Von dieser Frage aus konnte ihm Philippus sofort Jesu Sendung und Kreuzesweg erläutern. Seine Antwort war: Von Jesus spricht der Prophet; denn er ist der, der durch Leiden und Sterben der Knecht Gottes geworden ist und die Gott verherrlichende Heilandsmacht empfing.

8,36.38: *Als sie aber auf der Straße zogen, kamen sie an ein Wasser, und der Eunuch sagt: Sieh! hier ist Wasser; was hindert, daß ich getauft werde? Und er befahl, daß der Wagen halte, und beide stiegen zum Wasser hinab, Philippus und der Eunuch, und er taufte ihn.* Philippus hatte dem Kämmerer auch gesagt, wie wir die Gnade Jesu empfangen, weil sich auf sein Sterben am Kreuz die Taufe gründet, mit der der Glaubende Vergebung erhält. Der Äthiope sah, soweit er selbst in Betracht kam, kein Hindernis, daß ihm die Taufe zuteil werde. Er glaubte und hatte aus dem, was ihm Philippus von Jesus sagte, die Gewißheit gewonnen, daß Jesus der vom Propheten Verheißene ist, nach dessen Gnade er begehrt. Er fragte, ob es etwa für den Blick des Philippus ein Hindernis gebe, das ihm die Gewährung der Taufe unmöglich machte. Auch Philippus kannte kein solches. Eine Kirche fand der Getaufte in Äthiopien noch nicht; aber er hatte den Herrn auch dort bei sich, und daß dieser ihn berufen habe, dessen war Philippus durch das, was er erlebt hatte, gewiß. Die Kenntnis des Christus, die der Äthiope hatte, war noch klein, erst durch das erworben, was er jetzt gehört hatte; aber der Herr verhieß seine Gnade nicht den Weisen, sondern den an ihn Glaubenden.[1]

Nach der Taufe hätte die Frage entstehen können: Was nun? Soll der Äthiope umkehren, die Gemeinschaft mit der Christenheit suchen und sein Volk verlassen? Oder soll er doch wenigstens für einige Zeit in die Christenheit sich einleben und dann einen Lehrer oder Brüder mit sich nehmen? Alle diese Fragen wurden abgeschnitten. 8,39: *Als sie aber aus dem Wasser heraufkamen, entrückte der Geist des Herrn Philippus, und der Eunuch sah ihn nicht mehr. Denn er zog seine Straße mit Freude.* Beide bekamen so nochmals die nachdrückliche Bezeugung, daß Gott hier gehandelt hatte. Der Äthiope konnte erkennen, daß Philippus ihm vom Herrn gesandt war und er sein Evangelium als die Gabe Gottes ergreifen dürfe, Philippus, daß er das Werk ausrichtete, zu dem Gott ihn gesandt hatte, als er diesem Äthiopen sagte, wer Jesus ist.[2]

8,40: *Philippus aber wurde in Asdod gefunden, und er zog von Ort zu Ort und brachte allen Städten die gute Botschaft, bis er nach Cäsarea kam.* Die weitere Missionsarbeit des Philippus ging von Asdod aus, einer Stadt in der Küstenebene nördlich von Gaza; von da aus durchwanderte er die Städte bis Cäsarea: Jabne, Lydda, Joppe, Apollonia, Antipatris, und ließ sich schließlich in Cäsarea nieder. Wir haben uns also von dieser Zeit an christliche Gemeinden in diesen Städten zu denken; doch zeigt die Bekehrungsgeschichte des Kornelius, daß sich die Predigt damals noch ausschließlich an die

[1] V. 37 ist nicht genügend bezeugt; ein Leser der Apostelgeschichte hat später noch die innere Bedingung hervorgehoben, unter der die Taufe gewährt werden darf. Ähnliche kleine Zusätze finden sich in vielen alten Handschriften durch das ganze Buch. Jemand hat vermutlich bald nach der Abfassung der Apostelgeschichte den Text, statt ihn wörtlich abzuschreiben, mit kleinen Bemerkungen verwoben, und in dieser Gestalt ist sie später weit verbreitet gewesen.

[2] Das Bedenken liegt nahe, der Bericht gehe hier über das, was bei der Trennung des Philippus vom Äthiopen wirklich geschah, hinaus; er sei durch den Gedanken beeinflußt, der in Israel alt war, daß Gott seine Knechte durch wunderbare Entrückung plötzlich an den Ort versetze, wo er sie haben wolle, vgl. 2. Kön. 2,16.

jüdischen Gemeinden dieser Städte richtete; die Mission unter den Heiden wurde noch nicht gewagt. In Cäsarea war Philippus zugleich seinem früheren Arbeitsbereich wieder nahe; es war für die samaritischen Orte politisch und des Handels wegen die Hauptstadt.

Kapitel 9,1-31

Die Bekehrung des Paulus

An die mit der Tötung des Stephanus begonnene Verfolgung schloß sich als weitere wichtige Folge die Bekehrung des Paulus an. Christus bereitete sich den Heidenapostel dadurch, daß er selber ihm erschien.[1]

In diesen ersten Erzählungen nennt Lukas Paulus mit seinem jüdischen Namen Saul; seinen zweiten Namen, Paulus, braucht er zuerst im Bericht über die Missionsarbeit in Cypern, als Paulus dem Statthalter von Cypern, Sergius Paulus, das Evangelium brachte. 13,9: „Saulus aber, der auch Paulus heißt." Die Form, in der Lukas den zweiten Namen dabei einführt, läßt keine besondere Absichtlichkeit in dieser zweifachen Benennung erkennen. Es wird sich mit ihr ebenso verhalten wie mit den Doppelnamen Joseph Justus, Johannes Markus, Silas Silvanus usf. Paulus hat sich wohl schon von Tarsus her unter Griechen Paulus, unter Juden Saul genannt. Der Namenswechsel bei Lukas stellt dar, wie Paulus aus der jüdischen Gemeinde herauswuchs und in der Arbeit an den Griechen seinen Beruf fand. Diese Wandlung vollzog sich seit der Zeit, in der er die großen Reisen in die westlichen Länder unternahm.

1 Das Jahr der Bekehrung des Paulus ergibt sich zunächst aus der Dauer der verschiedenen Arbeitsperioden im Leben des Apostels, die wir nach der Apostelgeschichte und dem Galaterbrief mit ziemlicher Sicherheit abschätzen können. Von der Bekehrung bis zum ersten Besuch in Jerusalem waren es mehr als zwei Jahre, von da bis zur Verhandlung in Jerusalem über die Heiden 14 Jahre; für die Arbeit in Mazedonien, Korinth, Galatien, Ephesus bis zur Verhaftung in Jerusalem sind zum mindesten sechs Jahre erforderlich: zwei Jahre verstreichen bis zum Regierungsantritt des Festus und zur Appellation an den Kaiser; im folgenden Jahre kam Paulus nach Rom, und nach zwei Jahren endete seine dortige Gefangenschaft. Zwischen der Bekehrung des Apostels und dem Regierungsantritt des Festus sind somit 25 Jahre verstrichen. Zur Verbindung dieser Jahrgruppen mit bestimmten Jahreszahlen wurden früher die Regierungszeiten der Statthalter Judäas benützt, über die wir aber keine genauen Angaben besitzen. Das genaueste Datum gibt jetzt die Inschrift, die die Regierung des Gallio in Achaja in das Jahr 51 oder 52 setzt; danach wird die Bekehrung des Paulus etwa ins Jahr 32 fallen.

9,1a: *Saulus aber atmete noch Bedrohung und Mord aus gegen die Jünger des Herrn* (22,4-16; 26,9-15). Der kräftige Ausdruck beschreibt, was damals das Sinnen und Trachten des Paulus beschäftigte und in Wort und Tat beständig an ihm sichtbar wurde. Er setzte seine ganze Tatkraft daran, die Christenheit zu vernichten. Von Gamaliel hat uns Lukas gesagt, daß er zur Duldung der Christenheit geraten und die Verurteilung der Apostel verhindert hat. Paulus hat sich also in der Christenfrage von seinem Meister getrennt. Das ist nicht allein dadurch zu erklären, daß im Streit mit Stephanus außer der Frage, ob Jesus der Christus sei, auch noch die Bedeutung des Gesetzes erörtert wurde. Damit war allerdings das große Hauptanliegen der Pharisäer, die vollkommene Durchführung des Gesetzes im ganzen Leben der Judenschaft, gegen die Christenheit aufgerufen. Aber auch mit Stephanus wurde doch nur darüber gestritten, ob der Tempel und das Gesetz für immer bleiben oder einst durch Jesus beseitigt werden. Das brauchte einen Pharisäer noch nicht notwendig zu bewegen, der Christenheit die Duldung zu versagen, solange sie sich dem Gesetz gehorsam unterwarf und nur für die Zukunft, wenn der Christus sich offenbaren werde, von einer neuen Gestalt des Reiches Gottes sprach. Auch der Unterschied im Alter, daß Paulus noch mit jugendlichem Eifer handelte, während Gamaliel schon zu den Ältesten Israels gehörte, erklärt die Entschließung des Paulus nicht. Paulus trat damals schon als unterrichteter Mann auf; er saß nicht mehr unter den Schülern, sondern nahm handelnd am öffentlichen Leben teil und wurde vom Hohenpriester mit amtlichen Vollmachten als Vertreter des Rats ausgesandt. Er hatte somit die viele Jahre erfordernde Lehrzeit hinter sich und war wahrscheinlich schon gegen vierzig Jahre alt. Der Grund liegt in dem tiefen, persönlichen Ernst, mit dem Paulus sich an den Beruf hingab, das göttliche Gesetz zu erfüllen. Wer nach dem Rat Gamaliels das Gericht über die Christenheit Gott anheimgab, damit er sie zerstöre, wenn hier Menschen sich fälschlich auf seinen Namen beriefen, der konnte vielleicht mit Grund sagen, er bleibe für seine Person in der Furcht Gottes; er konnte sich aber dem Vorwurf nicht entziehen, daß er furchtsam seiner Pflicht ausweiche und die Verantwortlichkeit abschüttle, die der Lehrer für die Gemeinde hat. Denn so wurde der Aufblick zu Gott nur dazu benützt, um sich Ruhe zu verschaffen, nicht aber, um die Tat zu finden, die Gott gehorsam war. Die Willigkeit, Gott walten zu lassen, bleibt ohne die Willigkeit, selbst zu tun, was der Wille Gottes fordert, unfertig. Paulus war es unmöglich, von sich wegzuschieben, was sich ihm aus seinen Überzeugungen als seine Pflicht ergab. Weil es nach seiner Meinung eine Verirrung war, Jesus als den Christus zu preisen und im Gekreuzigten den zu erfassen, in dessen Sendung und Werk Gott sich kundgetan habe, mußte diese Verirrung auch mit dem Einsatz aller Kraft bekämpft werden. Man durfte ihre Abwehr nicht nur Gott zuschieben – freilich war ohne Gottes Hilfe jedes Beginnen der Menschen nichts. Wenn sie wußten, daß das Evangelium nichts als Wahn sei, mußten sie sich selbst als treu erweisen und in dieser Sache dadurch ihre Gerechtigkeit bewirken, daß sie den Kampf nicht scheuten; waren sie doch auch dem Volk gegenüber verpflichtet, die Verführer von ihm fernzuhalten und zu richten. So kam Paulus durch den entschlossenen Ernst, mit dem er Pharisäer war, in seinen Kampf gegen Christus hinein, weil er im Gehorsam gegen das Gebot Gottes die Summe aller Frömmigkeit sah und nicht nur im Studium und in der Lehre, sondern im Werk des Gesetzes seine Gerechtigkeit suchte.

Drohung und Mord, nicht Belehrung und Widerlegung war das, was aus ihm ausströmte. Die Gegner der Christenheit hatten schon reichlich erfahren, daß die Christen in einem echten, wirklichen Glauben an Jesus standen, der durch Worte und Gründe nicht zu beseitigen war. Die Auferstehung Jesu galt ihnen als erlebt und von ihnen geschaut, und der Glaube der Apostel konnte offenkundig auch in den Neubekehrten die gewisse Überzeugung erwecken, daß Jesus lebe und ihr Herr sei. Darum hielt es Paulus für verkehrt und vergeblich, mit der Möglichkeit zu rechnen, sie könnten sich wieder von Jesus weg zum Judentum zurückwenden. Weil aber ihr Glaube in seinen Augen ein falscher Glaube war, erzeugte er, je mehr er Herz, Willen und Tat der Christenheit bestimmte, um so mehr Sünde, die bestraft werden mußte. Darum erschien es ihm den Christen gegenüber als seine Pflicht, nicht das Lehramt, sondern die Zuchtgewalt auszuüben.

Paulus hat später das Falsche und Sündige in seinem Handeln mit voller Klarheit gesehen: „Du richtest den anderen und verdammst dich selbst“ (Röm. 2,1). Aber damals sah er in der Anwendung der

Geißel und des Schwertes noch nichts, was ihn erschreckte. Die Versündigung der Christen, einen falschen Christus zu erfinden und Gott zum Vater des Gekreuzigten zu machen, erschien ihm als so groß und grell, daß er, mochte sein Empfinden sich auch dagegen sträuben und Barmherzigkeit ihm als das Leichtere erscheinen, nur ihre rücksichtslose Bestrafung als das Richtige gelten ließ.

Paulus gab sich deshalb mit dem Erfolg in Jerusalem nicht zufrieden, sondern betrieb auch die Ausrottung der Christenheit in den Nachbarstädten. 9,1b.2: *Und er ging zum Hohenpriester und erbat sich von ihm Briefe nach Damaskus an die Versammlungen, damit er, wenn er solche finde, die dieses Weges seien, Männer und Frauen, sie gebunden nach Jerusalem führe.* Der Hohepriester zeigte den jüdischen Gemeinden in Damaskus an, Paulus habe den Auftrag, zu untersuchen, wer in Damaskus Christ sei, und die Christen als Gefangene nach Jerusalem zu bringen, damit der Rat dort über sie das Urteil spreche. Die Christen hießen „die, die dieses Weges sind", nach der jüdischen Ausdrucksweise, nach der die bestimmte Gesinnung eines Menschen, aus der er handelt, sein Weg genannt wurde. Die Christen gehörten damals noch zur jüdischen Gesamtgemeinde, bildeten aber innerhalb derselben einen besonderen „Weg". Ein solcher Befehl des Hohenpriesters wurde zwar nicht durch äußere Machtmittel unterstützt, war aber dennoch eine sehr ernste Sache, weil sich alle Judenschaft vor der Widersetzlichkeit gegen die Priester und Lehrer Jerusalems fürchteten; denn diesen stand im schlimmsten Fall der Bann zu Gebote, mit dem sie eine ungehorsame Gemeinde aus dem Verband des Volkes ausstießen. Die römische Obrigkeit umging man auch hier völlig. Weder Paulus noch die Machthaber Jerusalems wollten den römischen Staat gegen die Christen anrufen. Es handelte sich bei der Christensache um den Gottesdienst Israels; darüber sollte nicht der Heide das Urteil fällen, sondern die, die nach dem göttlichen Gesetz richteten. Daß der Hohepriester ein Sadduzäer war, hinderte dagegen Paulus nicht, seine Unterstützung zu benützen. Er war, obgleich Sadduzäer, das Haupt der Gemeinde; eine Notwendigkeit, sich ihm zu widersetzen, entstand nur dann, wenn er sich gegen die Schrift oder die pharisäische Regel verging. In diesem Fall benützte der Hohepriester aber seine Macht zur Ausführung dessen, was auch Paulus als Recht erschien; er sah daher in der Willigkeit des Hohenpriesters, die Christenprozesse bis zum Ende durchzuführen, eine gute Hilfe.

An der Spitze einer Schar Bewaffneter, die dann den Transport der Gefangenen überwachen sollten, zog Paulus durch das Land; als er aber sein Ziel, Damaskus, nahezu erreicht hatte, schützte Christus seine Gemeinde vor der Verfolgung und Paulus selbst vor dem Verderben; er gab sich ihm zu erkennen und gewährte ihm damit die Bekehrung. 9,3-6: *Während er aber wanderte, geschah es, daß er nahe bei Damaskus war, und plötzlich umstrahlte ihn ein Licht aus dem Himmel, und er fiel auf die Erde und hörte eine Stimme, die ihm sagte: Saul, Saul, warum verfolgst du mich? Er aber sprach: Wer bist du, Herr? Er aber sagte: Ich bin Jesus, den du verfolgst. Aber steh auf, geh in die Stadt hinein, und es wird dir gesagt werden, was du tun sollst.*

Sicherlich würde kein Abschnitt der Apostelgeschichte so lebhaft bestritten und als unglaublich beiseite geschoben wie dieser Bericht, nach dem Jesus in himmlischer Herrlichkeit dem Verfolger erschien und ihn dadurch zum Apostel machte, wenn nicht der Grundriß der Erzählung mit den Aussagen des Paulus über seine Bekehrung übereinstimmte. Auch Paulus sagt, er sei bekehrt worden, als er Verfolger war, nicht durch Menschen, sondern dadurch, daß er Jesus sah (Gal. 1,1.15.16; 1. Kor. 9,1; 15,8; Phil. 3,6).

Mit bescheidener Zurückhaltung, der Ostergeschichte ähnlich, vermeidet die Erzählung jede Beschreibung Jesu, die die Beschaffenheit seines himmlischen Lebens und Leibes zu verdeutlichen versuchte. Das Geheimnis in dieser Erscheinung wurde von Paulus selbst mit geheiligter Scheu geehrt, und darum redeten auch seine Genossen nicht anders von ihr. Es wird nicht vergessen, daß Jesus ihm nicht dazu erschien, damit er an seinem Anblick die Natur des Sohnes Gottes erfasse, sondern damit er sich bekehre. Daher wird über das, was Paulus sah, nur das eine gesagt: „Ein herrliches Licht umstrahlte ihn." Das Licht war das Zeichen, durch das Jesus ihm zeigte, daß er göttliche Herrlichkeit habe. Nachdem Paulus durch das Aufleuchten des Lichts niedergeworfen war, erfolgte das Gespräch. Es verlief so schlicht und natürlich, wie Jesus früher auf Erden mit den Menschen umgegangen war; darin hat es das Siegel der Wahrheit. Und doch hat es zugleich unerschöpfliche Tiefe; denn in ihm offenbart sich die

Gnade des Christus. Darum strahlt es mit den mächtigsten Wirkungen durch die ganze Geschichte der Menschheit hindurch. „Saul, Saul!" – der doppelte Ruf warnt Paulus eindringlich. „Warum verfolgst du mich?" Jesus verfolgt er, indem er seine Gemeinde verfolgt. Das war auch die Absicht des Paulus: Der Name Jesu sollte verschwinden und in Vergessenheit begraben sein; ebenso sieht Jesus es an, nimmt, was den Seinen getan ist, auf sich und bewahrt vom Himmel her die vollkommene Gemeinschaft mit ihnen. Was hat aber Paulus für Grund, Jesus zu schelten und zu hassen? Da Paulus fragt, wer er sei, nennt Jesus seinen Namen.[1] Damit zerbrachen alle Gedanken, mit denen Paulus bisher seinen Unglauben gestützt und die Verdammung der Christenheit gerechtfertigt hatte. Der, der gekreuzigt worden war, trat ihm entgegen in der Macht und Herrlichkeit Gottes. Die Christen hatten recht: Jesus war auferstanden, er war der Herr. Alles zerfiel, was sich Paulus mit seinem Pharisäismus erworben hatte. Er stand als Sünder da. Seine Gerechtigkeit war dahin; denn er hatte den Kampf wider Gott begonnen, seinen Boten und Knecht verkannt, gelästert, verfolgt. Seine Schriftgelehrsamkeit war vernichtet: Sie hatte ihm nicht das Auge für Gott gegeben, sondern hatte ihn zum Kampf gegen Gott verblendet und so in Versündigung geführt. Ein vollständiges Sterben kam über Paulus; er war am Ende. Aber es war ein Sterben zum Leben.

Nicht zum Gericht erschien ihm Christus, sondern um ihn zu berufen. Christus löscht damit aus, was geschehen war; er erspart Paulus Strafe und Verderben, die er sich selbst bereitet hatte und öffnet ihm einen neuen Weg. Das Alte ist vergeben und vergangen; nun kennt Paulus den Christus und hat die Gnade erlebt. In Damaskus wird man ihm sagen, was er tun muß. Christus stellte ihn wieder auf den geordneten Weg zurück, auf dem alles menschliche Leben sich bewegt, auch das der Christenheit. Christus hatte Paulus etwas Außerordentliches getan und ein Wunder zum Anfang seines Christenstandes gemacht, doch nicht damit er von der Gemeinde abgesondert bleibe und in allem eine ausnahmsweise Führung erhalte, sondern damit er in die Gemeinde komme, als Glied der Christenheit lebe, empfangend und gebend, wie wir Menschen

[1] Das Wort: Hart wird es dir, gegen den Stachel auszuschlagen, ist nicht hier, sondern nur in Kap. 26,14 sicher überliefert; siehe die dortige Bemerkung.

unser Leben in der Gemeinschaft führen. Deshalb setzt Christus das Gespräch nicht fort; er unterweist ihn nicht selbst, sondern heißt ihn nach Damaskus gehen, wo er weitere Weisung erhalten wird.

Als Christus verschwand, blieb nicht nur die innerliche Veränderung in Paulus zurück; auch äußere Spuren redeten von dem, was geschehen war. 9,7.8: *Die Männer aber, die mit ihm reisten, standen bestürzt da, da sie zwar die Stimme hörten, aber niemand sahen. Saulus aber richtete sich von der Erde auf, und obwohl seine Augen offen waren, sah er nichts. Sie führten ihn aber an der Hand und brachten ihn nach Damaskus hinein.* Die Offenbarung Jesu galt nur Paulus, doch hatten auch seine Begleiter einigen Anteil an dem, was vorgefallen war. Bestürzt standen sie da im Bewußtsein, etwas Wunderbares geschehe, was sie sich nicht deuten konnten. Paulus selbst sah nichts mehr; das Auge war äußerlich unverletzt, nur die Sehkraft war geschwunden. So herrlich und vollkommen die Gnade war, die Christus ihm gewährte, so hatte sie doch auch jetzt ihren Ernst bei sich. Paulus ging nicht im Jubel und Dank von der Begegnung mit Jesus weg, sondern tief gebeugt als ein blinder Mann, den seine Begleiter nach Damaskus hineinführen mußten. Daran hatte er ein Zeichen für das, was er bisher gewesen war. Verblendet lief er nicht nur weg von Gott, sondern gegen ihn an; er wollte in seiner Torheit den von Gott Erhöhten bezwingen, er, der Staub war und ganz und gar in Gottes Händen lag. Und doch bezeugte auch diese Blendung zugleich die heilsame Wandlung, die in ihm bewirkt war. Vorher sah er mit rüstigem Auge in die Welt hinaus, war aber inwendig blind; nun, als ihm über den Augen Dunkel lag, war ihm inwendig der Blick auf Christus gegeben.

Der Bericht über den Anteil der Begleiter am Vorgang und über die Erblindung des Paulus zeigt, daß Lukas sich den Anblick Jesu durch Paulus nicht als ein „Gesicht", als ein in die Seele gesenktes Bild denkt, etwa wie es Stephanus vor dem Rat empfing (7,55) oder Petrus auf dem Dach des Gerbers von Joppe (10,3 f.) oder Paulus im Verlauf seiner Apostelarbeit, wenn der Herr in der Nacht bei ihm stand und ihm seinen Willen kundtat (16,9 f.; 18,9 f.). Auch in solchen Gesichten sah Lukas wirkliche Erweisungen der göttlichen Gegenwart; gleichwohl unterschied er den Vorgang bei der Bekehrung des Paulus von ihnen wegen der Unmittelbarkeit und Vollständigkeit, die diese Begegnung Jesu mit Paulus an sich trug. Es kam hier zu einem vollen Schauen der Herrlichkeit des Christus, an dem Paulus mit Leib und Seele beteiligt war. Auch in dieser Beziehung redete Lukas von der Bekehrung des Paulus so, wie Paulus selbst es tat; auch er hat den Anblick Jesu bei seiner Bekehrung nicht für ein Gesich gehalten, wie es ihm und anderen später noch mehrfach widerfuhr, sondern für eine höhere, andere Offenbarungsweise Jesu, die in der Gemeinde niemand erhielt als er; darum stellte er sein Erlebnis nicht mit den späteren Offenbarungen, sondern mit der Gemeinschaft des Auferstandenen mit den Jüngern in den Ostertagen zusammen. Diese besondere Art, wie Christus sich ihm zeigte, war Paulus deshalb wichtig, weil er darin die Berufung zum Apostelwerk erkannte. Er war dadurch zum Zeugen der Auferstehung Jesu in einer Weise geworden, wie es ein anderer Christ durch ein Gesicht nicht werden konnte.

9,9: *Und er sah drei Tage lang nicht und aß nicht und trank nicht.* Dieses bis in den dritten Tag hinein ausgedehnte Fasten war das Zeichen für sein stetiges Gebet. Es bezeichnete die Abkehr von allen anderen Anliegen und die Hinwendung des Herzens allein auf Gott. Mit Buß- und mit Dankgebeten zugleich wartete er auf die weitere Offenbarung Jesu; nur darum ging es ihm jetzt. Ein solch anhaltendes Fasten kann zwar leicht zu einem gewaltsamen Ansturm entarten, mit dem der Beter auf Gott eindringen möchte und die Unterordnung unter Gott vergißt. Diese Versuchung focht aber Paulus damals nicht an. Daß er auf den Herrn wartete, dazu hatte er sicheren Grund in seiner Verheißung, er werde für ihn in Damaskus sorgen, damit er seinen Weg weiter finden könne, und so wartete er gläubig auf deren Erfüllung. Daß ihn der Herr bis in den dritten Tag hinein warten ließ, also bis nahe an die Grenze, bei der ihm das Fasten unmöglich und die Unterbrechung seiner Zurückgezogenheit notwendig wurde, darüber murrte Paulus nicht. Mit dem, was er erlebt hatte, war ihm alles Murren gegen Gott genommen. Denn jetzt konnte er nicht mehr mit seinem Verdienst rechnen, sondern nur nehmen, was ihm die Gnade gab.

Noch ehe Paulus das Bedürfnis des Leibes nötigte, sich mit den Dingen dieses Lebens zu befassen, empfing er die Erhörung.

9,10-12: *Es war aber ein Jünger in Damaskus mit Namen Ananias, und der Herr sprach zu ihm im Gesicht: Ananias! Er aber sprach: Sieh! hier bin ich, Herr. Der Herr aber sagte zu ihm: Steh auf, und gehe auf die Straße, die die gerade heißt, und frage im Hause des Judas nach einem Mann mit Namen Saulus aus Tarsus. Denn sieh! er betet, und er sah einen Mann mit Namen Ananias zu ihm hereinkommen und die Hände auf ihn legen, damit er wieder sehend werde.* Was Ananias bei Paulus auszurichten hat, wird ihm dadurch gezeigt, daß Paulus auf sein Kommen schon vorbereitet war; auch ihm war im Gesicht die Gestalt des Ananias gezeigt, wie er zu ihm trat und ihm durch die Handauflegung das Sehen wiedergab.

Allein der Ruf von den harten Taten des Paulus gegen die Christen und vom Zweck seines Zuges nach Damaskus war schon hierher gekommen und Ananias bekannt; die Begleiter des Paulus waren ja schon seit drei Tagen in der Stadt. Darum erregt die Weisung, die Ananias bekommt, seinen Widerspruch. Schickt Jesus ihn wirklich zum Todfeind und Zerstörer der Christenheit, zu dem Mann, der Gottes gerechtem Gericht verfallen ist? 9,13.14: *Ananias aber antwortete: Herr, ich habe von vielen über diesen Mann gehört, wieviel Schlimmes er deinen Heiligen in Jerusalem tat, und er hat hier von den Hohenpriestern Vollmacht, alle zu binden, die deinen Namen anrufen.* Nicht Furcht offenbart sich im Wort des Ananias, sondern die Frage nach Gottes Gerechtigkeit, die den Aufblick der Juden zu Gott stets zumeist bestimmt hat. Zu dem Mann, der so tief gefallen, so schwer verschuldet ist, soll Ananias gehen; er wünscht die Vergewisserung, daß sich die Gnade Jesu wirklich so weit erstrecke und auch dieser Auftrag noch mit der Gerechtigkeit Gottes im Einklang sei.

9,15.16: *Aber der Herr sprach zu ihm: Geh, denn dieser ist mir ein auserwähltes Werkzeug, um meinen Namen vor Völker und Könige und vor die Söhne Israels zu tragen. Denn ich werde ihm zeigen, wieviel er für meinen Namen leiden muß.* Jesus handelte an Paulus wunderbar, weil er ihn zu besonderer Arbeit für sich erkoren hatte. Er kam zu Paulus nicht nur, um ihn zu beseligen, damit er in seiner Erkenntnis für sich die Hoffnung ewigen Lebens habe; damit ist vielmehr, ähnlich wie bei der Berufung der Zwölf und der Erteilung des Geistes an sie, die Dienstpflicht untrennbar verbunden.

Um ihn als Werkzeug zu gebrauchen, ist Paulus gerade so für Jesus in besonderer Weise mehr als andere geschickt; Jesus wird durch ihn ein Werk vollführen, das im Fortgang des göttlichen Reichs seine besondere Bedeutung hat.

Dadurch bleibt auch die Gerechtigkeit, die Ananias vermißt, in ihrer Geltung. Wenn sich Ananias verwundert, daß Jesus so an dem Mann handle, der so furchtbar gesündigt hat, so bekommt er auf seine Einrede die Antwort: Der, der so furchtbar sündigte, muß auch besonders Schweres tun und darum auch besonders Schweres leiden. Viel wurde ihm gegeben; nun wird viel von ihm gefordert. Viel ist ihm vergeben dazu, damit er viel liebe, deshalb auch viel leide. Nicht die Lieblichkeit und der fruchtbare Segen des Apostelamts wird hervorgehoben, sondern der Ernst des Zeugenamts. Daß Paulus die Völker bekehre, den Kaiser zum Christen mache, die Judenschaft Jesus unterwerfe, das sagt der ihm gegebene Auftrag nicht. Als notwendig und für Gottes Reich unerläßlich wird bezeichnet, daß alle erfahren, wer Jesus ist. Es wird das Amt und der Erfolg des Paulus sein, den Namen Jesu in die Welt hinauszutragen, ihn den Herrschern mit Einschluß des Kaisers kundzutun und ihn Israel in seiner Gesamtheit, in Jerusalem wie in den Gemeinden der Zerstreuung, bekanntzumachen. Freilich wird er den Namen Jesu nicht vergeblich so weithin tragen; auch in seiner Arbeit wird er sich als der Name erweisen, der den Menschen zur Errettung gegeben ist. Aber auch dann, wenn Paulus nicht Glauben an Jesus erwecken kann, sondern zur Entscheidung gegen ihn den Anstoß gibt, ist seine Verkündigung nicht umsonst geschehen. Ehe die Herrlichkeit des Reiches anbricht, muß der Name Jesu durch die Völker dringen. Weil er nicht überall Glauben, sondern auch Feindschaft erregt und nicht nur zur Rechtfertigung, sondern auch zum Gericht den Menschen verkündigt wird, hängen sich Leiden an die Arbeit des Paulus, und die Größe seines Berufes bringt es mit sich, daß er mehr als andere Jesu wegen leiden muß. Das geschieht aber unter der eigenen Leitung Jesu im Fortgang des apostolischen Werkes allmählich; Ananias dagegen hat jetzt nicht mit der Strafmacht des Christus vor Paulus zu treten, sondern mit der Heilandsgabe, damit das, was Jesu Gnade Paulus gewährte, vollendet wird.

9,17: *Ananias aber ging und trat in das Haus und legte die Hände auf ihn und sagte: Saul, Bruder, der Herr hat mich gesandt, Jesus, der dir auf dem Weg erschienen ist, auf dem du kamst, damit du wieder sehend und mit heiligem Geist erfüllt werdest.* Ananias handelt in der Gewißheit, daß Paulus die ganze Gabe Jesu zugedacht sei, die er seiner Gemeinde gibt. Dadurch wurde Paulus die Sehkraft zurückgegeben, nicht durch eine allmähliche Genesung, sondern mit einer plötzlichen Veränderung. 9,18.19a: *Und sofort fielen gleichsam Schuppen von seinen Augen ab, und er wurde sehend, stand auf und wurde getauft, und er nahm Nahrung und kräftigte sich.* Ohne zu zögern, begehrte und empfing Paulus nun die Taufe. Jetzt stand er im Glauben und war entschlossen, ebenso gerade und ernst diesem zu gehorchen, wie er bisher gegen das Evangelium gehandelt hatte. Nach der Taufe brach er sein Fasten ab und hielt sein erstes, mit der Danksagung für Gott im Namen Jesu beginnendes Mahl.

9,19b: *Er war aber einige Tage bei den Jüngern in Damaskus.* Die erste Zeit nach seiner Taufe gehörte der brüderlichen Gemeinschaft mit den Christen der Stadt. Doch war diese nur kurz. Paulus wußte, daß er sich nicht in die Gemeinde zurückziehen und nur den Brüdern leben dürfe. Er durfte nicht müßig sein und verlor keine Zeit. 9,20: *Und sofort verkündigte er in den Versammlungen Jesus, daß dieser der Sohn Gottes ist.* Dies ist die einzige Stelle, an der Lukas Jesus mit diesem Namen bezeichnet; er tut es hier, da er mit einem einzigen Wort das Bekenntnis des Paulus aussprechen will. Das war es, was ihm der Anblick des Christus gezeigt hatte, daß Jesus als der Sohn aus Gott sein Leben hat und mit dem Vater eins ist in voller Gemeinschaft in der Gnade, im Gericht und in der Herrlichkeit.

Auch die Juden von Damaskus wußten, was Paulus früher getan hatte und was er ursprünglich in der Stadt tun wollte. 9,21.22: *Alle aber, die es hörten, erstaunten und sagten: Ist dieser nicht der, der in Jerusalem die zerstörte, die diesen Namen anrufen, und dazu hierher gekommen ist, daß er sie gebunden vor die Hohenpriester führe? Aber Saulus wurde immer kräftiger und brachte die in Damaskus wohnenden Juden in Verwirrung, indem er erwies: Dieser ist der Christus.*

Was er den Christen von Damaskus durch sein Zeugnis gegeben hat, hören wir nicht. Lukas erzählt nur noch die Ereignisse, die Paulus forttrieben und die weitere Entfaltung seines Werkes herbeiführten. 9,23-25: *Als aber viele Tage erfüllt waren, beschlossen die Juden, ihn umzubringen; ihr Anschlag wurde aber Saulus bekannt. Sie bewachten aber auch die Tore bei Tag und bei Nacht, um ihn umzubringen. Aber seine Jünger nahmen ihn und brachten ihn bei Nacht über die Mauer hinab, indem sie ihn in einem Korb hinabließen.* Durch den Galaterbrief wissen wir, daß Paulus im dritten Jahre nach Jerusalem zurückging; zugleich wird uns dort erläutert, wie es kam, daß er sich so lange in Damaskus halten konnte. Er war während dieser Zeit auch in Arabien (Gal. 1,17 f.). Dadurch, daß er den Aufenthalt in Damaskus unterbrach – wahrscheinlich indem er in die südlich von Damaskus gelegenen Städte am Rande der Wüste, etwa Bosra, Abila, Gerasa, vielleicht bis Philadelphia ging –, dämpfte er die Feindseligkeit der Juden. Da er aber wieder nach Damaskus zurückkehrte und seine dortige Arbeit nicht im Stich ließ, kam es schließlich zum gewaltsamen Angriff auf ihn. Die Judenschaft wandte sich nicht an den Statthalter von Syrien, um einen Prozeß gegen Paulus zu erreichen; denn der Grund ihrer Feindschaft lag nicht im Bereich des bürgerlichen Rechts, sondern auf dem religiösen Gebiet; daß man dafür den Statthalter gewinne, war nicht sicher. Mit Meuchelmord waren sie Paulus auch nicht beigekommen, wenngleich dies wahrscheinlich häufig geplant wurde. Schließlich trat eine Schar zusammen, groß genug, um einen Widerstand zu brechen; sie ging daran, ihn zu suchen, entschlossen, nicht zu ruhen, bis er in ihren Händen sei. Damit ihm nicht inzwischen die Flucht gelinge, wurden die Tore bei Tag und Nacht bewacht. Dies wurde den Juden nach 2. Kor. 11,32 dadurch möglich, daß sie den vom König Aretas eingesetzten Häuptling der in Damaskus wohnhaften Nabatäer auf ihre Seite zogen. Dieser stellte seine Truppen an die Tore mit dem Befehl, die Flucht des Paulus zu verhindern. Dennoch entkam Paulus, da es den Christen gelang, ihn in einem Korb über die Mauer hinunterzulassen. So war er frei, nicht nur von der Gefahr, sondern auch von der Arbeit, die er bisher getan hatte. Denn daß er nach diesem Ausbruch der Wut sich nicht mehr zu fruchtbarer Wirksamkeit in Damaskus aufhalten konnte, war ihm klar.

Jetzt ging Paulus nach Jerusalem, um Petrus kennenzulernen,

sagt er im Galaterbrief (1,18). Lukas hielt bei diesem Besuch in Jerusalem auch noch ein anderes Ereignis für wichtig. Damals entstand die Verbundenheit zwischen Barnabas und Paulus, die für den Fortgang der Arbeit des Paulus später so große Bedeutung erhielt. Auch durch ihn selbst wissen wir, wie eng er in seiner ersten Arbeitszeit mit Barnabas verbunden war (Gal. 2,1.9; 1. Kor. 9,6); es steht aber in seinen Briefen kein Bericht, der uns sagt, wann und wie diese Gemeinschaft entstand. Hier ergänzt Lukas unsere Kenntnis. 9,26.27: *Als er aber nach Jerusalem kam, versuchte er, sich an die Jünger anzuschließen, und sie fürchteten ihn alle, da sie nicht glaubten, daß er ein Jünger sei. Barnabas aber nahm ihn zu sich und brachte ihn zu den Aposteln, und er erzählte ihnen, wie er auf dem Wege den Herrn sah und daß er mit ihm geredet hatte und wie er in Damaskus öffentlich im Namen Jesu geredet hatte.* In Jerusalem standen zuerst die alten Erinnerungen als düstere Schatten zwischen Paulus und der Gemeinde. Das letzte, was sie in Jerusalem von ihm gehört hatten, waren Lästerworte gegen Jesus gewesen; Paulus mag in der Gemeinde noch manchen getroffen haben, dessen Geißelung und Verhaftung er selbst befohlen hatte, oder Söhne, deren Väter durch seine Schuld zum Tode gebracht worden waren. Dieselben Gedanken regten sich gegen ihn, die Ananias in Damaskus dem Herrn vorgetragen hatte: War es recht, daß der Verfolger ohne weiteres als Bruder gelte? Konnte er wirklich bekehrt sein? Konnte der Herr gerade ihn so wunderbar berufen haben? Daß schon längst Nachrichten aus Damaskus über seine dortige Arbeit nach Jerusalem gekommen waren, hat alle Wahrscheinlichkeit. Allein erst seine eigene Ankunft gab der Frage, wie man sich zu ihm zu stellen habe, ihr volles Gewicht; es ist völlig verständlich, daß die ersten Begegnungen mit den Christen Jerusalems für Paulus schmerzhaft waren und Furcht und Mißtrauen ihm die Türen verschlossen. Da hatte Barnabas den klaren Blick, daß die Furcht vor Paulus unbegründet war; er führte ihn bei den Aposteln ein. Mit diesem Dienst, den Barnabas Paulus tat, begann ihre Gemeinschaft. 9,28: *Und er ging bei ihnen in Jerusalem ein und aus und redete öffentlich im Namen des Herrn.* Genaueres steht im Galaterbrief (1,18.19): Er war fünfzehn Tage der Gast des Petrus; außer ihm sah er noch Jakobus, den Bruder des Herrn, dagegen keinen anderen der Apostel.

Auch diesen kurzen Aufenthalt in Jerusalem hat Paulus zur Arbeit ausgenützt. 9,29.30: *Und er sprach zu den griechisch Redenden und verhandelte mit ihnen* (6,9). *Sie aber planten, ihn umzubringen. Da die Brüder dies erfuhren, brachten sie ihn nach Cäsarea hinab und sandten ihn fort nach Tarsus* (Gal. 1,21). Paulus besuchte nicht nur die Christen, sondern auch seine früheren Gefährten, die Glieder der griechisch redenden Synagogen, denen auch Stephanus das Evangelium gebracht hatte. In der Zeit, während der er bei Petrus wohnte, fielen zwei Sabbate; diese hat er nicht müßig verbracht, sondern der jüdisch-griechischen Gemeinde dargelegt, warum er nicht mehr bei ihr, sondern nun bei den Aposteln Jesu stand und was er bei Jesus gefunden hat. Jerusalem war aber für Paulus ein gefährlicher Ort. Gerade weil man ihn als den Verfolger Jesu kannte, schlug sein Zeugnis kräftig ein, erweckte aber auch doppelt heftigen Widerstand. Die griechischen Juden versuchten sofort, ihn zu beseitigen. Wahrscheinlich hatten auch sie durch die Judenschaft in Damaskus gehört, was Paulus dort getan hatte. Daher mußten die Christen auch hier für seine Rettung sorgen. Sie bewirkten, daß er sicher nach Cäsarea kam; denn Paulus suchte jetzt seine Heimat Tarsus auf.

Lukas hat die Geschichte des Verfolgers bis dahin begleitet, wo er nach Jerusalem zurückgekehrt und in die Verbindung mit den Aposteln gebracht war und, selbst verfolgt, die heilige Stadt und Palästina verließ. Jetzt schließt er die Erzählung mit einer Angabe über den Stand der Kirche Palästinas ab. 9,31: *Nun hatte die Gemeinde durch ganz Judäa und Galiläa und Samaria Frieden, wurde aufgebaut und wandelte in der Furcht des Herrn, und sie wuchs durch die Mahnung des heiligen Geists.* Der Verfolgungssturm war vorbei; darauf hatten wahrscheinlich auch die Vorgänge im römischen Reich Einfluß; das Bemühen Caligulas, seine Verehrung als Gott überall in Gang zu bringen, brachte heftige Reibungen zwischen der Judenschaft und dem Kaiser hervor. Auch Jerusalem durchlebte eine höchst aufgeregte Zeit, als im Jahre 39 der Kaiser den Befehl erließ, seine Statue in den Tempel zu bringen. Diese von Caligula befohlene Entweihung des Heiligtums hätte, wenn sie ausgeführt worden wäre, einen furchtbaren Zusammenstoß mit der römischen Macht ergeben; aber eine glückliche Fügung von Umständen ließ die Gefahr noch an Jerusalem vorbeigehen. In dieser Zeit, als die jüdischen Gemeinden selbst Verfolgung litten und jedermann in Jerusalem um Stadt und Tempel in Sorge war, mußten die gegen die Christen gerichteten Bestrebungen ruhen. Die Verfolgung war für diese vorüber; es lag am Tage, daß sie vergeblich geblieben war; denn die Gemeinde wuchs innerlich und äußerlich. Die vom Geiste ausgehenden Ermunterungs- und Mahnworte sind hier als das genannt, was der Gemeinde die neuen Glieder zuführte. Das in der Kraft des Geistes mit persönlichem Angebot an die einzelnen herangebrachte Bußwort und Evangelium zog neue Glieder heran, die erkannten, daß hier Gottes Wort an sie ergehe und Gottes Geist sie zu Jesus berufe.[1]

Das ist die einzige Stelle, an der Lukas auch von der Kirche Galiläas spricht. Er hat ihr, weil sie auf dem Boden wuchs, den Jesus selbst bearbeitet hatte, nicht etwa besondere Beachtung geschenkt, sondern nennt sie nur mit Judäa und Samaria zusammen als Glied der palästinischen Kirche. Damit deutet er an, daß diese sich durch das ganze Land verbreitet hatte. Die Arbeit der Apostel näherte sich hier also ihrem Ziel. Auch das war ein Zeichen, daß die Zeit kam, in der das Evangelium die Grenzen Palästinas und der Judenschaft überschritt.

Kapitel 9,32–11,18

Petrus erhält die Offenbarung über die Berufung der Heiden

Dafür, daß Paulus das Werk ausführen konnte, das ihm durch seine Berufung gezeigt war, war es eine wichtige Vorbedingung, daß auch Petrus und die Kirche Jerusalems klar erkannten, die Berufung der Heiden sei Gottes Wille. Die Kirche sollte durch die Heidenmission nicht zersprengt, der Kreis der Apostel nicht auseinandergerissen werden. Darum war es unerläßlich, daß nicht nur Paulus seiner Sendung gewiß war, sondern auch Petrus erlebte, daß Christus die Heiden in seine Gemeinde einführe. Wie Petrus dies erfuhr, ist deshalb das nächste Ereignis, das Lukas sogleich nach der Bekehrung des Paulus mit großer Sorgfalt dargestellt hat.

1 Das Wort, das Lukas braucht, ist der Meinung nicht günstig, es sei hier nur an das inwendige Wachstum der Gemeinde in Erkenntnis und Glauben gedacht.

9,32: *Es geschah aber, daß Petrus, als er bei allen durchzog, auch zu den Heiligen herabkam, die in Lydda wohnten.* Petrus ging in Judäa von einer Gemeinde zur anderen, zugleich der Mission wegen, damit, wenn es Gott so füge, eine noch größere Zahl an jedem Ort Christus finde. Auf einer solchen Wanderung, bei der er sein Apostelwerk ausübte, kam er zur Gemeinde in Lydda an der Grenze des jüdischen Bezirks – Lydda lag nicht mehr im Bergland, sondern schon in der Küstenebene an ihrem Ostrand, Joppe gegenüber. Dort führte die Anwesenheit des Petrus zu einer starken Vermehrung der Gemeinde, sowie zur Ausbreitung des Christentums in der Nachbarschaft der Stadt, in der fruchtbaren, dicht bevölkerten Ebene Saron, die westlich und nördlich von Lydda bis an das Meer reicht. Dies geschah dadurch, daß ihm die Heilung des seit acht Jahren gelähmten Äneas gegeben wurde. 9,33-35: *Dort fand er einen Menschen mit Namen Äneas, der seit acht Jahren auf einem Bett lag, da er gelähmt war. Und Petrus sagte zu ihm: Äneas, Jesus Christus heilt dich. Steh auf, und breite dir den Teppich aus! Und sofort stand er auf, und alle, die in Lydda und in Saron wohnten, die sich zum Herrn bekehrten, sahen ihn.* Ob Äneas schon Christ oder noch Jude war, wird nicht gesagt; nur darauf zeigt Lukas hier wie überall hin, daß dieses Zeichen zur Offenbarung der Heilandsmacht Jesu geschah. Nicht der Apostel handelt hier, sondern Jesus wirkt in der Schöpfermacht Gottes am Kranken und bestätigt dadurch das Wort seines Boten. Nun soll auch er sich den Teppich, auf dem man saß, auf den Boden legen. Während er bisher auf seinem Bette liegen mußte, soll er sich nun in den Kreis der anderen setzen, die um Petrus versammelt sind.

Von Lydda riefen die Christen in Joppe Petrus zu sich unter Umständen, die ihm klar zeigten, er gehe den Weg seines Berufs nach dem Willen des Christus und von seiner Macht umfaßt. Eben damals verlor die Gemeinde von Joppe eines ihrer Glieder, das ihr besonders teuer war. 9,36: *In Joppe war eine Jüngerin mit Namen Tabitha, was übersetzt bedeutet „Gazelle". Diese war voll von guten Werken und Wohltaten, die sie erwies.* Tabitha war in der Fürsorge für die Armen der Gemeinde besonders tätig gewesen; auch hier wird hervorgehoben, daß die Gemeinde besonders für die Witwen helfend eintrat. Nur daran dachte Tabitha, und nur dafür lebte sie. Nichts war in ihr und ging von ihr aus als die unermüdliche Willigkeit zu helfen und die Freude an jedem Liebesdienst. 9,37.38: *Es geschah aber in jenen Tagen, daß sie krank wurde und starb. Sie wuschen sie und legten sie in ein Obergemach. Da aber Lydda nahe bei Joppe ist, sandten die Jünger, die gehört hatten, daß Petrus dort war, zwei Männer zu ihm und forderten ihn auf: Zaudere nicht, zu uns zu kommen!* Als Tabitha starb, hoben sich in den Christen von Joppe, die wußten, daß Petrus im benachbarten Lydda war, der Glaube und die Hoffnung hoch. Sollte der Tod der helfenden Macht Jesu Schranken setzen? Sie wußten, wie er einst als der Zeuge des lebendigen Gottes auch an die Toten herangetreten war mit dem Ruf: Stehe auf! Darauf gründeten sie die Zuversicht, Tabitha werde ihnen durch das Gebet des Petrus wiedergegeben werden. Sie legten daher die Leiche nicht in ein Grab, sondern in ein Obergemach, das abgesonderte, stille Zimmer, das auf das flache Dach aufgesetzt war. Zwei Boten holten Petrus eilig, sagten ihm aber noch nicht, was sie von ihm erwarteten; sie waren überzeugt, er werde, wenn er zur Toten geführt werde, bei sich Klarheit empfangen, was er vom Herrn erbitten dürfe. 9,39-41: *Petrus aber stand auf und ging mit ihnen. Als er aber ankam, führten sie ihn in das Obergemach, und alle Witwen standen vor ihm, weinten und zeigten die Röcke und Gewänder, die die Gazelle gemacht hatte, als sie bei ihnen war. Petrus aber schickte alle hinaus, kniete nieder und betete, und er wandte sich zur Leiche und sagte: Tabitha, steh auf! Sie aber öffnete ihre Augen, und als sie Petrus sah, setzte sie sich auf. Er gab ihr die Hand und richtete sie auf. Er rief aber die Heiligen und die Witwen und stellte sie lebend vor sie.* Petrus war innerlich ermächtigt, den Glauben derer, die um Tabithas Leben baten, nicht zu enttäuschen, sondern es vom Herrn zu erbitten, der mächtiger als der Tod ist. Dazu wollte er bei der Leiche allein sein. Er wurde während des Gebets der Erhöhrung gewiß, und als er die Tote anredete, erwachte sie. Diese Zeichen sind uns teils deshalb erzählt, damit wir sehen, warum die jüdische Christenheit wuchs; teils haben sie schon eine Beziehung zu dem, was hernach geschah. Sie machen deutlich, wie die Zuversicht des Petrus immer wieder gestärkt wurde, daß er in der Leitung Gottes stehe und von ihm als sein Werkzeug benützt werde; so konnte er in der gewissen Überzeugung handeln, der Herr selbst tue durch ihn sein Werk.

9,42.43: *Es wurde aber in ganz Joppe bekannt, und viele glaubten an den Herrn. Es geschah aber, daß er viele Tage in Joppe bei Simon, einem Gerber, blieb.* Vielen gab das Zeichen an Tabitha den Antrieb zum Glauben, was mit dazu beitrug, daß Petrus lange in Joppe blieb. Bei den jüdischen Lehrern stand das Gewerbe seines Wirts in geringem Ansehen, schon wegen seines üblen Geruchs. Daher wohnte der Gerber nicht in der Stadt selbst, sondern draußen am Meer. Erwähnt ist dies, weil es für die folgende Geschichte Bedeutung hat, daß Petrus in einem Hause herbergte, wo er ohne Mühe aufzufinden war. In Joppe kannte jedermann das Haus des Gerbers.

Petrus befand sich in Joppe an der Grenze des jüdischen Landes, in derjenigen Stadt Palästinas, die zuletzt in den Besitz der Judenschaft gekommen war; erst Cäsar hatte sie den Juden als ihr Eigentum für immer zugesprochen. Von dort wurde Petrus nach Cäsarea weitergeführt; er kam damit bereits in eine heidnische Stadt, in der die Mehrzahl der Bürger Syrer waren. Wohl wohnte auch eine große Judenschaft in ihr; Petrus wurde aber nicht zu dieser gerufen, sondern zu Heiden, denen er nach Gottes ausdrücklichem Befehl das Evangelium und die Taufe zu bringen hatte. Die Wichtigkeit dieses Vorgangs beruhte nicht darauf, daß hier eine besonders große und kräftige heidenchristliche Gemeinde entstanden wäre, auch nicht darauf, daß wir mit Sicherheit sagen könnten, dies seien die ersten Heiden gewesen, die die Taufe empfingen; mit dem Äthiopen, den Philippus taufte, verhielt es sich ähnlich wie mit Kornelius, und wie weit sich die Arbeit des Paulus damals bereits entfaltete, wissen wir nicht; die Wichtigkeit dieser Geschichte besteht vielmehr darin, daß Petrus, dem nach Jerusalem gestellten Boten Jesu, in deutlicher Weise, aus der Ruhe und Gewißheit für ihn floß, der Wille Gottes gezeigt wurde, daß der Heide zu Jesus herzugebracht werde. Daher besaßen diese Ereignisse für Petrus und die ganze Kirche die volle Wichtigkeit einer Offenbarung, die ihnen für die Regierung Gottes und ihre ganze Arbeit ein neues Licht darbot.

Da Cäsarea die Residenz des Statthalters war, lag dort der größere Teil der Truppen, die die Besatzung Palästinas bildeten. Zu einem Hauptmann derselben wird Petrus geführt, von dem zuerst berichtet wird, wie ernst er schon bisher in der Erkenntnis Gottes lebte, die ihm gegeben war. 10,1-3: *Aber ein Mann in Cäsarea mit*

Namen Kornelius, ein Hauptmann von der Kohorte, die die italische heißt, der fromm war und Gott fürchtete mit seinem ganzen Hause, dem Volk viele Wohltaten erwies und zu Gott beständig betete, sah im Gesicht deutlich etwa um die neunte Stunde des Tags einen Engel Gottes, der zu ihm eintrat und ihm sagte: Kornelius. Der Hauptmann[1] war selbst fromm und dem einen Gott, den die Judenschaft verkündigte, zugetan, und er war dies auch mit seinem ganzen Haus. Er hat das erste Werk, das ihm als dem Haupt seines Hauses oblag, treu vollführt. Er bewährte auch sonst mit der Tat, daß er auf Gott sah, erwies er doch der jüdischen Gemeinde in Cäsarea viele Wohltaten. Es tritt hier dasselbe Grundgesetz in Erscheinung, das mit verstärkter Kraft die Verbundenheit der Christen zu einer Gemeinde hervorgebracht hat: wem es an Gott liegt, der ist auch mit denen verbunden, die mit ihm Gott dienen. Der Hauptmann hatte von der Judenschaft einen reichen Schatz heiliger Wahrheit empfangen; daß er diese schätzte, bewies er dadurch, daß er denen dankte, die sie ihm dargereicht hatten. Und was er so der Gemeinde tat, ward ihm wiederum von Gott als echter, für Gott getaner Gottesdienst angerechnet. Als Offizier hatte Kornelius zu solchem Wohltun mancherlei Gelegenheit, sei es durch seine Geldmittel, sei es deshalb, weil das Militär zugleich die Aufgabe der Polizei besorgte; ein Offizier hatte hier weiten Spielraum zur Gerechtigkeit und Milde oder zur Gewalttat und Grausamkeit. Neben die den Menschen dienende Arbeit ist das innerliche Hauptstück des Gottesdienstes gestellt, das Gebet. Auch darin erwies sich, daß Kornelius wahrhaft vor Gott wandelte. Damit, daß seine Frömmigkeit hervorgehoben wird, ist ein Punkt berührt, der in die Missions- und Heidenfrage tief eingriff. Es gab bei den Heiden nicht nur Gottlosigkeit und Bosheit, sondern auch solche, die Gott so ernst dienten wie Kornelius. Sollte sich Gott ihnen nicht erbarmen, und durfte der jüdische Gläubige sich dagegen sträuben, daß Christus auch sie berief? Gewißheit aber konnte Petrus nicht aus Schlüssen und Wünschen gewinnen, die sich an das hefteten, was am Verhalten der Leute für ein menschliches Auge sicht-

1 Die Abteilung der Truppen, zu der Kornelius gehörte, hieß die „italische Kohorte", vielleicht weil sie aus den in den Städten Palästinas, Sebaste usw. ansässigen römischen Bürgern gebildet war. Sicheres läßt sich nicht sagen, weil der Name für eine in Cäsarea stationierte Kohorte sonst nicht nachgewiesen ist.

bar ist, sondern nur durch ausdrücklichen, göttlichen Befehl. Dieser tat sich zunächst darin kund, daß Kornelius nicht im Traum, sondern des Nachmittags zu der Stunde, die für ganz Israel die Stunde des Gebets war, den Engel sah,

10,4: *Er sah aber ihn an, wurde voll Furcht und sagte: Was ist es, Herr? Er aber sagte ihm: Deine Gebete und deine Wohltaten kamen zum Gedächtnis hinauf vor Gott.* Die emporsteigenden Gebete sind die, die Gott erhört; Gebete, denen sein Wille widerspricht, verhallen. Wohltaten, die emporsteigen, sind die, für die Gott dem Menschen dankt. Solche, in denen sein Auge nicht redliche Güte, sondern unreine Absichten und sündliche Begehrungen sieht, steigen nicht empor, sondern sind umsonst getan, ein leeres Bemühen. Was emporsteigt, wirkt als Denkzeichen, macht, daß Gott unserer gedenkt, seinen gnädigen Blick auf uns richtet und mit den Gaben seiner Gnade antwortet.

10,5.6: *Und jetzt schicke Männer nach Joppe und laß einen Simon kommen, der den Zunamen Petrus hat. Dieser ist bei einem Gerber Simon zu Gast, dessen Haus am Meer liegt.* Als die Erhörung seiner Gebete und als den Lohn seiner Wohltaten empfängt Kornelius dies, daß ihm jetzt der Apostel zugeschickt wird. Gott vergilt sie ihm damit, daß er ihm das Evangelium sendet und ihn zum Glauben an Jesus führt. Wir hörten 8,40, daß Philippus schon früher nach Cäsarea gekommen war. Es waren also schon Christen in der Stadt. Aber nicht an Philippus oder einen anderen Christen ist Kornelius verwiesen worden, sondern an Petrus; den soll er aus Joppe holen, weil dieser jetzt zu lernen hat, was die Absicht Gottes mit den Heiden ist und wie Jesus seine Kirche baut. 10,7.8: *Als aber der Engel, der mit ihm redete, weggegangen war, rief er zwei seiner Diener und einen Soldaten, einen frommen Mann von denen, die beständig in seiner Nähe waren, erzählte ihnen alles und sandte sie nach Joppe.* Die Wanderung nach Joppe erforderte etwa neun Stunden; die Boten kamen also, wenn sie am Abend noch eine Strecke zurücklegten, am anderen Tag um den Mittag in Joppe an.

Inzwischen wurde auch Petrus auf ihre Ankunft vorbereitet. Was Kornelius erlebt hatte, war für diesen selbst zwar völlig gewiß; für einen anderen konnten sich jedoch Bedenken daran heften, ob sich nicht irgendwelche Täuschung zutrage und wirklich Gottes Finger hier offenbar werde. Deshalb erhielt auch Petrus einen Befehl Gottes, der mit dem Befehl, der Kornelius gegeben war, zusammentraf. Er kam zu Petrus nicht in derselben Form wie zu Kornelius: Petrus sah nicht einen Engel, der ihm den Namen des Kornelius nannte, sondern ein Gesicht, durch das ihm die Bedenken genommen wurden, die in allen Fällen, nicht nur in diesem, der Missionsarbeit unter den Heiden widerstanden. Dadurch bekamen diese Ereignisse eine über den besonderen Fall übergreifende Bedeutung für die ganze Arbeit der Kirche. Gott sprach mit Petrus in dem ihm gezeigten Gesicht davon, daß seine Gnade auch die Heiden sucht. Es sollte nicht eine besondere, den Kornelius vor allen anderen Heiden auszeichnende Gnade sein, wenn er berufen wurde.

10,9-16: *Aber am folgenden Tag, während jene auf dem Wege waren, und sich der Stadt näherten, ging Petrus auf das Dach hinauf zum Gebet um die sechste Stunde. Er wurde aber hungrig und verlangte nach Speise. Während man sie rüstete, kam eine Verzückung über ihn, und er sieht den Himmel offen und ein Gerät wie eine große Leinwand herabkommen, das an den vier Enden auf die Erde herabgelassen wurde. Darin waren alle vierfüßigen und kriechenden Tiere der Erde und Vögel des Himmels. Und eine Stimme kam zu ihm: Steh auf, Petrus, schlachte und iß! Petrus aber sprach: Niemals, Herr; denn nie aß ich etwas Gemeines und Unreines. Und eine Stimme geschah wieder zum zweitenmal an ihn: Was Gott gereinigt hat, erkläre nicht du für gemein. Dies geschah dreimal, und sogleich wurde das Gerät in den Himmel hinaufgenommen.* Petrus hatte wie jeder treue Jude die Regel des Gesetzes als stets wacher Mahner in seinem Herzen. Er konnte sich aus diesem Gemenge von Tieren das Mahl nicht bereiten, ohne die Vorschrift des Gesetzes zu übertreten. Daher konnte er jetzt, da er sich Gott gegenübergestellt wußte, die Aufforderung dazu nicht für ernst gemeint halten. Wie könnte ihn Gott zur Übertretung des Gesetzes auffordern? Während er aber meinte, er verhalte sich der Schrift gemäß und somit nach Gottes Sinn, widerlegte die Stimme seine Meinung. Gott befahl ihm, diese Tiere sich zum Mahl zuzubereiten. Gott hat sie gereinigt; Petrus erklärt sie für unrein. Das war nicht richtig geurteilt. Nicht der Spruch des Petrus, der auf unrein lautet, sondern derjenige Gottes, der sie rein nennt, gilt, Das Gesicht wiederholte sich noch zweimal. Von einer inneren Gewalt gezwungen, mußte Petrus sein jüdisches Bedenken äußern und konnte nicht anders als wieder und wieder den Abscheu empfinden und aussprechen, den er vor unreinen Tieren hatte, und wieder wurde er durch die Stimme widerlegt. Die Wiederholung prägte den Vorgang mit großer Deutlichkeit in seine Erinnerung ein und ließ ihn nicht zweifeln, daß ihn hier nicht eine flüchtige, bedeutungslose Erregung seiner Seele beschäftige, sondern daß ihm ein wichtiges Erlebnis voll von göttlicher Weisheit zuteil werde.

Was bedeutete dies? Mit dem Gesicht allein verstand Petrus dessen Absicht noch nicht. Das Verständnis kam ihm aber sofort, da eben jetzt die Boten des Kornelius eintrafen. 10,17-23: *Als aber Petrus bei sich unschlüssig war, was das Gesicht, das er gesehen hatte, bedeute, sieh! da standen die Männer, die von Kornelius abgesandt waren, am Torbau, da sie das Haus Simons erfragt hatten, riefen und fragten, ob Simon mit dem Beinamen Petrus hier Gast sei. Während aber Petrus über das Gesicht nachsann, sagte ihm der Geist: Sieh! zwei Männer suchen dich; aber steh auf, geh hinab und zieh mit ihnen, ohne zu zweifeln; denn ich habe sie gesandt. Petrus aber stieg zu den Männern hinab und sagte: Seht! ich bin der, den ihr sucht. Welches ist die Ursache, um deretwillen ihr hier seid? Sie sagten: Kornelius, ein Hauptmann, ein gerechter Mann, der Gott fürchtet und vom ganzen Volk der Juden das Zeugnis hat, wurde von einem heiligen Engel angewiesen, dich in sein Haus kommen zu lassen und Worte von dir zu hören. Nun rief er sie hinein und beherbergte sie. Am anderen Morgen stand er auf und zog mit ihnen aus, und einige von den Brüdern aus Joppe gingen mit ihm.* Als Petrus von den Boten vernahm, weshalb sie gekommen waren, war er des göttlichen Befehls gewiß und folgte ihm nun auch im Gehorsam ohne Bedenken und Furcht. Da er sah, daß diese Ereignisse für die ganze Kirche wichtig wurden, nahm er als Zeugen einige Brüder aus Joppe mit. Sie brachen, da der Tag schon vorgeschritten war, am nächsten Morgen auf und führten auch dann die Wanderung nicht bis Cäsarea durch, sondern übernachteten in der Nähe der Stadt, damit sie nicht erst spät und ermüdet ankämen, sondern sofort auszurichten vermöchten, was als Werk Gottes auf sie wartete.

10,24-26: *Am folgenden Tag aber ging er nach Cäsarea hinein. Kor-*

nelius wartete aber auf sie und berief seine Verwandten und die ihm verbundenen Freunde. Als es geschah, daß Petrus eintrat, ging ihm Kornelius entgegen, fiel vor seinen Füßen nieder und betete ihn an. Petrus aber richtete ihn auf und sagte: Steh auf! auch ich bin Mensch (Offenb. 19,10). Kornelius hatte seine Familie und seine Freunde in der Gewißheit versammelt, daß das, was ihm von Gott her befohlen sei, sicher zur Ausführung komme und ihm und seinem Haus die reiche Gnade Gottes bringe. Darum begrüßte er auch Petrus mit der tiefsten Verehrung. Petrus hielt aber darauf, daß die ihm erwiesene Ehre in den Schranken bleibe, die ihm als dem Menschen gesetzt sind. Wenn er auch im Auftrag Gottes und mit seiner Gnade kommt, bleibt er selbst doch Mensch.

10,27.28a: *Und er besprach sich mit ihm und trat ein und findet viele versammelt und sagte zu ihnen: Ihr wißt, wie sehr es einem jüdischen Mann verboten ist, sich mit einem Fremden zu verbinden oder bei ihm einzukehren.* Petrus tut es jetzt doch im Gehorsam gegen den ihm gewordenen göttlichen Befehl. 10,28b: *Und mir zeigte Gott, keinen Menschen gemein oder unrein zu nennen.* Das hat Petrus als den Zweck des Gesichts erkannt, das zunächst von reiner und unreiner Speise handelte und ihn über das mosaische Speisegesetz hinweghob. Allein sowohl das Gesicht selbst als seine Verbindung mit den damit zusammentreffenden Ereignissen machte deutlich, daß die Offenbarung Gottes sich nicht auf die Küche und den Tisch bezog, sondern darauf, wie Gott sich zu den Menschen stelle und wie darum auch Petrus die Menschen zu beurteilen habe. Ob Petrus Schweine und Hasen oder am Ende gar Mäuse, Raben usf. essen solle oder nicht, das war es nicht, wovon Gott mit ihm geredet hatte. Petrus wußte schon aus dem Unterricht Jesu, daß um des Menschen willen das Gesetz gegeben war, und die Speisegesetze hatten nur darum Wichtigkeit, weil sie Israel von den Heiden schieden. Gab es unreine Speisen, so gab es auch vor Gott unreine Menschen; dann waren alle unrein, die unreine Speisen aßen, alle Heiden, alle, die sich nicht nach der mosaischen Ordnung rein hielten. Gott hat Petrus aber zu den Heiden gesandt mit der ausdrücklichen Erklärung, daß nur Petrus, nicht aber Gott sie unrein heiße und daß Petrus nicht für gemein halten dürfe, was Gott gereinigt habe.

10,29-33: *Deshalb kam ich auch ohne Einrede, als ich gerufen wurde. Nun frage ich, aus welchem Grunde ließt ihr mich kommen? Und Kornelius sagte: Am vierten Tag von dieser Stunde an gerechnet betete ich um die neunte Stunde in meinem Hause, und sieh! ein Mann stand vor mir in glänzendem Gewand und sagt: Kornelius, dein Gebet wurde erhört, und deiner Wohltaten wurde vor Gott gedacht. Nun schicke nach Joppe, und laß Simon kommen, der den Zunamen Petrus hat. Dieser ist im Haus des Gerbers Simon am Meere Gast. Nun schickte ich sofort zu dir, und du hast wohlgetan, daß du herkamst. Darum sind wir alle jetzt hier vor Gott, um alles zu hören, was dir vom Herrn befohlen worden ist.* Petrus war tief ergriffen. 10,34: *Petrus aber öffnete den Mund und sagte: In Wahrheit nehme ich wahr, daß Gott nicht nach Gunst handelt,* wie er es täte, wenn ihm nur der Jude am Herzen läge, dagegen jeder Heide als verwerflich gälte (Röm. 2,9-11; Gal. 2,6; Eph. 6,9). 10,35: *sondern in jedem Volk wird der, der ihn fürchtet und Gerechtigkeit wirkt, von ihm angenommen.* Die Gerechtigkeit Gottes tritt Petrus entgegen, wie sie gegen alle dieselbe ist. Er öffnet seine Gnade jedem, der ihn fürchtet und darum so handelt, daß aus seinem Werk Gerechtigkeit entsteht. Diese ist dann das Resultat und die Frucht des Werkes, wenn Gott es annimmt, billigt und lobt. Die Angst ist töricht, damit sei das Vergeben Gottes verdunkelt. Es ist ja von einem Heiden die Rede, dem deshalb, weil er Gott fürchtete, alle seine heidnischen Dinge vergeben sind. Darin offenbart sich die Gerechtigkeit Gottes, daß sie dem, der richtig handelt, seine Sünde und Schuld vergibt. Deshalb gibt dieses Lob der richtigen Tat niemals zu einer Einrede gegen den Glauben Anlaß; durchgestrichen wird nur der Glaube, der nicht gehorchen mag und nicht tun will, was vor Gott recht ist; dieses Glauben schonten die Apostel nie, widersprachen ihm vielmehr stets mit aller Schärfe. Darin, daß die Gerechtigkeit Gottes jeden, der ihn fürchtet, aufnimmt, ist uns vielmehr der Antrieb und die Ermächtigung gegeben, mit Glauben zu ihm zu kommen, freilich nicht mit Unaufrichtigkeit und bösem Herzen, vielmehr mit redlichem Willen, dann aber auch in der Gewißheit, daß Gott uns seine Gnade mit ihrem Vergeben und ihrer Hilfe offen hält und uns in die Gnade und das Reich des Christen versetzt.[1]

1 Die Stelle steht zum Römerbrief in einem ähnlichen Verhältnis wie Jak. 2.

Im Blick auf das herrliche Walten der Gerechtigkeit Gottes tritt für Petrus das Evangelium in ein neues Licht. Gott nimmt jeden auf. 10,36: *Das ist das Wort*[1], *das er den Söhnen Israels sandte, da er Frieden verkündigte durch Jesus Christus; dieser ist aller Herr* (Jes. 52,7; Röm. 5,1). Was Gott jetzt an den Heiden tut, gründet sich auf das Wort, das er Israel gab, auf die Friedensbotschaft, die er ihm durch Jesus schickte. Sein Wort sandte er Israel aus der Gnade, die alle annimmt, die ihn fürchten, und den Frieden kündigte er an, der auch die Sünde der Heiden bedeckt und auch die, die ihn nicht kannten, in seine gnädige Gegenwart stellt. So wird in der Weise, wie Kornelius berufen ist, offenbar, was das Amt und die Botschaft Jesu in sich schließt. Er ist aller Herr, und darin, daß alle sein Eigentum werden und unter seiner Leitung stehen, sind sie in den Frieden mit Gott versetzt und von ihm aufgenommen. Seine Herrschaft reicht aber über Israel hinaus und umfaßt auch die Heiden; auch Kornelius ist eingeschlossen in die Zahl derer, für die Jesus lebt und regiert als ihr Herr. Damit hat Petrus das Erlebnis des Kornelius in innere Beziehung zur Sendung Jesu gebracht und ihm in dieser den Grund der Gnade, die er erfuhr, erkennbar gemacht. Das führt den Apostel notwendig zur Verkündigung Jesu hinüber. Wer Jesus war und wie er den Frieden gebracht hat, teilt Petrus nun der heidnischen Versammlung mit.

Zwar ist auch ihr die Geschichte Jesu nicht ganz unbekannt, weil man in Palästina überall von ihm sprach. 10,37.38a: *Ihr wißt von dem durch ganz Judäa verbreiteten Wort mit dem Anfang von Galiläa her nach der Taufe, die Johannes verkündigte, von Jesus, dem aus Nazareth.* Er ist der Gegenstand jenes Worts, das Petrus meint, das von Galiläa her durch ganz Judäa drang; es beschrieb Jesus, seine Predigt, seine Werke, seinen Ausgang. Absichtlich erinnert Petrus an die Taufe, mit deren Anbietung die Wirksamkeit Jesu begann; denn er will mit der Taufe schließen und seine Rede in die Aufforderung zusammenfassen: „Laßt euch taufen im Namen des Christus!" Die Hörer müssen daher wissen, wie der Ruf zur Taufe am Anfang der Wirksamkeit Jesu gestanden und das Fundament gebildet hat, auf das sich seine Arbeit an Israel aufbaute.

1 Die Verbindung der Sätze ist undeutlich; zwischen V. 35 und V. 36 scheint sich eine kleine Lücke in den Texten zu befinden.

Nun gibt Petrus die Hauptzüge aus dem Leben Jesu. 10,38b-43: *wie Gott ihn mit heiligem Geist und Kraft salbte, der herumzog, wohltat und alle heilte, die vom Verkläger überwältigt waren, weil Gott mit ihm war. Und wir sind Zeugen für alles, was er im Land der Juden und in Jerusalem tat. Ihn brachten sie um, da sie ihn an das Holz hängten. Diesen hat Gott am dritten Tag auferweckt und gegeben, daß er sichtbar wurde, nicht dem ganzen Volk, sondern Zeugen, die vorher von Gott erwählt waren, uns, die wir mit ihm aßen und tranken nach seiner Auferstehung von den Toten. Und er befahl uns, dem Volk zu verkündigen und zu bezeugen* (1,4; Joh. 21,12), *daß dieser der von Gott bestellte Richter der Lebenden und Toten ist. Für diesen geben alle Propheten Zeugnis, daß jeder, der an ihn glaubt, durch seinen Namen Vergebung der Sünden empfängt.* Was Gott Jesus gab, worin die Gemeinschaft Gottes mit ihm bestand, faßt Petrus in den einfachen und doch weithin Licht gebenden Ausdruck, Gott habe ihn mit dem heiligen Geist und mit Kraft gesalbt. So war er der „Gesalbte", auf den Israel wartete. Jesu Amt, Würde und Herrschaft beruhen darauf, daß Gott ihn mit seinem heiligen Geist erfüllte, und dies so, daß ihm damit die Macht Gottes verliehen war. Darin wurde offenbar, daß er der Herr aller ist. Wie Jesus im heiligen Geist und in göttlicher Macht handelte, hat Petrus durch die Erzählung seiner Zeichen dargestellt. Die Bezeugung seiner Heilandswerke bildete ein Hauptstück des den Jüngern übertragenen Apostelamts. Dann folgt der Ausgang Jesu, das Sterben am Kreuz, die Auferstehung und ihre Offenbarung vor den Zeugen Jesu. An ihr ist hervorgehoben, wie vertraut und überzeugend der Auferstandene zu den Jüngern trat. Er stellte sie auch als Auferstandener zu sich wie seine Hausgenossen, Familienglieder und Freunde, die durch die Tischgemeinschaft miteinander verbunden sind. Mit der Ostergeschichte war die Einsetzung des Apostolats verbunden. Der Auferstandene gab den Jüngern den Auftrag, ihn in Israel zu verkündigen, das kraft seiner Erwählung zur Gemeinde Gottes das erste Anrecht an Jesu Gnade und Wort besitzt. Verkündigt muß er werden als der von Gott eingesetzte Richter der Lebenden und Toten, damit sich Israel vor dem Gericht noch zu Gott bekehre, den Christus erkenne und im Glauben an ihn sich für den Gerichtstag rüste. Das ist deshalb möglich, weil von ihm jeder Glaubende die

Vergebung erhält. Der an Christus Glaubende empfängt sie durch seinen Namen, kraft dessen, was Jesus ist, weil er zu ihm hinzutritt, seinen Namen bekennt und mit gläubiger Anbetung bei sich bewahrt. So ist seine Sünde vor Gott bedeckt; deshalb wird er als ein Gerechtfertigter vor Jesus stehen, wenn er als der Richter kommt. Damit erfüllt sich die Verheißung der Propheten, die auf Jesus hin zeigten als auf den, der die Schuld Israels tilgt und ihm die Vergebung von Gott darreicht. Damit hat Lukas wieder in kurzer Zusammenfassung den Grundriß des Evangeliums gegeben, nur daß mit Rücksicht auf den heidnischen Stand der Zuhörer die Erzählung der Geschichte Jesu überwiegt, dagegen ihre Vergleichung mit den Sprüchen der Schrift zurückgestellt ist.

10,44: *Während Petrus noch diese Worte sagte, fiel der heilige Geist auf alle, die das Wort hörten.* Petrus bekam von seinen Hörern sofort eine laute, deutliche Antwort. Ihr Lobpreis Gottes begann: Sie redeten mit Zungen in der Gebetsweise, die abgelöst von der Rücksicht auf die Umgebung und über das verständige Nachdenken hinausgehoben das Walten des göttlichen Geistes im Inneren der Beter erkennen ließ.

10,45.46a: *Und die Gläubigen aus der Beschneidung, die mit Petrus gekommen waren, erstaunten, weil die Gabe des heiligen Geists auch auf die Heiden ausgegossen war. Denn sie hörten sie mit Zungen reden und Gott preisen.* Wenn Lukas die Begleiter des Petrus „Gläubige aus der Beschneidung" nennt, so erinnert er an die besondere Art und Begrenzung ihres Glaubens. Ihnen war es eine wichtige Sache, daß sie zur Beschneidung gehörten; denn ihr Anteil an der alten Gottesgemeinde galt ihnen neben und in ihrem Glauben an Jesus als ein großes Gut und starkes Fundament für ihre Zuversicht zu Gott. Darum waren sie überrascht, daß der Geist aus Heiden rede wie aus ihnen.

Auch Petrus war es deutlich: Hier wirkt und redet Gottes Geist; daraus entnahm er, daß denen, die Gott sichtbar in seine Gnade stellte, auch die Taufe gehöre. 10,46b.47: *Da antwortete Petrus: Kann jemand das Wasser versagen, daß diese nicht getauft werden, die den heiligen Geist empfingen wie auch wir?* Ist der Geist bei diesen Hörern, so umfaßt sie die Gnade Gottes und die Gegenwart Jesu. Größeres kann Gott nicht geben als seinen Geist; damit gibt er seine Gemeinschaft und schafft in uns ein Leben, das sein Werk ist. Denen, die den Geist Gottes haben, gehört darum alles, was Jesus gibt; ihnen gewährt er sein Vergeben, das er uns mit der Taufe erweist, ihnen die Frucht seines Sterbens und Auferstehens, die er uns mit der Taufe zuteilt. Nie hat Petrus mit besserem Gewissen die Taufe gewährt als eben jetzt; denn bei diesen Heiden lag es hell im Licht: Christus hat sie mit seiner Gnade umfaßt. Ob das Wasser nicht überflüssig sei, wenn der Geist schon da ist: dieser Gedanke hat damals noch niemand bewegt. Er konnte erst entstehen, als das Wasser für sich und von Christus abgelöst als eine Art Gefäß des Geistes verehrt und zum Zielpunkt des Glaubens gemacht worden war. Da wurde es freilich zum Rätsel, daß hier der Geist das Wasser scheinbar überflüssig machte, da er sich nicht daran band. Dergleichen Gedanken über die Taufe sind in der Christenheit jedoch erst unter dem Einfluß des Heidentums entstanden. Die apostolischen Männer haben in der Taufe die Tat und Gabe Jesu gesehen, durch die er uns sagt, wie er sich zu uns Menschen und unserer Sünde stellt, daß er sie dem Reuigen vergibt und den, der zu ihm kommt, rein macht. Darum erschien ihnen da, wo der Geist waltete, die Taufe nicht als leer und überflüssig; denn der Geist führt nicht von Christus weg, sondern zu ihm hin; er zieht nicht von Christi Vergeben ab, sondern versetzt uns in dasselbe hinein. Darum bekommt die Taufe als die Gabe Gottes durch das Wirken des Geistes Wahrheit und Kraft, und sie hat da ganz besonderen Sinn und Grund, wo der Geist die Herzen geheiligt hat.

10,48a: *Er befahl aber, daß sie im Namen Jesu, des Christus, getauft werden.* Petrus gab der Hausgemeinde des Kornelius die Taufe nicht selbst, wie uns Ähnliches von Paulus über seine Arbeit in Korinth gesagt wird (1. Kor. 1,14). Die Apostel scheinen es gern vermieden zu haben, selbst die Taufe zu vollziehen; vielleicht wollten sie verhüten, daß das Auge des Täuflings auf ihnen ruhe, als empfingen sie von ihnen die Reinigung; sie sollten ausschließlich auf den Herrn gerichtet sein, in dessen Gnade die Taufe sie einführte. Die Getauften standen in der christlichen Gemeinde als ihre Glieder und waren mit ihr brüderlich verbunden, obwohl ihnen die Beschneidung fehlte und die Verpflichtung, die jüdische Sitte zu beobachten, nicht auf ihnen lag. Es ist lehrreich, daß die Frage noch gar nicht entstand, ob man die Getauften nicht auch noch beschneiden müsse. Damals stand es in der christlichen Gemeinde noch völlig fest, daß das Gesetz den Juden gehöre, nicht den Heiden. Die Frage war nur die, ob Christus auch die Heiden berufen habe. Hat er sie berufen, so gehört ihnen die Taufe; das Gesetz aber ist nicht für sie, sondern für die Juden da. Ein Apostel Jesu hat es niemand aufzuerlegen; denn sein Amt ist, Christus zu verkündigen. Er bringt das Wort Jesu und bezeugt das Werk Jesu. Zwar setzte das Evangelium voraus, was Israel von Gott gegeben war, und baute sich darauf auf; aber es war immer etwas anderes als das Gesetz, nämlich die Botschaft des Christus; und wenn diese auch zum Heiden hinüberkam, so war dieser als Heide in das Reich Gottes versetzt und lebte im Glauben an Jesus ohne Gesetz. Erst später bewegte viele die Frage, ob nicht doch der Heide, wenn er sich zu Jesus bekehre, auch an das mosaische Gesetz zu binden sei.

10,48b: *Da baten sie, daß er einige Tage verweile.* Petrus blieb noch einige Zeit bei der Gemeinde in Cäsarea, die jetzt jüdische und heidnische Gläubige in sich vereinigte. Diese Nachricht kam auch zu den Aposteln und Brüdern in Judäa, und hier zeigte sich sofort der Anstoß, der sich für die jüdische Christenheit aus der Ausbreitung des Evangeliums unter den Heiden ergab. Die Frage war auch hier nicht die, ob man nicht die gläubigen Heiden beschneiden soll, sondern die, ob nicht Petrus, der doch Jude war, für seine Person durch den Aufenthalt im heidnischen Haus das Gesetz übertreten habe. 11,1-3: *Aber die Apostel und die Brüder, die in Judäa waren, hörten, daß auch die Heiden das Wort Gottes annahmen. Als aber Petrus nach Jerusalem hinaufkam, stritten die, die aus der Beschneidung waren, mit ihm und sagten: Du bist bei Männern, die die Vorhaut haben, eingekehrt und hast mit ihnen gegessen.* So gewiß dem Heiden das Gesetz nicht gegeben war, so gewiß war es für den Juden verbindlich. In Jerusalem wurde deshalb erörtert, ob nicht Petrus dadurch, daß er mit geborenen Heiden in Gemeinschaft trat und so für sich selbst das Gesetz beseitigte, ein Unrecht begangen habe. Dabei kommen die Freiheit und die Wahrheit, die in der apostolischen Gemeinde walteten, ans Licht. Zweifel und Anstoß wurden nicht heimlich gehegt und dabei äußerlich die Gemeinschaft forterhalten, sondern sie äußerten sich frei, auch wenn der Vorwurf einen Petrus traf. So kam es in Jerusalem zu einer Verhandlung über die Frage, ob die Apostel und die Christen des Evangeliums wegen im Verkehr mit den Heiden das Gesetz außer acht lassen dürften. Diese Versammlung gab den Vorgang in Cäsarea vollends eine große Bedeutung; er wurde zur Grundlage für die ganze spätere Praxis der Kirche, die die jüdischen und die heidnischen Gläubigen nicht in zwei Kirchen sonderte, sondern zu einer einzigen Gemeinde mit brüderlichem Verkehr verband.

Nicht Lehrsätze und Theorien waren das, womit Petrus das Gewissen der Gemeinde fest zu machen suchte; fest wird es an den Tatsachen, in denen die Regierung Gottes sichtbar wird. Petrus erzählt darum, was ihm die Gewißheit gab, daß er nach Gottes Willen handelte, bis zu dem Augenblick, da der Geist auf die heidnische Versammlung fiel. 11,4-16: *Petrus aber begann, legte es ihnen der Reihe nach vor und sagte: Ich war in der Stadt Joppe im Gebet und sah in einer Verzückung ein Gesicht, ein herabkommendes Gerät wie eine große Leinwand, die an den vier Enden aus dem Himmel herabgelassen wurde, und es kam bis zu mir. Als ich in dieses hineinsah, nahm ich wahr und sah die vierfüßigen Tiere der Erde und die wilden Tiere und die kriechenden Tiere und die Vögel des Himmels. Ich hörte auch eine Stimme, die zu mir sagte: Steh auf, Petrus, schlachte und iß! Ich sagte aber: Niemals, Herr; denn nie kam etwas Gemeines oder Unreines in meinen Mund. Aber eine Stimme antwortete zum zweitenmal vom Himmel her: Was Gott gereinigt hat, erkläre nicht du für gemein. Dies geschah dreimal, und alles wurde wieder in den Himmel hinaufgezogen. Und seht! sofort standen drei Männer bei dem Haus, in dem wir waren, die von Cäsarea zu mir gesandt waren. Aber der Geist sagte zu mir, daß ich mit ihnen gehen solle, ohne zu zweifeln. Es kamen auch diese sechs Brüder mit mir, und wir traten in das Haus des Mannes ein. Er aber berichtete uns, wie er den Engel sah, der in seinem Hause stand und sprach: Schicke nach Joppe und laß Simon kommen, der den Zunamen Petrus hat, der dir Worte sagen wird, durch die du und dein ganzes Haus gerettet werden wirst. Während ich aber zu reden begann, fiel der heilige Geist auf sie wie im Anfang auch auf uns. Ich gedachte aber an das Wort des Herrn, daß er sagte: Johannes taufte mit Wasser; ihr aber werdet mit dem heiligen Geist getauft werden* (1,5). Petrus hat an

Kornelius vor Augen, daß der Herr nicht nur den Leib mit einem Zeichen versieht, das auf Reinigung, Vergebung und Erneuerung bloß hindeutet, sondern daß er von innen her mit Gottes lebendiger Kraft Vergebung und Heiligung schafft. Das Wasser fehlte in diesem Fall; aber das, was der Herr als seine Gabe verheißen hatte, mit der er sein Werk im Menschen vollführt, das war da. 11,17: *Wenn nun Gott ihnen die gleiche Gabe gab wie uns, die wir an den Herrn Jesus Christus gläubig wurden, wie war ich imstande, Gott zu hindern?* Gehindert hätte Petrus Gott, wenn er Kornelius und den Seinen die Taufe versagt und den Anschluß an die Gemeinde verweigert hätte. Dann hätte er ihren Glauben an Jesus unterbunden und ihren Zutritt zum Herrn aufgehalten; er hätte ihnen die Angst eingeflößt, sie seien doch nicht berufen und die Gnade Jesu ihnen doch nicht verliehen. Nicht gehindert, sondern gedient hat Petrus Gott dadurch, daß er den Heiden die Taufe und damit den Brudernamen mit allen seinen Rechten gab. So wurde das Werk Gottes in ihnen vom Apostel bestätigt und wurde ihr Glaube an Jesus fest.

Die Gemeinde Jerusalems war willig, die Regierung Gottes zu ehren; sie gehorchte, wie Petrus in Joppe gehorcht hatte, ohne Murren mit Gottes Lob. 11,18: *Als sie aber das hörten, wurden sie still und priesen Gott und sagten: Also hat Gott auch den Heiden die Buße zum Leben gegeben.* Der Buße bedarf der Heide; er kann sie aber mit eigener Leistung und menschlichem Bemühen nicht erringen. Nur der Vater öffnet dem wiederkehrenden Sohn die Tür seines Hauses in seiner eigenen Gnade. Jene Buße, die ins Leben führt und nicht bloß eine tötende Reue ist, in der wir nur das Gericht über unsere Sünde erleiden, ist Gottes Geschenk. Die Gemeinde von Jerusalem sah damals deutlich: Gott gab sie auch den Heiden. „Auch" den Heiden; das war es, was den Christen Jerusalems die Freude an diesen Wegen Gottes ermöglichte. Auch sie selbst waren nur dadurch zu Gott gekommen, daß er ihnen die Umkehr zu ihm aus Israels Fall durch seine Gnade gab. Sooft die Christenheit Jerusalems als gehässig gegen die Heiden und für ihren jüdischen Vorzug eifernd beschrieben wird, wird jedesmal vergessen, daß diese Männer sich mit aufrichtiger Buße unter dem Kreuz Jesu und durch eine ernst gemeinte Taufe zur Vergebung ihrer Sünden mit Jesus verbunden haben. Diese Haltung schloß den eifersüchtigen und hoffärtigen Zank mit den Heiden aus. Weil sie selbst die Umkehr zu Gott durch seine Gnade empfangen hatten, vermochten sie Gott dafür zu loben, daß er sie auch den Heiden gab.

Kapitel 11,19-30

Die Gründung der Gemeinde von Antiochia

Lukas greift auf die Zeit zurück, in der die Verfolgung die mit der Tötung des Stephanus begonnen hatte, die Christen Jerusalems zerstreute. 11,19: *Die nun, die wegen der Bedrängnis zerstreut waren, die mit Stephanus begann, zogen bis nach Phönizien und Cypern und Antiochia, sagten aber das Wort niemand als allein Juden.* Die Zerstreuten wanderten mit dem Evangelium schon weit, nach Phönizien, in die großen Städte, die an der syrischen Küste lagen, Ptolemais, Tyrus, Sidon, Beirut, Tripolis, Aradus, nach Cypern, woher ein Teil der griechisch redenden Glieder der ersten Gemeinde stammte, endlich auch nach Antiochia, der syrischen Großstadt mit ihrer zahlreichen Judenschaft. Diese wandernden Christen hielten sich zunächst noch an die Regel, daß Jesus Israel verheißen und für Israel gekommen sei, sein Wort also den Juden gesagt werden müsse. Als die richtige Verfassung der Christenheit erschien ihnen, daß Israel sich zum Herrn bekehre und aus der alten Gottesgemeinde die Christenheit werde, bis der Herr komme und selbst das Reich Gottes über die ganze Erde führe.

11,20-22: *Es gab aber unter ihnen Männer aus Cypern und Kyrene, die, als sie nach Antiochia kamen, auch zu den Griechen sprachen und die gute Botschaft vom Herrn Jesus verkündigten. Und die Hand des Herrn war mit ihnen, und eine große Zahl, die gläubig wurde, bekehrte sich zum Herrn. Aber der Bericht über sie wurde vor den Ohren der Gemeinde, die in Jerusalem war, gehört, und sie sandten Barnabas nach Antiochia.* Zuerst haben in Antiochia Cyprier und Kyrenäer, Männer, die aus dem griechischen Teil der Judenschaft stammten und darum von ihrer Erziehung her an den Verkehr mit Heiden gewöhnt waren, die Geschichte Jesu auch Heiden erzählt. Wir lesen wahrscheinlich in 13,1 einige Namen dieser ersten

Verkündiger des Evangeliums unter den Heiden von Antiochia. Ihre Arbeit schuf eine reiche Frucht; der heidnische Teil der Gemeinde wurde zahlreich. Als die Nachricht nach Jerusalem kam, wo man alles, was in der Kirche geschah, mit Sorgfalt im Auge behielt, sandten die Apostel Barnabas nach Antiochia, damit er prüfe, ob hier wirklich ein Werk Jesu geschehe, Entweihung seines Namens durch falsche Nachahmungen des Christenstands verhüte, denen dagegen, die in ernsthaftem Glauben ständen, als Lehrer und Führer diene.

Lukas erinnert daran, daß Barnabas damals eine wichtige Aufgabe erfolgreich löste. Er konnte, wenn er die Gläubigen aus den Heiden mit Argwohn zurückstieß, viel schaden, umgekehrt, wenn er mit hellem Blick und treuer Liebe die Arbeit aufnahm, die Gemeinde kräftig fördern. 11,23: *Als er kam und die Gnade Gottes sah, freute er sich und mahnte alle, mit dem Vorsatz des Herzens beim Herrn zu bleiben,* nicht nur mit äußerlichem Bekenntnis und unwahren Gebärden, sondern mit eigenem, inwendigem Entschluß und Willen. 11,24a: *Denn er war ein tüchtiger Mann und voll von heiligem Geist und Glauben,* weshalb er sich nicht verbarg, daß in der Gemeinde Antiochias das Werk des Herrn geschah, und daran mitzuhelfen sich bemühte. 11,24b: *Und es wurde eine große Schar für den Herrn hinzugetan.* Da die Gemeinde wuchs, wünschte Barnabas, daß ein kräftiger Lehrer neben ihm in dieser Arbeit stehe, und richtete seinen Blick auf Paulus. Die Gemeinschaft, die sich zwischen ihnen in Jerusalem begründet hatte, trug nun ihre Frucht.

Paulus stand damals mit Antiochia und Barnabas noch nicht in regelmäßiger Verbindung. Man nahm in Antiochia an, Paulus sei in Tarsus; doch war Barnabas nicht gewiß, daß er ihn treffe. 11,25. 26a: *Er zog aber aus nach Tarsus, um Saulus zu suchen, fand ihn und führte ihn nach Antiochia* (Gal. 1,21). Denn Paulus erkannte, wie wichtig die Begründung einer starken Gemeinde in Antiochia und wie wertvoll die Arbeitsgemeinschaft mit Barnabas für sein eigenes Werk war.

11,26b: *Es wurde ihnen aber zuteil, daß sie während eines ganzen Jahrs in der Gemeinde zusammenkamen und eine große Schar lehrten und daß zuerst in Antiochia die Jünger den Namen Christen erhielten* (1. Petr. 4,16). Ein ganzes Jahr lang dienten Barnabas und Paulus ohne Unterbrechung der antiochenischen Christenheit. Das hebt Lukas hervor in der Erinnerung an das unermüdliche Wandern des Paulus, das ihn von Antiochia aus in die zahlreichen und bedeutenden syrischen Städte führte. Ehe sie aber ihre Wirksamkeit auf ein größeres Gebiet ausdehnten, schenkten Barnabas und Paulus ihre ganze Kraft der Christenheit von Antiochia. Die Arbeit, die sie dort taten, bestand darin, daß sie an den Versammlungen der Gemeinde teilnahmen und eine große Schar unterwiesen. Für diese Versammlungen war es von größter Bedeutung, daß ein klares, an göttlicher Wahrheit reiches Wort sie gehaltvoll machte. Die Lehrarbeit, die Paulus und Barnabas daneben übten, bestand in der persönlichen Unterweisung derer, die die Einführung in die Schrift oder seelsorgerliche Anleitung zur christlichen Lebensführung begehrten. So glich die Arbeit des Paulus damals noch dem, was er als Rabbiner getan hätte. Wäre er auf seinem früheren Weg geblieben, so hätte er am Sabbat dazu beigetragen, daß die Versammlungen ein ihnen nützliches Wort erhielten, daneben Unterricht in der Schrift erteilt und die ihm vorgelegten seelsorgerlichen Fragen beantwortet. Er tat auch jetzt dasselbe, jetzt aber so, daß die Deutung der Schrift und die Führung des Lebens auf Christus gerichtet war. Da die Gemeinde in Antiochia wuchs und öffentlich bekannt wurde, erhielt sie einen Namen. Den jüdischen Namen Nazarener und den darin enthaltenen Spott verstanden die Griechen nicht; sie wußten nicht, was Nazareth sei, auch nicht, warum es töricht sei, einen Nazarener zu verehren. So entstand in Antiochia der neue Name „Anhänger des Christus, Christen". Man sah, daß die Verkündigung des Christus das Hauptstück der christlichen Predigt war und daß die in die Gemeinde aufgenommen wurden, die sich zu ihm als ihrem Herrn bekannten. Man bezeichnete daher die Christen nach ihrem Urheber und Haupt, ähnlich wie man andere philosophische oder religiöse Vereine nach ihren Meistern benannte. Die Christen konnten sich diesen Namen aneignen, da er zunächst keinen Spott enthielt, vielmehr zum Ausdruck brachte, was auch für sie der Hauptpunkt ihrer Überzeugung war. Lukas sagt mit gutem Grund, daß auch das ein Zeichen für die Kraft der antiochenischen Gemeinde war, daß es ihr gelang, im Bereich des Griechentums zuerst so in der Öffentlichkeit hervorzutreten, daß die Kirche dort zu dem Namen kam, der ihr geblieben ist.

Die Verbindung mit der Gemeinde in Jerusalem wurde nicht nur durch Barnabas lebendig erhalten, sondern auch durch andere Männer aus Jerusalem, die die prophetische Begabung hatten. 11,27.28: *In diesen Tagen kamen aber Propheten aus Jerusalem nach Antiochia herab. Einer aus ihnen mit Namen Agabus stand auf und deutete durch den Geist an, daß eine große Hungersnot auf der ganzen Erde kommen werde. Diese trat unter Claudius ein* (21,10). Agabus hat, wie es scheint, öfter auch fremde Gemeinden besucht; wenigstens kam er bei der letzten Reise des Paulus auch nach Cäsarea. Daß die Propheten wanderten, hing daran, daß die prophetischen Worte oft eine Bedeutung hatten, die über ihren eigenen Wohnort hinausgriff und auch für die auswärtigen Gemeinden wichtig war. Damals verkündigte Agabus in Antiochia das Eintreten einer großen Hungersnot[1]. Lukas sagt, sie sei während der Regierung des Kaisers Claudius gekommen; durch Josefus wissen wir, daß Palästina schwere Hungerjahre litt, als Tiberius Alexander, der zweite Statthalter nach König Agrippas Tod, regierte; die Hungersnot kann daher in Palästina nicht vor dem Jahre 46 eingetreten sein; wahrscheinlich kam sie erst später.

Die Gemeinde in Antiochia wurde durch die Ankündigung einer Hungersnot für Palästina bewegt, der Gemeinde in Jerusalem beizustehen. 11,29.30: *Von den Jüngern aber beschloß jeder, was ihm nach seinem Vermögen möglich war, zum Dienst den Brüdern zu schicken, die in Judäa wohnten. Das taten sie auch und sandten es an die Ältesten durch die Hand des Barnabas und Saulus* (12,25). So erwies sich das Band, das nicht nur in jeder Gemeinde die Glaubenden, sondern auch die Gemeinden untereinander vereinigte, in neuer Weise wirksam. Man beugte der kommenden Not durch gemeinsame Hilfe vor. Das ist uns wieder als Beispiel erzählt, das wir auch für den Fortgang der Geschichte nicht vergessen sollen; das

[1] In der einen Gruppe der Textzeugen lautet V. 28: „Es war aber großer Jubel; als wir uns aber zusammenscharten, sagte einer aus ihnen mit Namen Agabus, andeutend durch den Geist, es werde eine große Hungersnot sein." Nach dieser Überlieferung hätte Lukas schon hier seinen eigenen Anteil an den Ereignissen durch ein „wir" ausgedrückt. Es hat aber wenig Wahrscheinlichkeit, daß Lukas selbst so schrieb, unter anderem auch deshalb, weil keine ins einzelne gehenden, anschaulich erzählten Berichte über Antiochia in der Apostelgeschichte stehen. Darum bekommen die Andeutungen des Paulus über seine Erlebnisse in Syrien (2. Kor. 12,2; 2. Kor. 11,25; Röm. 16,7) durch die Apostelgeschichte keine Erklärung.

treue Zusammenstehen der Gemeinden untereinander und namentlich mit Jerusalem war für den Bestand und das Wachstum der Kirche bleibend wichtig. Nicht die einzelnen für sich, sondern die Gemeinde von Antiochia unterstützte die Gemeinde von Jerusalem. Jeder trug nach seinem Vermögen bei; die Summe wurde von Barnabas und Paulus den Ältesten Jerusalems überbracht. Diese Reise hat Lukas dadurch, daß er im Anschluß daran die Ereignisse unter Agrippa I. und dessen Tod erzählt und dann erst die Rückkehr des Barnabas und Paulus nach Antiochia erwähnt, mit der Zeit Agrippas und Ereignissen des Jahres 44 zusammengestellt.[1] Somit trat die Hungersnot mindestens zwei Jahre später ein; es liegt auch in den Worten des Lukas nichts, was sich einem längeren Zwischenraum an dieser Stelle widersetzte. Da die Reise nicht im Hungerjahr stattfand, ist nicht daran zu denken, daß Barnabas und Paulus einen Getreidetransport nach Jerusalem schafften; sie überbrachten vielmehr den Ältesten eine Geldsumme. Man wußte in Antiochia, daß die Gemeinde Jerusalems nur mit Mühe ihre Armen zu ernähren vermochte; dies wird auch dadurch bestätigt, daß Petrus auf der Versammlung der Apostel Barnabas und Paulus bat, der Armen Jerusalems zu gedenken (Gal. 2,10) und Paulus dieses Anliegen immer mit Eifer im Auge behielt. Zu den von Anfang an vorhandenen Gründen der Armut in Jerusalem war nun noch die Verfolgung gekommen. Die Armut stieg, je mehr die Judenschaft jeden freundlichen Verkehr mit den Christen als Sünde verwarf.

Der Bericht des Lukas bietet somit, für sich betrachtet, keine Schwierigkeit; er erzählt von der heidenchristlichen Kirche und von Paulus nichts anderes, als was diese offenkundig später mehr als einmal getan haben. Eine Schwierigkeit entsteht aber dadurch, daß Paulus (Gal. 2,1) von seinem ersten Besuch in Jerusalem sofort mit den Worten: „Darauf nach vierzehn Jahren ging ich wieder nach Jerusalem hinauf“ zur Verhandlung über die Heidenfrage übergeht, also auf die hier von Lukas berichtete Reise im Auftrag der antiochenischen Gemeinde mit keinem Wort hindeutet. Auf die Wahrhaftigkeit des Paulus in seinem Bericht (Gal. 2) darf schlechterdings kein Schatten fallen. Wenn er uns dort wirklich aufzählt, wie

[1] Agrippa I. war durch die Gunst des Kaisers Claudius in den Jahren 41–44 König in Jerusalem.

oft er in Jerusalem war, dann fällt zweifellos in die vierzehn Jahre zwischen seinem ersten Besuch bei Petrus und der Versammlung der Apostel wegen der Heidenfrage nicht noch ein anderer Besuch, und die Angabe des Lukas, nicht nur Barnabas, sondern auch Paulus sei damals in Jerusalem gewesen, beruht auf einer Verwechslung. Es ist wohl verständlich, daß manchem Erklärer diese Annahme richtiger erschien und auch fernerhin so erscheinen wird als die andere, Paulus übergehe in Gal. 2,1 stillschweigend eine seiner Reisen nach Jerusalem. War es aber im Galaterbrief wirklich die Absicht des Paulus, aufzuzählen, wie oft er in Jerusalem gewesen war? Was sollte das nützen? Man sagt, damit, daß er nur so selten in Jerusalem war, beweise er seine Unabhängigkeit von den anderen Aposteln und mache deutlich, daß er nicht ihr Jünger, sondern ohne menschliches Zutun durch den Herrn selbst berufen war. Dazu wäre jene Aufzählung ein wunderliches Mittel von geringer Kraft, da er mit den ersten Christen doch nicht nur in Jerusalem verkehren und nicht nur dort von ihnen lernen konnte. Die ganze Kirche wußte, daß Paulus längst vor dem Apostelkonzil jahrelang in vertrauter Arbeitsgemeinschaft mit den aus Jerusalem gekommenen Männern stand. Was bedeutet daneben ein Aufenthalt von einigen Wochen in Jerusalem? Nicht daran lag es den Gegnern des Paulus, die ihn unter Petrus stellten, ob er zwei- oder dreimal in Jerusalem war; davon sprach niemand; vielmehr hoben sie einzelne bestimmte Vorgänge heraus, die zeigen sollten, daß er tief unter den Aposteln stehe. Das bewiesen sie einmal durch seine Bekehrungsgeschichte: erst so spät in die Christenheit gekommen, habe er wie jeder andere Christ das Evangelium von den Aposteln empfangen, sodann durch das Apostelkonzil. Dabei war nicht wichtig, daß Paulus überhaupt nach Jerusalem ging, wohl aber, daß er zur Entscheidung einer wichtigen Lehrfrage dorthin reiste und daß bei dieser Frage nicht die Autorität des Paulus, sondern die des Petrus von der Kirche angerufen wurde. Daß Paulus vorher einmal mit der Liebesgabe der Antiochener nach Jerusalem kam, war für die Frage, die im Galaterbrief verhandelt wird, ohne Bedeutung.

Kapitel 12

Die Verfolgung der Apostel durch den König Agrippa

Im Jahre 41 n. Chr. ernannte der Kaiser Claudius den Enkel des ersten Herodes, Agrippa, der seit 37 über Landschaften im Ostjordanland herrschte, zum König von Jerusalem, so daß ihm nun das ganze jüdische Palästina gehörte. Damit wurde die Lage der Apostel wieder gefährlich. Über die in den Synagogen Recht sprechenden Richter und über den Rat in Jerusalem führte nun nicht mehr ein römischer Beamter die Aufsicht, der den Leidenschaften der jüdischen Priester und Lehrer ruhig gegenüberstand, sondern ein jüdischer König, der, solange er sich die Gunst des Kaisers erhielt, über seine Untertanen mit unbeschränkter Gewalt verfügte. Agrippa bewarb sich um den Beifall der Pharisäer, da ihm viel daran lag, daß das Volk nicht nur ruhig bleibe, sondern mit Verehrung an ihm hänge. Dieses Ziel konnte er am besten erreichen, wenn er die Pharisäer zu seinen Lobrednern gewann. Ebenso suchte er mit den Priestern ein gutes Einvernehmen. Für die Christen ergab sich daraus, daß sie bei Agrippa keinen Schutz mehr fanden.

Der König begann vielmehr eine Verfolgung; bei einem uns unbekannten Anlaß erregten einige aus der Gemeinde den Zorn der jüdischen Machthaber; diese bewogen den König, sie vor sein Gericht zu ziehen. 12,1.2: *Aber um jene Zeit legte der König Herodes die Hände an einige von der Gemeinde, um ihnen Übles zu tun. Er tötete aber Jakobus, den Bruder des Johannes, durch das Schwert.* Der Apostel, der damals als Führer der Christen vor dem König stand, war Jakobus, der Sohn des Zebedäus und Bruder des Johannes. Über ihn sprach der König das Todesurteil. Lukas berichtet nur seine Hinrichtung, doch gab es noch im zweiten Jahrhundert einige Erinnerungen an diesen Tag. Klemens von Alexandrien[1] erzählt, daß einer der jüdischen Gerichtsdiener, der Jakobus während der Verhandlung vor dem König bewachte, durch dessen Zeugnis bekehrt worden sei. Es kam somit zu einer eingehenden Erörterung über das Evangelium, bei der Jakobus dessen Wahrheit mit Kraft

[1] Eusebius, Kirchengesch. 2,9,3 aus Klemens von Alexandrien.

vertrat. Als auch der Gerichtsdiener sich als Christ bekannte, wurde er mit Jakobus zum Tode verurteilt und zum Richtplatz geführt. Unterwegs bat er Jakobus, daß er ihm die Vergebung gewähre. Er sah in dem Apostel den Mann, dem der Herr die Vollmacht gegeben habe, die Vergebung zu erteilen; da die Taufe ihm nicht mehr gegeben werden konnte, bat er um ein Wort, das ihm die Gnade des Christus zuspreche. Der Apostel überdachte die Bitte, wandte sich dann zu ihm: „Friede sei mit dir!" und gab ihm den Bruderkuß. Es kann uns hier eine echte Erinnerung an diese Ereignisse erhalten sein.

12,3a: *Da er sah, daß es den Juden wohlgefällig war, fuhr er fort und nahm auch Petrus gefangen.* Agrippa nahm wahr, daß ihn die Judenschaft wegen der Hinrichtung des Jakobus pries; die Gegner der Christen verzichteten zwar darauf, die ganze Christenheit zu verfolgen, wollten aber wenigstens die Apostel beseitigen in der Hoffnung, so werde der Zerfall der Kirche eingeleitet. Sie erschienen schuldiger als die übrigen Christen, weil sie mit dem Anspruch auftraten, nach göttlichem Befehl mit heiliger Autorität zu reden. Als der erste unter ihnen stand Petrus da; darum wurde Agrippa beigebracht, ihn müsse er hinrichten. Agrippa tat alles, was seiner Popularität dienlich war, ohne Bedenken. Doch schob er, nachdem Petrus gefangen gesetzt war, die Gerichtsverhandlung und Hinrichtung der Festfeier wegen auf. 12,3b.4: *Es waren aber die Tage der ungesäuerten Brote. Nachdem er ihn verhaftet hatte, brachte er ihn in ein Gefängnis und gab vier Abteilungen von je vier Soldaten den Befehl, ihn zu bewachen, da er ihn nach dem Pascha dem Volk vorführen wollte.* Agrippa hielt es, nachdem Petrus im Gefängnis lag, nicht für nötig, die freudigen Festtage mit einer Gerichtsverhandlung zu unterbrechen. 12,5: *Nun wurde Petrus im Gefängnis bewacht. Es geschah aber von der Gemeinde eifrig seinetwegen Gebet zu Gott.* Die Christenheit konnte für Petrus nichts anderes tun, als daß sie für ihn betete.

12,6-11: *Als ihn aber Herodes vorführen wollte, schlief Petrus in jener Nacht zwischen zwei Soldaten mit zwei Ketten gebunden, und Wächter hielten vor der Türe die Wache. Und sieh! ein Engel des Herrn stand da, und Licht strahlte im Gemach. Er gab aber Petrus einen Schlag an die Seite, weckte ihn und sagte: Steh rasch auf! Und seine Ketten fielen von seinen Armen ab. Der Engel sprach zu ihm: Gürte dich und binde deine Sandalen um! Er tat so. Und er sagt zu ihm: Lege deinen Mantel um dich und folge mir! Und er ging hinaus und folgte ihm und wußte nicht, daß das, was durch den Engel geschah, wahr sei; er meinte vielmehr, er sehe ein Gesicht. Sie gingen aber an der ersten und an der zweiten Wache vorbei und kamen an das eiserne Tor, das in die Stadt führte; dieses öffnete sich von selbst für sie, und sie traten hinaus und gingen eine Straße weit vorwärts, und sogleich trat der Engel von ihm weg. Und Petrus kam zu sich und sagte: Jetzt weiß ich wahrhaftig, daß der Herr seinen Engel gesandt und mich aus der Hand des Herodes und vor aller Erwartung des Volks der Juden gerettet hat.*

Ehe Petrus die Stadt verließ, ging er zu den Brüdern in das Haus Marias, der Mutter des Johannes Markus; er wußte, daß sie in Schmerz und Sorge um ihn bangten. Durch ein fein ausgeführtes Bild stellt Lukas dar, wie überrascht die dort versammelten Christen durch seine Errettung waren. 12,12-15: *Und als er sich besonnen hatte, ging er zum Haus der Maria, der Mutter des Johannes, der den Beinamen Markus hat, wo viele versammelt waren und beteten. Als er aber an die Türe des Torbaus klopfte, kam eine Magd herbei mit Namen Rhode, um Antwort zu geben, und als sie die Stimme des Petrus erkannte, öffnete sie vor Freude den Torbau nicht, sondern lief hinein und berichtete, Petrus stehe vor dem Torbau. Sie aber sagten zu ihr: Du bist verwirrt. Sie aber versicherte, es verhalte sich so. Da sagten sie: Es ist sein Engel.* Da sich die Magd von ihrer Botschaft nicht abbringen ließ, suchten die Christen in ihrer Überraschung nach einer anderen Erklärung: der Engel sei da, den Gott ihm zur Seite gestellt und der darum seine Gestalt und Stimme angenommen habe. Daß Gottes Macht die unzerreißbaren Bande gesprengt und die verschlossenen Türen geöffnet hätte, ging völlig über ihr Erwarten hinaus. 12,16.17: *Petrus aber wartete und klopfte. Als sie aber öffneten, sahen sie ihn und waren außer sich. Er aber winkte ihnen mit der Hand, sie sollten schweigen, und erzählte ihnen, wie ihn der Herr aus dem Gefängnis herausgeführt hatte, und sagte: Berichtet dies Jakobus und den Brüdern! Und er ging fort und zog an einen anderen Ort.* Petrus pochte mit nüchternem Sinn nicht auf die Wundermacht Gottes, sondern mußte nun auf seine Sicherheit bedacht sein. Blieb er bei den Brüdern, so brachte er sich und sie in Gefahr. Darum wird auch nicht gesagt, wohin er ging. Das blieb in jener Stunde Geheimnis, stand auch schwerlich schon deutlich im Blick des Petrus. Es kam nur darauf an, daß er für die nächste Zeit verschwand.

An der Überraschung, die die Ankunft des Petrus im Hause der Maria verursachte, wird sichtbar, wie weit auch das gläubige Gebet der Christenheit unter dem zurückblieb, was die allmächtige Hilfe Gottes vermag und ihr in diesem Fall auch wirklich bereitete. Nur darf nicht übersehen werden, daß sich hierin auch die nüchterne, demütige Art ihres Gebets offenbart. Diese Christen wußten, daß die Regierung Gottes sich durch menschliche Wünsche nicht beherrschen läßt, daß sie vielmehr diese oft durchkreuzt und Dinge tut, die uns als schweres Unglück erscheinen. Die Gemeinde rief zu Gott mit Ernst und Glauben, aber auch gefaßt, alles aus seiner Hand zu nehmen, auch wenn er schon jetzt von Petrus das Sterben um Jesu willen verlangte. Darum war ihr auch seine unerwartete Ankunft der Grund zu einem tiefen Erstaunen und einer lebendigen Dankbarkeit.

Lukas gibt uns gleichzeitig einige Winke über die Männer, die in der Leitung der Gemeinde damals hervortraten. Er nennt Jakobus und Johannes Markus. Jakobus, der Bruder des Herrn, erscheint hier zum erstenmal in einer Weise, die anzeigt, daß er unter den Ältesten der Gemeinde die erste Stelle hatte. Er wird aus dem Kreis der Brüder herausgestellt: Er vor allem soll von der Rettung und dem Weggang des Petrus Nachricht erhalten. Er tritt für die Zeit der Abwesenheit des Petrus an seine Stelle. Johannes Markus nennt Lukas mit seinem jüdischen und römischen Namen und zeigt dadurch an, daß er damals mit beiden in der Kirche bekannt war. Wir hören nicht nur, daß er bis dahin in Jerusalem lebte, sondern auch, daß er an allem, was in der Gemeinde vorging, vollen Anteil hatte. Das Haus seiner Mutter war ein Versammlungsort der Christen, in dem Petrus ein- und ausging. Das zeigt an, daß auch Markus bisher mit ihm in vertrauter Verbundenheit lebte, wie denn auch Petrus (1. Petr. 5,13) von ihm als von seinem Sohn spricht.

Ebenso groß, doch wild und angstvoll war nach dem Anbruch des Tags die Überraschung im Gefängnis. 12,18.19: *Als es Tag wurde, entstand eine nicht geringe Aufregung unter den Soldaten, was denn aus Petrus geworden sei. Herodes aber, der ihn rief und nicht fand, verhörte die Wächter und befahl, daß sie zum Tode abgeführt werden. Und er ging aus Judäa nach Cäsarea hinab und verweilte dort.* Daß hier ein göttliches Werk geschehen sei, das ihn zur Besonnenheit mahne, ließ Agrippa nicht gelten; er maß die Schuld den Wächtern bei und ließ sie hinrichten.

Lukas fügt den Bericht über das rasche Ende Agrippas an, der sein Königtum in Jerusalem nicht ganz vier Jahre innehatte. Was die Errettung des Petrus begonnen hatte, machte der rasche Tod des Königs vollständig. Solange dieser am Leben war, mußte sich Petrus von Jerusalem fernhalten. Aber Gott machte ihm den Weg zur Gemeinde Jerusalems bald wieder frei; denn den Verfolger traf das Gericht. Daher finden wir Petrus in Kap. 15 wieder in Jerusalem in der Arbeit unter den jüdischen Gläubigen.

Auch die Weise, wie Agrippas Ende eintrat, war Lukas wichtig; sie hat auch auf die Judenschaft einen tiefen Eindruck gemacht und ist bei Josefus in der Hauptsache ebenso erzählt. In Cäsarea veranstaltete Agrippa mit herrlichem Pomp eine Versammlung, bei der er eine Rede hielt und dafür die Huldigung als Gott entgegennahm. Den Anlaß zur Rede erzählt Lukas nüchterner als Josefus, der ihn nur dadurch ergänzt, daß er die Versammlung auf die zu Ehren des Kaisers eingerichteten Festspiele verlegt; er redet dann aber nur von einem aus Silberfäden gewobenen Gewand, in dem sich der König bei Sonnenaufgang im Theater gezeigt habe, so daß die Strahlen der Sonne an demselben erglänzten und den König als eine Lichtgestalt erscheinen ließen; darauf habe ihn die Menge als Gott gefeiert. Das königliche Kleid fehlt auch bei Lukas nicht; es dient wesentlich zur Erhöhung des Eindrucks, den der König machen wollte. Daß er aber als Gott verehrt wurde, hatte nicht nur im schimmernden Rock, sondern im Anlaß der Versammlung und im Inhalt seiner Rede seinen Grund. 12,20: *Er grollte aber den Tyrern und Sidoniern. Sie kamen aber einträchtig zu ihm, gewannen Blastus, der über das Schlafgemach des Königs gesetzt war, und baten um Frieden, weil ihr Land aus dem königlichen Land ernährt wurde.* In Agrippas Besitz war das fruchtbare Getreideland im Hauran; aus ihm fand eine große Weizenausfuhr in die Küstenstädte statt, die nach dem schmalen Saum der Küste dicht hinter sich den Libanon hatten. Der König durfte sie zwar nicht gewaltsam angreifen – das hätte als Friedensbruch ihm selbst die größte Gefahr gebracht, weil die kaiserliche Regierung darauf hielt, daß in den Provinzen Friede sei –, er konnte ihnen aber durch allerlei Plackereien die Kornzufuhr aus seinem Gebiet erschweren. Sie zogen darum einen Kämmerer des Königs, Blastus, in ihr Interesse und stimmten durch dessen Einfluß den König um.

Nun fand eine feierliche Versöhnung statt. Der König erklärte die eingetretenen Zwistigkeiten in königlicher Großmut für beendet und verkündigte den Städten sein erneutes Wohlwollen. 12,21.22: *An einem festgesetzten Tag zog Herodes ein königliches Gewand an, setzte sich auf der Tribüne und hielt eine Rede an sie. Das Volk aber rief ihm zu: Eines Gottes Stimme, nicht die eines Menschen!* Noch während der Versammlung erkrankte der König und starb nach einigen Tagen. 12,23: *Aber sofort schlug ihn ein Engel des Herrn, weil er die Ehre nicht Gott gab, und Würmer nagten an ihm, und er verschied.* Lukas heißt uns den Gegensatz bedenken, der hier ans Licht tritt: dort die Apostel, die Gott die Ehre gaben, dafür ihr Leben einsetzten und deshalb Gottes Schutz wunderbar erfuhren – hier ihr Richter, der sie angeblich zur Ehre Gottes tötete, aber die Unwahrheit seines Eifers darin offenbarte, daß er sich selbst als Gott feiern ließ, und weggerafft wurde. Agrippa hatte nicht das Recht, sich als Verteidiger des Judentums und des göttlichen Gesetzes den Aposteln zu widersetzen. Er verbarg unter der heuchlerischen jüdischen Gebärde Gottlosigkeit mit all ihren Lastern und ihrer Entweihung des göttlichen Namens, der an die Könige vergeben worden ist. Ins griechische Leben war die Verehrung der Könige als Götter durch Alexander den Großen eingeführt worden, sie hatte zunächst an den griechischen Höfen im Orient die unselige Wirkung gehabt, daß sie die Fürsten in maßlose Überhebung und in die Verachtung jeder heiligen Ordnung hinunterstieß. Dann hatten auch die römischen Kaiser ihre Verehrung als Götter in Gang gebracht in dem Gedanken, daß der Kaiserkult für das weit ausgedehnte Reich ein geistiges Band schaffe, das seine Einheit stärke. Gleich nach der apostolischen Zeit, schon unter den flavischen Kaisern, hat die Verehrung der Kaiser auch der Kirche schwere Not gebracht, weil sie auch von den Christen verlangt und ihre Verweigerung mit dem Tod bestraft wurde. Vielleicht hatte Lukas schon solche Prozesse vor Augen, bei denen Christen zum Tod verurteilt wurden, weil sie das Weihrauchopfer vor dem Kaiserbild verweigerten. Um so lehrreicher und bedeutsamer war für sie das Urteil Gottes, das den König, der Christenblut vergossen hatte und sich gleichzeitig als Gott verehren ließ, wegraffte.

12,24: *Das Wort Gottes aber wuchs und mehrte sich.* Der König, der das Wort hindern wollte, fuhr dahin; aber das Wort blieb und bewährte seine Kraft. Es wuchs dadurch, daß die Kirche wuchs. Zunahme der Christen ergibt Zunahme des göttlichen Worts; denn es erneuert sich in jedem Christenherzen, und durch den Mund der christlichen Zeugen greift es immer weiter um sich.

12,25: *Barnabas aber und Saulus kehrten aus Jerusalem zurück, nachdem sie den Dienst vollendet hatten, und nahmen Johannes, der den Beinamen Markus hat, mit sich.* Mit der Rückreise des Paulus und Barnabas nach Antiochia verband sich ein Ereignis, das für das Missionswerk unter den Heiden von Bedeutung war. Damals trat Markus aus der Gemeinde Jerusalems in die Arbeit unter den Griechen hinüber, zunächst in der Gemeinde von Antiochia. Veranlaßt war dies durch die Verbindung, die zwischen ihm und Barnabas, seinem Oheim (Kol. 4,10), bestand, vielleicht auch dadurch, daß Petrus damals aus Jerusalem vertrieben war.

Damit beendet Lukas seinen Bericht über die Christenheit Jerusalems und über die Arbeit des Petrus. Er tut es in der Überzeugung, wir besäßen jetzt einen deutlichen Einblick in das, was dort geschehen ist. Die Gemeinde war fest begründet, aber auch der Widerstand der Judenschaft gegen sie bewußt und entschieden. Diese hätte es mit Jubel angesehen, wenn der Kopf des Petrus auf den Befehl Agrippas gefallen wäre. Den Namen Jesu wies sie mit Abscheu zurück, und seine Boten galten ihr als ihre Feinde, die sie haßte. Darum naht sich Jerusalem das Gericht Gottes, dessen Ernst der zum Verfolger gewordene König bereits an sich selbst erfuhr. Der Bereich, in dem die Gemeinde wuchs und Neues geschah, waren nun die griechischen Völker, unter denen die Arbeit des Paulus sich allmählich zu ihrer Größe entfaltete. Danach aber führt uns Lukas wieder nach Jerusalem zurück; denn es hat auch zum Beruf des Paulus gehört, ihm und seinen Machthabern das Evangelium zu sagen. Zuletzt wird vollends sichtbar, was schon in den Ereignissen der ersten Zeit ans Licht trat, daß Israel die Apostel als seine Feinde bis auf den Tod bekämpft, aber auch, daß der Schutz des Herrn diesem Haß Schranken setzt und nicht zuläßt, daß er den Aufbau der Kirche unter den Völkern hindern kann.

Indem Lukas mit dem Bericht über Jerusalem auch den Bericht über Petrus beendet, stimmt er mit der Weise überein, wie Paulus das Apostelamt des Petrus im Verhältnis zu seinem eigenen (Gal. 2,7) beschreibt. Als die Aufgabe des Petrus erscheint, daß er Jesus der Judenschaft verkündige; neben ihn tritt Paulus, dessen Beruf die Verkündigung des Evangeliums unter den Heiden ist. Für den Abbruch der Erzählung an dieser Stelle war wahrscheinlich auch das zuletzt erzählte Ereignis, der Weggang des Markus aus Jerusalem, maßgebend. An Markus, mit dem Lukas später in anhaltender Verbindung stand (Kol. 4,10.14), hatte er einen Gewährsmann, von dem er über die Anfänge der Kirche in Jerusalem genauen Bericht erhalten konnte. Mit dem Wegzug des Markus aus Jerusalem bricht Lukas auch seine Darstellung ab im wohlbegründeten Bewußtsein, wie schwer es ist, ohne einen Augenzeugen einen zuverlässigen Bericht über frühere Ereignisse zu geben (vgl. Ev. 1,2). Auch sonst treten in den Erzählungen Beziehungen des Lukas zu den handelnden Persönlichkeiten ans Licht. Beim Gericht über Stephanus war Paulus zugegen. An der Einsetzung der Armenpfleger, der Mission in Samaria und der Bekehrung des Äthiopen war Philippus beteiligt, mit dem Lukas in Cäsarea nicht nur auf der Reise nach Jerusalem (21,8), sondern auch während der Gefangenschaft des Paulus in dieser Stadt zusammen war. Im selben Cäsarea geschah die Bekehrung des Kornelius. Was über Petrus (Kap. 12) erzählt ist, trug sich im Hause des Markus zu. Auch im Bericht über Paulus ist kein Vorgang mit solcher Ausführlichkeit beschrieben wie die letzten Reisen des Apostels nach Jerusalem und Rom, bei denen ihn Lukas selbst begleitet hat. Zwei Faktoren haben sichtlich seinen Bericht gestaltet, einmal die Achtsamkeit auf den Weg Gottes mit der Kirche, die die innere Bedeutung der Ereignisse mit herrlicher Klarheit erfaßt, sodann die Weise, wie ihm für die Ereignisse, die er nicht selbst gesehen hatte, zuverlässige Erzähler und Augenzeugen zur Seite standen. Wo diese ihm fehlten, verzichtete Lukas lieber auf die Erzählung ganz. Deshalb nimmt er den Bericht über Jerusalem und dessen Kampf gegen die Christenheit erst dann wieder auf, als Paulus in der Ausrichtung seines Apostelamts dorthin kam.

Kapitel 13 und 14

Die Gründung der Gemeinden auf Cypern und in der Provinz Galatien

Lukas macht uns hier wieder einen wichtigen Einschnitt in der Arbeit der Kirche erkennbar. Bisher hatte man sich in der Missionsarbeit durch die Beziehungen leiten lassen, die sich aus dem ohnehin bestehenden Verkehr und aus der gottesdienstlichen Gemeinschaft in den Synagogen von selbst ergaben. Diese Verbindungen benützte man durch treues Bekenntnis für den Dienst Jesu, wartete aber ab, wie die Gelegenheit, das Evangelium zu sagen, je und je durch die Umstände entstand. Jetzt aber wurden Boten bestellt, die sich planmäßig der Missionsarbeit widmeten und in ihr den vom Herrn gegebenen Beruf erkannten. Das geschah infolge einer Weisung des Geists, die an den Kreis der Lehrer und Propheten Antiochias gerichtet war.

13,1.2: *In Antiochia waren aber in der Gemeinde, die dort bestand, Propheten und Lehrer: Barnabas und Symeon mit dem Beinamen Niger und Lukius aus Kyrene und Manaen, der mit dem Vierfürsten Herodes auferzogen worden war, und Saulus. Als sie dem Herrn dienten und fasteten, sagte der heilige Geist: Sondert mir Barnabas und Saulus aus für das Werk, zu dem ich sie berufen habe.* Barnabas und Paulus begannen ihre Wanderung nicht aus eigenem Entschluß, auch nicht bloß auf eine ihnen allein gegebene Offenbarung hin; ihre Berufung durch den Geist erfolgte so, daß sie durch die mit ihnen zur Arbeit verbundenen Genossen zu ihrem neuen Werk ausgesondert wurden. Es kommt hierbei die Kraft und Festigkeit der Verbundenheit in der Gemeinde ans Licht. Paulus stand nicht in einsamer Würde den anderen Christen fern, sondern war in einen Kreis von Mitarbeitern hineingestellt, mit denen ihm Beruf, Arbeit und Lebensführung gemeinsam war. Daher waren diese auch an seiner Aussendung mitbeteiligt; sie verzichteten für sich von nun an auf die Hilfe der Ausziehenden und nahmen an ihrer Arbeit durch ihr Gebet teil. Die größere Zahl von Namen, die uns Lukas nennt, macht deutlich, daß die Gemeinde Antiochias das göttliche Wort reichlich in ihrer Mitte hatte und darum mit Freuden zwei ihrer Lehrer an die neue Arbeit abgeben konnte; zugleich wird sichtbar, daß die Aussonderung von Barnabas und Paulus auf bestimmter göttlicher Auswahl beruhte, standen doch neben ihnen noch andere, an die ein solcher Auftrag gerichtet werden konnte. Doch nicht an sie, sondern an Paulus und Barnabas erging der Befehl, in die Ferne zu ziehen.

Keiner der neben Barnabas und Paulus genannten Männer war ein neu aus den Heiden bekehrter Antiochener. Symeon Niger war nach seinen beiden Namen ein jüdischer Mann, also wahrscheinlich wie Barnabas aus Palästina herabgekommen. Der Kyrenäer Lukius ist zu den Kyrenäern zu stellen, die durch die Verfolgung seit des Stephanus Tod aus Jerusalem vertrieben waren und in Antiochia die Gemeinde gegründet hatten (11,20) und Manaen, der „Milchbruder" des Vierfürsten Herodes, ist durch den Namen und durch die Angabe über seine Beziehungen zu Herodes ebenfalls als aus Palästina gebürtig gekennzeichnet. Der Vierfürst Herodes ist der nach dem Tode des ersten Herodes über Galiläa regierende Antipas. Der Titel Milchbruder kann besagen, daß Manaen Kind der Amme des Antipas war und hernach als sein jugendlicher Gefährte mit ihm aufwuchs. Doch war der Titel an den griechischen Höfen auch ohne solche Veranlassung als ehrenvolle Auszeichnung in Gebrauch. Die Verbindung der neuen Gemeinde mit der Gemeinde in Jerusalem blieb schon deshalb eng, weil die Erinnerungen an Jesu Wort und Wandel der Christenheit unentbehrlich waren; deshalb verwalteten diejenigen Männer in ihr das Wort, die als Glieder der ersten Gemeinde ihr diese Erinnerungen zu vermitteln vermochten. Dabei wird im Lehramt unterschieden zwischen solchen, die aus besonderem Antrieb des Geistes als Propheten sprachen, und solchen, die den Versammlungen, aber ebensosehr auch allen einzelnen, die es begehrten, den Unterricht in der Schrift und über Jesus darboten. In der Reihenfolge der Namen liegt wahrscheinlich ein Wink, wie sich ihr Ansehen gegeneinander abstufte.

Obenan stand Barnabas, der als Vertreter der Apostel nach Antiochia gekommen war, an letzter Stelle Paulus, wohl als jüngster unter ihnen; der Milchbruder des Herodes z. B. war jedenfalls schon ein alter Mann.

Ein wichtiges Anliegen, dem sich die Lehrer mit Eifer hingaben, war auch hier wie in Jerusalem das anhaltende Gebet, das regelmäßig vom Fasten begleitet wurde, um alle anderen Anliegen fernzuhalten. An einem solchen gemeinsamen Gebetstag erfolgte der prophetische Spruch, der die Aussonderung des Barnabas und Paulus zum Werk Gottes befahl. Wer den Spruch empfangen und den Brüdern kundgemacht hat, wird nicht gesagt. Es lag allen Beteiligten nur daran, daß er unzweifelhaft als Wille Gottes, den der heilige Geist offenbarte, erkennbar war. Nicht einer allein wurde ausgesandt, sondern zwei nach dem Grundsatz, den wir schon bei Jesus und den Aposteln Jerusalems finden, daß zwei Zeugen gemeinsam das Wort bestätigen (Mark. 6,7). Durch das Wort des einen wird das des anderen bekräftigt und dem Hörer das Glauben erleichtert.

13,3: *Da fasteten und beteten sie, legten die Hände auf sie und entließen sie.* Es folgte ein neuer Gebetsgottesdienst, wieder von Fasten begleitet, in dem die bisherigen Mitarbeiter für die Ausgesandten Gnade und Segen von Gott erbaten. Er schloß damit ab, daß sie diesen die Hände auflegten. Ihre in der Gewißheit des Glaubens getane Fürbitte kam so in einer Handlung zum Abschluß, die die Ausziehenden des göttlichen Segens für ihr besonderes Werk gewiß machte.

13,4.5: *Nun gingen sie, da sie vom heiligen Geist ausgesandt waren, nach Seleukia hinab, und von dort schifften sie nach Cypern. Und als sie nach Salamis kamen, verkündigten sie das Wort Gottes in den Versammlungen der Juden. Sie hatten aber auch Johannes zum Diener.* Auch Markus zog mit Barnabas und Paulus aus, nicht als ihnen gleichstehender Träger des Missionswerks, sondern für die mancherlei Dienstleistungen, die zur Förderung ihrer Arbeit nützlich waren. Dies ist nicht des Markus wegen erzählt, sondern deshalb, weil sich aus seinem ersten Versuch, am Apostelwerk mitzuhelfen, später die Trennung des Paulus von Barnabas ergab, die für das Werk des Paulus so wichtig wurde. Zuerst besuchten die Apostel von Seleukia, dem Hafen von Antiochia, aus Cypern, das Heimatland des Barnabas, wohin nicht sie, sondern die aus Jerusalem Vertriebenen das Evangelium zuerst gebracht haben (11,19). Wahrscheinlich waren aber die Gemeinden dort noch klein geblieben; der Besuch der Apostel sollte sie stärken und zugleich die Predigt von Christus weiter in die Bevölkerung Cyperns hineintragen. Zu ihr gehörte eine sehr starke Judenschaft wie sich in den Kriegsjahren unter Trajan zeigte; sie war damals imstande, die ganze Insel in ihre Gewalt zu bringen und die heidnische Bevölkerung auszurotten, bis ihr nach dem Sieg Trajans das gleiche widerfuhr.

13,6.7a: *Sie durchzogen aber die ganze Insel bis nach Paphos und fanden dort einen Mann, der Zauberer war, einen jüdischen falschen Propheten, der den Namen Barjesus hatte, der beim Statthalter Sergius Paulus, einem verständigen Mann, war.* Lukas hebt den Anfang und das Ende der Arbeit hervor, in Salamis und in Paphos; die Arbeit in den anderen Orten der Insel beschreibt er nur mit dem für die Wirksamkeit der wandernden Evangelisten geprägten Wort: „Sie durchzogen die Insel." In Salamis wird die Verkündigung in den jüdischen Gottesdiensten hervorgehoben, in Paphos die Bekehrung des kaiserlichen Statthalters Sergius Paulus. Die Begegnung mit ihm war dadurch vermittelt, daß zu seinem Hofstaat ein jüdischer Magier gehörte, der nach seinem Vater Barjesus, Sohn des Jesus, hieß; er selbst aber nannte sich Elymas, mit einem aus dem Orient stammenden Namen, der ihn als den Wissenden bezeichnete, der in geheimer, den übrigen Menschen verborgener Wissenschaft erfahren sei. Vermutlich war er zunächst Astrologe. Seine Zugehörigkeit zur Synagoge hat seinen Ruf, Erforscher der Zukunft und verborgener Geheimnisse zu sein, unterstützt; denn die jüdische Gemeinde war im Besitz uralter heiliger Überlieferung über Gott und Gottes Regierung, und es schien deshalb nur wahrscheinlich, daß es in ihrer Mitte auch jetzt noch Männer gebe, die als Propheten ihren Verehrern nützliche Dienste leisten können. Daß ihn der Statthalter in seinen Umgang aufnahm, entsprach dem Glauben und Brauch der anderen römischen Staatsmänner jener Zeit, bei denen das Begehren verbreitet war, sich bei der Unsicherheit des menschlichen Handelns in wichtigen Stunden auf übernatürliche Aufschlüsse zu stützen; so befragten sie Astrologen und Wahrsager und achteten auf allerlei Vorzeichen. Daß Lukas Sergius Paulus, der mit Elymas im Verkehr stand, einen verständigen Mann nennt, der mit hellem Blick und klugem Sinn aufzufassen vermochte, was um ihn her geschah, ergab für jene Zeit keinen Widerspruch.

13,7b.8: *Dieser rief Barnabas und Saulus zu sich und begehrte, das Wort Gottes zu hören. Elymas aber, der Zauberer – denn so wird sein Name übersetzt –, widerstand ihnen und versuchte, den Statthalter vom Glauben abzubringen* (vgl. Matth. 12,23 f.). Weil der Römer schon einen Juden kannte, der ihm als Vermittler göttlicher Kunde ehrwürdig schien, hatte er das Verlangen, auch Paulus und Barnabas zu hören. Dabei kam aber wie bei der Begegnung des Petrus mit dem Magier von Sichem sofort ans Licht, daß zwischen dem Treiben der Magier und der Botschaft der Apostel ein unversöhnlicher Zwiespalt bestand. Elymas sah, daß das Wort des Paulus seine eigenen Meinungen und Künste umstieß und alle, bei denen es Glauben schuf, von seinem Einfluß freimachte. Wer wie Paulus gestützt auf Jesu Werk und gehalten von seinem Geist zu Gott glaubend aufsah, fragte nicht mehr nach der angeblichen Wissenschaft eines Magiers. Elymas bemühte sich deshalb, in dem Statthalter ein Mißtrauen gegen Paulus zu erwecken und sein Evangelium als töricht zu erweisen. 13,9-11: *Saulus aber, der auch Paulus heißt, wurde vom heiligen Geist erfüllt, sah ihn an und sagte: O du, der du voll von jeder List und jeder Schurkerei bist, Sohn des Verklägers, Widersacher jeder Gerechtigkeit, wirst du nicht aufhören, die geraden Wege des Herrn zu verkehren? Und jetzt, sieh! die Hand des Herrn ist auf dir, und du wirst blind sein und die Sonne nicht sehen bis zur bestimmten Frist. Sofort fiel Nebel und Dunkelheit auf ihn, und er drehte sich hin und her und suchte solche, die ihn an der Hand führten.* Wenn Lukas sagt, damals sei Paulus[1] vom heiligen Geist erfüllt worden, so denkt er daran, daß ihm jetzt in besonderer Weise ein durchdringender Blick und eine wirksame Tat gegeben wurde. Die Wirksamkeit des heiligen Geistes bestand hier darin, daß Paulus die Bosheit des Magiers nicht mit stillem Vergeben trug, sondern sie ihm ohne Schonung vorhielt, das Bußwort mit aller Schärfe an ihn richtete und dieses mit einem Machterweis bestätigte, der jedermann kundtat, daß Paulus, nicht der Magier, in Gottes Auftrag und

[1] Über den doppelten Namen: „Saulus, der auch Paulus heißt", siehe die Bemerkung zu 9,1.

Kraft rede. Sonst trug Paulus die Torheiten und Sünden der Leute mit großer Schonung; scheltende Strafworte gehörten nicht zu seiner Predigt, nicht einmal gegen die Götter und ihre Priester, wie dies der ganze Verlauf der apostolischen Arbeit zeigt. Diesmal aber, als er erfüllt vom heiligen Geist als Mund Gottes und Werkzeug seines Gerichts redete, nahm er dem Zauberer seine angemaßte Ehre und sagte ihm ins Gesicht, was in seinem Herzen war. Keine List ist so erlogen, keine Schurkerei so niederträchtig, daß er ihrer nicht fähig wäre. Nichts als Lüge, Betrug und boshafte Streiche bringt er aus seinem Herzen hervor; dem Teufel hat er sich bei seinem Kampf gegen Gottes Wahrheit und Reich zum Genossen und Werkzeug hingegeben und von ihm sich den Willen und die inwendige Art geben lassen; darum ist er ein Gegner gegen alles, was Gerechtigkeit ist. Nun soll er erleben, daß er sich Gott widersetzt; zwar nicht für immer, aber jetzt soll ihn Erblindung treffen. Solche Erlebnisse hatte Paulus im Auge, wenn er später den Korinthern schreibt, sie sollten es nicht dahin kommen lassen, daß er die Macht, die ihm Christus gegeben habe, brauche; er sei zwar gern geduldig, erscheine gern als schwach; aber es sei ihm auch Macht gegeben zu ernster Bestrafung derer, die sich vor dem Herrn nicht fürchteten (2. Kor. 13,3-10).

Was Elymas für sich selbst aus diesem Erlebnis entnahm, hören wir nicht; Lukas sagt nur, was der Statthalter durch diesen Vorgang gewann. 13,12: *Da wurde der Statthalter gläubig, als er sah, was geschah, und erstaunte über die Lehre des Herrn.* Das Zeichen am Magier gab dem Römer für Paulus ein offenes Ohr; die innere Größe und Wahrheit des Evangeliums ging ihm auf. Aus dem Kreise der hohen Staatsmänner und Beamten des römischen Reiches war er wahrscheinlich der erste, der die Taufe empfing.

Den Gemeinden Cyperns war damit wenigstens für die erste Zeit Sicherheit verschafft. Die Apostel aber hielt diese günstige Lage nicht in Cypern zurück. Da dort dem Evangelium eine Bahn gebrochen war, zogen sie weiter in ein ihm bisher noch verschlossenes Land. 13,13.14a: *Paulus aber und seine Gefährten fuhren von Paphos ab und kamen nach Perge in Pamphylien. Johannes aber trennte sich von ihnen und kehrte nach Jerusalem zurück. Sie aber zogen von Perge aus weiter und kamen nach Antiochia, das in Pisidien liegt.* Von Paphos fuhren sie nach der Südküste Kleinasiens hinüber und gingen vom Hafen aus sogleich in die landeinwärts in der Küstenebene gelegene Stadt Perge. Schwerlich wurde dort schon damals die Missionsarbeit begonnen; denn Lukas sagt erst vom zweiten Besuch der Apostel in Perge, sie hätten dort das Wort Gottes geredet (14,25). Paulus wollte sogleich weiter ins Innere des Landes hinein und verschob die Arbeit in Perge auf die Rückkehr; sie wollten ihre Verbindung mit Antiochia nicht aufgeben und konnten deshalb auf der Rückreise wieder in die pamphylischen Orte kommen. Bei der Beratung über die weitere Reise trennte sich Markus von den Aposteln und kehrte nach Jerusalem zurück. Paulus hat in seinem Entschluß eine Schwäche gesehen, die zeige, daß ihm die Kraft und Entschlossenheit zum Missionswerk fehlen (15,38). Auf den Entschluß des Markus, bis hierher, jedoch nicht weiter mitzugehen, hat jedenfalls manches eingewirkt, was wir nicht wissen; nur daran läßt sich erinnern, daß mit der Abreise von Perge über die pisidischen Berge hinüber Paulus jene Arbeit begonnen hat, in der er dem Grundsatz folgte, nicht auf fremder Arbeit weiterzubauen, sondern das Evangelium da zu verkündigen, wo der Name Jesu noch völlig unbekannt war (Röm. 15,20; 2. Kor. 10,15). Nach Cypern hin hatten sich schon frühere Beziehungen für die Christenheit ergeben; Cyprier waren Glieder der Kirche Jerusalems, und diese hatten das Evangelium nach ihrer Heimat gebracht. Was Paulus von jetzt an unternahm, war ein Missionswerk im strengsten Sinn, erste, anhebende Verkündigung Jesu, ohne daß ihr die natürlichen Beziehungen durch Familien-, Freundschafts- und Handelsverbindungen oder durch den zwischen den Synagogen bestehenden Verband den Weg gebahnt hätten. Gegen diese neue Arbeitsweise konnten sich zaghafte Bedenken erheben. Lag sie im Vermögen der Apostel? Griff sie dem Willen des Herrn nicht mit übereifrigem Tatendrang vor? Vertrug sie sich noch mit dem stillen Warten der Kirche auf das eigene Wirken Gottes und auf sein Reich? Jedenfalls war schon damals klar, daß durch die Wanderung über die pisidische Bergkette die Abwesenheit von der heimischen Kirche sich weit über ein Jahr ausdehnen werde. Die Apostel werden im Frühling von Antiochia ausgezogen sein; wenn sie ins Innere Kleinasiens reisten, konnte von einer Rückkehr kaum vor dem Wiederbeginn der Schiffahrt im nächsten Frühling die Rede sein. Bedeutungslos war, auch wenn wir nicht schon an die spätere Trennung zwischen Barnabas und Paulus denken, die Rückkehr des Markus nach Jerusalem deshalb nicht, weil die dortige Christenheit von Anfang an durch ihn über das Werk des Paulus unterrichtet war. Da Markus sich in dieser Zeit in Jerusalem aufhielt, wußten Petrus und Jakobus, was in Cypern geschehen war und daß Barnabas und Paulus ins Innere Kleinasiens hinübergegangen waren.

Die pisidischen Berge, in denen ein räuberischer, von griechischer Art noch wenig berührter Stamm lebte, erforderten eine Wanderung zum mindesten von einer Woche. Daß Paulus sich hier nicht aufhielt, lag teils daran, daß ihn die Verschiedenheit der Sprache hinderte, teils daran, daß er für den Anfang der Mission nach den großen Städten strebte. In diesen gab es, auch wenn die Bevölkerung eine besondere, einheimische Sprache redete, für ihn kein Hindernis des Verkehrs, da die meisten so viel Griechisch verstanden, daß Paulus sich mit ihnen unterreden konnte, sodann bildeten diese Städte Mittelpunkte, von denen durch die mancherlei Wege des Verkehrs das Evangelium in die Nachbargebiete hinausstrahlte. Kleine Bergdörfer hätten den Apostel bei einer kleinen Arbeit festgehalten, während er mit wachsender Zuversicht in „den Völkern" sein Arbeitsfeld sah. Die nächste größere Stadt war Antiochia, im Unterschied von der großen syrischen Stadt gleichen Namens das „pisidische" genannt, weil die Stadt an der Grenze des pisidischen Berglands lag. Sie selbst lag in Phrygien, nach der damaligen römischen Einteilung der Provinzen in der Provinz Galatia, die den mittleren Teil des kleinasiatischen Binnenlandes umfaßte. Die Stadt besaß die Würde einer römischen Kolonie, so daß ihre Verfassung nach römischem Recht geordnet war.

Während der Bericht über die in Cypern verbrachten Monate sehr kurz war, schildert Lukas die Gründung der Gemeinden in Antiochia, Ikonium, Lystra und Derbe in farbigen Bildern. Wir werden daran zu denken haben, daß aus diesen Gemeinden Timotheus stammte, der ihre Gründung mit erlebt hat; seine Bekehrung durch Paulus fällt in diese Missionsreise. Sicher war später zwischen den Gefährten des Paulus oft von den Ereignissen die Rede, durch die die Kirche in der Heimat des Timotheus entstand.

Zunächst erzählt Lukas, wie Paulus im pisidischen Antiochia Eingang fand; wir bekommen damit ein Beispiel, wie es in vielen anderen Fällen bei der Gründung der Gemeinden zugegangen ist. 13,14b.15: *Und als sie am Tag des Sabbats in die Versammlung kamen, setzten sie sich. Nach der Vorlesung des Gesetzes und der Propheten sandten die Vorsteher der Gemeinde zu ihnen und sagten: Ihr Männer und Brüder, wenn ihr ein Wort der Ermahnung an das Volk habt, so sprecht.* Die Möglichkeit, mit der Verkündigung zu beginnen, wurde Paulus durch die Ordnung des jüdischen Gottesdienstes gegeben. Die Apostel besuchten am Sabbat die Versammlung mit ihrem überall durchgeführten Lesegottesdienst und nahmen an ihr zunächst als jüdische Lehrer teil, die auf einer Reise waren. Nachdem aber das Hauptstück des Gottesdienstes, die Verlesung der Abschnitte aus dem Gesetz und den Propheten, vorüber war, gab die gottesdienstliche Ordnung Paulus die Gelegenheit, sein Botenamt auszuüben. Die Vorsteher der Gemeinden schickten den Gemeindediener zu ihnen mit der Aufforderung, ein Wort der Ermahnung an die Gemeinde zu richten. Nun hatte Paulus, was er suchte. Die ganze Judenschaft der Stadt war in sabbatlicher Ruhe vereinigt und hörte aufmerksam zu, was er ihr im Namen Gottes sagte. Außerdem waren bei diesen Versammlungen immer auch griechische Männer und Frauen anwesend, „die Gott Fürchtenden", die sich am jüdischen Gottesdienst erfreuten und sich deshalb der Gemeinde mehr oder weniger eng anschlossen. Paulus, nicht Barnabas, nahm das Wort, wie er es schon Elymas gegenüber getan hatte. Im Verlauf ihrer gemeinsamen Arbeit stellte es sich zunehmend heraus, daß Paulus das Wort mit größerer Kraft besaß als Barnabas. Diesem war damit eine zarte Aufgabe auferlegt; er hatte sich frei von selbstsüchtigen Gedanken im gemeinsamen Werk Paulus unterzuordnen. Das haben aber die apostolischen Männer, ohne zu straucheln, vermocht.

Lukas gibt uns hier die erste der drei Reden, durch die er die Missionsarbeit des Paulus dargestellt hat. Die erste ist an eine Synagoge gerichtet, die zweite an den Areopag Athens, die dritte an die Ältesten von Ephesus. Diese Dreizahl ist deutlich in der Absicht ausgewählt, je an einem Beispiel zu zeigen, wie Paulus sowohl den Juden als den Griechen das Evangelium darbot und wie er seine Nachfolger in seine Arbeit an der Gemeinde einführte. Das erste Mal ist ausgesprochen, was den Juden zum Glauben bewegen muß, das zweite Mal, was den Heiden zu Jesus führt, das dritte Mal, wie die Christenheit das apostolische Wort bewahrt und ihren Beruf erfüllt.

13,16-24: *Paulus aber stand auf, winkte mit der Hand und sagte: Ihr Männer aus Israel und die ihr Gott fürchtet, hört! Der Gott dieses Volkes Israel erwählte unsere Väter und erhöhte das Volk während seiner Fremdlingschaft im Lande Ägypten* (2. Mose 6,6) *und führte sie aus ihm mit hohem Arm heraus* (5. Mose 1,31), *und während einer Zeit von vierzig Jahren trug er sie in der Wüste und vernichtete sieben Völker im Land Kanaan* (5. Mose 7,1) *und verteilte ihr Land als Erbe unter sie etwa für vierhundert und fünfzig Jahre. Und darauf gab er ihnen Richter bis auf den Propheten Samuel, und von da an erbaten sie sich einen König, und Gott gab ihnen Saul, den Sohn des Kis, einen Mann aus dem Stamm Benjamin, für vierzig Jahre, und als er ihn beiseite stellte, erweckte er ihnen David als König, dem er auch Zeugnis gab und sagte: Ich fand David, den Sohn des Jesse, einen Mann nach meinem Herzen, der alles, was ich will, tun wird* (Ps. 89,21; 1. Sam. 13,14). *Aus dessen Geschlecht ließ Gott nach der Verheißung als den Retter Israel Jesus kommen, nachdem Johannes vorher vor seiner Ankunft dem ganzen Volk Israel eine Taufe der Buße verkündigt hatte.* Vor der Judenschaft begann Paulus mit der ihr früher zuteil gewordenen Offenbarung Gottes, mit den Wohltaten, die ihr Gott einst erwies: mit der Ausführung aus Ägypten, der Erhaltung in der Wüste, der Einführung in das Land Kanaan, der Leitung und Beschützung des Volks durch die Richter, der Gewährung eines Königs, zuerst Sauls, dann Davids, des Mannes nach Gottes Herzen, dessen Geschlecht die göttliche Verheißung erhielt. So führt Paulus die Juden von einer Wohltat Gottes zur anderen bis zum Höhepunkt der Geschichte Israels, bis zur Errichtung des Königtums und der ihm verliehenen Verheißung. Von hier aus sah der Jude unsicher hinaus in die Zukunft, er suchte den Verheißenen, durch dessen Ankunft die früheren Gottestaten ihre Vollendung finden sollten. Paulus dagegen verkündigt den jüdischen Hörern die Erfüllung der Verheißung. Die alte, heilige Geschichte hat ihre Fortsetzung und Vollendung gefunden: Aus Davids Geschlecht hat Gott Israel den Erretter gesandt, Jesus.

Was tat Jesus als solchen kund? Ihm voran ging die Verkündigung des Täufers, durch den Gott das ganze Israel zur Umkehr berief und ihm die Vergebung anbot. Zugleich verhieß er die Ankunft dessen, der ihn völlig überragt. 13,25-31: *Als aber Johannes den Lauf vollendete, sagte er: Was ihr von mir vermutet, das bin ich nicht. Aber seht! es kommt der nach mir, dem ich nicht würdig bin, den Schuh seiner Füße loszubinden* (Luk. 3,16; Mark. 1,7; Joh. 1,27). *Ihr Männer und Brüder, ihr Söhne des Geschlechts Abrahams und die, die unter euch Gott fürchten, zu euch wurde dieses Rettung bringende Wort gesandt. Denn die, die in Jerusalem wohnen, und ihre Obersten haben diesen nicht erkannt und die Stimmen der Propheten, die an jedem Sabbat vorgelesen werden, durch ihr Urteil erfüllt, und obwohl sie keinen Grund zum Tode fanden, begehrten sie von Pilatus, daß er getötet werde. Als sie aber alles, was von ihm geschrieben ist, vollendet hatten, nahmen sie ihn vom Holz herab und legten ihn in ein Grab. Gott aber erweckte ihn von den Toten. Er hat sich während mancher Tage denen gezeigt, die mit ihm aus Galiläa nach Jerusalem hinaufgegangen waren, die jetzt seine Zeugen vor dem Volk sind.* Paulus kann Jesus nicht anders verkündigen als so, daß er den Blick seiner Hörer fest auf das Kreuz Jesu lenkt. Damit spricht er freilich den schweren Anstoß aus, der sie vor die Entscheidung stellt. Der durch die ihm vorangehende Regierung Gottes Vorbereitete und Verheißene, der vom Täufer verkündigte, von Gott Israel gegebene Retter ist vom Volk verworfen und gekreuzigt worden. Damit der Jude sich dagegen nicht sofort auflehne, führt Paulus die Hörer von der für sie gnadenvollen Seite an die Sache heran: Denen, die fern von Jerusalem in Kleinasien wohnen, wird deshalb das gnädige Wort Gottes gebracht; weil Jerusalem es verworfen hat, wird es durch die Boten Jesu jetzt in die Ferne getragen und auch den Antiochenern im Namen Gottes überbracht. Freilich kann Paulus das Kreuz Jesu nicht verschweigen; er würde dadurch den verleugnen, der durch das Kreuz zum Heiland geworden ist, und sich seinem Apostelamt entziehen. Darum wird den Hörern bezeugt: Die Bewohner Jerusalems und ihre Regenten haben Jesus nicht erkannt, ihr Urteil über ihn gesprochen und den Tod des Unschuldigen von Pilatus begehrt; so starb er am Holz und wurde von diesem weg ins Grab gelegt. Doch schon in diesen Bericht legt sich ein Zeugnis hinein, das zum Glauben lockt: Dies war bei den Propheten zu lesen, und Israel hat ihr Wort, ohne es zu wissen, erfüllt. Darauf folgt die Jesus offenbarende Gottestat: Gott hat ihn auferweckt, und er hat seine Begleiter zu Zeugen seiner Auferstehung gemacht, die ihr Zeugenamt jetzt in Jerusalem ausrichten.

Denselben Dienst leistet Paulus jetzt den Antiochenern; er bringt ihnen die gute Botschaft, daß die von der Schrift ausgesprochene Verheißung durch die Auferweckung Jesu erfüllt ist. 13,32-37: *Und wir bringen euch die gute Botschaft, daß Gott die Verheißung, die an unsere Väter erging, für unsere Kinder dadurch erfüllt hat, daß er Jesus auferweckte, wie auch im zweiten Psalm geschrieben ist: Du bist mein Sohn; ich habe dich heute gezeugt* (Ps. 2,7). *Daß er ihn aber aus den Toten auferweckt hat, ohne daß er wieder zur Verwesung zurückkehren wird, das hat er so gesagt: Ich will euch das Heilige Davids geben, das zuverlässige* (Jes. 55,3). *Deshalb sagt er auch an einer anderen Stelle: Du wirst nicht zugeben, daß dein Heiliger die Verwesung sehe* (Ps. 16,10). *Denn David entschlief, nachdem er für sein eigenes Geschlecht dem Rat Gottes gedient hatte, und wurde zu seinen Vätern hinzugetan und sah die Verwesung. Der aber, den Gott auferweckte, sah die Verwesung nicht.* Die Schrift versprach den Sohn, den Gott selbst ins Leben zeugt; sie beschrieb ihn als das große Heilsgut, das alle Gaben der Gnade in sich schließt, und als den aus dem Tode heraus ins Leben Geführten, weil sie die Zusage, die David gegeben war, treu, sicher, unwandelbar heißt. Sie ist durch den auferstandenen Davidssohn erfüllt. Ebenso hat sie vom Heiligen Gottes gesagt, daß er die Verwesung nicht sehen werde. Das ist nicht in David, ist aber in Jesus Wahrheit und Wirklichkeit geworden.

13,38.39: *Darum sei es euch kundgemacht, ihr Männer und Brüder, daß euch durch diesen die Vergebung der Sünden verkündigt wird, und von allem, wovon ihr im Gesetz Moses nicht gerechtfertigt werden konntet, wird in diesem jeder gerechtfertigt, der glaubt.* Durch den auferweckten Christus, der die Erfüllung der göttlichen Verheißung ist, wird jetzt Israel Vergebung seiner Sünden angeboten; damit ist ihm jetzt erreichbar, was es durch das Gesetz nicht erlangen konnte, die Rechtfertigung. Über seine Übertreter brachte das Gesetz nur Verdammung, aber von all dem, was nach dem Gesetz unaufhebbare Schuld ist und die Scheidung von Gott bewirkt, ist durch die Vergebung der Sünden, die Christus verkündigt, der Glaubende losgesprochen, das heißt: Er ist gerechtfertigt. Die Wichtigkeit der Stunde, die den Hörern jetzt durch die Predigt des Paulus gewährt ist, besteht somit darin, daß sie sie vor die Entscheidung zum Glauben oder Unglauben stellt. 13,40.41: *Darum seht zu, daß nicht das eintrete, was bei den Propheten gesagt ist: Seht, ihr Verächter, und verwundert euch und vergeht; denn ein Werk wirke ich in euren Tagen, ein Werk, das ihr nicht glauben werdet, wenn jemand es euch erzählt* (Habak. 1,5). Die Schrift kündigt Israel warnend an, daß es Gott verachten und seinem Werk nicht glauben wird; denn er wird eine Tat tun, die Israel nicht erwartet und die ihm auch dann unglaublich scheint, wenn sie geschehen ist. Dieses Werk Gottes ist jetzt vollbracht, da der Christus kam, gekreuzigt wurde und auferstand. Nun sehe Israel wohl zu, daß es nicht unter das Strafwort des Propheten falle, indem es sich ungläubig zeigt.

Damit ist uns reichlich gezeigt, wie Paulus sein Wort auf die Überzeugungen Israels aufbaute, sie zugleich aber auch reinigte. Schon in der Zusammenfassung des alttestamentlichen Worts erweist sich Paulus nicht nur als Jude, sondern wehrt er gleichzeitig Entstellungen ab. Nicht Mythen und Allegorien, auch nicht Gesetzeslehre und Moral, sondern Gnadentaten Gottes in ihrer schlichten Wirklichkeit sind der Kern des Alten Testaments, und auf sie baut sich die Sendung des Christus auf. Auf ihn wartet Israel mit Recht; doch bedarf seine Hoffnung der Reinigung: den, der durch Israel leiden wird, verkündigt die Schrift, den, der durch den Tod ins Leben geht. Nicht in irgendwelchen äußeren Herrlichkeiten besteht das Israel verheißene Reich Gottes; die Summe und der Kern der Verheißung ist vielmehr die Sendung seines Sohnes, der aus dem Tode heraus zum ewigen Leben ersteht. Vergleichen wir die Rede des Paulus mit seinen Briefen, so gibt sie denselben Grundriß des Evangeliums, wie er in diesen überall heraustritt. Durch die Auferstehung ist der aus Davids Geschlecht Geborene als

Sohn Gottes erwiesen (Röm. 1,3). Darin, daß er vom Vater gesandt und erhöht ist, sind alle Verheißungen Ja und Amen (2. Kor. 1,20). In seiner Person sind sie zusammengefaßt, mit seiner Gegenwart alle erfüllt. Seine Gnade bewährt er an uns dadurch, daß er uns Rechtfertigung schenkt, und diese besitzt der Glaubende (Röm. 1,17). Weigert sich Israel des Glaubens, so fällt es aus seinem Vorzug heraus unter das Gericht Gottes (Röm. 11,7).

13,42: *Als sie aber hinausgingen, baten sie, daß ihnen am nächsten Sabbat diese Worte gesagt werden möchten.* Manches an der Botschaft des Paulus war für eine jüdische Gemeinde schwer. Hatte wirklich die Schrift einen leidenden und sterbenden Christus verheißen? War seine Auferweckung eine gewisse Wahrheit? Und wie steht es um die Macht des Glaubens, durch die empfangen wird, was man durch die Erfüllung des Gesetzes nicht erlangt? Wir verstehen, daß die Versammlung wünschte, daß davon am folgenden Sabbat noch weiter geredet werde. In diesem Begehren tat sich kund, daß Paulus nicht umsonst gesprochen hatte, sondern manche zum Hören willig waren.

Bis zum nächsten Sabbat veränderte sich aber die Lage. 13,43-47: *Als aber die Versammlung aufgehoben war, folgten viele von den Juden und den Gott verehrenden Proselyten Paulus und Barnabas nach, die sich mit ihnen besprachen und sie anleiteten, bei der Gnade Gottes zu bleiben. Am folgenden Sabbat versammelte sich fast die ganze Stadt, um das Wort Gottes zu hören. Als aber die Juden die Menge sahen, wurden sie voll Eifersucht, widersprachen dem, was von Paulus gesagt wurde, und lästerten. Und Paulus und Barnabas redeten freimütig und sagten: Es war notwendig, daß zuerst euch das Wort Gottes gesagt wurde. Da ihr es aber wegstoßt und euch selbst des ewigen Lebens nicht für würdig haltet, seht! so wenden wir uns zu den Heiden; denn so hat es uns der Herr befohlen: Ich habe dich zum Licht für die Heiden gesetzt, damit du zum Heil seiest bis an das Ende der Erde* (Jes. 49,6). Während der Woche setzten sich viele Juden und Proselyten persönlich mit den Aposteln in Verbindung. Auf die Rede an die Gemeinde folgte die den einzelnen sich widmende Lehrarbeit, die zum Ziel hatte, sie zum Ausharren bei der göttlichen Gnade zu bewegen. Darin, daß sie zum Hören willig waren, hatten sie Gottes Gnade bereits erfahren; nun hatten sie darauf zu achten, daß sie sich nicht durch Einreden und Zweifel wieder von ihr scheiden ließen, sondern bei ihr blieben und so zu einem festen Glaubensstand gelangten. Infolge dieser Unterredungen war es in der Stadt bekannt geworden, daß am kommenden Sabbat nochmals die Heilsbotschaft ausgelegt werde, und ebenso hatte es sich bereits herumgesprochen, daß sie nach des Apostels Überzeugung allen, nicht nur den Juden, gelte. Deshalb war am nächsten Sabbat nicht mehr nur die jüdische Gemeinde in der Synagoge, sondern nahezu die ganze Stadt. Dadurch verlor Paulus freilich die Gelegenheit, weiterhin in der Synagoge das Evangelium zu verkündigen. Daß er sich nicht bloß zu den Juden hielt, sondern auch die Heiden zum Christus berief, galt den Juden neben dem vielen, was ihnen in seiner Botschaft unglaublich war, als ein entscheidender Beweis dafür, daß sein Evangelium Torheit und Verführung sei. Sie schnitten ihm darum das Wort mit leidenschaftlichen Einwürfen ab. Da schieden sich die Apostel von ihnen. So sehr es ihre Pflicht war, zuerst den Juden das göttliche Wort zu bringen, waren sie doch nicht auf sie allein beschränkt; denn der dem Christus von dem Propheten gegebene Beruf heißt ihn auch das Licht der Heiden, und die Errettung, die er bringt, soll allen zuteil werden. Der Judenschaft soll aber zu vollem Bewußtsein kommen, was sie jetzt tut. Ihr ewiges Leben steht in Frage, so gewiß, als es sich um ihre Rechtfertigung durch Gott handelt. Wer diese hat, wird leben; wer sie nicht erlangt, verfällt dem Tod. Dadurch, daß sich die Juden von Jesus abwenden, verurteilen sie sich selbst und machen offenbar, daß sie des ewigen Lebens nicht würdig sind.

13,48: *Als es aber die Heiden hörten, freuten sie sich und priesen das Wort des Herrn, und es kamen zum Glauben, so viele zum ewigen Leben verordnet waren* (Röm. 8,29.30; Eph. 1,4; 1. Petr. 1,2). Der Weggang der Apostel aus der Synagoge erregte große Freude bei den Heiden; spürten sie doch am Auftreten des Juden stets, daß er sie verachtet. Wenn das Evangelium in der Synagoge heimisch geworden wäre, so hätten die Heiden den Gedanken, es sei nicht für sie bestimmt, schwer überwunden. Nun aber war durch das Verhalten der Apostel klar erwiesen, daß die Erfüllung der Verheißung Gottes, die sie verkündigten, auch ihnen galt. Auch hier, wo Lukas an den Erfolg der Apostel denkt, weist er auf das Wirken und Regieren Gottes hin. Viele priesen das Wort; doch nicht alle, die es als schön, erhaben und verheißungsvoll rühmten, kamen auch zum Glauben, so daß das Wort klar und fest in ihrem Innern stand als eine Gewißheit, die von nun an ihr Denken und Wollen bestimmte. So groß oder so klein aber die Zahl derer war, die zum Glauben kamen: Jedenfalls waren es alle, die zum ewigen Leben verordnet waren. Das ließ die Apostel ruhig sein; sie waren nicht allein bei ihrem Werk, Gott war mit ihnen. Nicht sie maßten sich an, Glauben schaffen zu können; Gott schafft ihn, der die Seinen kennt und keinen von ihnen verliert. Darum vermochten sie für den Erfolg, der ihnen zugemessen war, Gott zu danken und ihn zu preisen.

13,49: *Es wurde aber das Wort des Herrn durch die ganze Gegend verbreitet.* Von Mund zu Mund ging die Botschaft vom neuen Gottesdienst durch die Dörfer; so breitete sich von der Stadt her das Evangelium aus und wurde schon damals die Aufmerksamkeit vieler darauf gelenkt.

Die Judenschaft war aber damit nicht zufrieden, daß Paulus aus der Synagoge vertrieben war, solange er in der Stadt blieb und hier eine Gemeinde sammelte. 13,50: *Die Juden aber hetzten die vornehmen, Gott verehrenden Frauen und die Ersten der Stadt auf und erregten eine Verfolgung gegen Paulus und Barnabas und trieben sie aus ihrem Gebiet fort.* Wir erhalten wieder nur eine sparsame Mitteilung über die Leiden der Apostel; Lukas hütet sich, mit ihnen zu prunken, ebenso wie Paulus selbst dies gänzlich vermied. Daher hören wir nicht, worin diese Verfolgung bestand. Schwerlich verlief die Sache so, daß die städtischen Beamten den Juden heimlich die Zusicherung gaben, sie würden einen Auflauf nicht hindern und es ungestraft zulassen, daß sie die Apostel gewaltsam fortschafften; die Beamten werden vielmehr selbst eingegriffen, die Apostel als Störer der Ruhe und Ordnung bestraft und hernach aus der Stadt verwiesen haben. Den Korinthern schrieb Paulus später; er sei von den Gerichtsdienern römischer Beamter dreimal mit Ruten geschlagen worden, auch sei er oft im Gefängnis gewesen (2. Kor. 11,25). Von diesen dreimaligen Bestrafungen und oftmaligen Verhaftungen erzählt uns Lukas nur die eine, die Paulus in Philippi erlitt. Da Antiochia nach römischen Satzungen verwaltet wurde, bestand wahrscheinlich die „Verfolgung“, die mit der Verweisung des Paulus und Barnabas aus der Stadt endete, in einer solchen Bestrafung durch die Stadtobrigkeit.

13,51: *Sie aber schüttelten den Staub ihrer Füße von sich ab auf sie und gingen nach Ikonium.* Die Apostel verließen Antiochia im Andenken an das Wort, das Jesus über die Schuld einer Stadt gesprochen hat, die seine Boten hinausstoße (Matth. 10,14.15). Sie nehmen nicht einmal den Staub der Stadt mit sich, zum Zeichen, daß sie los und ledig von Schuld die Gemeinschaft mit der Stadt abbrachen, die sich selbst gegen das Evangelium verschloß.

Die Juden meinten, wenn die Apostel fort seien, höre das Christentum in der Stadt auf. Sie kannten die Kraft des Evangeliums noch nicht. 13,52: *Und die Jünger wurden mit Freude und heiligem Geist erfüllt.* Was Lukas von der ersten Gemeinde in Jerusalem berichtet hat, daß sie eine im Lob Gottes frohlockende Schar war, wiederholte sich hier; auch diese weit von jeder anderen Gemeinde entfernten Christen, denen die Apostel nur einige Wochen selbst zu dienen vermocht hatten und die es soeben mit angesehen hatten, wie ein wütender Haß ihnen schweres Leid antun durfte, blieben als eine von Grund ihres Herzens frohe Gemeinde zurück, fähig, sich ihren Glaubensstand selbständig zu erhalten, weil sie selbst das Wort und die Leitung Gottes durch seinen Geist empfingen.

An die Heimkehr dachten die Apostel noch nicht, sondern zogen in östlicher Richtung nach Ikonium. Dort ging es ähnlich zu wie in Antiochia. 14,1-7: *Es geschah aber, daß sie in Ikonium in derselben Weise in die Versammlung der Juden gingen und so redeten, daß von den Juden und den Griechen eine große Schar zum Glauben kam. Aber diejenigen Juden, die ungehorsam blieben, erregten und erbitterten die Seelen der Heiden gegen die Brüder. Sie blieben nun lange Zeit und bekannten sich öffentlich zum Herrn, der für das Wort seiner Gnade Zeugnis gab, da er ihnen gewährte, daß Zeichen und Wunder durch ihre Hände geschahen. Aber die Menge in der Stadt war geteilt, und die einen hielten es mit den Juden, die anderen aber mit den Aposteln. Als es aber bei den Heiden und den Juden samt ihren Obersten zum Entschluß kam, sie zu mißhandeln und zu steinigen, flohen sie, da sie es erfuhren, in die Städte von Lykaonien, Lystra und Derbe und in ihre Nachbarschaft, und dort verkündigten sie die gute Botschaft.* Zuerst bot die Synagoge Paulus die Gelegenheit zur wirksamen Predigt, so daß auch hier eine christliche Gemeinde entstand. Aber der Teil der Judenschaft, der bei der alten Weise blieb, versuchte mit allen Mitteln das Entstehen der Gemeinde zu verhindern und hetzte die heidnische Bevölkerung gegen die Christen auf. Doch konnten sich die Apostel trotz der jüdischen Verleumdungen lange Zeit in der Stadt halten, ohne daß sie ihren Aufenthalt durch Verborgenheit und Schweigen erkaufen mußten; vielmehr verkündigten sie Christus öffentlich und freudig, unterstützt durch die Zeichen, die den Haß hemmten und, wenn auch nicht immer Glauben, so doch Scheu und Verwunderung erregten. Da aber die Stadt in zwei Parteien zerspalten war, mußte es schließlich zu einer gewaltsamen Lösung der Spannung kommen. Juden und Heiden hatten sich von der Stadtobrigkeit die Ermächtigung verschafft, die Apostel zu überfallen und zu steinigen. Diese hörten von dem Anschlag und trotzten der Gefahr nicht, sondern sorgten für ihr Leben durch die Flucht. Dabei überschritten sie in südlicher Richtung die Grenzen des früheren Phrygien und kamen in das Gebiet der Lykaonier. Die Städte, in denen sie hier wirkten, Lystra und Derbe, nennt Lukas zusammen; er wird damit andeuten, daß sich die Missionsarbeit in beiden Städten miteinander verband.

Im Bericht über Antiochia war uns das Wort geschrieben, durch das Paulus die Gemeinde gründete; im Bericht über Lystra erzählt Lukas eines der Zeichen, durch die das Wort unterstützt wurde. Er heißt uns dabei die große Verschiedenheit in den Erlebnissen des Paulus bedenken: Jetzt wird er wie ein Gott geehrt, dann als Verbrecher geschändet; er aber ertrug beides, ohne daß es ihm zur Versuchung wurde. Das Übermaß des Danks und der Verehrung, das sich an ihn hing, als wäre er mehr als nur der Bote und Knecht Gottes, wies er ab; ebenso läßt er sich steinigen mit unerschütterlicher Geduld.

14,8-10: *Und ein Mann in Lystra, der keine Kraft in den Füßen hatte, saß da, lahm vom Schoß seiner Mutter her, der niemals zu gehen vermocht hatte. Dieser hörte Paulus reden. Er schaute ihn an und sah, daß er Glauben hatte, daß ihm geholfen werde, und sprach mit lauter Stimme: Stehe aufrecht auf deine Füße! Und er sprang auf und ging herum.* Paulus sah kraft seines erleuchteten Blicks, daß die Bezeugung Gottes und seiner Gnade den Lahmen ergriff, sein

Auge aufwärts und sein Vertrauen auf Gott lenkte, so daß er zu ihm als dem Retter, der in vollkommener Macht und Gnade hilft, aufsah. Das gab dem Apostel die innere Ermächtigung, dem Lahmen laut, so daß dieser selbst und alle Anwesenden über das, was geschah, nicht im Zweifel waren, zu befehlen aufzustehen, und Gott fügte zu diesem Wort die Erfüllung hinzu. Es ist ein ähnliches Erlebnis, wie es Petrus am Tempeltor widerfuhr (3,1 ff.). Lukas hat die Gleichartigkeit der Zeichen, die Petrus und Paulus gewährt wurden, sichtlich mit Absicht dargestellt; Petrus und Paulus heilen einen Lahmen, beide werden wunderbar aus dem Gefängnis befreit (4,19; 12,6 ff.; 16,25 ff.), beider Gebet erweist sich an Verstorbenen als mächtig (9,36 ff.; 20,9 ff.), beiden wird eine wunderbare Strafmacht gegen die Magier, die sich am Evangelium versündigen, gegeben (8,9 ff.; 13,6 ff.), und beide erleben, daß sich durch die Auflegung ihrer Hände die Wirkungen des heiligen Geistes zeigen (5,12 ff.; 19,11 f.). Lukas hat es für eine wichtige Sache gehalten, daß unter Juden wie Heiden, bei Petrus wie bei Paulus, derselbe Gott mit derselben Macht das Wort seiner Boten verherrlichte. Weder den einen noch den anderen Teil der Kirche hat der Herr zurückgesetzt, sondern beide mit derselben Macht und Gnade zur einigen Gemeinde vereint.

14,11-13: *Und die Menge, die sah, was Paulus getan hatte, erhob ihre Stimme und sagte auf lykaonisch: Die Götter haben sich Menschen ähnlich gemacht und sind zu uns herabgekommen. Und sie nannten Barnabas Zeus, Paulus aber Hermes, weil er in der Rede der erste war. Und der Priester des Zeus vor der Stadt brachte Stiere und Kränze an die Tore und wollte mit der Menge opfern.* Wie im Tempel Jerusalems, so erregte auch in Lystra die Heilung des jedermann bekannten Lahmen großes Aufsehen; doch war hier der Ausgang der Sache ein anderer als dort. Der Jude kannte den, der allein in seiner Schöpfergröße Wunder tut; man konnte sein Auge leicht vom Menschen weg zum Allmächtigen Gott emporheben. Der Blick der Heiden blieb in staunender Ehrfurcht an den Aposteln hängen, die sich im Besitz einer Macht erwiesen, die über alles menschliche Vermögen ging. Man erzählte gerade in diesen Gegenden allerlei Geschichten, wie die Götter nicht nur in Gesichten und Träumen, sondern auch in Menschengestalt erschienen; auf diese Weise deuteten sich die Leute in Lystra die Macht der Apostel, als seien sie in menschliche Gestalt versteckte Götter: Paulus, der das Wort führte, der redekundige Götterbote Hermes, Barnabas, dessen Arbeit weniger sichtbar hervortrat, der höchste Beherrscher der Götter, Zeus. Vor dem Tor der Stadt lag ein Tempel, der dem höchsten Gott des Landes, der damals in diesen Gegenden überall mit dem griechischen Namen Zeus bezeichnet wurde, geweiht war. Sein Priester ging auf den Gedanken, die Götter selbst seien in der Stadt, eifrig ein und rüstete zu ihren Ehren ein feierliches Opfer. Der Vorgang zeigt, wie stumpf die Auffassungskraft dieser Heiden war. Zwar hat Paulus alle harten, erniedrigenden Worte über die Götzen und den Götzendienst vermieden; dennoch mußte jedermann verstehen, daß er den heidnischen Göttern und der ihnen dargebrachten religiösen Verehrung widersprach. Die Heiden waren aber gewöhnt, in ihrer Religion nicht nach Wahrheit zu fragen, sondern mit trüber Träumerei auch Unvereinbares zu vermengen. Vielleicht war bei der Priesterschaft auch die Erwägung wirksam, die Bewegung, die Paulus hervorrief, lasse sich so für das Heiligtum unschädlich, vielleicht sogar für den eigenen Tempel und seinen Ruf nützlich machen.

In dieser Lage mußten die Apostel der Vermengung des Evangeliums mit dem Heidentum deutlich widersprechen und die Grenze sichtbar machen, die zwischen ihrem Auftrag und dem alten Götzendienst bestand. 14,14-18: *Als es aber die Apostel Barnabas und Paulus hörten, zerrissen sie ihre Kleider und sprangen heraus unter die Menge, riefen und sagten: Männer, warum macht ihr dies? Auch wir sind Menschen von derselben Art wie ihr* (Jak. 5,17) *und verkündigen euch die gute Botschaft, daß ihr euch von diesen nichtigen Dingen zum lebendigen Gott bekehren könnt* (1. Thess. 1,9), *der den Himmel und die Erde und das Meer und alles, was in ihnen ist, gemacht hat, der in den vergangenen Geschlechtern alle Völker auf ihren Wegen gehen ließ, wenn er auch nicht zuließ, daß er keinen Zeugen habe, da er wohltat und euch vom Himmel her Regen und fruchtbare Zeiten gab und eure Herzen mit Speise und Freude füllte* (Matth. 5,45). *Und als sie dies sagten, beschwichtigten sie mit Mühe die Menge, daß sie ihnen nicht opferten.* Mit zerrissenen Gewändern, also mit dem öffentlichen Zeichen des Jammers und des Erschrekkens eilten die Apostel unter die zum Opfern bereite Schar; sie halten ihr vor, daß sie weder für sich Anbetung begehren noch den Dienst ihrer alten Götter fortsetzen wollen. Sie rufen sie vielmehr von diesen weg zum lebendigen Gott. Was das heißt „Der lebendige Gott“, macht Paulus den Versammelten zuerst an Gottes Schöpfermacht deutlich. Dieser Gott hat den ganzen Weltbau in all seiner Größe und Herrlichkeit mit allem Leben, das er umfaßt, gemacht; neben ihm verschwinden die heidnischen Götter als Nichtigkeiten. Was es aber bedeutet, daß jetzt als eine gute Botschaft der Ruf an sie ergeht, sich zum lebendigen Gott zu bekehren, das erläutert er ihnen durch einen Rückblick auf die Vergangenheit. Bisher hat Gott ihnen kein Wort gegeben, das von ihm zeugte, kein Zeichen, das ihnen seine Gegenwart offenbar machte; sie sahen seine Regierung nicht und hatten keinen Zugang zu ihm. Eine traurige Freiheit war ihnen gelassen, über Gott zu meinen, was sie wollten, und sich eine Religion zu machen, die ihnen gefiel. Daher entstanden all die Nichtigkeiten, denen bisher ihre Verehrung galt. Doch was den vergangenen Geschlechtern nicht geschenkt war, erleben sie jetzt, da sie die Berufung zum lebendigen Gott empfangen.

Die Aussage über die Gottverlassenheit, in der sich die Heiden bisher befanden, bedarf freilich einer Einschränkung. Sie lebten doch nicht in vollständiger Nacht, als hätte es für sie keinen Zeugen gegeben, der zu ihnen von der Macht und Güte Gottes redete. Gott überließ zwar die Völker ihren Träumen und Sünden; aber er zog deshalb seine Hand nicht von ihnen ab; auch sie empfingen durch seine Regierung beständig ein Zeugnis, das ihnen seine Gegenwart und seinen Willen erkennbar machte. Das Mittel, wodurch sich Gott selbst kundtut und den Blick auf sich lenkt, ist sein Wohltun. Von seiner Güte lebt auch der Heide; er erhält durch sie ein Zeugnis, an dem er Gottes gewiß zu werden vermag. Das Wohltun Gottes erfuhren die Leute in Lystra darin, daß Himmel und Erde ihnen ihren Dienst in der Darbietung der Lebensmittel taten und dies so, daß sich nicht nur ihre leibliche Kraft dadurch erhielt, sondern auch ihr Herz froh wurde; sie mußten nicht geplagt und armselig ihr Leben führen, sondern besaßen im Glück und in der Lust am Leben ein Gut, das ihnen die Güte dessen offenbarte, der es ihnen gab. Daraus soll ihnen vollends der Eifer und die Lust erwachsen, sich zum lebendigen Gott zu bekehren, dessen Zeichen und Offenbarung sein Wohltun ist. Damit ist ihnen zugleich verwehrt, ihr Heidentum zu entschuldigen. Freilich lebten sie dahin, geschieden von Gott und ohne göttliche Leitung; jedoch kam immer von Gott her alles, was sie Gutes hatten. Darum müssen sie sich anklagen, daß sie sich in eitle Gedanken und in Wahn verirrten. Vollends müßten sie sich jetzt beschuldigen, wenn sie darin beharrten und nicht hinter sich ließen, was nichtig war. So wurde es ihnen deutlich, daß alles, was Paulus ihnen sagte und unter ihnen tat, darauf hinzielte, ihrer alten Religion ein Ende zu machen, und sie mußten, obgleich sie es ungern taten, ihr Opfer unvollendet lassen. Es war nicht möglich, Menschen als Götter zu verehren, die mit aller Kraft dem Namen und Dienst der Götter ein Ende zu machen bemüht waren. Von nun an wußte die Priesterschaft der Stadt, daß sich der Glaube an Christus nicht mit ihrem Tun verbinden ließ.

Die Vertreibung des Paulus ging aber nicht von den heidnischen Priestern, sondern von der Judenschaft in Ikonium und Antiochia aus. 14,19: *Es kamen aber aus Antiochia und Ikonium Juden herbei und beredeten die Menge, und sie steinigten Paulus* (2. Kor. 11,25) *und schleppten ihn zur Stadt hinaus, da sie meinten, er sei tot.* Den Juden war die Nähe des Paulus unerträglich; denn, solange er am Leben und an der Arbeit war, lösten sich auch die von ihm begründeten Gemeinden nicht auf. Daran lag es ihnen aber, daß diese nach ihrer Meinung schädliche Nachahmung und Verkehrung der jüdischen Gemeinde wieder zerstört werde. Half seine Vertreibung aus den ersten Städten nicht, so mußte es doch endlich gelingen, ihn umzubringen. Sie kamen deshalb nach Lystra, stellten den Heiden vor, daß die Predigt des Paulus ihrem Gottesdienst das Ende bringe, und erreichten, daß ein Volkshaufe Paulus überfiel und steinigte. Als sie meinten, er sei tot, ließen sie die Leiche vor dem Tore liegen; da mochten sie die Christen holen und beerdigen. Sie kamen auch, jedenfalls tief erschüttert. 14,20: *Als ihn aber die Jünger umringten, stand er auf und ging in die Stadt hinein. Und am folgenden Tag ging er mit Barnabas fort nach Derbe.* Wie schlicht hat uns Lukas dies erzählt, obgleich es eine Stunde war, die das Herz aller Beteiligten mächtig bewegte, aus heißem Schmerz hinauf zu überströmendem Dank! Paulus hat an das, was er in diesen Städten erlitt, zeitlebens mit lebhafter Erinnerung gedacht, und auch Timotheus blieben diese Erfahrungen unvergeßlich (vgl. 2. Tim. 3,11; 2. Kor. 11,25). Mit dieser Rettung war seine Arbeit in Lystra zunächst beschlossen. Er hatte dort ausgeharrt bis zur Preisgabe seines Lebens. Nun zog er nach Derbe hinüber.

14,21: *Und sie sagten jener Stadt die gute Botschaft und machten viele zu Jüngern. Dann kehrten sie nach Lystra und nach Ikonium und nach Antiochia zurück.* Nachdem die Gemeinde in Derbe begründet war, kehrten Paulus und Barnabas um; denn sie befanden sich in Derbe dicht an der Grenze der Provinz und zugleich des römischen Reichs. Die östlich sich anschließenden Gegenden standen unter der Herrschaft eines eigenen, freilich dem Kaiser unterworfenen Königs, Antiochus IV. von Kommagene. Paulus ließ bei seiner Arbeit die durch den Staat geschaffenen Verbände und Grenzen nicht unbeachtet, da dadurch auch den Gemeinden der Verkehr untereinander erleichtert wurde. Vielleicht leitete ihn, als er die Grenze von Kommagene nicht überschritt, auch der Gedanke an den größeren Rechtsschutz, den die römische Ordnung ihm gewährte.

Zunächst zog es die Apostel wieder zu den bereits begründeten Gemeinden. 14,22: *Sie stärkten die Seelen der Brüder und mahnten, daß sie im Glauben bleiben und daß wir durch viele Nöte zur Herrschaft Gottes gelangen müssen* (1. Thess. 3,4). Paulus erwartete vor dem Anbruch des Reiches Gottes für die Christenheit noch einen schweren Kampf; er machte deshalb die Gemeinden willig, Jesu wegen alles zu leiden. 14,23: *Und sie wählten ihnen für jede Gemeinde Älteste* (Tit. 1,5), *beteten mit Fasten und übergaben sie dem Herrn, an den sie gläubig geworden waren* (20,32). Damit die Gemeinden sich erhalten und wachsen, gaben ihnen die Apostel einen Vorstand. Sie wählten Männer aus ihrer Mitte aus und übergaben ihnen die Arbeit, die sie bisher getan hatten, die Verwaltung des Worts und die brüderliche Beratung aller in allen Anliegen des Christenwandels. Die Apostel vereinigten sich noch mit den Gemeinden in gemeinsamen Gebet; sie richteten, da sie selbst sie nicht mehr pflegen konnten, ihre Zuversicht auf den Herrn, der sich selbst als Leiter und Pfleger aller derer annimmt, die auf ihn ihren Glauben gestellt haben. 14,24-26: *Und sie zogen durch Pisidien durch und kamen nach Pamphylien und sagten in Perge das Wort und gingen hinab nach Attalia, nun von dort fuhren sie mit dem Schiff weg nach Antiochia, von wo sie der Gnade des Herrn übergeben waren für das Werk, das sie vollbracht hatten.* Damit ist ausgesprochen, was die Apostel zur Rückkehr nach Antiochia bewog. Sie brachten der Gemeinde, die sie ausgesandt hatte, die Nachricht, daß ihr Gebet erhört und ihre Sendung fruchtbar geworden war. 14,27. 28: *Als sie aber ankamen und die Gemeinde versammelt hatten, berichteten sie, was Gott mit ihnen getan hatte und daß er den Heiden die Tür des Glaubens geöffnet hatte. Sie verweilten aber eine längere Zeit bei den Jüngern.* Die große Gewißheit, die Paulus und Barnabas aus dieser Reise für sich und die ganze Christenheit erworben hatten, war, daß Gott den Heiden den Glauben gewährt. Sie hatten gesehen, daß der Heide durch das Evangelium Gott mit Glauben zu erfassen vermochte; der Glaube ist aber eine „Tür", der Eingang in die Gnade Gottes und in die Verbundenheit mit ihm. Nur Gott selbst schließt diese Tür auf; daß er dies tat, darin erkannte Paulus die große Wendung, die sich jetzt in den Wegen Gottes mit der Menschheit vollzog.

Kapitel 15,1-33

Die Bestätigung der Freiheit der Heidenchristen vom Gesetz durch die Apostel in Jerusalem

Von der Arbeit, die Barnabas und Paulus in Kleinasien vollbracht hatten, ging eine starke Rückwirkung auf die Kirche von Antiochia und Jerusalem aus. Jetzt bekam für diese die Frage, was das alttestamentliche Gesetz noch für die Christenheit bedeute, erst ihren ganzen Ernst, und nun erhielt sie auch ihre Lösung. Die vorangehenden Erzählungen haben uns sichtbar gemacht, warum diese Frage erst jetzt, jetzt aber unabweislich kam; wir sahen schon in den kleinasiatischen Orten, wie heftig die Judenschaft sich gegen eine Botschaft erbitterte, die auch den Heiden die Gnade Gottes brachte. Sowie Paulus zu den Heiden ging, wurde ihm die Arbeit unter der Judenschaft unmöglich, da der Jude den für die Heiden erschienenen Christus nicht mehr als den anerkannte, auf den er warte und dessen Verheißung ihm gehöre. Da aber die Judenschaft eine eng verbundene Gesamtheit bildete, wurde, was in Kleinasien und Antiochia geschah, auch in Jerusalem bekannt und wirksam. Den Christen Judäas wurde durch die Sammlung einer beträchtlichen Heidenkirche die Gemeinschaft mit ihrem Volk erschwert. Die Judenchristen, die mit den Heidenchristen in kirchlicher Gemeinschaft standen, waren nach dem Urteil der Juden als abtrünnig gerichtet; dadurch sei klar bewiesen, daß das Wort Jesu vom Gesetz wegführe und der Schrift widerspreche. Es führte ja die Heiden nicht zum Gesetz, und die gläubigen Juden ertrugen dies und hielten mit den Heidenchristen Gemeinschaft, als läge am Gesetz Gottes nichts.

Es gab auch in der Christenheit Judäas Männer, denen das Gesetz mehr als Christus galt und die deshalb den Versuch machten, die heidenchristlichen Gemeinden zum Gesetz hinüberzuziehen. 15,1: *Und es kamen einige aus Judäa herab und lehrten die Brüder: Wenn ihr nicht nach der Sitte Moses beschnitten werdet, könnt ihr nicht errettet werden.* Die Judenchristen forderten die Beschneidung von allen Gläubigen nicht nur der Juden wegen, damit deren Groll und Anstoß beschwichtigt werde, auch nicht nur ihrer selbst wegen, damit ihr Verhältnis zu ihren Volksangehörigen nicht verbittert werde, sondern zuerst des göttlichen Gesetzes wegen. Sie hielten es für unmöglich, daß das Gesetz Gottes, das so ewig sei wie Gott selbst, ein Ende haben könnte und es auf andere Weise Seligkeit gebe als durch die Erfüllung des göttlichen Gebots. Deshalb bemühten sie sich eifrig, die griechischen Christen davon zu überzeugen, daß sie ihrer Seligkeit wegen, damit ihr Glaube an Christus nicht vergeblich sei, die Beobachtung des Gesetzes übernehmen müßten. Sie versuchten dies mit gutem Bedacht gerade in der Gemeinde von Antiochia, die der Sitz der Mission unter den Heiden war. Wenn die antiochenischen Christen insgesamt willig waren, sich beschneiden zu lassen, konnte es nicht mehr schwierig sein, die Gemeinden in Syrien, Cicilien, Cypern und Kleinasien zu bewegen, sich dem Beispiel der älteren und größeren Gemeinden anzuschließen.

Das gab in Antiochia ernste Tage. 15,2: *Als es aber nicht geringen Streit und Erörterungen für Paulus und Barnabas mit ihnen gab, ordneten sie an, daß Paulus und Barnabas und einige andere von ihnen wegen dieser Streitfrage zu den Aposteln und Ältesten nach Jerusalem hinaufziehen sollten.* Barnabas und Paulus ließen, was die Judenchristen aus Judäa forderten, nicht zu. Hätten die Heidenchristen das alttestamentliche Gesetz übernehmen müssen, so hätte dies das Ende ihrer Gemeinden und den Verlust des Evangeliums bedeutet. Sie waren mit den Christen aus Judäa darin einverstanden, daß das alttestamentliche Gesetz das Wort Gottes an Israel sei und Gottes heiligen Willen kundtue; sie leugneten aber, daß es dazu gegeben sei, um den Menschen in die Gnade Gottes zu versetzen; diese sei in Jesus erschienen, und sein Heilandswerk sei nicht an das Gesetz gebunden, sondern es umfasse alle, die an ihn glauben; wer aber zum Glauben an Christus noch die Erfüllung des Gesetzes füge, um sich die Gnade Gottes zu verschaffen, habe sich vom Glauben abgewandt und Christus von sich gestoßen, als sei er nicht imstande, die an ihn Glaubenden zur Gerechtigkeit und ins Leben zu führen. Man hatte also in der Gemeinde zwei Parteien, zwischen denen keine Versöhnung möglich war. Bei diesem Kampf ließ sich die Gemeinde Antiochias nicht von Paulus trennen, so daß hier der Versuch der Christen aus Judäa mißlang. Diese beriefen sich aber auf die Apostel in Jerusalem, weil dort niemand die Ordnungen des Gesetzes übertrat, und erklärten, nur die Apostel in Jerusalem, nicht aber Paulus, seien die rechten Zeugen für das Wort und den Willen Jesu. Darum beschloß die Gemeinde in Antiochia, die Apostel in Jerusalem ausdrücklich darüber zu fragen, ob auch sie die aus dem Heidentum kommenden Gläubigen an das Gesetz binden. So erhielten Barnabas und Paulus nebst einigen anderen Christen Antiochias den Auftrag, nach Jerusalem zu gehen und eine Antwort der Apostel auf die Frage zu holen, ob die aus den Heiden Bekehrten ohne das alttestamentliche Gesetz selig würden oder ob auch sie sich an das Gesetz halten müßten.

Paulus hat in Gal. 2,1-10 lebhaft ausgesprochen, daß dieser Beschluß für ihn eine Demütigung war. Es war ihm nicht gelungen, schon in Antiochia durch sein eigenes Wort der Wahrheit des Evangeliums vollständig zum Sieg zu helfen; es wurde notwendig, daß er vor dem höheren Ansehen des Petrus und Jakobus zurücktrat und die Entscheidung in ihre Hände legte. Er beugte sich aber im Blick auf sein großes Werk, um nicht vergeblich gelaufen zu sein oder künftig vergeblich zu laufen, und ließ sich den Schein gefallen, als sei durch sein Zeugnis Jesu Wille noch nicht kundgetan und sein Wort einer Bestätigung durch Petrus und Jakobus bedürftig. Dabei gab ihm nach Gal. 2,2 eine Offenbarung die Gewißheit, daß dieser Weg, obgleich er ihm für jetzt eine Demütigung brachte, doch dem Willen des Herrn gemäß sei und zum guten Ziele führe. Paulus zog darum nicht mit Furcht und Sorge nach Jerusalem, sondern in der freudigen Gewißheit, daß diese Wendung der Dinge das Werk Jesu fördern wird.

15,3: *Nun wurden sie von der Gemeinde ausgesandt und durchzogen Phönizien und Samarien und erzählten die Bekehrung der Heiden und bereiteten allen Brüdern eine große Freude.* Die Apostel schlugen den Landweg nach Jerusalem ein, reisten also durch die phönizischen Städte. Da in ihnen schon Gemeinden bestanden, benützten sie die Gelegenheit, um von den in Cypern und Kleinasien begründeten Gemeinden zu berichten. Daß der Herr den Heiden Bekehrung verlieh, war, eben weil es ein Werk des Herrn war, für alle ein großes Erlebnis; es stärkte ihren eigenen Glaubensstand und gab ihnen für ihr Verhältnis zu ihrer eigenen Umgebung neue Weisung. Darum zogen die Apostel auch von Cäsarea nicht sofort nach Jerusalem hinaus, sondern gingen zuerst noch nach Samarien hinein, wahrscheinlich zur größten Samaritergemeinde, zu der von Sichem. Ihre Absicht auf dieser ganzen Reise war, die Verbundenheit der Gemeinden untereinander zu stärken und ihnen anschaulich zu machen, daß jede von ihnen nicht nur ihre Glieder unter sich zu einer innigen Gemeinschaft zu verbinden hat, sondern daß jede auch in die Gesamtheit der Gläubigen eingegliedert ist, die zusammen die eine Kirche des Christus und das Haus Gottes bildet. Dieser von Gemeinde zu Gemeinde übergreifende Zusammenhang war damals noch nicht in Einrichtungen und Ämtern ausgeprägt; er gewann vielmehr Gestalt durch die zahlreichen persönlichen Berührungen, die namentlich die Reisen der Apostel von Gemeinde zu Gemeinde herstellten.

15,4: *Als sie aber in Jerusalem ankamen, wurden sie von der Gemeinde und den Aposteln und Ältesten aufgenommen und berichteten, was Gott mit ihnen getan hatte.* In seiner Erzählung Gal. 2

hat Paulus gesagt, daß es ihm vor allem an einer ausdrücklichen Erklärung der ersten Apostel über die Heidenchristen lag. Mit einer Äußerung der Gemeinde, bei der nicht deutlich wurde, was die Meinung des Jakobus, Petrus und Johannes war, wäre der Streit nicht zum Abschluß gekommen. Darum hat auch Lukas nachdrücklich bezeugt, wie Petrus und Jakobus in dieser Streitfrage urteilten. Doch war auch die Haltung der Gemeinde in dieser Sache nicht unwichtig. Das Wichtigste war freilich, daß die Apostel in ihrer Missionsarbeit einträchtig handelten; aber wichtig war auch, daß die Gemeinde Jerusalems mit der übrigen Christenheit in unverletzter Einheit verbunden blieb.

Als die Apostel aus Antiochia über ihr Werk unter den Heiden Bericht erstatteten, von der Forderung der Judenchristen sprachen und die Anfrage der antiochenischen Gemeinde vortrugen, zeigte es sich, daß auch unter den Brüdern Jerusalems manche diese Forderungen vertraten. 15,5: *Es standen aber einige von denen auf, die zur Partei der Pharisäer gehörten und gläubig geworden waren, und sagten: Man muß sie beschneiden und ihnen gebieten, das Gesetz Moses zu halten.* Es waren die früheren Parteigenossen des Paulus, an Jesus gläubig gewordene Pharisäer, die, wie sie früher mit ganzem Herzen auf die Erfüllung des Gesetzes bedacht waren, auch jetzt noch ein Unrecht darin sahen, wenn in der Gemeinde Gottes eine andere Ordnung gelte als die durch Mose geoffenbarte. So wurde es nicht nur wegen der auswärtigen Gemeinden, sondern auch wegen der Brüder in Jerusalem nötig, daß eine Versammlung angesetzt wurde, in der über die Frage eine deutliche Entscheidung herbeigeführt werden sollte.

15,6: *Und es versammelten sich die Apostel und die Ältesten,* um dieses Wort zu erwägen. Es war ein hochwichtiges Ereignis, als auf der einen Seite die Hauptapostel der jüdischen Kirche, auf der anderen die Führer der griechischen Missionskirche zusammentraten und um sie her alle die Männer, die seit den Tagen Jesu das Evangelium bewahrt, bezeugt und im Kampf mit dem Unglauben Israels dafür gelitten hatten. Nun waren sie dazu vereinigt, um in einer der wichtigsten Fragen der Kirche zu erkennen und auszusprechen, was der Wille Gottes und das Urteil Jesu sei. Man hieß nicht ohne Grund diese Versammlung das „erste Konzil"; allerdings unterschieden sich die späteren Synoden dadurch von ihr, daß auf ihnen Amtsträger nach gültigem Kirchengesetz ihr Urteil durch Abstimmung zum Ausdruck brachten, während die Versammlung in Jerusalem mit der Bitte und der Gewißheit zusammentrat, daß Gott durch sie ans Licht bringe, was der rechte Gebrauch seines Evangeliums sei; die Entscheidung war also nicht auf menschliches Amt, Recht und Stimmenzahl gestellt. Weil aber hiezu eine geordnete Verhandlung als Mittel gedient hat, ist sie für die späteren Synoden ein Vorbild geworden und hat mit dazu beigetragen, daß die Kirche die Entscheidungen für ihre Anliegen durch Synoden gesucht hat und sucht.

15,7a: *Als aber eine lange Erörterung stattgefunden hatte, stand Petrus auf und sagte zu ihnen.* Zuerst wurde der Streitpunkt erörtert und Grund und Gegengrund klar ins Licht gestellt. Nachdem jedermann sah, was auf beiden Seiten für die hier und dort befolgte Praxis gesagt wurde, fiel die Entscheidung nicht durch Abstimmung, sondern durch das Wort der Apostel, die in der Gewißheit sprachen, daß sie als die berufenen Zeugen des Herrn seinen Willen auch jetzt kundzutun imstande seien.

15,7b: *Ihr Männer und Brüder, ihr selbst wißt: Gott hat von den ersten Tagen an bei euch erwählt, daß die Heiden durch meinen Mund das Wort der guten Botschaft hören und zum Glauben kommen* (Kap. 10). Es bedarf zur Entscheidung der Frage keiner neuen Offenbarung Gottes, sondern der Bewahrung dessen, was der Gemeinde schon früher durch die göttliche Regierung gezeigt worden ist. Nicht erst jetzt, sondern schon in der ersten Zeit der Gemeinde, nicht in der Ferne, sondern in ihr selbst hat Gott entschieden, daß die Heiden nicht etwa nur durch später berufene Boten wie Paulus, sondern durch ihn, Petrus, auf den der Herr seine Gemeinde als auf den Felsen baut, die Berufung zu Christus erhalten sollten; und diese sollte für sie nicht Mehrung der Schuld und Verkündigung des Gerichts bedeuten, sondern sie zum Hören und zum Glauben führen. Nicht menschlichen Meinungen, Schlüssen und Lehren überließ Petrus die Entscheidung der Frage, die jetzt zum Abschluß kommen mußte; die Tat Gottes allein konnte offenbar machen, wem sich die Gnade Gottes gibt. Nach dem, was Petrus im Haus des Kornelius erlebt hatte, konnte er nicht daran zweifeln, daß Gottes erwählende

Gnade auch den Heiden gilt. 15,8: *Und Gott, der die Herzen kennt, gab für sie Zeugnis, da er ihnen den heiligen Geist gab wie auch uns.* Das Zeugnis Gottes läßt keine Widerrede zu; legt es doch der ab, vor dem das Inwendige des Menschen völlig enthüllt ist. Petrus urteilt wieder wie in Cäsarea: Wo der Geist Gottes ist, wer kann da das Wasser versagen? Nur daß es sich jetzt nicht nur um die Taufe handelt, sondern um das Bürgerrecht der Heiden in der Gemeinde, um ihren Anteil an Christus, an der Kirche und am Himmelreich. Aber hier wie dort sieht Petrus in der Gabe des Geistes die ganze Gnade Gottes mit eingeschlossen, da sie das Höchste ist, was Gott in ein Menschenherz legen kann. Ist der Mensch durch den Geist Gottes gestaltet und bewegt, dann ist er mit Gott verbunden, mit Christus vereint, in seine Vergebung, Erlösung und Heiligung hineingenommen und seines Reiches Bürger. 15,9: *Und er machte keinen Unterschied zwischen uns und ihnen, weil er durch den Glauben ihre Herzen reinigte* (Röm. 3,23; 10,12). Gott gab denen, die das Gesetz nicht hatten, dasselbe wie denen, die es haben und beobachten. Allerdings ist der Heide unrein und bedarf einer Reinigung, damit er Gott gefalle und in seinem Reich ewig lebe. Diese Reinigung hat Gott aber an seinem Herzen vollzogen, und dort von Gott gereinigt zu werden ist das, was wirkliche Reinigung schafft. Darum bedarf der Heide der äußerlichen Reinigung nach der Weise des Gesetzes nicht mehr. Diese Reinigung des Herzens, die sie Gott wohlgefällig macht, haben die Heiden damit empfangen, daß Gott ihnen Glauben gab. Denn dies, daß wir durch den Glauben für Jesu Wort offen sind, es in uns tragen und so mit ihm verbunden und ihm gehorsam sind, ist unsere Reinheit vor Gott.

15,10.11: *Warum versucht ihr denn jetzt Gott damit, daß ihr ein Joch auf den Nacken der Jünger legt, das weder unsere Väter noch wir zu tragen die Kraft hatten? Vielmehr glauben wir, durch die Gnade des Herrn Jesus errettet zu werden, wie auch sie es in derselben Weise tun.* Wer den Heiden sagt, daß sie trotz ihres Glaubens an Jesus doch von Gott verworfen seien und außerhalb der Gnade Jesu ständen, bis sie das Gesetz beobachteten, würde Gott versuchen, wieviel menschlichen Widerspruch und Trotz er sich gefallen lasse. Dazu bewegt aber das Gesetz Gottes niemand; denn es will uns Gott gehorsam machen und wird übertreten, wenn es als Anlaß zum trotzigen Widerspruch gegen die Regierung Gottes dienen soll. Wer diese Forderung stellt, weiß nicht, was die Judenschaft damit, daß sie das Gesetz Gottes besitzt, erreicht hat. Sie hat keinen Ruhm am Gesetz gewonnen, sondern ist an ihm immer zu Fall gekommen. Daher haben auch Petrus und die Gemeinde Jerusalems ihren Heils- und Glaubensgrund nicht im Gesetz, als dessen Übertreter sie alle sich bekennen. Nicht durch die Treue, mit der sie einst das Gesetz hielten oder jetzt es halten, sondern durch die Gnade Jesu haben sie die Gewißheit, daß Gott ihnen seine ewige Gabe gewährt und sie zur erlösten Gemeinde zählt. Zwischen sich und den Heidenchristen einen Unterschied machen und einen anderen Grund des Heils aufrichten als die Gnade Jesu allein, das wäre für Petrus möglich geworden nur, wenn er alles vergessen hätte, was ihm Jesus einst, als er sein Jünger war, gezeigt hat und was in der Nacht, da Jesus verraten wurde, geschehen ist und was der Auferstandene ihm gewährt hat und was das Werk des Geistes in den Tausenden war, die zur Taufe kamen und durch sie im Glauben die Vergebung Gottes fanden.

Nun fiel die Entscheidung; wird jemand widersprechen? 15,12: *Aber die ganze Schar schwieg, und sie hörten Barnabas und Paulus an, die erzählten, was für Zeichen und Wunder Gott unter den Heiden durch sie getan hatte.* Keiner wagte zu sagen: „Israel hat das Gesetz Gottes erfüllt, sich zur Gerechtigkeit." Jeder Blick auf das Kreuz Jesu machte diesen Ruhm zunichte. Auch sagte keiner von sich: „Ich wenigstens habe an der Erfüllung des Gesetzes den Grund meiner Hoffnung auf Gottes Reich." Es stand in der Gemeinde Jesu fest: Durch die Gnade des Christus lebt, wer ins Leben kommt. Dagegen gab es keinen Widerspruch. Vom Ausgang der Verhandlung in Jerusalem hat Paulus Gal. 2,6 gesagt: „Sie haben mir nichts hinzugetan." Was dieses „nichts" in sich faßt, hat uns Lukas erläutert. Es kam in Jerusalem zur klaren Bezeugung, daß niemand, weder Jude noch Heide, anderswo den Grund und Inhalt seines Glaubens habe als in der Gnade Jesu allein.

Barnabas und Paulus nahmen nun das Wort und bestätigten, daß die Erfahrung, die Petrus gemacht hatte, in aller Deutlichkeit sich im Verlauf ihrer Missionsarbeit beständig wieder erneuerte. Auf die Zeichen beriefen sie sich, weil diese sichtbar machten, daß der

Herr mit seiner Gnade und Macht sie zu den Heiden begleitet und ihr Werk unter ihnen getragen hat.[1]

Die Verhandlung wäre aber unvollendet geblieben, wenn nicht auch Jakobus sein Urteil ausgesprochen hätte, da er im besonderen Sinn Haupt und Leiter der jüdischen Gläubigen war. 15,13-18: *Als sie schwiegen, antwortete Jakobus und sprach: Ihr Männer und Brüder, hört auf mich! Symeon hat dargetan, wie Gott zum ersten Mal darauf sah, aus den Heiden ein Volk für seinen Namen zu gewinnen. Und damit stimmen die Worte der Propheten überein wie geschrieben ist: Hernach werde ich mich wenden und die zerfallene Hütte Davids wieder aufbauen und was an ihr zerstört ist, werde ich wieder aufbauen und sie aufrichten, damit die, die von den Menschen übrig blieben, den Herrn suchen und alle Völker, über denen mein Name genannt worden ist, spricht der Herr, der dies kundmacht von altersher*[2] (Amos 9,11.12). Jakobus widersprach dem nicht, was Petrus über die Gnade Gottes für Juden und Heiden gesagt hatte, auch nicht dem, was Paulus und Barnabas über das offenkundige Wirken Jesu im Bereich der Heidenkirche bezeugt hatten; er fügt aber zu dem, was die anderen Apostel sagten, etwas hinzu, was die Frage zur vollen Klärung bringt. Er zeigt einmal auf die Übereinstimmung der getroffenen Entscheidung mit der Verheißung hin und bringt so das Gewissen der Juden zur Ruhe; denn es tritt ans Licht, daß das, was geschah, nach der Schrift geschah. Die Schrift hat den Neubau des Hauses Davids, durch den seine zerfallene Hütte wieder zu ihrer königlichen Herrlichkeit gelangt, nicht einzig im Blick auf Israel versprochen, sondern sie hat das Reich Gottes für alle Völker aufgetan, für alle, über die Gottes Name genannt ist. Dadurch bleibt die Weise, wie Gott sich jetzt bezeugt, in Übereinstimmung mit der Schrift, und das ist für Jako-

1 Hätte sich Lukas Paulus als einen christlichen Philosophen vorgestellt, der durch die Neuheit und Geschlossenheit seiner Lehre die Heidenkirche geschaffen habe, so würden wir hier zweifellos eine Rede erhalten, die etwa den Grundriß des Römerbriefs wiederholte; Lukas kennt aber Paulus als den Knecht Jesu; er legt darum den Nachdruck auf das Geschehen, das den Beistand Jesu auf seinem Missionsweg immer wieder deutlich sichtbar machte, so daß Paulus nicht zweifeln konnte, er handle im Gehorsam Jesu nach dem Willen Gottes.

2 Der Text schwankt. Der letzte Satz ist auch so überliefert: „Der Herr, der dies tut. Bekannt ist von altersher dem Herrn sein Werk." Wenn Lukas die letzten Worte unmittelbar mit dem Spruch des Amos verband, leitete ihn wahrscheinlich eine Erinnerung an Jes. 45,21.

bus nötig, damit die Gemeinde mit Sicherheit handle. Weil Gottes Werk vom Anfang her in Gottes Blick steht und in seinem Wort verkündigt ist, wäre es falsch, etwas als Gottes Willen auszugeben, was nicht im Wort der Schrift schon kundgemacht ist. Da aber die Verheißung das Königreich dessen, der auf Davids Thron sitzt, nicht nur auf Israel beschränkt, sondern die Heiden mit eingeschlossen hat, muß der Versuch unterbleiben, die Heiden zum Judentum hinüberzulocken.

Die Bekehrung der Heiden muß sich aber darin bewähren, daß sie das, was nicht nur dem Juden, sondern überall und immer von Gott verboten ist, meiden und sich vor jedem Mißbrauch ihrer Freiheit hüten. Deshalb hat nun Jakobus besondere Punkte aufgezählt, an denen sich zeigen muß, daß der Heide seine bösen Wege nicht fortsetzt, sondern sich redlich Gott und Christus unterworfen hat und die Gnade nicht als einen Freibrief für die Sünde mißdeutet. 15,19.20: *Deshalb urteile ich, daß wir die, die sich aus den Heiden zu Gott bekehren, nicht belästigen, sondern ihnen vorschreiben, daß sie die Befleckung durch die Götzen und die Unzucht* (1. Kor. 8,1; 6,12.13; Offenb. 2,14.20) *und das Erstickte und das Blut meiden* (1. Mose 9,4; 3. Mose 3,17). Bei der Verunreinigung durch den Götzendienst dachte Jakobus an die den Göttern geweihten Opfer; er machte die Regel des Gesetzes, die alles, was einem fremden Gott geweiht war, den Gliedern der heiligen Gemeinde verbot (2. Mose 34,15; 5. Mose 13,8) und der die ganze Judenschaft entschlossen gehorchte, auch zum Fundament der Christenheit. Es muß in ihr ohne Schwankung und Zweideutigkeit feststehen, daß mit dem Glauben an Jesus jede Beteiligung am heidnischen Gottesdienst zu Ende ist. Die gefährlichsten Gelegenheiten, die zur Teilnahme am alten Kultus lockten, waren die Feste, sowohl die der Sippe als die der Stadt. Da bei diesen die festlichen Mahlzeiten aus Teilen des Geopferten hergestellt wurden, war durch das Verbot, Geopfertes zu genießen, sichergestellt, daß auch jede heimliche Anpassung an die heidnische Umgebung ausgeschlossen blieb. Auch sonst ergaben sich aus diesem Verbot viele weitreichende Folgen, z. B. für Gatten, die in gemischter Ehe lebten, für Männer, die ein obrigkeitliches Amt bekleideten, für alle, die der römische Richter des Christenglaubens wegen bedrohte. Ihnen allen konnte es zur

Versuchung werden, den Glauben an Jesus zu verbergen und äußerlich am heidnischen Gottesdienst teilzunehmen, niemand fragte ja dabei nach der Überzeugung des Herzens, sondern jedermann sah nur auf den äußerlichen Vollzug der religiösen Handlung. Jakobus stellt fest, daß dem, der so handelt, der Christenname verweigert werden müsse; nur dem, der sich rein und völlig vom Heidentum schied, gilt die Verheißung Jesu und die Gnade Gottes. - Das zweite Stück, auf das Jakobus hinzeigt, ist, daß der gläubige Heide den Verkehr mit den Dirnen aufzugeben hat. Er nennt damit wieder einen Hauptpunkt, an dem sich die christliche Lebensführung von der sonst überall üblichen zu unterscheiden hatte. Jakobus verlangt, daß die Lebensführung der Heidenchristen sich auf der reinen, keuschen Einehe aufbaue. Die Gemeinden hätten sich unvermeidlich völlig verdorben, wenn hierin nicht mit ganzem Ernst der Unterschied zwischen der christlichen und heidnischen Denkweise zur Durchführung kam. Endlich sollen die heidenchristlichen Gläubigen ihre Freiheit nicht damit beweisen, daß sie erdrosselte Tiere aßen und Blut tranken. Diese Satzung hatte von Anfang an nur für einzelne Orte der Christenheit Bedeutung. In den Schreiben, die Johannes später an die Gemeinden der Provinz Asia sandte, wird zwar darauf gedrungen, daß sie sich in bezug auf Götzenopfer und Unzucht an die Christenregel halten (Offenb. 2,14.20); dagegen ist vom Blutgenuß nicht mehr die Rede. Dasselbe kommt schon in Korinth zum Vorschein, als dort jüdische Männer die Gemeinde zum Mißbrauch ihrer Freiheit verlockten. Dabei kamen Fragen zur Sprache, die sich auf die Ehe, die Unzucht und Götzenopfer bezogen, während vom Genuß des Bluts mit keinem Wort die Rede ist (1. Kor. 5-10). Die Vorgänge, die Jakobus bewogen, das Trinken von Blut und die Erdrosselung der Tiere, deren Fleisch zur Nahrung dienen soll, für die ganze Christenheit zu verbieten, sind uns nicht sichtbar; im Neuen Testament wird sonst nirgends vom Blutgenuß gesprochen. In Korinth, Pergamon und Thyatira wurde die Übertretung der Satzungen, die das Geopferte und die Dirne verboten, von denen geübt, die sich im Besitz des prophetischen Geistes unbegrenzter Freiheit rühmten. In den heidnischen Religionen wurde aber auch der Blutrausch dazu benützt, um eine schwärmerische Begeisterung hervorzubringen. Vielleicht hat aber Jakobus seine Forderung deshalb aufgestellt, weil für den brüderlichen Verkehr der jüdischen und heidnischen Christen das mosaische Speisegesetz besondere Schwierigkeiten machte. Die Frage trat immer wieder störend hervor, ob man zusammen essen könne. Dann hat Jakobus gesagt, daß es hierbei Dinge gebe, die dem Gewissen des Juden nicht zugemutet werden dürfen. Dazu gehört schon dies, daß der Judenchrist sicher sein muß, am Tisch des heidenchristlichen Bruders kein Götzenopfer vorgesetzt zu bekommen; aber auch davor soll er sicher sein, daß in den Speisen kein Blut ist. Das Gesetz hielt den Juden an, das Blut als den Träger des Lebens zu ehren; es ließ nur seine Verwendung am Altar als Mittel zur Versöhnung zu, verbot aber jeden anderen Gebrauch. Hierin soll sich der Grieche dem Juden anpassen, während im übrigen die Pflicht, nach der mosaischen Regel reine Speise, reines Geschirr usw. im Hause zu führen, den Heidenchristen nicht auferlegt werden soll.[1]

Paulus hat gegen das Verlangen des Jakobus nichts eingewendet. Daß die Christen ihre Ehen keusch führen, lag Paulus ebensosehr am Herzen wie den jüdischen Aposteln. Ebenso hat er jede Verbindung von Götterdienst und Christenglauben rundweg abgestoßen. Er hat das alttestamentliche Gesetz nicht dazu von den Heidenchristen abgewehrt, damit für Götter und Götzenopfer Raum bleibe. Freilich lagen ängstliche, die Gewissen quälende Regeln, wie weit die Enthaltung vom Götzenopfer zu gehen habe, nicht in seinem glaubensstarken Sinn. Aber von kasuistischen Regeln war hier auch nicht die Rede, sondern nur von dem durchgreifenden Grundsatz, der die Christenheit deutlich vom Heidentum schied. Einzig der Abscheu vor dem Blut steht zu der Gewißheit des Paulus, daß nichts an sich selbst gemein sei (Röm. 14,14), in einem gewissen Gegensatz. Aber ebenso deutlich ist, daß Paulus allen, die ihre geistliche Stärke und christliche Freiheit dadurch beweisen wollten, daß sie sich den Genuß von Blut gestatteten, immer aufs

[1] Seit in den Gemeinden nicht mehr frühere Juden und Heiden beisammen waren, verlor dieser Punkt seine praktische Bedeutung. Deshalb wurde das Verbot des Blutes durch die Apostel vom zweiten Jahrhundert an häufig als Verbot des Mords verstanden; die drei schweren Sünden, die in der Gemeinde nicht geduldet werden dürfen, seien genannt: Götzendienst, Ehebruch, Mord. Das ist nicht die ursprüngliche Meinung des Beschlusses; doch ist hieran richtig, daß mit dem Wegfall der Tischgemeinschaft zwischen Juden- und Heidenchristen das wichtigste Motiv zum Verbot des Blutgenusses für die Kirche erlosch.

schärfste widerstand; es hätte seinen festen Überzeugungen und heiligsten Regeln widersprochen, wenn er des Blutessens wegen die Gemeinschaft mit Jakobus zerrissen und die Verbundenheit der Heidenchristen mit der Gemeinde Jerusalems aufgehoben hätte. Um der Brüder willen hätte er nicht nur kein Blut, sondern auch kein Fleisch und keinen Wein genossen (1. Kor. 8,13). Daher verschafft auch dieser Punkt seinem kräftigen Hinweis: „Nichts haben sie mir hinzugefügt; die Freiheit und die Wahrheit des Evangeliums blieben in voller Geltung" (Gal. 2,6), die unbeschränkte Bestätigung.

Mit den Forderungen des Jakobus war dem Willen der pharisäischen Christen kein Vorschub getan. Alle für den jüdischen Gottesdienst gegebenen Ordnungen blieben auf die Judenschaft beschränkt. Darum erinnert Jakobus noch daran, daß der Judenschaft und ihrer Mission und allen denen, die zum jüdischen Gottesdienst übergehen wollen, kein Hindernis bereitet sei. Das mosaische Gesetz kommt längst und überall zu öffentlicher Verkündigung. 15,21: *Denn Mose hat seit alten Zeiten von Stadt zu Stadt die, die ihn predigen, da er in den Versammlungen an jedem Sabbat vorgelesen wird.* Es gehörte nicht zum Beruf der Christenheit und ihrer Lehrer, Moses Gesetz zu predigen; das tat die alte Gemeinde in ihrem Gottesdienst. In der neuen Gemeinde muß Christus verkündigt werden; hier soll sein Evangelium regieren.

Nun wurde weiter beschlossen, die durch den Streit in Antiochia bewegten Gemeinden zu beruhigen: Eine Abordnung aus dem Vorstand der Gemeinde Jerusalems soll mit Paulus und Barnabas nach Antiochia gehen und ihnen das Urteil der Apostel in der Frage bekanntgeben; ferner soll dieser Abordnung ein Brief der Apostel, der ihren Beschluß enthielt, mitgegeben werden. 15,22.23: *Da beschlossen die Apostel und die Ältesten mit der ganzen Gemeinde, Männer aus ihrer Mitte zu wählen und sie mit Paulus und Barnabas nach Antiochia zu schicken: Judas, mit dem Namen Barsabbas, und Silas, Männer, die unter den Brüdern Vorsteher waren, und sie schrieben durch ihre Hand: Die Apostel und die Ältesten und die Brüder*[1] *an die Brüder in Antiochia und Syrien und Cicilien, die aus*

[1] Die Übersetzung der Worte ist nicht ganz sicher; andere Texte geben: Die Apostel und diejenigen Brüder, die Älteste sind.

den Heiden stammen: Freude sei euch! Die Gewählten, Judas Barsabbas und Silas, gehörten zu den Vorstehern, also zu den Ältesten der Christenheit Jerusalems. Der Brief war nicht nur an die Gemeinde von Antiochia, sondern an die ganze Christenheit von Syrien und Cicilien gerichtet; die in derselben Provinz lebenden Christen standen in engem Verkehr miteinander und waren alle durch den Streit in Antiochia bewegt. Nur an die aus den Heiden stammenden Brüder erging das Schreiben; denn für die jüdischen Gläubigen auch in der Diaspora blieben die Vorschriften des Gesetzes gültig, und es war für sie keine Frage, wie sie ihre Lebensführung einzurichten hätten.

15,24-29: *Da wir gehört haben, daß einige von uns euch verwirrt und mit Worten eure Seelen erregt haben, denen wir keinen Auftrag gaben, beschlossen wir, nachdem wir einträchtig geworden waren, Männer zu wählen und zu euch zu senden mit unseren Geliebten Barnabas und Paulus, Männern, die ihre Seelen für den Namen unseres Herrn Jesus Christus dahingegeben haben. Darum haben wir Judas und Silas gesandt, die euch auch selbst das gleiche mit Worten berichten. Denn es gefiel dem heiligen Geist und uns, euch keine weitere Last aufzulegen außer diesen notwendigen Dingen: daß ihr das den Götzen Geopferte und das Blut und das Erstickte und die Unzucht meidet. Wenn ihr euch davor bewahrt, wird es euch wohl gehen. Lebt wohl!* Weil sich die jüdisch gesinnten Männer in Antiochia auf die Apostel berufen hatten, spricht das Schreiben sich zuerst ausdrücklich mißbilligend über sie aus. So scharf, wie Paulus im Galaterbrief sprach –, „nebeneingedrungene falsche Brüder" (Gal. 2,4) –, redeten die Apostel in Jerusalem nicht; sie wußten, wie schwer es manchem jüdischen Mann wurde, sich Gemeinden des Christus vorzustellen, in denen weder Sabbat, noch Priester, noch reine Speise in Geltung waren. Die Apostel in Jerusalem hatten mit denen, die in ihrer eigenen Mitte so dachten wie die, die nach Antiochia gekommen waren, Geduld. Aber ihr Verfahren wird ernst gerügt. Sie haben ohne Auftrag gehandelt, die Christen verwirrt und ihre Seelen beunruhigt. Weil sie zugleich das Werk des Barnabas und Paulus gescholten hatten, wird diesen in dem Brief das volle Vertrauen der Apostel bezeugt: Sie haben ihr Leben für Jesus dahingegeben und in mancher Todesgefahr bewiesen, daß sie sich mit völligem Gehorsam in seinen Dienst gestellt haben. Sodann werden Judas und Silas als die Vertreter der Apostel beglaubigt und die Christen, falls sie noch Zweifel und Bedenken trügen, an ihren Bericht verwiesen. Endlich werden die vier Punkte genannt, die die Apostel für unerläßlich halten und den Heidenchristen zu ernster Beachtung vorlegen. „So gefiel es dem heiligen Geist und uns." Darin kommt der hohe Ernst und die volle Zuversicht der Apostel zum Ausdruck. Sie geben nicht nur ihre eigene Meinung kund, sondern empfingen ihr Urteil aus dem Geist Gottes. Deshalb hat es für die Gemeinden beruhigende und verpflichtende Kraft; diese haben darin den Willen Gottes zu erkennen und die Leitung zu ehren, die Christus durch seinen Geist der Kirche gewährt.

15,30-33: *Nun wurden sie verabschiedet und gingen nach Antiochia hinab, und sie versammelten die Menge und übergaben den Brief. Als sie ihn gelesen hatten, freuten sie sich über die Mahnung. Und Judas und Silas, die auch selbst Propheten waren, mahnten und stärkten die Brüder mit vielen Worten. Als sie aber einige Zeit dort zugebracht hatten, wurden sie von den Brüdern im Frieden zu denen entlassen, die sie gesandt hatten.* So endete dieser Kampf für die Gemeinde in Antiochia und die ganze Heidenchristenheit segensreich. Der Bescheid der Apostel bereitete in Antiochia große Freude, und die Anwesenheit des Judas und Silas war für die Gemeinde von hohem Wert, da beide zu den Propheten gehörten und ihr Wort sie förderte.

In der Erzählung des Paulus ist derjenige Punkt besonders hervorgehoben, den Lukas nur mit der Wiedergabe des Briefes berührt, daß nämlich das Apostelamt des Paulus von Petrus anerkannt wurde und die Glaubens- und Berufsgemeinschaft zwischen ihnen offenen Ausdruck fand.[1] In der Erzählung des Lukas liegt der Nachdruck auf der Lehrfrage, deren Wichtigkeit diese Versammlung zu einem Wendepunkt in der Geschichte der Kirche machte. Zweifel und Kampf um die Geltung des Gesetzes haben freilich mit ihr noch nicht aufgehört; zum Teil entstanden sie gerade aus diesem Beschluß, weil er nur die Freiheit der Heidenchristen vom Gesetz

[1] Deshalb redet Paulus Gal. 2,10 nicht von den Beschlüssen für die Gemeinden, sondern nur von dem Auftrag, den er für sich selbst übernahm und durch den seine Selbständigkeit den Aposteln von Jerusalem gegenüber eine gewisse Einschränkung erhielt.

aussprach, dagegen die Stellung der gläubigen Juden nicht berührte. Wenn diese aber im brüderlichen Verkehr mit den Heidenchristen leben wollten, wurden viele pharisäische Regeln undurchführbar, namentlich die, die sich auf die Reinheit der Personen und Speisen bezogen. Das brachte den Judenchristen mancherlei Bedenken und Schwankungen. Es hat deshalb auch später immer wieder solche gegeben, die es für die beste Lösung der Frage hielten, wenn es gelänge, die heidenchristlichen Gemeinden doch noch zur Annahme der jüdischen Sitten zu bewegen. Von diesen weiteren Schwankungen und Erörterungen in den Gemeinden redet Lukas nicht mehr; sie haben die Ausbreitung des Evangeliums weder gefördert noch wesentlich gehemmt. Die Freiheit der aus den Heiden Bekehrten war in Jerusalem von Paulus und Barnabas für immer erfochten. Wie dagegen die Judenchristen für ihre Person sich zum Gesetz stellten, wie es ihnen schwer wurde, die Gemeinschaft mit Paulus festzuhalten, läßt Lukas uns wieder in Kap. 21,18 ff. sehen. Dieser Bericht bildet die Fortsetzung zur Verhandlung in Jerusalem und läßt erkennen, wie die Frage des Gesetzes die Kirche weiter bewegte.

Kapitel 15,35–16,10

Die zweite Reise des Paulus durch Kleinasien

15,35: *Paulus aber und Barnabas verweilten in Antiochia, lehrten und verkündigten zusammen mit vielen anderen das Wort des Herrn.* Nach der Verhandlung in Jerusalem folgte für Paulus und Barnabas noch eine Zeit der ruhigen Arbeit in Antiochia in Gemeinschaft mit vielen anderen, die am Aufbau der Gemeinde mitarbeiteten. Die Schar derer, die imstande waren, mit Glauben und Weisheit das Wort auch anderen darzubieten, wuchs. 15,36: *Aber nach einigen Tagen sagte Paulus zu Barnabas: Wir wollen wieder hingehen und nach den Brüdern in den Städten sehen, in denen wir das Wort des Herrn verkündigt haben, wie es mit ihnen steht.* Mit dem unzerreißbaren Band einer starken Liebe blieb Paulus denen verbunden, denen er zum „Vater“ geworden war, weil er ihnen den Glauben und im Glauben das Leben aus Gott zu bringen vermocht hatte. Darum beruhte diese Reise nicht mehr auf einem prophetischen Ausspruch. Das Werk in Kleinasien war begonnen; daß es nicht versäumt, sondern mit treuer Liebe gepflegt werden müsse, lag als vom Herrn gewollt in hellem Licht. 15,37.38: *Barnabas wollte aber auch Johannes, der den Beinamen Markus hat, mitnehmen. Paulus dagegen verlangte, daß sie den nicht mitnehmen, der sich in Pamphylien von ihnen getrennt hatte und nicht mit ihnen zum Werk gezogen war.* Barnabas war zur neuen Reise bereit, und auch Markus war zum zweitenmal willig, als Gehilfe mit ihnen auszuziehen. Da erhob Paulus gegen Markus eine Einsprache, von der er sich nicht abbringen ließ; denn er stellte an die, die das Werk des Herrn trieben, den Anspruch, daß sie sich ganz an diesen Dienst hingeben, frei von eigenen Wünschen, und nichts suchen als den Willen des Herrn und das Heil derer, zu denen sie gesandt wurden. Markus hatte bei der ersten Reise diesem Anspruch nicht genügt; darum hielt Paulus es nicht für recht, ihn wieder mitzunehmen. Er hatte sicher schon damals im Sinn, über die schon gegründeten Gemeinden hinauszuziehen. Wohin ihn des Herrn Leitung führe, ließ sich nicht voraussehen; er brauchte aber Genossen, die ohne Zaudern zu allem bereit waren, was ihm zur Ausrichtung seines Apostelamts als der Wille des Herrn gezeigt wurde. Barnabas dagegen hätte gern das Geschehene vergessen. Weil Markus zur ältesten Gemeinde Jerusalems gehörte, war seine Mitarbeit wertvoll; vielleicht wirkten auch die persönlichen Beziehungen, die zwischen Barnabas und Markus bestanden, auf sein Urteil ein. 15,39.40: *Es kam aber zur Erbitterung, so daß sie sich voneinander trennten und Barnabas Markus zu sich nahm und nach Cypern wegfuhr; Paulus dagegen wählte sich Silas und zog aus, nachdem er von den Brüdern der Gnade des Herrn übergeben war.* Eine Gemeinschaft in der Arbeit, wie sie Paulus und Barnabas bisher betätigt hatten, war nur möglich bei unbeschränktem gegenseitigem Vertrauen und voller Willigkeit, dem Urteil des Genossen sein Recht zu gewähren. Darum hielten es beide Apostel für richtig, sich zu trennen und ihr Feld unter sich zu teilen. Barnabas ging mit Markus nach Cypern, Paulus zu den kleinasiatischen Gemeinden. Wir hören nie mehr, daß Paulus die cyprischen Gemeinden wieder aufgesucht hätte.

Lukas macht sichtbar, daß es zu dieser Trennung nicht ohne

Schmerz und Leidenschaft kam, und er deutet an, daß er selbst den Schritt des Paulus für richtig hielt; daß Paulus „den, der sich von ihnen getrennt hatte", nicht wieder mitnahm, war nach seiner Meinung ein gerechter Beschluß. Auch die Gemeinde in Antiochia billigte ihn; Silas bewies dies dadurch, daß er an die Stelle des Barnabas trat, und die Brüder übergaben ihn beim Abschied der Gnade Gottes. Hernach zeigte sich auch, daß aus dieser Wendung der Dinge für Paulus eine wichtige Förderung seines Werkes erwuchs. Nun war er selbständig; seine Beziehungen zur bisherigen Christenheit lockerten sich von da ab; er gehörte nicht mehr der Gemeinde von Antiochia an und hatte nicht mehr einen älteren und ihm vorgeordneten Gefährten über sich. So konnte er ungehindert mit seiner ganzen Kraft der neuen Christenheit leben, wie sie jetzt durch ihn in den griechischen Ländern entstand. Die Arbeit des Barnabas scheint dagegen nicht gewachsen zu sein, da sich eine Erinnerung an sein Wirken in der Kirche nur für die Zeit seiner gemeinsamen Arbeit mit Paulus erhalten hat. Eine dunkle Erinnerung an Briefe des Barnabas kommt dadurch zum Vorschein, daß später andere Dokumente, der Hebräerbrief und ein jüngeres Schriftstück, als „Briefe des Barnabas" gelesen wurden. Das mag darauf hindeuten, daß man einst in den Gemeinden wirklich Briefe des Barnabas besaß und im Gottesdienst las. Aber keiner von ihnen blieb erhalten, während Paulus im Fortgang seiner Arbeit der Kirche mit seinen Briefen ein wichtiges Stück ihres Neuen Testaments gab.

Nach der Trennung von Barnabas hat Paulus wieder einen zweiten Zeugen neben sich gestellt, damit das übereinstimmende Wort zweier Boten das Evangelium bestätige; er hat dazu wieder ein Glied der Urgemeinde berufen, Silas[1], den früheren Ältesten von Jerusalem. Paulus selbst hatte ihn zur Mitarbeit am Missionswerk ausgewählt; er stand darum nicht ebenso selbständig neben ihm wie Barnabas; die führende Stellung gehörte von nun an Paulus zu.

15,41: *Er zog aber durch Syrien und Cilicien und stärkte die Gemeinden.* Da Cypern für die Reise nicht mehr in Betracht kam, bildete der Paß über den Taurus durch die „cilicischen Tore" die nächste Verbindung von Antiochia mit der Provinz Galatien. So

1 Silas war sein hebräischer Name; in den Briefen nennt ihn Paulus mit dem römischen Namen Silvanus.

ging Paulus zuerst in sein ältestes Arbeitsfeld, in die nördlich von Antiochia gelegenen syrischen Orte und nach Tarsus. Dann wanderte er über das Gebirge. An diese Wanderungen über den Taurus, wie etwa auch an die pisidischen Berge haben wir zu denken, wenn er 2. Kor. 11,26 von Gefahren durch Ströme und Gefahren durch Räuber spricht, die er überstand.

Von den früher gegründeten Gemeinden erreichte er auf diesem Weg zuerst Derbe und Lystra, und hier berief er Timotheus in seine Begleitung. 16,1-3: *Er gelangte auch nach Derbe und nach Lystra. Und sieh! dort war ein Jünger mit Namen Timotheus, der Sohn einer gläubigen jüdischen Frau, aber eines griechischen Vaters, dem die Brüder in Lystra und Ikonium Zeugnis gaben. Paulus entschloß sich, daß dieser mit ihm ausziehe, und er nahm und beschnitt ihn der Juden wegen, die an jenen Orten waren; denn sie wußten alle, daß sein Vater ein Grieche war.* Da Paulus Timotheus in den Briefen seinen Sohn nennt, hat er selbst ihn mit seiner Mutter Eunike und seiner Großmutter Lois auf der ersten Reise bekehrt. Seither hatte sich Timotheus den Gemeinden seiner Heimat durch die Lauterkeit seines Christenstands und durch seine Gaben nützlich gemacht; nicht nur die Christen seiner Vaterstadt, sondern auch die von Ikonium legten Zeugnis für ihn ab. Außerdem hören wir durch Paulus, daß seine Berufung in ähnlicher Weise erfolgte wie die Aussendung des Paulus selbst; ein prophetischer Spruch war ergangen, der ihn zur Mitarbeit berief; darauf vereinigten sich die Ältesten mit Paulus im Gebet, und Timotheus empfing ihren Segen und den des Paulus mit Auflegung ihrer Hände (1. Tim. 1,18; 4,14; 2. Tim. 1,6). Noch in seinen letzten Jahren redet Paulus von der Jugend des Gefährten, freilich im Blick auf die große Arbeit, die er damals als Vertreter des Paulus besorgte (1. Tim. 4,12). Da man aber die Leitung der Gemeinde gewöhnlich in die Hände alter Männer legte, konnte Timotheus seiner Jugend wegen auf Schwierigkeiten stoßen, auch wenn er schon in den vierziger Jahren stand. Jünger als zwanzig Jahre war er schwerlich, als Paulus ihn zu seinem Begleiter machte.

Paulus erwog dabei auch dies, daß Timotheus das Kind einer gemischten Ehe war. Sein Vater war ein Heide, die Mutter Eunike dagegen Jüdin. Darin lag zwar für Timotheus ein großer Gewinn:

Er kannte „von Kind an" die heilige Schrift (2. Tim. 3,15). Zugleich erwuchs aber aus diesen Verhältnissen für den Plan des Paulus eine Schwierigkeit. Daß sein Vater Heide gewesen war, war in der dortigen Judenschaft weithin bekannt: Der Vater muß demgemäß ein angesehener Mann gewesen sein. Darin konnten die Juden einen Anstoß finden, weil sie gemischte Ehen verwarfen und die Kinder aus solchen Ehen als ehrlos ansahen. Daß Paulus einen Menschen, dem schon seine Geburt einen unauslöschlichen Makel anheftete, zu seinem Gehilfen machte, diente ihnen zum Beweis, wie verwerflich die Männer seien, die das Wort Jesu verkündigten, und wie gleichgültig ihnen das Gesetz sei. Paulus widerlegte den Vorwurf, er erklärte das Gesetz öffentlich für ungültig, dadurch daß er Timotheus beschnitt. Der Vorgang macht deutlich, wie die Frage nach dem alttestamentlichen Gesetz und seiner Geltung um sich griff. Paulus war darauf gefaßt, daß er beständig als ein Verächter des Gesetzes verklagt und verfolgt werde, weil er es nicht mit dem Evangelium vermischte und es den Heidenchristen nicht auflegte. Er tat, was er konnte, um jedermann zu beweisen, daß er das Gesetz nicht außer Kraft setze, vielmehr es so ernst wie jeder gläubige Jude als Gottes Wort ehre, nur mit dem Vorbehalt, daß die Geltung des Gesetzes da aufhört, wo Christus mit seiner Gnade und seinem Geist sein Werk vollbringt. Lukas berichtet uns absichtlich von der Beschneidung des Timotheus, weil sie Aufsehen machte. Vielleicht benützten die, die nach Gal. 5,11 von Paulus sagten, er predige selbst auch noch die Beschneidung, auch die Beschneidung des Timotheus als Beweis für ihre Behauptung. Darum zeigt Lukas, was Paulus zu solchen Schritten bewog, er hielt sie deshalb für heilsam, weil er sorgsam und treu auf Israel Rücksicht nahm, völlig frei von jedem fleischlichen Eifer, der die Erbitterung der Juden selbst noch reizte und ihrem Unglauben Vorschub leistete. Paulus trug um sein Volk einen tiefen Schmerz im Herzen; er war stets darauf bedacht, ihm sein volles Recht widerfahren zu lassen, jedes Hindernis, das ihm den Zutritt zu Christus erschwerte, wegzuschaffen und ihm das Evangelium so nachdrücklich als möglich darzubieten.

Nur mußte das Evangelium bleiben, was es durch Christus geworden ist, nicht ein Anhang zum Gesetz, sondern die volle Offenbarung der göttlichen Gnade für die ganze Sünderwelt.

16,4.5: *Wie sie aber die Städte durchzogen, teilten sie ihnen mit, daß sie die Beschlüsse, die von den Aposteln und Ältesten in Jerusalem festgesetzt waren, halten sollten. Nun wurden die Gemeinden durch den Glauben gestärkt und nahmen täglich an Zahl zu.* Überall lebten in den Gemeinden gläubige Juden und Griechen in inniger Gemeinschaft miteinander; daher war es für sie wichtig, über den Unterschied zwischen der jüdischen und der griechischen Lebensführung eine klare, feste Regel zu haben. Dadurch wurden die Heidenchristen vor der Nachahmung der jüdischen Sitten geschützt, durch die verdunkelt worden wäre, was sie in der gläubigen Verbundenheit mit Christus besaßen. Dagegen erwähnt Paulus in seinen Briefen diese Beschlüsse nicht, weil das, was in ihnen abgewehrt und aufgerichtet wurde, nicht erst durch den Willen der Apostel, sondern durch das Werk Jesu und die Leitung des Geistes begründet und gefordert ist. Nicht, weil die Apostel das Gesetz den Heiden nicht auferlegten, war es zu Ende, sondern weil Christus im Dienst der Gnade gekommen, gestorben und auferstanden ist. Und nicht, weil die Apostel den Verkehr mit der Dirne und die Teilnahme am heidnischen Opfer verboten, mußten die Christen darauf verzichten; dieses Verbot war ja nicht nur eine äußerliche Satzung, die von den Führern der Kirche kraft ihrer eigenen Autorität eingeführt wäre; sondern deshalb waren diese Dinge verwerflich, weil sie die Gemeinschaft mit Christus zerstören, dem Geist zuwider sind und den Menschen beflecken. Paulus hat später den Korinthern über die in der Versammlung der Apostel beschlossenen Stücke, Unzucht und Götzenopfer, ausführlichen Unterricht erteilt (1. Kor. 5-10) hat aber dabei jene Beschlüsse nicht mehr zitiert. Wir können dies auch nicht von ihm erwarten; denn er band die Gemeinden nie an die Meinung der Apostel und richtete keine Satzungen in der Kirche auf; vielmehr lenkte er ihren Blick ausschließlich auf den Christus und leitete sie an, ihr Handeln so einzurichten, daß es aus dem Glauben an ihn unter dem Antrieb des Geistes floß. Für die erste Zeit, nachdem der Beschluß in Jerusalem erfolgt und der Kampf in Antiochia beendet war, war es jedoch für die Gemeinden von Wichtigkeit, über jene Vorgänge unterrichtet zu sein, damit, was in Antiochia und Jerusalem geschehen war, auch für sie Frucht trage.

Nachdem die alten Gemeinden gestärkt und durch neue Bekehrungen vermehrt worden waren, entstand die Frage, wohin sich Paulus nun zu wenden habe. 16,6: *Sie durchzogen aber Phrygien und das galatische Land, weil sie vom heiligen Geist gehindert wurden, das Wort in der Provinz Asia zu reden.* Die Provinz Asia war die Westküste von Kleinasien mit ihrem Hinterland, dem einstigen Lydien und Phrygien. Offenbar dachte Paulus zunächst an eine Wirksamkeit in diesen Gegenden, wobei ihn vor allem die großen griechischen Städte an der Küste, an erster Stelle Ephesus, anzogen. In Ephesus lagen die Verhältnisse ähnlich wie in Antiochia. Es war eine griechische Großstadt mit einer beweglichen, rührigen Bevölkerung und einer zahlreichen Judenschaft. Dorthin führte vom pisidischen Antiochia die bequeme, große Verkehrsstraße über Apamea und Kolossä. Aber Paulus und Silas erhielten wahrscheinlich, als sie noch in den schon früher gestifteten Gemeinden verweilten, durch einen prophetischen Vorgang den Befehl, jetzt nicht in der Asia zu predigen. Wo sie predigen sollten, wurde ihnen nicht geoffenbart; sie wußten nur das eine mit Gewißheit, daß Ephesus und die benachbarten Städte ihnen jetzt verschlossen waren. Ein Befehl zur Umkehr lag aber darin nicht; darum zogen sie in nördlicher Richtung ins Land hinein, also durch einen Teil von Phrygien und dann in den von den eingewanderten Galatern besetzten Landstrich mit den Städten Pessinus, Gordium und wohl auch noch Ankyra.

Hier war ihnen die Missionsarbeit nicht verboten, und Paulus nützte sicher alle Gelegenheiten aus, die sich ihm zur Verkündigung des Evangeliums darboten. Doch faßt Lukas die Wanderung durch die beiden Gegenden „Phrygien und die galatische Landschaft" als eine einheitliche Reise in einen einzigen Satz zusammen und deutet damit an, daß längere Unterbrechungen hier nicht stattfanden. Auf dieser Reise entstanden, wenn Paulus in seinem Brief an die Galater diese ihrer Nationalität wegen so nennt, die Gemeinden, mit denen er im Galaterbrief spricht, und die Worte Gal. 4,13 gehen dann auf diese Wanderung.[1] Daß in diesen Gegenden damals Gemein-

1 Hätte Paulus bei „Galatia" und „den Galatern" an die ganze Provinz gedacht, so könnte er im Galaterbrief auch zu denjenigen Gemeinden reden, die auf der ersten Missionsreise gegründet wurden (Apg. 13 u. 14). Lukas hat aber beim „galatischen Land" deutlich an die von den Kelten besetzte Gegend gedacht.

den entstanden, ist deshalb gewiß, weil Paulus auf der dritten Reise von Antiochia aus, als er nach Ephesus wollte, nicht den Seeweg einschlug, sondern die lange und beschwerliche Wanderung durch ganz Kleinasien machte, um diese selben Gegenden, die galatische Landschaft und Phrygien, zu besuchen (18,23). Diesen großen Zeitverlust und diese schwere Mühsal hätte er sich nicht auferlegt, wenn er in diesen Gegenden nicht Christen gehabt hätte, denen gegenüber er sich zu einem zweiten Besuch verpflichtet wußte. Doch hat Paulus nicht in diesen Gegenden das eigentliche Ziel seiner Reise gesehen. Er durchwanderte sie und gab das Wort jedem, der ihn aufnahm, und vollends solchen, die ihn aufnahmen „wie einen Engel Gottes, wie Christus Jesus“ (Gal. 4,13). Er unterbrach aber die Wanderung nicht für längere Zeit, sondern suchte erst noch sein eigentliches Arbeitsfeld.

Die Verhältnisse im Inneren Kleinasiens machen dies verständlich, die Bevölkerung dieser Gegenden war von griechischer Kultur weniger berührt, und die Städte waren kleiner. Das Ziel des Apostels war aber, daß das Evangelium von den großen Verkehrszentren weithin ausstrahle. Von diesen war er durch das Verbot, die Arbeit in den Küstenstädten zu beginnen, zeitweilig abgedrängt.

16,7: *Als sie aber in die Nähe von Mysien kamen, versuchten sie, nach Bithynien zu gehen, und der Geist Jesu ließ es ihnen nicht zu.* Nachdem Paulus parallel mit der Ostgrenze der Provinz Asia nach Norden gewandert war, befand er sich in der Nähe von Mysien. Mysien war der nördlichste Teil der Asia und ihm somit durch die Weisung, die Asia zu vermeiden, verschlossen. Darum dachte Paulus jetzt an eine Arbeit in Bithynien, in dem zum Südufer des Marmara- und Schwarzen Meeres hin sich erstreckenden Land, das sich unmittelbar nördlich an Galatien anschloß und blühende griechische Städte, z. B. Nicäa und Nikomedia, besaß. Es erfolgte aber ein neues Verbot, das Paulus sagte, sein Plan sei nicht richtig; hier liege sein Arbeitsfeld nicht. Diese Erlebnisse zeigen, wie völlig der Weg des Paulus auf Gehorsam gegründet war. Er bekam bestimmte Weisungen von oben, doch nicht so, daß jedes Dunkel sich sofort lichtete; im Gegenteil, er mußte gehorchen, ohne zu wissen, wohin sich sein Weg wenden wird und wie das Rätsel sich schließlich löst.

16,8: *Sie zogen aber an Mysien vorbei und gingen nach Troas hinab.* In dieser Lage blieb ihnen nichts übrig, als Mysien rasch zu durchwandern, ohne sich auf die Missionsarbeit einzulassen. So kamen sie ans Meer nach Troas. Hier löste sich das Rätsel. 16,9.10: *Und ein Gesicht wurde von Paulus während der Nacht gesehen; ein mazedonischer Mann stand da und mahnte ihn und sagte: Komm nach Mazedonien herüber und hilf uns! Wie er das Gesicht sah, bemühten wir uns sofort, nach Mazedonien fortzukommen, da wir daraus schlossen, daß Gott uns berufen habe, die gute Botschaft zu sagen.* Als Paulus am Morgen seinen Gefährten mitteilte, was er in der Nacht gesehen hatte, stimmten diese mit ihm darin überein, das Gesicht sei die Berufung des Herrn zur Predigt in Mazedonien. Der Verlauf dieser Reise mußte die Gewißheit des Apostels mächtig stärken, daß der Herr ihn in die Ferne sende und durch ihn die westlichen Völker zu berufen gedenke. Hier schließt sich Lukas selbst in die Zahl der Begleiter des Paulus ein. Er zeigt auch sonst, wie die für die Ausbreitung des Evangeliums wirksamen Männer in die Arbeit hineingeführt wurden; so läßt er auch erkennen, daß er selbst damals in die Arbeit mit Paulus eintrat. Er widmete aber sein Buch nicht seinen eigenen Erlebnissen, als sollte die Kirche sich mit ihm und seiner Arbeit beschäftigen. Deshalb hören wir von ihm nicht, wie seine Begegnung mit Paulus zustande kam. Aus der Art, wie er das „wir" einführt, haben wir wahrscheinlich zu entnehmen, daß er sich in Troas mit Paulus verband; doch ist es bei der Kürze der vorangehenden Erzählung auch denkbar, daß er sich schon von einer in den inneren Gegenden gelegenen Stadt her in der Gesellschaft des Paulus befand. Paulus nennt ihn Arzt und nach seiner Geburt einen Heiden (Kol. 4,14). Gerade ein Arzt konnte leicht durch die Art, wie Paulus mit Kraft und Glauben an den Kranken handelte, zu ihm hingezogen und zum Glauben gebracht werden. Nach der zu Eusebius gekommenen Überlieferung[1] war Lukas ein Antiochener. Da er aber die Reise des Paulus von Antiochia her ohne „wir" erzählt und damit erst in Troas beginnt, hat er schwerlich schon von Antiochia aus durch ganz Kleinasien hindurch Paulus begleitet. Doch können wir die verschiedenen Möglichkeiten natürlich nicht übersehen; Lukas kann auch von Antiochia aus, z. B.

[1] Vgl. die Anmerkung zu 11,28.

mit einer Botschaft, Paulus nachgereist sein und ihn in Troas erreicht haben.

Kapitel 16,11-17,15

Die Begründung der Gemeinden in Mazedonien

16,11.12: *Nachdem wir nun von Troas abgefahren waren, kamen wir in gerader Fahrt nach Samothrake, am folgenden Tag aber nach Neapolis und von dort nach Philippi. Das ist die erste Stadt dieses Stücks von Mazedonien, eine römische Kolonie. Wir verweilten aber in dieser Stadt einige Tage.* Paulus fand in Troas Gelegenheit zur Fahrt nach der Insel Samothrake und von dort nach dem mazedonischen Hafen Neapolis, von wo er sofort landeinwärts nach Philippi ging. Hier wurde gerastet; Paulus ging an den größeren Städten nicht ohne bestimmten Grund vorüber. Philippi war zwar nicht die wichtigste Stadt von ganz Mazedonien; die Provinz war aber in vier Bezirke zerlegt, und in diesem ihrem Bezirk hielt Lukas Philippi für bedeutender als die anderen Orte. Daß die Stadt als Kolonie römisches Recht besaß, wird erwähnt, weil dieser Umstand auf die Art, wie Paulus aus Philippi vertrieben wurde, Einfluß hatte. Vielleicht zog er dies auch schon bei seinem Entschluß, in der Stadt zu verweilen, mit in Betracht; konnte er doch erwarten, daß ihm hier sein römisches Bürgerrecht Schutz vor Gewalttaten verschaffte.

Mit dem Beginn der Arbeit wartete Paulus den Sabbat ab, ein lehrreicher Beleg für die Ruhe des Apostels, die zusammen mit seinem feierlichen Selbstbewußtsein und seiner hingebenden Tatkraft seine Wirksamkeit bestimmte. Er mied alle eigenmächtigen Künstlichkeiten, als müßte er sich unverzüglich mit der Predigt an die Philipper heranmachen. Er wollte bei seiner Arbeit ein gutes Gewissen behalten und konnte dies nur so erreichen, daß er in kluger Würdigung der Verhältnisse tat, wozu ihm diese die Anleitung gaben. Darum hielten er und seine Genossen sich still, bis der Sabbat kam; denn zuerst sollten auch hier die Juden das Evangelium hören. Zwar war ihre Gemeinde in Philippi nur klein; Paulus hatte nicht einmal über die Lage des jüdischen Bethauses sicheren Bericht.

16,13: *Und am Tag des Sabbats gingen wir vor das Tor hinaus an den Fluß, wo wir annahmen, daß ein Betsaal sei, und wir setzten uns und redeten zu den Frauen, die sich versammelt hatten.* Paulus und seine Gefährten vermuteten, der jüdische Betsaal liege vor der Stadt; aber sicher wußten sie dies, als sie ihn am Sabbat suchten, nicht. So still und bescheiden gingen die Anfänge der apostolischen Arbeit in der mazedonischen Stadt vor sich, in die doch Paulus mit der Gewißheit gekommen war, der Herr habe ihn hierher gesandt. Im jüdischen Bethaus konnten sie nur zu Frauen reden. Entweder waren die Männer überhaupt nicht da oder schon wieder weggegangen, ehe Paulus zum Wort kam. Auch dies ist ein Zeichen, daß die jüdische Gemeinde klein war. Zu ihr gehörte aber Lydia, und sie wurde der Erstling der Gemeinde von Philippi. 16,14.15: *Und eine Frau mit Namen Lydia, eine Händlerin mit Purpur aus der Stadt Thyatira, die Gott verehrte, hörte zu, der der Herr das Herz öffnete, so daß sie auf das aufmerkte, was von Paulus gesagt wurde. Als sie und ihr Haus getauft war, bat sie und sagte: Wenn ihr geurteilt habt, ich sei dem Herrn treu, so kommt in mein Haus und bleibt dort. Und sie nötigte uns.* Lydia war in Philippi fremd; ihre Heimat war Thyatira in der Asia. Sie hatte sich in Philippi niedergelassen, weil sie die in Purpur gefärbten Kleiderstoffe verkaufte, die in den kleinasiatischen Städten hergestellt wurden. Sie war keine geborene Jüdin, sondern nur als eine Verehrerin Gottes dem jüdischen Bethaus zugetan. Wie immer, so gibt Lukas auch hier Gott die Ehre und den Dank dafür, daß das apostolische Wort sein Ziel erreichte. Nicht nur sie, auch ihr Haus, Kinder und Gesinde, wurden getauft. Den natürlichen Verband der Familie hat Paulus als Gottes Stiftung geehrt; darum hat er diese natürliche Verbundenheit durch die Taufe nicht zerstört, sondern in die Glaubensgemeinschaft aufgenommen und durch sie geheiligt.

Lukas spricht aber nicht nur deshalb von der Lydia, weil er ähnlich wie Paulus dem „Erstling" der Gemeinde eine besondere Erinnerung widmet, sondern auch deshalb, weil Paulus ihr vergönnt hat, ihn und seine Begleiter als Gäste in ihrem Hause aufzunehmen. Das betraf die Frage, der Paulus besondere Bedeutung zuschrieb, ob und wie die Gemeinden sein Missionswerk durch ihre Geldmittel unterstützen durften. Paulus hielt darauf, daß er sich und seine

Genossen durch seine Arbeit ernährte, und obwohl sich daraus viel Entbehrung und Anstrengung für ihn ergab, ließ er doch von diesem Grundsatz nicht ab. Die Frage hatte für den ganzen Bestand der Gemeinde große Wichtigkeit. Einmal schnitt Paulus so alle Verdächtigungen ab, als verfolge er eigennützige Zwecke und suche durch die Wanderpredigt seinen Unterhalt. Noch mehr bedeutete der Wert seines Beispiels für die Gemeinden. Je eifriger die Christen sich aneinander anschlossen und füreinander sorgten, um so nötiger war es, daß die Armenlast nicht übermäßig anwuchs. Das konnte nur dann verhindert werden, wenn die Arbeit in der Christenheit in Ehren stand und niemand sich ohne Not von der Gemeinde erhalten ließ, sondern jeder Christ, solange er es irgendwie vermochte, sich und die Seinigen selbst ernährte. Niemand konnte sich dessen weigern, wenn der Apostel selbst nicht von der Gemeinde, sondern von der Handarbeit lebte; keiner war zu geistlich oder zu vornehm, um zu tun, was er den Apostel auch tun sah. Wer die Hilfe der Gemeinde wirklich nötig hatte, war dadurch nicht entehrt; die Liebe der Brüder reichte ihm den Unterhalt gern; doch konnten die Gemeinden nur dann gesund bleiben, wenn die Freigebigkeit der Liebe niemand in Versuchung führte, sie ohne Not auszunützen, wenn also die Hochschätzung der Arbeit ihr ergänzend zur Seite stand.

In Philippi aber ließ Paulus eine Ausnahme von seiner Regel zu, und Lukas erläutert, wie dies kam. Lydia richtete eine so dringende Bitte an den Apostel, daß er sie nicht beschämen mochte. Dadurch daß ihr Paulus die Taufe gab, gestand er ihr zu, daß sie sich gläubig zum Herrn wandte, daß der Herr sie für zuverlässig und vertrauenswert hielt, sie deshalb in seine Gnade aufnahm und ihr seine geistlichen Gaben gewährte. Mit der Taufe besaß sie ja die Zusage, daß Christus sie zu den Seinen zählt und ihr die Frucht seines Todes und seiner Auferstehung beilegt. Nun, so folgerte Lydia, dürft ihr kein Mißtrauen gegen mich hegen, als gäbe ich euch nicht mit reiner Liebe alles, was mein Haus euch bieten kann. Sie empfand es als nicht folgerichtig, daß Paulus ihr mit der Taufe das höchste Gut anvertraute und doch Bedenken tragen sollte, ihr Gast zu sein. Gilt sie dem Herrn als zuverlässig, so soll ihr auch Paulus trauen und ihre Dienste ohne Besorgnis annehmen. Paulus erfüllte ihre Bitte und zog mit seinen Begleitern bei ihr ein. Die Folge war, daß er auch später die Gaben der Philipper nicht zurückwies, sondern sowohl in Thessalonich als auch in Rom ihre Geldsendungen annahm (Phil. 4,15).

Vom Anfang der Gemeinde in Philippi geht Lukas wieder wie beim Bericht über die cyprischen, phrygischen und lykaonischen Gemeinden sofort zum Ende der Arbeit des Paulus in ihr über und stellt dar, auf welche Weise er vertrieben wurde. Da die Judenschaft am Ort nur klein war, ging die Vertreibung diesmal nicht von ihr aus, sondern wurde dadurch veranlaßt, daß Paulus die mit dem Heidentum verwobenen Geldinteressen einiger Philipper schädigte. 16,16.17: *Es geschah aber, als wir zum Betsaal gingen, daß uns eine Magd, die einen wahrsagenden Geist hatte, entgegenkam, die durch ihr Wahrsagen ihren Herren ein großes Geschäft verschaffte. Diese folgte Paulus und uns, rief und sagte: Diese Menschen sind Knechte des höchsten Gottes, die euch den Weg zur Rettung verkünden.* Den Geist, der diese Frau bewegte, heißt Lukas einen „Python", wie die Griechen den durch Bauchrednerei Wahrsagenden hießen. Sie scheint also auf diese Weise Orakel erteilt zu haben, wobei ihre Hörer, vielleicht auch sie selbst, infolge der Veränderung der Stimme meinten, nun sei der Gott in sie eingegangen und rede aus ihr. Sie trat Paulus nicht feindselig entgegen, sprach vielmehr, wenn er und seine Gefährten in das Bethaus gingen, laut und öffentlich von der Wichtigkeit seines Amts. 16,18: *Dies tat sie an vielen Tagen. Paulus aber tat es weh, und er wandte sich um und sagte dem Geist: Ich gebiete dir im Namen Jesu, des Christus, daß du aus ihr weggehst. Und er ging in derselben Stunde weg.* Das Rufen der Frau war für Paulus eine Last, weil er jede Vermengung von Heidentum und Evangelium sorgfältig abwehrte. Die Bekehrung von den Götzen zum lebendigen Gott und der klare Gegensatz zwischen der heidnischen Sünde und dem Gehorsam gegen Christus wurden gestört, wenn eine heidnische Wahrsagerin die Leute zu Paulus wies. In diesen heidnischen Dingen erkannte er die Wirksamkeit schlimmer Geister; deshalb beschwor er den Geist der Sklavin im Namen Jesu mit dem Erfolg, daß sie zu ihrem Wahrsagen unfähig wurde. 16.19: *Da aber ihre Herren sahen, daß die Hoffnung ihres Geschäfts dahin war, ergriffen sie Paulus und Silas und schleppten sie auf den Markt vor die Behörden.* Da die Sklavin ihr früheres Spiel nicht mehr fortsetzen konnte und sich zur Erklärung ihrer Ohnmacht auf Paulus berief, rächten sich ihre Herren an ihm dadurch, daß sie die Beamten gegen ihn aufbrachten. Nur Paulus und Silas wurden ergriffen, während ihre anderen Begleiter, Timotheus und Lukas, als Diener der Apostel angesehen wurden und darum von der Verfolgung frei blieben. 16,20.21: *Und sie führten sie vor die Hauptleute und sagten: Diese Menschen, die Juden sind, verwirren unsere Stadt und verkünden Sitten, die anzunehmen und zu halten uns nicht erlaubt ist, da wir Römer sind.* Da die Stadt nach römischem Recht verwaltet wurde, waren hier Hauptleute (Prätoren) die höchsten Beamten. Verklagt wurden die Boten Jesu nicht wegen der Schädigung, die die Herren der Sklavin erlitten hatten, sondern mit weitergreifender Beschuldigung als Störer des Friedens und der Ordnung in der Stadt durch Verbreitung religiöser Lehren und Gebräuche, die Römern verboten und ihrer unwürdig seien. Dabei wurde auch ihre jüdische Herkunft als Mittel benützt, um den Haß gegen sie zu erregen; der Widerwille gegen die Juden war in den griechischen Städten weit verbreitet und heftig. Weil die Verhandlung öffentlich stattfand, nahm die Menge leidenschaftlich gegen Paulus Partei, und die Aufregung riß die Beamten mit fort. 16,22-24: *Und die Menge erhob sich gegen sie, und die Hauptleute rissen ihnen die Kleider ab und befahlen, sie mit Ruten zu schlagen, und als sie ihnen viele Schläge gegeben hatten, legten sie sie in das Gefängnis und befahlen dem Gefängniswärter, sie sicher zu verwahren. Als er diesen Befehl erhielt, legte er sie in das innere Gefängnis und schloß ihre Füße in den Holzblock ein.*

Der Schutz Gottes erwies sich kräftig an ihnen. 16,25-34: Aber *um Mitternacht beteten Paulus und Silas und lobten Gott; es hörten ihnen aber die Gefangenen zu. Da geschah plötzlich ein großes Erdbeben, so daß die Grundmauern des Gefängnisses schwankten. Sofort wurden aber alle Türen des Gefängnisses geöffnet und die Bande aller gelöst. Aber der Gefängniswärter wachte auf und sah, daß die Türen des Gefängnisses offen waren; da zog er das Schwert und wollte sich töten, da er meinte, die Gefangenen seien entflohen. Paulus aber rief mit lauter Stimme und sagte: Tue dir nichts Schlimmes; denn wir sind alle hier. Er verlangte aber Lichter, sprang hinein und begann zu zittern und fiel vor Paulus und Silas nieder, und er führte sie hinaus und sagte: Ihr Herren, was muß ich tun, damit ich gerettet werde? Sie sagten: Glaube an den Herrn Jesus, und du wirst gerettet werden, du und dein Haus. Und sie sagten ihm das Wort des Herrn samt allen, die in seinem Hause waren. Und er nahm sie in jener Stunde der Nacht und wusch ihnen die Striemen ab, und er wurde sofort getauft, er und die Seinigen alle, und er führte sie in das Haus hinauf und stellte einen Tisch vor sie, und er jubelte mit seinem ganzen Haus, weil er an Gott gläubig geworden war.* Wahrscheinlich machte Paulus dieses Mahl für den Kerkermeister und sein Haus zum ersten Abendmahl.

Am folgenden Morgen mußten sich die Prätoren entschließen, was mit Paulus und Silas zu geschehen habe. Eine deutliche Klage lag gegen sie nicht vor; daher waren die Beamten der Meinung, mit der Züchtigung, die die Apostel bekommen hatten, seien sie hinlänglich gestraft. Sie befahlen darum, vielleicht auch ihrerseits unter dem Eindruck des Erdbebens, Paulus und Silas freizulassen. 16,35-37: *Als es aber Tag wurde, sandten die Hauptleute die Gerichtsdiener und sagten: Laß jene Menschen gehen! Der Gefängniswärter berichtete Paulus diese Worte: Die Hauptleute haben hergesandt, daß ihr freigelassen werden sollt. Darum geht jetzt fort und zieht im Frieden! Paulus aber sagte zu ihnen: Sie haben uns, die wir Römer sind, öffentlich geschlagen und uns, ohne daß wir verurteilt waren, in das Gefängnis gelegt, und jetzt schicken sie uns heimlich fort. Nein! sondern sie sollen selbst kommen und uns hinausführen.* Paulus war, so tapfer er litt als einer, der im Gefängnis zum Lobe Gottes fähig war, ebenso tapfer auf seine Ehre bedacht. Mehr Schande, als nötig war, zu leiden, war er der Gemeinde wegen nicht willig. Es war für die Christen Philippis nicht einerlei, ob er mit Schimpf und Schande heimlich aus der Stadt verjagt wurde oder ob seine Ehre öffentlich wiederhergestellt wurde und die Beamten ihr Unrecht eingestanden. Diese hatten sich durch ihr leidenschaftliches Verfahren ohne Verhör und mit Verletzung des Rechts Paulus gegenüber, der das römische Bürgerrecht besaß, in eine bedenkliche Lage gebracht. Wenn Paulus sein Recht klagend gegen sie verfolgte, drohte ihnen Bestrafung durch den Statthalter der Provinz. Sie waren darum bereit, Paulus zu gewähren, was er verlangte. 16,38.39:

Aber die Gerichtsdiener meldeten diese Worte den Hauptleuten. Sie fürchteten sich aber, da sie hörten, daß sie Römer seien, kamen und begütigten sie und führten sie heraus und baten sie, daß sie aus der Stadt fortgingen. Dadurch, daß die Beamten Paulus und Silas aus dem Gefängnis in die Stadt begleiteten, erhielten sie ein öffentliches Zeugnis, daß sie nicht nach Recht und Gesetz behandelt worden waren. Sie baten aber Paulus, die Stadt zu verlassen; die Erinnerung an ihr verkehrtes Verfahren war ihnen peinlich und ihrem Amt nachteilig; auch hatten sie nicht den Mut, ihn gegen die Gewaltsamkeiten seiner heidnischen Feinde zu schützen. Paulus sagte ihnen dies zu und hielt mit den Brüdern den letzten Gottesdienst. 16,40: *Als sie aber aus dem Gefängnis kamen, gingen sie zu Lydia, und sie sahen die Brüder, ermahnten sie und zogen fort.*

Lukas läßt das „wir" in seiner Darstellung wieder fallen. Bei der Erzählung, wie Paulus und Silas vor die Richter gezerrt wurden, verschwindet es selbstverständlich; wenn nun aber ihre Abreise (17,1) berichtet wird, so wäre zu erwarten, Lukas sagte: „Wir kamen nach Thessalonich." So lesen wir erst 20,5, auch dort wieder in Verbindung mit Philippi, als Paulus von Philippi nach Kleinasien und Jerusalem aufbrach. Wir werden daraus zu entnehmen haben, daß Lukas in Philippi zurückblieb. Wenn Paulus ihn erst in Troas getauft hat, war dies ein weiser Beschluß; er setzte nicht Neulinge, die erst seit einigen Wochen das Evangelium kannten, den schweren Aufgaben des Missionswerks aus. Nachdem in Philippi sich eine Gemeinde gebildet hatte, war für Lukas der Ort gefunden, an dem er gebend und empfangend, eine Stütze der Brüder und wiederum in der Gemeinschaft mit ihnen wachsend, seine ersten Christenjahre verleben konnte. War er dagegen schon seit Jahren Christ und von Paulus als Gehilfe in seine Begleitung gezogen, dann blieb er als Führer für die junge Gemeinde zurück.

17,1-4: *Sie wanderten aber durch Amphipolis und Apollonia durch und kamen nach Thessalonich, wo eine Versammlung der Juden war. Paulus ging aber, wie er gewohnt war, zu ihnen und besprach sich an drei Sabbaten mit ihnen über die Schriftworte, legte sie aus und zeigte, daß der Christus leiden und von den Toten auferstehen mußte und daß er, Jesus, den ich euch verkündige, der Christus ist. Und einige von ihnen wurden überzeugt und schlossen sich an*

Paulus und Silas an und eine große Schar von den Gott verehrenden Griechen und nicht wenige von den vornehmsten Frauen. Nicht in allen Städten, durch die Paulus kam, hat er die Evangelisation versucht; Amphipolis und Apollonia durchwanderte er ohne Aufenthalt. Thessalonich aber hatte eine große Judenschaft, und einer solchen die Botschaft von Jesus zu verkündigen, war Paulus immer bereit. Er bekam hier an drei Sabbaten das Wort, ohne daß er durch gehässige Widerrede gehindert wurde. Den Gegenstand der Verhandlungen bildeten die Weissagungen der Schrift über den Verheißenen: Verkündigte sie wirklich einen Christus, der leiden und auferstehen solle, und war Jesus wirklich der von Gott in der Schrift verheißene Herrscher? Dabei zeigten sich die Proselyten aufgeschlossener als die Juden, die durch den jüdischen Nationalstolz gehindert waren. Wenn der Jude über seine Überzeugung, zum erwählten Volk Gottes zu gehören, nicht sorgfältig wachte, verdarb sie sich in eine Eitelkeit, die durch die Zumutung tief verletzt wurde, in dem von der Judenschaft gekreuzigten und auch jetzt noch von ihr verworfenen Jesus den Erfüller der Verheißung Gottes zu sehen. Auch manche von den vornehmen Frauen traten aus der Synagoge in die Gemeinde hinüber. Das erwähnt Lukas deshalb, weil dies den Eifer der Juden gegen den Apostel steigerte. Hätte Paulus nur geringe Leute an sich gezogen, so hätte man nur gespottet; daß aber die vornehmen Frauen nicht mehr in der Synagoge, sondern in der Gemeinde des Paulus zu finden waren, erbitterte die Judenschaft.

17,5-7: *Aber die Juden kamen in Eifer, nahmen einige schlechte Männer von denen, die auf dem Markt herumstanden, bewirkten einen Auflauf der Menge und lärmten durch die Stadt, und sie standen vor dem Haus Jasons und suchten sie, um sie vor die Volksversammlung zu führen. Da sie sie aber nicht fanden, schleppten sie Jason und einige Brüder vor die Obrigkeit der Stadt und riefen: Die, die die Welt in Aufruhr brachten, sind auch hier; Jason hat sie aufgenommen, und sie alle handeln gegen die Verordnungen des Kaisers, weil sie sagen, ein anderer sei König, nämlich Jesus.* Um die Bildung der Christengemeinde zu hindern und Paulus aus der Stadt zu vertreiben, bereiteten die Juden einen Tumult vor. Unter den auf dem Markt herumstehenden Leuten gab es viele, die für solch einen Zweck brauchbar waren. Sie machten Lärm und brachten dadurch die Stadt in Aufregung, als sei etwas Schreckliches im Gang. Die Bürger eilten zusammen zur Volksversammlung, und auch die Stadtobrigkeit war zur Stelle. Die Tumultuanten bemühten sich, Paulus und Silas in ihre Gewalt zu bekommen; sie vermuteten sie im Hause eines Jason, weil dort die Versammlungen der Christen stattfanden oder Paulus dort wohnte. Die Apostel waren nicht zu finden; aber Jason und einige andere Christen wurden in die Volksversammlung vor die Beamten gezerrt. Die Klage richtete sich gegen Paulus und Silas als gegen Ruhestörer, die in der ganzen Welt Aufruhr stiften und ihr Werk nun auch in Thessalonich treiben. Jason habe sich schuldig gemacht, weil er ihnen Unterkunft gewähre. Dabei nützten die Juden die politische Seite der messianischen Erwartung aus. Jesus werde als König verehrt; das sei Hochverrat und richte sich gegen den Kaiser.

17,8.9: *Sie erregten aber die Menge und die Obrigkeit der Stadt, da sie das hörten, und als sie von Jason und den anderen Bürgschaft erhalten hatten, ließen sie sie frei.* Sowie die Untertänigkeit gegenüber dem Kaiser ins Spiel kam, wurden die griechischen Städte und Behörden ängstlich; denn jeder Verdacht einer rebellischen Gesinnung gegen den Kaiser war gefährlich. Allein man hatte nicht die Apostel, sondern nur die in der Stadt angesessenen, jedermann bekannten Männer vor sich. Was man sich gegen zugewanderte, unbekannte Männer ohne Bedenken erlaubt hätte, war gegen Angehörige der eigenen Stadt nicht zulässig. Jason kam zum Wort und konnte den Verleumdungen widersprechen. Man verlangte von ihm, daß er Bürgen dafür stelle, daß er sich jederzeit zur Verfügung der Obrigkeit halte, um sich vor dem Richter für sein Verhalten zu verantworden. Nachdem Jason diese beigebracht hatte, schloß man die Versammlung.

17,10a: *Die Brüder aber sandten sofort während der Nacht Paulus und Silas nach Beröa.* Die Christen von Thessalonich beschlossen, daß die Apostel unter dem Schutz der Nacht abreisen sollten; denn man mußte damit rechnen, daß sie von den Behörden verhaftet würden, sobald sie sich zeigten. So brach Paulus seine Arbeit in Thessalonich ab und ging westwärts nach Beröa. Der Bericht des Lukas nötigt schwerlich, den Aufstand gegen die Christen unmittelbar an den dritten Sabbat anzuschließen, an dem Paulus noch ein freies Wort in der Synagoge möglich war. Den Philippern schreibt Paulus (Phil. 4,16), sie hätten ihm einmal und zweimal eine Unterstützung nach Thessalonich geschickt. Wenn dies nicht erst beim zweiten, sondern beim ersten Aufenthalt des Paulus in Thessalonich geschah, läge darin ein Zeichen, daß ein längerer Zeitraum verstrich, ehe Paulus zur Flucht genötigt war.

17,10b-12: *Als sie dort ankamen, gingen sie in die Versammlung der Juden. Diese waren edler als die in Thessalonich, da sie das Wort mit allem Eifer annahmen und Tag um Tag die Worte der Schrift erforschten, ob sich dies so verhalte. Darum kamen viele von ihnen zum Glauben und von den angesehenen griechischen Frauen und Männern nicht wenige.* Auch in Beröa begann Paulus die Arbeit in der Synagoge; hier fand er aber aufmerksame Hörer, und die Worte der Schrift, auf die er sich stützte, wurden eifrig erwogen. Das Ergebnis war eine zahlreiche Gemeinde, die zu einem großen Teil aus der Synagoge zu Paulus hinüberging. Davon bekam die Judenschaft Thessalonichs Nachricht. Die Obrigkeiten der Städte hatten untereinander gar keine Verbindung; sie hingen nur von der römischen Zentralregierung ab, und ihre Beschlüsse galten nicht weiter als bis zu den Grenzen der Stadt. Dagegen bildeten die jüdischen Gemeinden ein fest verbundenes Ganzes. So sahen es die Führer der Synagoge von Thessalonich nicht gleichgültig mit an, daß die Synagoge in Beröa sich Paulus zuwandte. 17,13.14: *Als aber die Juden von Thessalonich erfuhren, daß das Wort Gottes von Paulus auch in Beröa verkündigt wurde, kamen sie und brachten auch dort die Menge in Bewegung und Verwirrung. Da schickten die Brüder Paulus sofort weg, damit er an das Meer gehe, und Silas und Timotheus blieben dort zurück.* Paulus selbst ging, ehe es zur Gewalttat kam; er sorgte aber für die junge Gemeinde dadurch, daß er seine Gefährten bei ihr ließ. 17,15: *Die aber, die für Paulus sorgten, führten ihn nach Athen, und nachdem sie für Silas und Timotheus das Gebot erhalten hatten, sie sollten so rasch als möglich zu ihm kommen, reisten sie ab.* Wie die Begleiter des Paulus seinen Willen ausführten, erzählt Lukas nicht; erst aus der Zeit, als Paulus in Korinth war, berichtet er, daß Silas und Timotheus wieder bei Paulus eintrafen (18,5). Dagegen sehen wir aus dem ersten Brief nach Thessalonich (3,2.5), daß Timotheus der Weisung des

Paulus folgte und bei ihm in Athen war. Paulus wurde aber durch die Ereignisse in Thessalonich bestimmt, ihn sofort wieder dorthin zu senden und auch weiterhin allein in Athen zu bleiben. Der Grund lag darin, daß die Christen von Thessalonich anhaltend verfolgt wurden. Der Vorwurf der aufrührerischen Gesinnung gegen den Kaiser erwies sich als so wirksam, daß die Feindseligkeit der Beamten und der Bevölkerung die ganze Gemeinde traf und darauf hinarbeitete, allen Christenglauben in der Stadt auszurotten. Näheres über den Verlauf der Sache sagt uns Paulus nicht, nur daß die Verfolgung heftig war. Den bedrängten Christen, zu denen er selbst nicht kommen konnte, entzog er seine Gehilfen nicht. So kam es, daß diese erst in Korinth wieder mit ihm zusammentrafen, nachdem zwar die Leidenszeit für Thessalonich noch nicht beendet, wohl aber der Bestand der Gemeinde gesichert war.

Kapitel 17,16–18,17

Die Arbeit in Athen und Korinth

17,16: *Während aber Paulus in Athen auf sie wartete, ergrimmte sein Geist in ihm, da er sah, daß die Stadt voll von Götterbildern war.* Paulus hatte Zeit, die Stadt mit ihren prächtigen Tempeln und der Menge von Altären und Statuen anzusehen. Überall stieß das Auge auf Götterbilder, zumeist auf schöne, die aber gerade durch ihre Schönheit von jedem ernsten Aufblick zu Gott abzogen. Wir hätten Paulus mißverstanden, wenn wir erwarteten, er habe sich in Athen nur dem Kunstgenuß ergeben und darüber vergessen, was bei diesem zum Spiel entarteten Betrieb der Religion aus den Menschen wurde. Nun hatte er das gepriesene Athen vor sich, das sich rühmte, es berge das Höchste in sich, was der Mensch geschaffen habe – und das Höchste war der Trug dieser unzähligen Götterbilder. Inzwischen tat Paulus seine Arbeit nicht nur in der Synagoge unter den Proselyten, sondern auch auf dem Markt, wo es nie an Leuten fehlte, die über alles, was damals den Menschengeist bewegte, ein geistreiches Gespräch mit Vergnügen hörten. 17,17: *Er besprach sich nun in der Versammlung mit den Juden und mit denen, die Gott verehrten, und auf dem Markt an jedem Tag mit denen, die herbeikamen.* So kam Paulus in Verkehr mit den Philosophenschulen in Athen, für die es öffentliche Lehrstühle und geordnete Unterrichtsveranstaltungen gab, so daß man nicht ohne Grund von einer „Universität" im damaligen Athen sprechen kann. 17,18: *Aber auch einige von den epikureischen und stoischen Philosophen besprachen sich mit ihm, und einige sagten: Was will wohl dieser Schwätzer sagen?, andere aber: Er scheint ein Verkündiger fremder Gottheiten zu sein, weil der die gute Botschaft von Jesus und von der Auferstehung sagte.* Lukas ermißt die Bedeutung, die diese Seite am griechischen Leben hatte, wohl und zeigt nachdrücklich auf die Begegnung des Apostels mit den Vertretern der griechischen Weisheit hin. Paulus traf in seiner Arbeit nicht nur mit dem Rabbiner zusammen, der den Vorzug des Judentums verteidigte, nicht nur mit dem Magier, der eine dunkle Geheimwissenschaft anpries, nicht nur mit dem niedrigen Heidentum, das eine wahrsagende Sklavin ausbeutete und zahlreichen Handwerkern durch seinen umfangreichen Geschäftsbetrieb Gewinn verschaffte; sondern er begegnete auch den Lehrern, die auf Grund eines einheitlichen Weltbildes dem Menschen über den Sinn seines Lebens Auskunft versprachen. Dies konnten Anhänger des Epikur sein, die die Natur und den Menschen vom Stoff, von der Materie her verstehen wollten und die Erfüllung des Lebens im Glück sahen, oder Stoiker, die dem Menschen einen Anteil an der Weltvernunft zuschrieben und ihn anleiteten, sich durch den Erwerb der Tugend über die niederen Triebe zu erheben und vom äußeren Lauf der Dinge unabhängig zu werden.

Die Athener begegneten Paulus mit Geringschätzung. Sie hängten ihm einen Spottnamen an, der von einem Vogel hergenommen war, der Samenkörner aufpickt. Man nannte so Leute, die die Lehren und Schriften anderer Meister ausbeuteten und allerlei zusammengelesene Brocken als ihre Weisheit von sich gaben, ohne Ordnung und Einheit und ohne geistige Kraft. Es galt denen, die so sprachen, als gewiß, daß außerhalb ihrer eigenen Weisheit nichts Vernünftiges und Wahres zu finden sei; auch habe Paulus, was er etwa zu sagen wisse, nur von anderen geborgt; keinesfalls vermöge er auf Grund seiner eigenen Erlebnisse und in neuer Erkenntnis etwas zu lehren, was auch sie erst noch zu lernen hätten. Etwas richtiger ahnten andere das Ziel seiner Verkündigung, die an seiner Botschaft von Jesus und von der Auferstehung merkten, daß es Paulus um die Religion ging. Sie vermuteten, er sei ein Verkündiger fremder Gottheiten, wie denn in jener Zeit die Neigung verbreitet war, zu den heidnischen Göttern andere, auch solche, die aus weiter Ferne, aus dem Inneren Asiens, oder aus Ägypten stammten, hinzuzufügen. So unverständig fielen die Gutachten aus, die die athenischen Gelehrten über Paulus abgaben. Dieselbe Verkehrtheit des Urteils zeigen die griechischen und römischen Gelehrten noch lange Zeit.

17,19.20: *Sie nahmen ihn aber mit sich und führten ihn zum Areopag und sagten: Können wir erfahren, was diese neue, von dir verkündigte Lehre ist? Denn du bringst Seltsames vor unsere Ohren, darum wünschen wir zu erfahren, was dies sein soll.* Der Areopag war derjenige Rat Athens, der die Aufsicht über die Religion, die Schulen und die guten Sitten der Stadt führte. Nicht als Gerichtshof, vor dem Paulus als Verklagter stand, war der Rat beisammen, sondern um festzustellen, was Paulus lehre, da sein Wort fremdartig und neu aussah. Je nach dem Ergebnis der Untersuchung mochte der Rat hernach beschließen, ob Paulus das Lehren in der Stadt erlaubt oder verboten werden sollte. Lukas hebt hervor, daß Athen ein harter, unfruchtbarer Boden für das Evangelium war. 17,21: *Alle Athener aber und die dort wohnenden Fremden hatten für nichts Zeit als dafür, etwas Neues zu sagen oder zu hören.* Die Stadt hatte ein eigenartiges Gepräge. Sie war anders als die Handelsstädte; geistige Bestrebungen hatten in ihr das Übergewicht. Darum ließen sich auch von auswärts zahlreiche Fremde in Athen nieder: jüngere Leute ihrer Bildung wegen oder auch in reiferen Jahren Stehende, die sich von der athenischen Bildung eine besondere Bereicherung ihres Lebens versprachen. Was aber in Athen regierte, war ein zu Schein und Eitelkeit verdorbener Geist. Die Frage nach der Wahrheit war verstummt. Etwas Neues, was noch neuer als die jüngste Neuigkeit war, zu sagen oder zu hören, darauf war jedermann erpicht.

17,22: *Paulus aber stand mitten im Areopag und sagte: Ihr Männer von Athen, ich sehe an allem, daß ihr die Götter zu eifrig verehrt.* Paulus zog die Hörer schon durch sein erstes Wort von ihren

Vorurteilen weg. Es war zwar nicht sogleich ein schweres Strafwort, das die Torheit und Schuld ihres Götterdienstes ohne Schonung ans Licht zog; Paulus ehrte auch an ihrer verirrten religiösen Bemühung ihr Verlangen, die Gottheit zu ehren. Doch zeigten ihnen schon diese ersten Worte, daß ihr Verdacht, er bringe einen neuen Aberglauben in die Stadt, falsch war. Er ist vielmehr dazu gekommen, dem Aberglauben ein Ende zu machen, den weder die Epikureer noch die Stoiker überwanden, den sie vielmehr bei sich und anderen weiterführten.

17,23: *Denn als ich durch die Stadt ging und besah, was ihr verehrt, fand ich auch einen Altar, auf dem die Aufschrift war: „Dem unerkannten Gott". Was ihr nun, ohne es zu kennen, verehrt, das verkündige ich euch* (Joh. 4,22). So viele Götter hatten sie in Athen; dennoch, ja vielmehr eben deshalb gab es unter ihnen Männer, die auf den Altar, den sie errichteten, das Bekenntnis setzten, daß Gott von uns Menschen gänzlich geschieden und für unsere Erkenntnis völlig unerreichbar sei. Und doch sprach sich in diesem Bekenntnis und in dem Altar, in den es eingegraben war, die Gewißheit aus, daß die Welt Gottes Werk sei, und die Sehnsucht drang ans Licht, die nach seiner Erkenntnis als dem höchsten Gut begehrte. Beides, sowohl die Befreiung von der volkstümlichen Religion mit ihren armseligen Göttern als der müde Verzicht auf eine Begegnung mit Gott, die uns mit ihm verbände, war das Ergebnis der philosophischen Bemühungen, in denen viele und edle Geister unter den Griechen das ihr Leben verklärende Kleinod sahen. Darum las Paulus diese Inschrift mit Bewegung als einen vielsagenden Ausdruck dafür, was das Heidentum nach seiner wahren, edlen Seite war: die unerfüllte Sehnsucht nach Gott, eine schmerzvolle Klage, die die Gottverlassenheit des Menschen enthüllte, um die Offenbarung Gottes flehte und damit zugleich gestand, daß ihm die Erkenntnis Gottes fehlte. War es aber wahr, daß trotz aller Bilder, Tempel und Mythen Gott der Unbekannte blieb, so wurde aus ihrem eifrigen Gottesdienst ein Aberglaube und bedurften sie des Evangeliums und hatten auf die gute Botschaft des Apostels zu hören; er verkündigte ihnen nicht einen fremden Gott als Zugabe zur Schar der alten, sondern den einen, vor dem das Götzentum vergeht, dem allein die Verehrung, der Glaube und die Liebe des Menschen gehören.

So war es freilich in gewissem Sinn ein neuer Gott, den Paulus den Athenern brachte, doch anders, als sie meinten. Der Gott, den Paulus ihnen verkündete, war mit keinem ihrer Götter vergleichbar; keiner unter ihren vielen Götternamen paßte auf ihn als der eine: „Der unerkannte Gott!" Wer er ist, macht Paulus ihnen an seiner Schöpferherrlichkeit deutlich. 17,24.25: *Gott, der die Welt und alles, was in ihr ist, gemacht hat, er, der der Herr des Himmels und der Erde ist, wohnt nicht in Tempeln, die mit Händen gemacht werden, und wird nicht von menschlichen Händen bedient, als ob er jemandes bedürfte, da er selbst allen Leben und Odem und alles gibt.* Die Schöpfermacht Gottes schließt in sich, daß er der Herr seiner Werke ist und Himmel und Erde regiert. Damit fallen die Tempel, als wohnte er in einem Hause, das menschliche Hände bereiteten; es fällt auch aller Gottesdienst, der sich stellt, als verschaffe der Mensch dadurch Gott die Pflege und Fürsorge, die er nötig habe. Nicht darauf beruht die Gemeinschaft Gottes mit uns Menschen, daß er jemandes bedürfte, sondern darauf, daß er der Geber dessen ist, was wir sind und haben. 17,26.27: *Und er machte, daß von einem her alle Völker der Menschen auf dem ganzen Angesicht der Erde wohnen, da er zuvor bestimmte Fristen und die Grenzen ihrer Wohnung festsetzte, damit sie Gott suchen, ob sie ihn wohl greifen und finden möchten, obwohl er nicht fern von einem jeden von uns ist.* Gottes Werk ist die Menschheit mit ihrer Herkunft aus dem einen Stammvater und ihrer Ausbreitung über die ganze Erde, und sein Werk ist ihre Geschichte mit ihren festgesetzten Zeiträumen und Ländergrenzen, innerhalb deren die Völker leben und sterben, emporwachsen und untergehen. Das alles geschieht nicht ohne Ziel und Zweck; nicht umsonst gibt Gott der Menschheit Zeit und Raum, Lebensfrist und Heimat. Es geschieht dazu, daß sie zur Erkenntnis Gottes und zur Gemeinschaft mit ihm kommen. Wie man durch den Griff der Hand eines Gegenstandes gewiß wird, auch wenn man ihn nicht sieht, so ist es das Ziel des Menschen, daß er den Unsichtbaren fasse und halte als den, in dessen Gegenwart er lebt und der mit ihm verbunden ist. Die Weise, wie Paulus von diesem Ziel der Menschheit spricht, deutet an, daß sie es nicht erreicht hat; Gott blieb ihr verborgen. Das liegt nicht an Gott, nicht an der Unmöglichkeit der Aufgabe, die er uns Menschen vorgehalten hat, als ließe er sich von uns suchen, während er doch unerreichbar bliebe. Er ist nicht nur nicht fern von der Menschheit, die sein Werk ist und die er regiert, sondern auch nicht fern von jedem einzelnen; denn sein Schaffen und Wohltun umfaßt und bewegt jedes Menschenherz. Vor seinem Auge stehen sie alle, alle Menschenherzen; denn er hält in seiner Hand das ganze Geisterreich. Woher hätte er sonst sein Leben, woher seine Beweglichkeit, daß es sich regen, wollen und handeln kann, woher sein Dasein? Das sind alles Dinge, die wir uns nicht selber geben. 17,28: *Denn in ihm leben wir und bewegen wir uns und sind wir, wie auch einige von euren Dichtern gesagt haben: „Denn wir sind auch sein Geschlecht".* Wir empfangen unser Leben von Gott; damit erhalten wir von ihm stets eine Bezeugung, die unser Auge zu ihm emporheben kann. Darum war auch, was Paulus sagte, nicht eine völlig neue Botschaft, die bisher ganz unerhört gewesen wäre. Für dieses Wissen, daß der Mensch von Gott stammt und Gottes Werk ist, konnte Paulus sich, wie dies die jüdischen Theologen schon längst getan hatten, auch auf die Dichter der Griechen berufen. Er zitiert einen Vers, der die Menschheit das Geschlecht des Zeus, des höchsten Gottes, nennt, einen Vers des Aratus, der eine Dichtung über die Erscheinungen am Himmel verfaßt und dabei auch stoische Gedanken über den alle Dinge wirkenden Weltgrund ausgesprochen hat. Das Zitat dient Paulus als Beweis dafür, daß der Mensch sein Leben als Werk und Geschenk Gottes empfindet und darin ein stetes Zeugnis der göttlichen Güte vor Augen hat.

17,29: *Da wir nun das Geschlecht Gottes sind, sollen wir nicht meinen, die Gottheit sei dem Gold oder Silber oder Stein ähnlich, dem Gebilde der Kunst und des Gedankens der Menschen.* Wer mit Ernst bei der Erkenntnis bleibt, daß das Menschengeschlecht von Gott stammt und die Art Gottes an sich trägt, kann kein Götterbild mehr anbeten. Diese Bilder fallen alle dahin; denn sie sind nicht lebendig und, was von Geist und Schönheit an ihnen ist, haben die Gedanken und die Kunst des Menschen ihnen aufgeprägt. Nicht nach unten zu toten Dingen soll der lebendige Mensch sehen, wenn er Gott sucht; aufwärts hat er zu schauen und an Gott, den Lebendigen, zu glauben, so gewiß er selbst lebendig ist.

So hat der Vorwurf, mit dem Paulus begann, seinen bestimmten, klaren Inhalt bekommen. Die Hörer konnten erkennen, wieviel an ihrer Frömmigkeit verdorben war. Nun aber kommt das Neue. 17,30.31: *Darum verkündigt Gott, weil er die Zeiten der Unwissenheit übersehen hat* (1. Petr. 1,14), *jetzt den Menschen, daß alle an allen Orten Buße tun, da er einen Tag festgesetzt hat, an dem er die Welt mit Gerechtigkeit richten wird durch einen Mann, den er bestellt hat, indem er allen den Glauben anbietet, da er ihn von den Toten auferweckt hat* (1. Thess. 1,10; Joh. 5,22). Was dem Menschen unmöglich blieb, tat Gott; der Mensch fand Gott nicht; Gott aber bereitet den Zeiten der Unwissenheit ein Ende. Er tut es in seiner Gnade; er verzeiht das menschliche Irren und stiftet jetzt auf Erden ein Wort, das jedermann überall zur Umkehr ruft. Diese Gottestat hat darin ihren Grund, daß Gott einen Gerichtstag geordnet hat, der an allen seine Gerechtigkeit in ihrer herrlichen Vollkommenheit offenbaren wird, weil er dann das Böse abtun und das Gute erhalten und vollenden wird. Der Mann, dem Gott das Richteramt übertrug, damit er den gerechten Willen Gottes vollführe, ist schon bestellt. Darum wird, ehe sein Tag kommt, jedermann noch zur Umkehr gerufen: Jeder wende sich zu seinem Richter, werde ihm untertan und tue, was ihm wohlgefällig ist! Den, der als Richter Gottes Reich aufrichten wird, hat Gott für alle kenntlich gemacht; denn er hat ihn von den Toten auferweckt. Damit ist allen ermöglicht, an ihn zu glauben, und allen gezeigt, daß ihr Gottesdienst von nun an auf den Glauben an ihn gegründet sein muß.[1]

So hat Paulus die Athener von ihren Göttern weg zu Jesus geführt. Mit dieser Rede ist der Bericht über die Predigt des Apostels in den Synagogen aufs lehrreichste ergänzt. Es war für ihn um vieles leichter, den Juden die Einsicht in das Wort Jesu zu vermitteln; denn diese hatten schon Gott vor Augen und lebten in der Hoffnung auf den Christus. Aber auch zum Heiden wußte sich Paulus den Zugang zu öffnen; er zeigte ihm den Wahn in seiner Religion, faßte ihn beim Bewußtsein seiner Unwissenheit über Gott und richtete seinen Blick auf die großen Gottestaten, auf das Gericht und die Auferstehung Jesu. Daraus ergab sich für den Heiden die Frage:

1 Zu diesem Übergang vom Gericht Gottes zum Glauben siehe den Römerbrief: Weil der Zorn Gottes sich über jede Ungerechtigkeit offenbart, darum wird dem Glaubenden die Gerechtigkeit gegeben (Röm. 1,17.18).

Willst du nicht statt mit Angst und Beben im Glauben an den Auferstandenen freudig dem Gerichtstag entgegengehen? Der Gerichtstag Gottes ist ihm glaublich; denn er weiß sich schuldig; Jesu Auferstehung kann ihm glaublich werden; denn er muß sich ohne sie vor dem Gericht fürchten.

17,32-34: *Als sie aber die Auferstehung der Toten hörten, spotteten die einen; die anderen aber sagten: Wir wollen dich darüber auch später wieder hören. So ging Paulus aus ihrer Mitte fort. Einige Männer aber, die sich ihm anschlossen, wurden gläubig, unter denen auch Dionysius, der Areopagit, war und eine Frau mit Namen Damaris und andere mit ihnen.* Dem Juden wurde das Kreuz Jesu und die Berufung der Heiden zum Ärgernis, das ihn vom Evangelium wegstieß; den Griechen reizte die Auferstehung Jesu zum Widerspruch. Diese Botschaft verstieß wider den Lauf der Natur, deren Beobachtung und Deutung die Weisheit der Griechen ausmachte. Wie später vielfach, wurde schon in Athen die Bezeugung der Auferstehung der Scheideweg, an dem sich die Hörer des Apostels von ihm trennten und auch untereinander zu verschiedenem Urteil kamen. Die einen spotteten; die anderen gaben Paulus recht, wenn er ihnen die Torheit und Sünde in ihrem Götterdienst vorhielt; aber mit ihrem System zu brechen, fanden sie nicht den Mut; sie schoben die Entscheidung auf. Einige aber faßte sein Zeugnis so, daß sie die Gelegenheit benützten, in persönlichen Verkehr mit dem Apostel zu treten; sie kamen so zum Glauben an Jesus. Darunter war auch ein Mitglied des Areopag, Dionysius, auch eine Frau, namens Damaris; Lukas nennt sie wahrscheinlich deshalb, weil sie sich später in der Christenheit durch ihren Glauben und Wandel hervortat.

Daß der Erfolg des Apostels in Athen nicht groß war, hat ihn schwerlich überrascht und entmutigt. Wir dürfen ihm nicht die törichte Hoffnung zuschreiben, er werde gleich mit der ersten Rede den ganzen Areopag zum Glauben an Jesus bringen. Paulus wußte, wie die Welt war und wieviel in ihr dem Evangelium widerstand. Er wird mit besonderer Dankbarkeit die wenigen, die sich in der verdorbenen Luft Athens der Wahrheit ergaben, zur Taufe geführt haben. Man darf das geringe Maß seines Erfolgs auch nicht der Art seiner Predigt zuschreiben, als wäre er in der Rede vor dem Areopag von der Regel des Evangeliums abgewichen. Sie ist uns nicht in der

Meinung erzählt, Paulus habe in Athen mit einer neuen Weisheit oder besonderen Lehrform einen Versuch gemacht, der mißlungen sei. Die Rede enthält nur das, was jedem Heiden über Gott und die Götzen gesagt werden mußte. Weder über das Geheimnis der Schöpferherrlichkeit Gottes und seiner Weltregierung noch über das Amt und die Auferstehung Jesu gehen die Worte auf die mancherlei Fragen ein, die im menschlichen Denken erwachen und unser Forschen erregen können. Auch in Athen enthielt das Wort des Apostels nichts als die schlichte Bezeugung derjenigen Wahrheiten, die im Heiden Buße und Glauben schaffen konnten und ihm deutlich machten, was er lassen muß, wenn er zu Christus kommen will, und was er bei ihm dafür finden wird.

18,1: *Hernach schied er von Athen und kam nach Korinth.* Lukas erzählt uns zuerst, wie Paulus in Korinth Gelegenheit fand, sein Handwerk zu betreiben. Bei den Grundsätzen, an denen der Apostel festhielt, war dies eine wichtige Sache; denn davon hing es ab, ob er sich die Lebensmittel zu längerem Aufenthalt zu verschaffen imstande war. 18,2.3: *Und er fand einen Juden mit Namen Aquila, der seiner Herkunft nach aus Pontus war, jüngst aber aus Italien gekommen war, und Priszilla, seine Frau, weil Claudius geboten hatte, daß alle Juden Rom verlassen müßten. Und er ging zu ihnen und blieb bei ihnen, weil er dasselbe Handwerk hatte, und sie fanden Arbeit; denn nach ihrem Handwerk waren sie Verfertiger von Zelten.* Die Zelte wurden dadurch hergestellt, daß die hierfür brauchbaren festen Gewebe zurechtgeschnitten und zusammengenäht wurden.[1] Da Paulus im Hause Aquilas Wohnung nahm und in seinem Geschäft arbeitete, war für seinen Unterhalt gesorgt. Aquila war erst seit kurzem in Korinth; bisher war er in Rom wohnhaft gewesen. Der Kaiser Claudius hatte aber die römische Judenschaft aus der Stadt vertrieben. Davon erzählt uns auch Suetons Lebensbeschreibung des Kaisers mit dem merkwürdigen Zusatz, die Juden hätten diese Vertreibung durch die beharrlichen Unruhen veranlaßt, zu denen Chrestus sie getrieben habe. Es ist nicht unmöglich, daß hier ein Römer töricht über diese Ereignisse geredet hat. Chrestus ist zwar auch ein gebräuchlicher Männername, kommt aber auch

[1] Vielleicht bestand die Arbeit des Paulus in der Herstellung der Stoffe für Zelte.

als Entstellung des Namens Christus vor. Geriet die römische Judenschaft des Christus wegen in öffentlichen Unfrieden und Tumult, dann war wahrscheinlich nicht ein jüdischer angeblicher Messias, sondern die Predigt von Jesus und das Bestehen christlicher Versammlungen die Ursache. Wie die Juden in Thessalonich sich beharrlich gegen die Christen zusammenrotteten, so wird ähnliches auch in Rom geschehen sein. Der Kaiser Claudius strafte dafür nicht die Christen, deren Unterschied von den Juden noch nicht öffentlich bekannt war, sondern suchte die Schuld für die Unruhen bei der Judenschaft und stellte die Ruhe dadurch her, daß er ihnen, wie es früher Tiberius wegen eines anderen Anlasses getan hatte, die Stadt verbot. Durch die Gemeinschaft mit Aquila trat die römische Gemeinde und ihre Wichtigkeit für die ganze Kirche zuerst in den Blick des Paulus; sein Vorsatz, nach Rom zu reisen, den er nach Röm. 1,13 während vieler Jahre hegte, wird bis in diese Zeit zurückreichen. Lukas läßt freilich nicht sicher erkennen, ob Aquila schon als Christ aus Rom kam. Daß Paulus ihn bekehrte, erwähnt er nicht; als den Erstling Achajas nennt Paulus 1. Kor. 16,15 das Haus des Stephanas, und an beiden Stellen, an denen der Apostel Aquila erwähnt, deutet er nicht an, wie er es z. B. bei Timotheus tut, daß er sein Kind im Glauben gewesen wäre (1. Kor. 16,19; Röm. 16,5). Es ist somit möglich, daß Aquila das Evangelium schon in Rom gefunden hatte.

18,4-8: *Er besprach sich aber in der Versammlung an jedem Sabbat und suchte Juden und Griechen zu gewinnen. Als aber Silas und Timotheus von Mazedonien herabkamen* (2. Kor. 1,19; 1. Thess. 3,6), *wurde Paulus vom Wort gedrängt und bezeugte den Juden, daß Jesus der Christus sei. Da sie sich aber widersetzten und lästerten, schüttelte er seine Kleider aus und sagte zu ihnen: Euer Blut kommt auf euer Haupt, rein gehe ich von jetzt an zu den Heiden. Und er ging von dort weg und kam in das Haus eines Mannes mit Namen Titius Justus, der Gott verehrte, dessen Haus an das Bethaus anstieß. Krispus aber, der Vorsteher der Versammlung, wurde an den Hern gläubig mit seinem ganzen Haus, und viele Korinther, die es hörten, glaubten und wurden getauft.* Zuerst sprach Paulus auch in Korinth in der Synagoge; aber auch hier war ein endgültiger Bruch nicht zu vermeiden. Als wegen des Widerstands der Juden eine fruchtbare Lehrarbeit in ihren Versammlungen nicht mehr möglich war, bezeugte ihnen Paulus feierlich, damit, daß sie das Evangelium verstießen, stürzten sie sich in den Tod; daran seien einzig sie selbst schuld. Das Haus eines Proselyten Titius Justus diente dem Apostel nun als Ort für seine Lehrarbeit; dabei war ihm erwünscht, daß es dicht neben der Synagoge lag; so kam den Juden die Erinnerung an die ihnen gebrachte Botschaft nicht aus dem Sinn. Es war auch nicht ohne Wichtigkeit, daß einer der Vorsteher der jüdischen Gemeinde, Krispus, in die Christengemeinde übertrat; er gehörte zu den wenigen Korinthern, die Paulus selbst getauft hat (1. Kor. 1,14).

Die Gemeinde wuchs; doch hat nicht dies allein Paulus bewogen, seinen Aufenthalt auf anderthalb Jahre auszudehnen; er war auch hierbei von einer bestimmten Weisung Jesu geleitet. 18,9-11: *Der Herr aber sprach zu Paulus in der Nacht durch ein Gesicht: Fürchte dich nicht, sondern rede und schweige nicht; denn ich bin mit dir, und keiner wird dich angreifen, so daß er dir Übles täte, weil ich in dieser Stadt ein großes Volk habe. Er verweilte aber ein Jahr und sechs Monate und lehrte unter ihnen das Wort Gottes.* Immer wieder bestätigte sich die Gewißheit des Apostels, daß durch den Verlauf seiner Arbeit sich nur die schon unsichtbar bestehenden, vom Himmel her begründeten Beziehungen enthüllen, in denen der Herr zu den Menschen steht. Nicht der Apostel erwirbt ein großes Volk für den Herrn; Christus hat es und schickt ihm deshalb durch den Apostel sein Wort, das die aufnehmen, die sein Eigentum sind. In beiden Beziehungen erfüllte sich die Zusage Jesu: zahlreiche Bekehrungen fanden statt, und Paulus blieb gegen Angriffe geschützt. Da Korinth der Sitz des Statthalters von Achaja war, durften die Vorsteher der Judenschaft nichts selbständig unternehmen, und auch die Aufhetzung der städtischen Obrigkeiten konnte ihnen hier nichts helfen. Sie mußten versuchen, ein Urteil des Statthalters gegen Paulus zu erwirken. Als der neue Prokonsul Gallio nach Achaja kam, von dem wir auch sonst einige Nachrichten haben, da er der Bruder Senekas, des stoischen Morallehrers, war, versuchten die Juden, ein Urteil gegen Paulus zu erwirken. 18,12-17: *Als aber Gallio Statthalter von Achaja war, überfielen die Juden Paulus einträchtig, führten ihn vor den Richterstuhl und sagten: Dieser beredet die*

Menschen, gegen das Gesetz Gott zu verehren. Als aber Paulus den Mund auftun wollte, sagte Gallio zu den Juden: Wäre es irgendeine ungerechte Tat oder ein boshafter Schurkenstreich, ihr Juden, so hätte ich mit Recht mit euch Geduld. Sind es aber Streitfragen über die Lehre, über Namen und euer Gesetz, so müßt ihr selbst dazu sehen; ich will darüber nicht Richter sein. Und er trieb sie vom Richterstuhl weg. Alle ergriffen aber Sosthenes, den Vorsteher der Synagoge, und schlugen ihn vor dem Richterstuhl, und Gallio kümmerte sich nicht darum. Die Juden stützten sich bei ihrer Klage darauf, daß das jüdische Gesetz vom römischen Staat geschützt und der Judenschaft die Ausübung ihrer Religion gesichert war, Paulus verleite sie aber zu einem dem mosaischen Gesetz widersprechenden Gottesdienst. Die Judenschaft von Korinth bewahrte also eine sachlichere, ruhigere Haltung als die von Thessalonich, die das Bekenntnis zum Christus als staatsgefährlich ausgab; das war eine böswillige Unwahrhaftigkeit, weil die messianische Hoffnung der Juden mindestens ebenso staatsgefährlich war wie die der Christen; die Juden erhoben damit gegen Paulus eine Anklage, die sie selbst noch viel stärker traf. In Korinth versuchten die Verkläger des Paulus nicht, ihn als Verschwörer gegen den Kaiser bloßzustellen, sondern begnügten sich damit, vom Statthalter zu fordern, daß er ihre religiösen Ordnungen schütze. Damit kamen sie aber nicht zum Ziel. Der Statthalter erklärte, über Streitfragen, die die jüdische Lehre und die Beobachtung ihres Gesetzes betreffe, fälle er kein Urteil, und wies die Klage, ohne daß sich Paulus verantworten mußte, ab. Wahrscheinlich hielt sich der Statthalter dabei an das Vorbild des Kaisers; auch er hatte sich in Rom nicht auf eine Untersuchung der Gründe eingelassen, weshalb die Juden sich mit den Christen nicht vertrugen, sondern lediglich die Judenschaft gezwungen, ruhig zu sein. So hielt auch der Statthalter nur darauf, daß es zu keiner Gewalttat und Unordnung komme; er lieh aber den Juden seine Macht nicht dazu, Paulus zu verfolgen, solange der Kampf sich nur auf Fragen des Gottesdienstes bezog. Da die Verhandlung öffentlich geschah, erregten die Juden den Unwillen der zuhörenden Griechen; diese mißhandelten den Vorsteher der Synagoge, Sosthenes, vor den Augen Gallios, ohne daß dieser ihm Schutz gewährte. Es kam ans Licht, daß die Bevölkerung auch hier wie in Philippi gegen die Juden erbittert war. Das trug zum Schutz der Christenheit bei; denn es war so den Juden erschwert, einen gegen die Christen gerichteten Auflauf unter der Volksmasse anzustiften. Die Schuld an solchen Unruhen ließ sich jedesmal leicht auf die Christen abwälzen, als sei ihr Dasein die Ursache. In Korinth aber mußten die Juden sich vorsichtig bewegen und konnten darum Paulus und die Christenheit nicht hindern. Auch aus den Briefen des Paulus nach Korinth ergibt sich, daß die Christen dort bleibend Frieden hatten und von Leiden, wie sie die Thessalonicher und vor allem Paulus selbst zu ertragen hatten, verschont blieben (1. Kor. 4,8-10; 2. Kor. 4,11.12).

Kapitel 18,18-28

Die Wanderungen des Paulus bis zur Ankunft in Ephesus

18,18.19a: *Nachdem aber Paulus noch viele Tage geblieben war, nahm er Abschied von den Brüdern und fuhr mit dem Schiff nach Syrien und mit ihm Priszilla und Aquila, nachdem er sein Haupt in Kenchreä geschoren hatte; denn er hatte ein Gelübde. Sie kamen aber in Ephesus an, und er ließ sie dort.* Als Paulus seine Arbeit in Korinth beendete, hielt er es für richtig, zuerst wieder nach Jerusalem zu gehen. Im Hafen von Kenchreä, der auf der Ostseite von Korinth gegen das ägäische Meer hin lag, traf er ein Schiff, das nach Ephesus bestimmt war, wo er leicht Schiffsgelegenheit nach Syrien finden konnte. Mit ihm verließen auch Aquila und Priszilla Korinth, nicht um nach Syrien zu gehen, sondern um sich in Ephesus niederzulassen. Das zeigt uns, wohin der Blick des Paulus gerichtet war. Schon als er das zweitemal nach Kleinasien kam, sah er nach Ephesus hinüber als einer Stätte fruchtbarer Arbeit; damals aber hatte ihm der Geist diese Pläne verwehrt, und es hatte sich inzwischen gezeigt, welche Arbeit er zuerst zu tun hatte. Jetzt aber dachte er um so mehr wieder an Ephesus, weil zwischen seinen früheren Gemeinden und den neuen die Provinz Asia in der Mitte lag; erst, wenn auch hier die Gemeinden entstanden, schlossen sich die Gemeinden des Paulus zu einer Kette zusammen, in der kirchliche Gemeinschaft durch den ganzen weitverzweigten Bereich leicht durchführbar war. Da aber der Dienst, den Aquila Paulus bei der Ausführung seines Handwerks leistete, für diesen wichtig war, zog Aquila schon damals nach Ephesus hinüber in der Erwartung, Paulus werde später von Syrien her dort eintreffen, so daß dieselbe Arbeitsgemeinschaft sich ergeben konnte, die in Korinth bestanden hatte.

Die Abfahrt von Kenchreä war noch durch eine feierliche Handlung bezeichnet: Paulus schnitt sich zur Erfüllung eines Gelübdes sein Haar ab. Lukas erzählt das sicher nicht von Aquila, sondern von Paulus; er zeigt nirgends auf die Handlungen der Begleiter des Paulus, sondern stets auf das hin, was Paulus tat. Der Bericht sagt, daß das Gelübde sich auf denjenigen Tag bezog, an dem Paulus den Boden Achajas verließ und die Fahrt nach Jerusalem antrat. Paulus hat gelobt, kein Schermesser auf sein Haupt zu bringen, solange er in Korinth verweile, sondern erst dann sein Haar zu scheren, wenn er wohlbehalten nach Ausrichtung seiner Arbeit in Achaja nach Syrien zurückkehren könne. Ein Nasiräat, wie es das Gesetz beschrieb, kann man das nicht heißen; denn dazu gehörte, daß das Haar im Tempel zugleich mit der Darbringung von Opfern geschnitten wurde. Auch fehlte dem in der Diaspora Lebenden die vom Gesetz verlangte Reinheit, ohne die der Antritt eines Nasiräats unmöglich war. Doch war das Gelübde dem für die Nasiräer geltenden Brauch nachgebildet; es übertrug, was die Nasiräer in Palästina taten, auf die Verhältnisse im Heidenland. In Kenchreä war nun die Stunde da, die Paulus mit seinem Gelübde vom Herrn erbeten hatte. Er hat dadurch in sichtbarer Weise bekundet, wie sehr ihm die Reise nach Jerusalem und Antiochia am Herzen lag. So fruchtbar seine Arbeit in Korinth gewesen war, ersehnte er doch den Tag seiner Abreise; denn er hielt es für unerläßlich, die Gemeinschaft mit der ältesten Christenheit je und je durch persönlichen Verkehr zu erneuern. Alles lag dem Apostel daran, daß die Kirche nicht auseinanderfalle, sondern sich als ein geeinigter Leib vom Haupt her entfalte. Dazu gab es kein wirksameres Mittel als seinen eigenen Besuch. Wie sehr ihn nach dieser Reise verlangte, bezeugte er durch sein Gelübde nicht nur vor Gott, sondern machte er auch den Korinthern dadurch sichtbar, daß er sein Haar bis zu dem Tag wachsen ließ, an dem er das Schiff nach Syrien bestieg.

18,19b-21: *Er selbst aber ging in die Versammlung und besprach sich mit den Juden. Als sie ihn aber baten, für längere Zeit zu verweilen, willigte er nicht ein, sondern nahm Abschied und sagte: Ich werde wieder zu euch zurückkommen, wenn Gott es will, und er fuhr von Ephesus ab.* In Ephesus verschaffte Paulus der Wechsel des Schiffs die Gelegenheit, die Synagoge zu besuchen; dabei zeigte sich, daß in der Judenschaft von Ephesus für das Evangelium Empfänglichkeit vorhanden war. Paulus wurde gebeten zu bleiben, schlug zwar die Bitte ab, versprach aber wiederzukommen, unter dem Vorbehalt, den Paulus nie aus dem Auge ließ: wenn Gott es will.

18,22: *Und er landete in Cäsarea, zog hinauf und grüßte die Gemeinde und zog nach Antiochia hinab.* Nachdem Paulus von Ephesus zu Schiff nach Cäsarea gelangt war, ging er nach Jerusalem hinauf. Lukas braucht die Stadt nicht mehr zu nennen, nachdem er den Hafen genannt hatte. Jedermann weiß, weshalb Paulus in diesen Hafen gefahren war.[1] Nach Jerusalem wanderte er nicht allein des Tempels wegen, wenngleich ihm auch dies ein wichtiges Anliegen war, je und je seine Zugehörigkeit zu Israel zu bestätigen und in Geist und Wahrheit zu tun, was den Vätern vom Gesetz befohlen war. Vor allem aber kam er nach Jerusalem der Christengemeinde wegen, um sie zu begrüßen. Dadurch hat er ihr bewiesen, daß ihn nichts von ihr schied; er hat ihr gleichzeitig wieder Kenntnis davon gegeben, wie es draußen stand, und das Seine dazu getan, daß ihre Liebe zu den griechischen Christen nicht erkalte und ihre Freude am Werk des Herrn unter den Heiden wachse. Nachdem er das vollbracht hatte, zog er zu einem ähnlichen Zweck, wahrscheinlich auf dem Landweg durch die phönizischen Städte, nach Antiochia.[2]

18,23: *Und nachdem er einige Zeit dort zugebracht hatte, brach er auf und zog der Reihe nach durch das galatische Land und Phrygien*

[1] Übersah man, daß das Hinaufgehen von Cäsarea die Reise nach Jerusalem bezeichnete, so wurde die Reiseroute von Ephesus über Cäsarea nach Antiochia ganz unverständlich. Dem will ein Satz abhelfen, der 19,1 in einem Teil der Texte steht: „Da aber Paulus nach seinem Willen nach Jerusalem reisen wollte, sagte ihm der Geist, er solle nach der Asia zurückkehren." In der Tat ließ es sich nur so einigermaßen verstehen, daß Paulus zwar nach Cäsarea fuhr, dann aber gleichwohl nicht nach Jerusalem, sondern nach Antiochia ging. Aber dieser Satz ist als eine eingeschobene Erläuterung eines Lesers dadurch gekennzeichnet, daß er an viel zu später Stelle kommt, erst nachdem Paulus 18,23 bereits wieder nach Phrygien gezogen war.

[2] „Er zog hinab nach Antiochia", sagt Lukas; so spricht er nie von einer Fahrt zur See.

und stärkte alle Jünger. Beim dritten Aufbruch von Antiochia zog Silas nicht mehr mit Paulus. Nun bildeten seine Begleitung nur solche Männer wie Timotheus, Aristarchus, Gajus (19,29), die ihm selbst das Evangelium verdankten und den neu gegründeten Gemeinden angehörten.[1] Auch darin tritt die wachsende Macht und Autorität des Apostels hervor, daß er sein Werk nicht mehr wie bisher zugleich auf das Wort eines anderen neben ihm stehenden Evangelisten gründete. Er hatte sich schon seit langem nach der Arbeit in Ephesus gesehnt und bei seinem Besuch auf der Fahrt nach Jerusalem den dortigen Juden seine Rückkehr versprochen; auch wartete Aquila dort auf ihn. Dennoch schlug er nicht den Seeweg ein, der ihn von Antiochia schnell und bequem nach Ephesus gebracht hätte, sondern reiste auf dem Landweg über den Taurus in die Gegenden, die er schon auf der zweiten Reise durchwandert hatte (16,6). Damit, daß weder der Zeitverlust noch die Beschwerden der Wanderung ihn von diesem Umweg abhielten, gab er den dortigen Christen einen starken Beweis, wie sehr sie ihm am Herzen lagen. Auf der früheren Reise hatte er ihnen nur kurze Zeit gegönnt; ein zweiter Besuch sollte ihnen jetzt nicht vorenthalten bleiben, obwohl deshalb Ephesus und die dortige Arbeit zurückstehen mußten. Die ältesten kleinasiatischen Gemeinden, Derbe usf., hat Paulus dagegen nicht mehr besucht; er wird nach dem Übergang über den Taurus von Tyana aus direkt nordwestlich nach Ankyra gegangen sein. Mit einer gewissen Regelmäßigkeit ließ Paulus auf den ersten Besuch jeweils einen zweiten folgen. Zweimal war er in den zuerst gegründeten Gemeinden in der Nachbarschaft von Ikonium, zweimal nun auch in den galatischen und phrygischen Orten, zweimal bei den mazedonischen Gemeinden und zweimal in Korinth. Von Ephesus bestellte er sich wenigstens die Ältesten zu einer zweiten Begegnung nach Milet. Es war ihm von Wichtigkeit, die Gemeinden noch einmal zu sehen, nachdem sie einige Zeit ohne ihn das Evangelium bei sich gehabt hatten; dann aber kam bei der vorwärtsdrängenden Entfaltung seiner Arbeit die Zeit, die sie ihm gegenüber selbständig machte. Daher ließ Paulus bei dieser Reise

1 Am Ende der Arbeitszeit in Ephesus war auch Titus bei Paulus (2. Kor. 2,13). Vielleicht begleitete er Paulus auf dieser Reise von Antiochia aus.

Derbe und die benachbarten Gemeinden auf der Seite und machte Ankyra und die benachbarten Städte direkt zu seinem Ziel.

Inzwischen trugen sich in Ephesus Ereignisse zu, die für den weiteren Verlauf des Missionswerks wichtig wurden. 18,24-26a: *Aber ein Jude mit Namen Apollos, der seiner Herkunft nach aus Alexandrien war, ein gelehrter Mann, kam in Ephesus an, der in der Schrift tüchtig war. Dieser war über den Weg des Herrn unterrichtet, und im Geist brennend redete er und lehrte genau, was mit Jesus geschehen war, obwohl er einzig von der Taufe des Johannes wußte, und dieser begann freimütig in der Versammlung zu reden* (1. Kor. 1,12; 3,4-6,22; 4,6; 16,12; Tit. 3,13). Apollos stand noch in der Mitte zwischen dem Judentum und der christlichen Gemeinde. Er kannte Jesu Wort und Geschichte, schwieg auch vor der Judenschaft von Ephesus über Jesus nicht; er hatte aber noch nie eine andere Taufe gesehen als die, die einst der Täufer den Bußfertigen gab. Obwohl er also mit Christen zusammengekommen war und Nachricht über Jesu Wort, Kreuz und Auferstehung erhalten hatte, schloß doch das Evangelium, wie es ihm gesagt worden war und wie er es nun weiter sagte, nicht mit der Forderung: Laßt euch auf Jesu Namen taufen. Er kannte zwar die Taufe, aber nicht als ein Hauptstück der christlichen Botschaft, nicht als die Stiftung Jesu, durch die der Bußfertige die Vergebung und den Geist des Christus empfängt, sondern nur als eine dem Auftreten Jesu vorangehende Handlung, die vom Täufer Israel als Vorbereitung auf den kommenden Herrn befohlen war. Damit trat jedenfalls auch die Verheißung des Geistes für die an Jesus Glaubenden und ihre Einigung zu einer Gemeinde, die von der Synagoge unterschieden war, zurück. Sowie die christliche Taufe wegfiel, erhielt der Unterricht über Jesus mehr den Charakter einer Lehre, die man unbeschadet der Zugehörigkeit zur Synagoge verbreiten und annehmen konnte, ohne daß der neue Glaube auch eine neue Gemeinde erzeugte; diese bildete sich sofort, wenn der Glaubende sich ausdrücklich und öffentlich durch die Taufe zu Jesus bekannte als zu dem, der seine Gerechtigkeit ist. Zu seiner Überraschung hörte Aquila in der Synagoge diesen unbekannten Prediger den Namen Jesu nennen und sein Christusamt mit eindringendem Ernst bezeugen. Doch sah er, daß er noch nicht das ganze apostolische Evangelium besaß. 18,26b:

Als ihn aber Priszilla und Aquila hörten, nahmen sie ihn zu sich und legten ihm den Weg Gottes genauer vor. Auch hier nennt Lukas Priszilla und läßt uns dadurch erkennen, daß diese Frau mit großer geistiger Kraft in der Zeit der Gründung der Gemeinden in Korinth und Ephesus mitgearbeitet hat.

18,27.28: *Da er aber nach Achaja hinübergehen wollte, ermunterten ihn die Brüder dazu und schrieben den Jüngern, sie sollten ihn aufnehmen. Als er ankam, half er durch die Gnade den Gläubigen viel. Denn er widerlegte die Juden mit Kraft und erwies öffentlich durch die Worte der Schrift, daß Jesus der Christus sei.* Apollos ging nach Korinth mit Briefen Aquilas und der anderen Christen von Ephesus, die ihn bei der Gemeinde einführten. Damit begann in Korinth eine neue Periode der Missionsarbeit in der Synagoge. Apollos war von dieser noch nicht ausgeschlossen, sondern hatte noch die Möglichkeit, im jüdischen Gottesdienst als Schriftgelehrter das Wort zu nehmen und den Satz aus der Bibel zu erweisen, daß Jesus der Christus sei. Dies wird durch den ersten Korintherbrief bestätigt; denn es gab in der dortigen Gemeinde eine Gruppe, die nicht von Paulus zu Jesus geführt war, sondern von Apollos das Evangelium erhalten hatte (1. Kor. 1,12; 3,5.6).

Kapitel 19

Die Arbeit des Paulus in Ephesus

19,1: *Während Apollos in Korinth war, geschah es, daß Paulus die oberen Gegenden durchzog und darauf nach Ephesus kam und einige Jünger fand.* Als Paulus von Phrygien her in Ephesus eintraf, fand er Apollos nicht mehr in der Stadt, dagegen einige Jünger, deren Glaubensstand mit dem des Apollos übereinstimmte. Wie Paulus sie fand, darüber gibt uns Lukas nur diejenige Auskunft, die in ihrem Jüngernamen liegt. Jünger waren sie, Jesu Jünger, die sich zu ihm bekannten. Die Jünger, die schon vor der Ankunft des Paulus in Ephesus waren, hielten sich voreinander nicht verborgen; sie hatten im gemeinsamen Bekenntnis zu Jesus ein Band, das sie vereinigte. Unter ihnen befand sich aber auch Aquila, der durch das tapfere Auftreten des Apollos mit ihm und dem ihm gleichgesinnten

Kreis verbunden worden war. So kam es, daß die Jünger in Ephesus auf die Arbeit des Paulus vorbereitet waren und sofort mit ihm zusammentrafen.

19,2a: *Und er sagte zu ihnen: Habt ihr den heiligen Geist empfangen, als ihr gläubig wurdet?* Daß sie gläubig sind, sieht Paulus daran, daß sie sich als Jünger bekennen. Darum erkundigte er sich, ob sie im vollen Anteil am Evangelium stehen und die aus dem Geiste Gottes stammenden Erscheinungen und Gaben auch bei ihnen wie bei den anderen Gemeinden hervortraten. 19,2b: *Sie aber sagten zu ihm: Aber wir haben nicht einmal gehört, daß es heiligen Geist gibt.* Paulus bekam die ihn überraschende Antwort: Wir haben nicht nur selbst vom Wirken des Geistes noch nichts erlebt, sondern überhaupt noch nichts davon gehört, daß sich der Geist Gottes in der Gemeinde wirksam zeigt. Sie reden nicht davon, daß Gott in seinem eigenen Wesen Geist ist, auch nicht davon, daß seine früheren Boten im heiligen Geist gesprochen haben und Jesus selbst von ihm erfüllt gewesen ist. Jenes wußte jeder Jude, dieses jeder Jünger. Vielmehr war das ihre Frage, ob es heiligen Geist als der Christenheit verliehene Gabe Gottes gebe, die den Glaubens- und Gnadenstand begründet und offenbart, und ob der Vorzug der Gemeinde Jesu darin bestehe, daß sie im Geist Gottes lebt und spricht. Was dieser Kreis vom Evangelium gehört hatte, war also erst ein Stück von dem, was etwa den Hauptinhalt unserer ersten Evangelien ausmacht.

19,3: *Und er sagte: Worauf wurdet ihr denn getauft? Sie aber sagten: Auf die Taufe des Johannes.* Getauft sind sie, da sie ja Jünger sind; wenn aber die Verheißung des Geistes nicht zu ihnen kam, so muß es eine andere Taufe gewesen sein als die, die im Namen Jesu gegeben wurde; denn mit dieser ist die Verheißung des Geistes verbunden. Über dem Getauften wurde nicht nur der Name Jesu, sondern auch der des heiligen Geistes genannt, und Paulus hielt es für ausgeschlossen, daß jemand, der durch einen seiner Mitarbeiter die Taufe erhalten hatte, nicht die volle Auslegung des Evangeliums empfangen hätte. Dieses aber spricht aus, daß Gott nicht nur seinen Sohn, sondern auch den Geist seines Sohnes in die Herzen der Glaubenden gesandt habe. Aus der Antwort der Jünger ergab sich, daß sie wie Apollos die Taufe nur als ein Glied der Bußpredigt des

Täufers kannten, der Israel durch das Wasserbad von seiner Ungerechtigkeit löste, damit es sich für den kommenden Herrn bereitmache. Paulus legt ihnen dar, daß das nicht mehr dem gegenwärtigen Stand des Evangeliums entspreche. 19,4: *Paulus aber sagte: Johannes hat mit einer Taufe der Buße getauft und dem Volk gesagt, daß sie an den, der nach ihm komme, glauben sollten, das ist an Jesus* (Matth. 3,11; Joh. 1,26). Beim Täufer zielte die Taufe auf die Buße, auf die Abwendung von dem sündlichen Willen, den Israel bisher in sich trug; der Glaube aber war noch der Zukunft vorbehalten; denn der Täufer konnte dem Volk nur sagen, dem nach ihm Kommenden, nämlich Jesus, sollten sie glauben. Jetzt aber hat sich dies geändert; denn jetzt wird die Taufe im Namen Jesu gegeben und begehrt, somit im Glauben an den, der gekommen ist, mit dessen Gegenwart die göttliche Gnade sich nach ihrem Reichtum in Geist und Leben offenbart.

19,5-7: *Als sie dies hörten, wurden sie auf den Namen des Herrn Jesus getauft, und als Paulus die Hände auf sie legte, kam der heilige Geist auf sie, und sie redeten mit Zungen und weissagten. Es waren aber zusammen etwa zwölf Männer.* Nun begehrten diese Jünger, nochmals getauft zu werden, nun nicht mehr bloß nach dem Befehl des Johannes, sondern im Namen des Herrn Jesus; sie wollten mehr als eine Taufe zur Buße, nämlich eine Taufe zum Glauben, zum Empfang des gegenwärtigen Heilsgutes, das Christus den Seinen erworben hat, das im heiligen Geist besteht. Auf die Taufe folgte das Gebet des Apostels für diese Männer, wobei er ihnen die Erhörungsgewißheit, in der er betete, durch die Handauflegung sichtbar machte. Nun erlebten sie, daß dem Glauben nicht nur ein Hoffen, sondern ein Haben der Gemeinschaft Gottes geschenkt wird; die Verheißung des heiligen Geistes erwies sich an ihnen in derselben Weise wirksam wie bei den anderen Christen: in einem über das menschliche Denken und Reden hinausgehobenen Gebet und in der Weissagung, die das Wort in der Gewißheit über den göttlichen Willen sagt. Dies waren die Erstlinge der Gemeinde in Ephesus, die ersten Steine in ihrem Bau. Deshalb nennt Lukas auch ihre Zahl: Etwa zwölf Männer waren es. Es war von Bedeutung, daß diese Schar sich gleich zum Anfang mit den Begleitern des Paulus und mit der Hausgemeinde Aquilas vereinigte und die Grundlage für die Kirche von Ephesus bildete. Offenbar sieht Lukas bei dieser Erzählung zugleich auf das Erleben des Petrus und Johannes in der Samaritergemeinde zurück (Kap. 8). Dort bei den Samaritern und hier in Ephesus finden wir Getaufte, die vom heiligen Geist in eigener Erfahrung nichts wissen, und an beiden Orten dient die Handauflegung der Apostel als Mittel, wodurch die Getauften in den Besitz der Gaben des Geistes kommen. Auch in dieser Hinsicht will uns Lukas zeigen, daß die Erfahrungen des Petrus und des Paulus gleichartig waren. Die apostolische Sendung beider erwies sich darin, daß sich mit ihrer Segnung die Kraft des göttlichen Geistes verband über das hinaus, was die ihnen vorarbeitenden Männer zu bewirken vermocht hatten. Für Paulus hatte dies darum noch besondere Bedeutung, weil er nach dem Grundsatz handelte, da, wo schon Christen waren, nicht zu verweilen, sondern dahin zu gehen, wo Jesus noch nicht verkündigt war. Nun traf er in Ephesus, als er dorthin kam, schon eine Christenschar an; aber die Umstände fügten sich so, daß hierin für ihn kein Zeichen lag, das ihn veranlassen konnte, weiter zu ziehen; vielmehr wurde ihm offenkundig eben hier vom Herrn sein Arbeitsfeld angewiesen. Denn erst durch ihn empfing die Schar diejenige Taufe, mit der die Wirkungen des Geistes verbunden waren.

Hell tritt ans Licht, wie gläubig Paulus mit der Taufe im Namen Jesu handelte. Sie bedeutete ihm nicht nur ein Zeichen oder äußeres Merkmal der Gnade Jesu, sondern den Einschluß in sie und darum den wirksamen Anteil an Jesu Gaben. Aber ebenso deutlich ist, wie frei das Auswendige am Sakrament behandelt wurde. Auch Apollos wußte nicht mehr von der Taufe, als daß sie am Jordan durch den Täufer gestiftet worden war; von ihm wird jedoch nicht erzählt, er sei nochmals getauft worden; er ließ sich unterweisen und hatte daran, daß ihm das Wort vollständiger gegeben war, genug. Die anderen Jünger in Ephesus wurden wiedergetauft, damit sie nicht einen verkürzten Christenstand hätten, sondern im Namen Jesu von aller Sünde gewaschen und mit aller Gnade begabt seien. Die Samariter dagegen haben Petrus und Johannes nicht wiedergetauft, wohl aber für sie gebetet und ihnen dadurch den Geist vermittelt. Das verschiedene Verfahren mag sich wohl auch nach dem verschiedenen Glaubens- und Gewissensstand gerichtet haben. Den

Samaritern war nicht ein mangelhaftes Evangelium gebracht worden; was sie nötig hatten, war, daß zum Wort das Erlebnis, zur Verheißung die Erfüllung kam. Apollos war glühend im Geist und ein wirksamer Bote Jesu, schon als er die Taufe noch nicht mit dem Werke Jesu innerlich zu verbinden verstand. Er brauchte nicht neues Wasser, sondern neue Erkenntnis und das in dieser begründete Wachstum des Glaubens. Bei den Christen von Ephesus war der Unterricht, den sie empfangen hatten, mangelhaft und ihre Erkenntnis Jesu in einem Hauptstück verkürzt gewesen. Darum hielt es Paulus für richtig, ihnen eine zweite Taufe zu geben, damit ihnen kein Zweifel bleibe, auf wen ihr Christenstand gegründet sei. Unbekannt bleibt nur, von wem diese Männer ihre Taufe im Gehorsam gegen das Wort des Täufers, jedoch ohne den apostolischen Taufunterricht empfangen hatten, ob Apollos sie in der Zeit seiner Arbeit in Ephesus taufte, ehe er mit Aquila in Gemeinschaft kam, oder ob sie wie Apollos von einem anderen Mann in Ephesus oder anderswo in dieser Form getauft wurden. Die Beantwortung dieser Frage, die uns vielleicht über die Missionsgeschichte dieser Zeit manchen Aufschluß gäbe, lag für Lukas, auch wenn er darüber unterrichtet war, jenseits der Grenze, in die er seinen Bericht einschloß; es lag ihm nicht am früher Geschehenen, sondern daran, zu zeigen, daß die Gemeinde von Ephesus durch Paulus entstand, weil sie erst durch ihn in die ganze Gnade eingeführt wurde.

Es hatte aber auch für den gesamten Gang der Kirche Wichtigkeit, daß sich neben sie nicht noch eine andere Gemeinde stellte, die sich an den Täufer anschloß und seine Taufe fortsetzte. Indem sich die Anhänger des Täufers, die sein Erbe bewahren wollten, mit Paulus und seiner Gemeinde einigten, trat ans Licht, daß das Werk des Täufers sein Ziel und Ende in dem hatte, was Jesus für die Menschheit erworben hat.

Dann begann die Lehrarbeit des Paulus unter der Judenschaft. 19,8: *Er ging aber in die Versammlung, redete freimütig drei Monate lang, besprach sich mit ihnen und suchte sie für das Reich Gottes zu gewinnen.* In Ephesus stieß Paulus nicht wie im pisidischen Antiochia oder in Thessalonich auf einen Fanatismus, der ihn sofort mit Lästerworten aus der jüdischen Gemeinde vertrieb. Das hing mit der freien, beweglichen Haltung zusammen, die die jüdischen Gemeinden in den großen griechischen Städten dadurch bekommen hatten, daß in ihnen mancherlei theologische Arbeit geschehen und verschiedene Richtungen entstanden waren. Man war geneigt, auch bei wesentlichen Unterschieden in den Überzeugungen einander Duldung und Achtung zu gewähren. Dies kam auch Paulus zugut. Aber auch in dem für vieles empfänglichen und geistig beweglichen Ephesus gelang es nicht, die ganze Judenschaft in die Christenheit hinüberzuführen. Auch hier war das Ergebnis schließlich dies, daß die Judenschaft und die Christenheit sich voneinander schieden und nebeneinander bestanden. Paulus war auch hier genötigt, die christliche Gemeinde ganz von der Judenschaft abzulösen. 19,9.10: *Als sich aber einige verhärteten und ungehorsam blieben und den Weg vor der Menge schmähten, trennte er sich von ihnen und sonderte die Jünger ab. Und er besprach sich täglich mit ihnen in der Schule des Tyrannus. Dies geschah zwei Jahre lang, so daß alle, die in der Provinz Asia wohnten, das Wort des Herrn hörten, Juden und Griechen.*

Seit der selbständigen Begründung der christlichen Gemeinde wurde gerade in Ephesus der Haß der Juden gegen Paulus besonders stark. Da er in dieser Weise zwei Jahre lang arbeitete, erstreckte sich sein ganzer Aufenthalt in Ephesus bis ins dritte Jahr (vgl. 20,31). Keine andere Gemeinde hat Paulus so bevorzugt wie Ephesus. Der Erfolg war, daß das Wort Jesu in der ganzen Provinz bekannt wurde. Schwerlich hat Paulus, um dies zu erreichen, größere Reisen von Ephesus aus unternommen; wenigstens bildeten sich in den Städten am Lykus, in Kolossä, Hierapolis und Laodizea, Gemeinden, ohne daß er selbst dort war (Kol. 2,1). Aber auch von den Christen in diesen Städten war ein Teil von Paulus selbst gewonnen worden, wie sich dies für Philemon und sein Haus aus dem Brief an ihn ergibt. Paulus hielt es für das wichtigste, daß er in Ephesus jederzeit von jedermann zu finden war. Daß dennoch das Wort durch die ganze Provinz drang und überall bekannt wurde, was Christenglaube sei, und daß an manchen Orten wie in Kolossä Gemeinden erwuchsen, dazu half die Lage und Bedeutung von Ephesus. Einmal war es der wichtigste Hafen der Provinz, über den vom Binnenland her sowohl die Ausfuhr nach Rom als der Verkehr mit Syrien und Ägypten erfolgte. Das schuf mannigfache Beziehungen zwischen der Stadt und dem ganzen Land. Sodann hatte Ephesus den großen Tempel der Artemis, der ein weithin berühmter Wallfahrtsort war, so daß sich an den Festen aus der ganzen Provinz große Scharen dort zusammenfanden. Sie bildeten auch für Paulus eine wirksame Missionsgelegenheit.

Auch die Heilungen, die Paulus verliehen wurden, trugen kräftig dazu bei, daß nicht nur sein Name, sondern auch sein Evangelium durch das ganze Land drang. 19,11.12: *Und Gott tat ungewöhnliche Wunder durch die Hände des Paulus, so daß auch Schweißtücher oder Leibbinden von seinem Leib weg zu den Kranken gebracht wurden und die Krankheiten von ihnen wichen und die bösen Geister fortgingen.* Lukas vergleicht die Verehrung, die Paulus der Heilungen wegen in Ephesus erwiesen wurde, mit derjenigen, die Petrus in der ersten Zeit seiner Arbeit in Jerusalem erfuhr (5,15). Auch in Ephesus kam es dahin, daß man Kranken, die man nicht zu Paulus bringen konnte, wenigstens etwas, was er auf seinem Leibe getragen hatte, ein Stück seiner Wäsche, brachte in der Zuversicht, daß schon eine solche Berührung mit Paulus ihnen die heilende Macht von oben zuleite. Das erzeugte den Versuch, die Namen Jesu und des Paulus als wunderkräftige Formeln auch im Dienste jüdischer Zauberei zu brauchen; dieser schlug aber zur Beschämung der Beschwörer aus. In Ephesus war zwar der Religionsbetrieb längst schon in griechische Formen gefaßt; aber unter ihrer Decke wirkte altes asiatisches Heidentum kräftig fort, so daß der Boden für allerlei Aberglauben und Zauberei hier besonders fruchtbar war. Das erleichterte auch das Auftreten von Mischformen zwischen dem Evangelium und einer halb heidnischen, halb jüdischen Denkweise. Lukas macht mit wohl erwogener Absicht auf die Torheit und Unmöglichkeit solcher Vermischungen aufmerksam. 19,13.14: *Aber auch einige von den herumziehenden jüdischen Beschwörern versuchten, den Namen des Herrn Jesus über denen zu nennen, die die bösen Geister hatten, und zu sagen: Ich beschwöre euch bei Jesus, den Paulus verkündet. Dies taten sieben Söhne eines jüdischen Hohenpriesters Skeuas.* Wie in allen jüdischen Gemeinden besaßen auch in Ephesus die Priester ein besonderes Ansehen, und die vornehmen priesterlichen Geschlechter legten sich auch hier, ähnlich wie die heidnischen Priester es taten, den Titel „Hohepriester" bei. Die

Söhne eines solchen jüdischen Hohenpriesters benützten bei ihren Beschwörungen den Namen Jesu und die Berufung auf Paulus. 19,15-17: *Aber der böse Geist antwortete und sagte ihnen: Jesus kenne ich, und Paulus ist mir bekannt; wer seid aber ihr? Und der Mensch, in dem der böse Geist war, sprang auf sie, überwältigte beide und war stärker als sie, so daß sie nackt und verwundet aus jenem Haus entflohen. Dies wurde allen Juden und Griechen bekannt, die in Ephesus wohnten, und Furcht fiel auf sie alle, und der Name des Herrn Jesus wurde groß.* Im Munde dieser Beschwörer waren den Besessenen jene Namen nicht furchtbar, da sie sie ohne Recht und Wahrheit, nicht mit eigenem Glauben in ihren Gebrauch zogen. Sie erlebten darauf handgreiflich, daß der Beschworene sich vor ihnen nicht fürchtete.

Im Gegensatz zu diesem zauberischen Mißbrauch der christlichen Namen erwies sich die Kraft des Evangeliums an der Gemeinde darin, daß sie sich mit großem Ernst von abergläubischen Dingen reinigte. 19,18-20: *Und viele von denen, die gläubig geworden waren, kamen, bekannten und verkündigten ihre Taten. Viele aber von denen, die das Unnütze getrieben hatten, trugen ihre Bücher zusammen und verbrannten sie vor allen, und sie berechneten ihren Preis und fanden fünfzigtausend Drachmen.*[1] *So wuchs durch die Kraft des Herrn das Wort und wurde stark.* Vieler Mund öffnete sich jetzt zu reuigem Bekenntnis über solche Verirrungen, die aus ihrer jüdischen oder heidnischen Zeit auf ihrem Gewissen lagen, und dem Bekenntnis folgte zur Bewährung seines Ernstes die Tat: Alle Schriften, die hierher gehörten, Amulette, Anleitungen zum Zaubern und wahrscheinlich sonst noch mancherlei heidnische und jüdische Literatur wurden verbrannt. Ihr Wert hinderte die Gemeinde nicht, was sündlich war, jedem Gebrauch zu entziehen.

Den Schluß der Arbeit in Ephesus beleuchtet Lukas einmal durch die Angabe über die weiteren Pläne des Apostels, sodann durch die Erzählung über den vom Silberschmied Demetrius angestifteten Tumult. 19,21: *Als aber dies vollendet war, nahm sich Paulus im Geist vor, durch Mazedonien und Achaja zu ziehen* (1. Kor. 16,5) *und dann nach Jerusalem zu gehen, und er sagte: Nachdem ich dort*

[1] Der Wert entspricht etwa 35 000 Mark.

gewesen bin, muß ich auch Rom sehen (Röm. 1,10.13). Jerusalem und Rom, das waren die beiden Orte, deren Bedeutung jedes andere Arbeitsfeld weit überwog. In Jerusalem entschied sich das Geschick des alten Gottesvolks, und von dem, was in Rom geschah, hing in beträchtlichem Maß die Zukunft der neuen Gemeinde ab. Nach beiden Städten sah Paulus mit starkem Verlangen. Zunächst nahm er eine zweite Wanderung durch Mazedonien und Griechenland in Aussicht. Diese Gemeinden zum zweitenmal zu sehen, hielt er für seine nächste Pflicht. Daran sollte sich ein Besuch in Jerusalem anschließen, damit die Verbindung mit der jüdischen Kirche fest bleibe. Dann aber faßte Paulus Rom ins Auge; denn es hatte, nachdem die Kirche in den griechischen Ländern fest begründet war, große Bedeutung, wie die Gemeinde sich in der Haupstadt unter den Augen der kaiserlichen Regierung entwickle und ihren Weg ordne.

19.22: *Er sandte aber zwei von denen, die ihm dienten, Timotheus und Erastus, nach Mazedonien; er selbst aber verweilte für einige Zeit in der Provinz Asia* (1. Kor. 4,17; 16,10.11; Röm. 16,23; 2. Tim. 4,20). Zur Vorbereitung seiner Reise durch Mazedonien schickte Paulus Timotheus und Erastus dorthin. Von Timotheus hören wir im 1. Korintherbrief, daß er nach Korinth zu gehen hatte, weil dort die Auflehnung neuer Lehrer gegen Paulus es nötig machte, daß der nüchterne Teil der Gemeinde, der Paulus treu blieb, gestützt wurde und eine sichere Führung erhielt. Über die Aufgabe, die Timotheus in Mazedonien zu erfüllen hatte, spricht Paulus im Brief nicht. Wahrscheinlich waren auch dort, ähnlich wie in Korinth, die Gemeinden durch schwärmerische Lehren aufgeregt; außerdem wurden die mazedonischen Gemeinden durch andauernde Verfolgung besonders schwer bedrückt, und auch das konnte Paulus bewegen, ihnen seine Genossen zu schicken, bevor er selbst kam. Erastus wird in den Korintherbriefen nicht erwähnt; dagegen zeigt der Römerbrief (16,23), daß er am Ende des Winters, den Paulus in Korinth zubrachte, bei Paulus in Korinth war, und während der letzten Zeit des Paulus war Erastus der, der die Arbeit in Korinth übernahm (2. Tim. 4,20).

Nach seiner Regel erzählt uns Lukas noch, wie es zum Aufbruch des Paulus von Ephesus kam. Es wird daran zugleich deutlich, wie stark sein Einfluß sich in der Stadt spürbar machte. Diese Ereignisse sind nicht deshalb mit so viel Anschaulichkeit beschrieben, weil sie Paulus besondere Gefahr und schwere Leiden bereiteten; in die Arbeitszeit in Ephesus fielen andere, schwerere Gefahren. In der Abschiedsrede an die Ältesten spricht Paulus nicht von Demetrius, sondern von den Nachstellungen der Juden (20,19); die wilde Glut des Hasses, mit dem die Juden von Ephesus ihn verfolgten, wurde später darin offenbar, daß sie es waren, die in Jerusalem seine Gefangennahme bewirkten. Auch die Briefe geben Andeutungen über äußerst angreifende Kämpfe, die Paulus in dieser Zeit ertrug (1. Kor. 15,30,32; Röm. 16,4). Daß und warum jedoch die Juden dem Apostel überall da, wo sein Werk wuchs, widerstanden, hat Lukas durch den ganzen Bericht aufs klarste gezeigt; die Einzelheiten seiner Leiden aufzuzählen lag nicht in seinem Sinn. Was er uns hier berichtet, zeigt uns dagegen, wie sich auch das Heidentum zum Kampf gegen Paulus rüstete; zugleich wird sichtbar, wie erfolgreich seine Predigt in Ephesus gewesen ist.

19,23-29: *Es entstand aber zu jener Zeit ein nicht kleiner Aufruhr wegen des Wegs. Denn ein Mann mit Namen Demetrius, ein Silberschmied, der silberne Tempel der Artemis verfertigte, verschaffte den Künstlern nicht geringe Arbeit. Diese versammelte er und die mit solchem beschäftigten Arbeiter und sagte: Männer, ihr wißt, daß uns der Wohlstand aus dieser Arbeit kommt, und ihr seht und hört, daß dieser Paulus nicht nur in Ephesus, sondern fast in der ganzen Provinz Asia viel Volk beredet und abwendig gemacht hat, da er sagt, daß die, die durch die Hände entstehen, nicht Götter seien. Es ist aber nicht nur die Gefahr da, daß diese unsere Sache der Widerlegung verfalle, sondern auch, daß das Heiligtum der großen Göttin Artemis für nichts gehalten werde und sie, die die ganze Provinz Asia und alle Welt verehrt, ihrer Hoheit beraubt werde. Als sie das hörten, wurden sie voll Zorns, riefen und sagten: Groß ist die Artemis der Epheser. Und die Stadt wurde voller Aufregung, und sie stürmten einmütig in das Theater und schleppten die Mazedonier Gajus und Aristarchus mit, die Begleiter des Paulus* (20,4; 27,2; Kol. 4,10; Philem. 24). Vom großen Tempel der Artemis hingen zahlreiche Gewerbe ab, die für den Kultus der Göttin arbeiteten. Eines der vornehmsten unter ihnen betrieb der Silberschmied Demetrius, der silberne Nachbildungen des Tempels fabrizierte; auch Nischen, in denen die Göttin saß, wurden häufig hergestellt. Solche Tempelchen weihten die Beter der Göttin oder stellten sie bei sich zu Hause auf, gaben sie auch den Toten mit ins Grab. Der Silberschmied spürte eine merkliche Abnahme seines Geschäfts; er rief erbittert die Handwerker und Arbeiter zusammen, die in derselben oder in ähnlicher Weise vom Götzendienst lebten, und stellte ihnen vor, Paulus sage, ihre Fabrikate seien keine Götter; damit gehe ihr Gewerbe ein, aber nicht nur das, sondern der berühmte Artemistempel werde so um sein Ansehen gebracht. Damit war für den Angriff auf Paulus die Form gefunden, unter der er sich öffentlich zeigen konnte. Mit ihren Geschäftsinteressen konnten sie die Stadt nicht gegen Paulus erregen, wohl aber mit ihrem Eifer für die Artemis. So durchzogen die Arbeiter die Straßen mit dem Geschrei, das die übliche Verehrungsformel für die Artemis wiederholte. Die Stadtbevölkerung kam in Aufregung und lief ins Theater. Zwei der Gefährten des Apostels wurden ergriffen und in die Volksversammlung geschleppt. Sie wurden dabei schwer mißhandelt; aber Lukas malt uns die Leiden derer, die im Dienst Jesu standen, nicht aus.

19,30.31: *Als aber Paulus vor die Volksversammlung treten wollte, ließen es ihm die Jünger nicht zu. Aber auch einige von den obersten Beamten der Provinz Asia, die ihm befreundet waren, schickten zu ihm und ermahnten ihn, daß er sich nicht in das Theater wage.* Jedenfalls wurde auch Paulus von der aufgeregten Schar gesucht, aber nicht gefunden. Im Römerbrief (16,4) sagt er von Aquila und Priszilla mit warmer Dankbarkeit: „Sie haben für mein Leben ihren Nacken hingehalten" – das heißt: Sie waren bereit, den Todesstreich für mich zu empfangen. Vielleicht geschah das damals, als die für die Artemis Eifernden im Hause des Aquila nach Paulus fahndeten. Doch gab es für ihn in Ephesus auch noch andere gefahrvolle Stunden. Furchtlos wie immer erwog er, ob er sich der Menge stellen und den Versuch machen solle, sie durch sein mächtiges Wort zur Ruhe zu bringen; die Brüder rieten ab, und einige der obersten Beamten der Provinz schickten ihm in Sorge um sein Leben die Mahnung, jetzt sich nicht öffentlich zu zeigen. Diese obersten Beamten waren die für die Verehrung des Kaisers bestellten Priester, die den Besitzern der anderen Ehrenämter vorgeordnet waren; denn der Kultus des Kaisers genoß als Merkmal der Unterwürfigkeit unter ihn und als Einheitsband, das alle Untertanen Roms zusammenhielt, besondere Ehre; außerdem galten die anderen Ehrenämter und Priestertümer nur für die einzelnen Städte, der Kultus des Kaisers dagegen wurde von der ganzen Provinz betrieben, so daß das für ihn eingesetzte Amt die ganze Provinz anging. Da mit dem Kaiserkultus große Festlichkeiten und Spiele verbunden waren, deren Ausrichtung Sache dieser obersten Beamten war, konnten nur Männer aus den reichsten Familien dieses Ehrenamt übernehmen, und dies gab ihm wiederum besonderen Glanz. Es wechselte jährlich; der Titel („Asiarchen") wurde aber von denen, die es einmal bekleidet hatten, weiter geführt, weshalb es damals in Ephesus mehrere „Asiarchen" gab. Wie gewaltig Paulus die Stadt bewegt hatte, zeigt sich auch daran, daß er mit einigen von ihnen bekannt geworden war, und als Folge ergab sich nicht Feindseligkeit und Haß, sondern eine Achtung, die diese Männer auf die Rettung des Apostels bedacht sein ließ. Paulus wußte mit den einsichtigen, unterrichteten Heiden so umzugehen, daß sie einen klaren Eindruck von der Lauterkeit seiner Absichten und der Hoheit seiner Persönlichkeit gewannen; es hätte ihnen leid getan, wenn er in diesem Tumult unter den Händen eines aufgeregten Haufens das Leben verloren hätte.

19,32-34: *Nun riefen die einen dies, die anderen das; denn die Versammlung war erregt, und die meisten wußten nicht, weswegen sie zusammengekommen waren. Aus der Menge brachten sie aber Alexander herbei, da ihn die Juden hervorstießen. Alexander aber winkte mit der Hand und wollte sich vor dem Volk verantworten. Da sie aber erfuhren, daß er Jude sei, erhob sich von allein ein einziger Ruf, und sie schrien gegen zwei Stunden: Groß ist die Artemis der Epheser.*

Im Theater ging es inzwischen verworren zu; niemand wußte, wozu man eigentlich beisammen war. Da wurde einer der jüdischen Christen, Alexander, von den Juden hervorgestoßen, die darauf hinarbeiteten, daß die Aufregung über die Christen sich entlade. Er wollte zum Volk sprechen, war aber als Jude bekannt, worauf während zwei Stunden ein wildes Schreien, das die Artemis pries, das Theater erfüllte. Die Stimmung der Stadt war auch hier wie in Korinth den Juden feindlich, da diese vielfach mit Hohn und Verachtung das Heidentum und seine Götter herabsetzten.

19,35-40: *Der Stadtschreiber aber beschwichtigte die Menge und sagte: Ihr Männer von Ephesus, wo ist denn unter den Menschen jemand, der nicht wüßte, daß die Stadt der Epheser die Tempeldienerin der großen Artemis und des vom Himmel gefallenen Bildes ist? Darum, weil dem niemand widerspricht, müßt ihr euch ruhig verhalten und nichts Übereiltes tun. Denn ihr habt diese Männer hergeführt, die weder Tempelräuber noch Lästerer unserer Götter sind. Wenn nun Demetrius und die zu ihm haltenden Künstler gegen jemand eine Klage haben, so werden Gerichtstage gehalten, und Statthalter sind da; sie sollen gegeneinander Klage erheben. Wenn ihr aber noch etwas weiteres begehrt, so wird es in der gesetzmäßigen Versammlung entschieden werden. Denn wir stehen auch in Gefahr, daß wir wegen des heute geschehenen Aufruhrs verklagt werden, da kein Grund vorhanden ist, mit dem wir uns wegen dieser Zusammenrottung verantworten könnten. Und als er dies gesagt hatte, löste er die Versammlung auf.* Nachdem das Geschrei endlich schwächer wurde, konnte sich der vornehmste Beamte der Stadt, der Schreiber des Rats und der Bürgerschaft, der auch die Archive der Stadt verwaltete, Gehör verschaffen. Er hob hervor, daß niemand die Bedeutung von Ephesus als der Hüterin des großen Tempels und des nach der Legende vom Himmel gefallenen Bildes der Artemis bestreite; er verwies dem Volk die ungebührliche Zusammenrottung, forderte Demetrius und seine Genossen auf, sich an den ordentlichen Richter zu wenden, wenn Paulus sie geschädigt habe, und gab dem Volk zu bedenken, daß solche Unruhen ernste Bestrafung durch die römische Obrigkeit zur Folge haben können; war doch diese vor allem darauf bedacht, daß die Bevölkerung der Provinzen sich ruhig verhielt und keine Eigenmächtigkeiten wagte. So endete die Versammlung, ohne daß die Feinde Paulus anzutun vermochten, was in ihrem Wunsche lag. Doch war sie ein bedeutsames Zeichen dafür, das der Christenheit bis zur Überwindung des Heidentums noch schwere Kämpfe bevorstanden.

Kapitel 20,1–21,26

Der zweite Besuch des Paulus in Mazedonien und Korinth und die letzte Reise nach Jerusalem

20,1.2: *Nachdem aber der Lärm vorüber war, ließ Paulus die Jünger kommen und ermahnte sie, und nachdem er sie gegrüßt hatte, zog er fort, um nach Mazedonien zu gehen* (2. Kor. 2,12.13). *Und er durchzog jene Gegenden und ermahnte sie mit manchem Wort und kam dann nach Griechenland.* Das Nächste, was Paulus nach der Abreise von Ephesus unternahm, war die Befestigung der mazedonischen Gemeinden. Die Reise ging über Troas (2. Kor. 2,12) und von dort nach Philippi, Thessalonich, Beröa. Dann gönnte er Korinth wieder eine besonders lange Zeit, nicht nur im Blick auf die Größe der Gemeinde, sondern auch deshalb, weil es hier nach dem Zank und den Versündigungen, zu denen es in der Zwischenzeit durch das Wirken unlauterer Evangelisten gekommen war, vieles zu ordnen gab. Lukas schätzt die Zeit auf drei Monate. Paulus beabsichtigte, von Ephesus nach Pfingsten Abschied zu nehmen (1. Kor. 16,8); es ist aber möglich, daß sich die Reise noch hinausschob. Nachdem noch die Arbeit in Mazedonien hinzugekommen war, traf er im Spätherbst in Korinth ein[1] und verließ die Stadt mit dem Wiederbeginn der Schiffahrt noch vor Ostern. Diese Zeit ist für uns besonders wichtig geworden, weil Paulus damals den Römerbrief schrieb. Lukas hat aus der zweiten Arbeit des Apostels, die der Stärkung der Gemeinden gewidmet war, nie Erzählungen aufgenommen; sowohl der zweite Besuch in den Ikonium benachbarten Gemeinden als der in Galatien und Phrygien sind nur kurz erwähnt; er hält es ebenso mit der zweiten Wirksamkeit in Mazedonien und Korinth. Es war zwar nach seinem Urteil ein wichtiges Stück der Arbeit des Paulus, daß er den Gemeinden diese auf ihren Ausbau und ihre Befestigung gerichteten Besuche gönnte; den eigentlichen Gegenstand seiner Erzählung bildet aber die Weise, wie Paulus das Evangelium vorwärts nach neuen Orten und schließlich bis nach Rom trug.

Ausführlich wird der Bericht wieder, als Paulus die Reise nach

[1] Wenn Gallio sein Amt in Korinth im Jahre 51 antrat, war es der Herbst 54.

Jerusalem antrat, die seine fast fünfjährige Gefangenschaft herbeiführte. Nichts hat uns Lukas mit solcher Genauigkeit beschrieben wie die Verkettung der Ereignisse, die Paulus zum Gefangenen machten und auf diese Weise nach Rom brachten. Das liegt zunächst daran, daß Lukas in dieser Zeit selbst bei Paulus war und diese Vorgänge miterlebt hat. Sodann bewegt ihn die Bedeutung, die sowohl Jerusalem als Rom für die Christenheit besaßen. Daß Paulus den in Jerusalem regierenden Männern den Namen Jesu bezeugte und daß er dasselbe Amt hernach in Rom ausrichtete, hält er im Werk des Apostels für den Höhepunkt. Endlich bringt er uns durch diese Erzählung Paulus auch persönlich näher; wir sollen den gefangenen Paulus kennenlernen und wahrnehmen, wie er nicht an seinem Leben hing, sondern ohne Furcht und ohne Verhüllung des Evangeliums sein Amt vor seinen Richtern ausrichtete, und zugleich, wie vorsichtig und nüchtern er dabei jeden Anstoß vermied und sein Leben nicht wegwarf, sondern mit größter Umsicht und Tatkraft für dessen Erhaltung rang. Das war für die Gemeinde ein Beispiel von unbeschreiblichem Wert; denn sie war seit der Zerstörung der römischen Gemeinde durch Nero vom Kaiser mit der Ausrottung bedroht und hatte den schweren Kampf mit dem römischen Staat auszufechten. Da lag ihr ein doppelter Abweg nahe; entweder furchtsam zu verleugnen oder mit trotzigem Mut den Kampf herauszufordern und das Leben um des Bekenntnisses willen wegzuwerfen. Gegen beides schützte sie die Erinnerung an die Weise, wie Paulus sich während seines langen Prozesses gegen seine Richter verhalten hat. Zugleich sah sie an ihm, daß auf der Geduld, die auf Gottes Stunde wartet, sein Segen liegt; war es doch Paulus wegen seiner geraden, zu keiner Verleugnung fähigen, aber auch klugen Haltung gegeben, sein Ziel, die Verkündigung des Evangeliums in Jerusalem und Rom, zu erreichen. Daran konnte die Christenheit lernen, daß und wie auch ihr Leiden zum Gewinn werden und die Ausrichtung ihres Berufs fördern kann.

20,3: *Und nachdem er dort drei Monate zugebracht hatte, fand gegen ihn ein Anschlag von den Juden statt, als er nach Syrien abfahren wollte. Darum faßte er den Beschluß, durch Mazedonien zurückzukehren.* Schon in Korinth hat sich Paulus, wie seine Worte an die Römer (15,30.31) zeigen, deutlich gemacht, wie gefährlich der

Besuch in Jerusalem für ihn werden könne. Die große, segensreiche Arbeit in Ephesus hatte auf die Stimmung der Juden in Palästina eine starke Rückwirkung geübt und ihren Haß gegen ihn geschärft. Sogleich bei der Abfahrt von Korinth zeigte sich dies; die Juden kundschafteten aus, mit welchem Schiff er reise, und trafen Vorbereitungen, um ihn unterwegs zu ermorden. Paulus erfuhr den Anschlag, änderte den Reiseplan und ging zunächst nach Mazedonien.

20,4-6: *Es folgten ihm aber Sopater, der Sohn des Pyrrhus aus Beröa* (Röm. 16,21), *von den Thessalonichern Aristarchus und Sekundus, Gajus aus Derbe und Timotheus, von denen aber, die aus der Provinz Asia stammen, Tychikus* (Eph. 6,21; Kol. 4,7; 2. Tim. 4,12; Tit. 3,12) *und Trophimus* (21,29; 2. Tim. 4,20). *Diese gingen voran und warteten auf uns in Troas. Wir aber fuhren nach den Tagen der ungesäuerten Brote von Philippi ab und kamen in fünf Tagen zu ihnen nach Troas, wo wir sieben Tage verweilten.* Nach Jerusalem nahm Paulus eine große Zahl von Begleitern mit sich, die aus seinen Hauptgemeinden, aus Beröa, Thessalonich, Derbe[1] und Ephesus, ausgewählt waren. Auch Philippi fehlte unter diesen Gemeinden nicht, weil von Philippi an Lukas wieder mit „wir" erzählt. Dieser blieb von nun an bei Paulus bis zu dessen Tod (2. Tim. 4,11). Die große Zahl der Begleiter war zum Teil dadurch veranlaßt, daß Paulus den Ertrag der Sammlung, die er in Mazedonien und Griechenland für die Gemeinde Jerusalems durchgeführt hatte, bei sich hatte. Dazu ließ er sich von den Gemeinden Abgeordnete mitgeben, die in ihrem Namen ihre Gabe den Christen Jerusalems zu überbringen hatten. Zugleich hielt es Paulus für richtig, diesen durch seine Begleiter einen deutlichen, zuverlässigen Eindruck zu geben, wie das griechische Christentum und die dort gegründeten Gemeinden gewachsen waren; ebenso war ihm wichtig, daß Männer aus diesen Gemeinden mit der Christenheit Jerusalems und ihren Führern durch persönliche Bekanntschaft verbunden wurden.

[1] In Ephesus hatte Paulus einen Gajus aus Mazedonien bei sich (19,20); darum ist es auffällig, daß hier ein Gajus aus Derbe genannt ist, und der Gedanke liegt nahe, durch einen Fehler sei der Ortsname, den Lukas zu Timotheus setzte, von diesem getrennt und mit Gajus verbunden worden. Da aber alle Texte „aus Derbe" zu Gajus stellen, ist eine Änderung nicht ratsam; es ist nicht unmöglich, daß zwei verschiedene Männer hier erwähnt sind, ein Mazedonier Gajus, der in der letzten Zeit in Ephesus bei Paulus war, aber nicht mit nach Jerusalem reiste, und ein der Gemeinde in Derbe angehörender Christ gleichen Namens, der Paulus auf der dritten Reise begleitet hat.

In Troas traf Paulus diesmal bereits eine Gemeinde; auf der Hinreise nach Mazedonien war ihm dort „eine Tür aufgetan worden" (2. Kor. 2,12). 20,7: *Als wir aber am ersten Tag nach dem Sabbat versammelt waren, um das Brot zu brechen, besprach sich Paulus mit ihnen, da er am folgenden Morgen weggehen wollte, und dehnte das Wort bis Mitternacht aus.* Die Abschiedsversammlung fand am Sonntagabend statt. Daß Lukas den Tag ausdrücklich erwähnt, ist neben 1. Kor. 16,2 ein Zeichen dafür, daß Paulus die Gemeinden anleitete, den Sonntag als den Tag der christlichen Versammlung auszuzeichnen. Auch das gehörte zu einer weisen Verbindung des Gottesdienstes mit dem natürlichen Beruf. Während der Versammlung brach Paulus das Brot; die Gemeinde aß gemeinsam und hielt dabei das Mahl des Herrn. 20,8-12: *Es waren aber viele Lampen im Obergemach, wo wir versammelt waren. Aber ein Jüngling mit Namen Eutychus saß am Fenster und wurde von tiefem Schlaf überwältigt, da sich Paulus noch länger mit ihnen besprach, und weil er schlief, stürzte er und fiel vom dritten Stockwerk hinab und wurde tot aufgehoben. Paulus aber ging hinunter, warf sich auf ihn, umfaßte ihn und sagte: Macht keinen Lärm; denn seine Seele ist in ihm. Er ging aber hinauf, brach das Brot und aß und sprach lange, bis es tagte, und so zog er fort. Sie brachten aber den Knaben lebend herbei und wurden nicht wenig getröstet.* Der tödliche Sturz des Eutychus drohte eine schmerzliche Erinnerung an den Abschied des Apostels zu heften. Paulus aber hatte die Zuversicht, daß aus dem Unglück vielmehr ein neues Unterpfand der Heilandsmacht Jesu werde. Er betete über der Leiche, wie es einst Elia tat, und versicherte, daß das Leben des Jünglings erhalten sei. Dann ging er wieder zur Gemeinde in den Saal hinauf und hielt das Mahl des Herrn. Darüber kam der Morgen, und als er Abschied nahm, war auch Eutychus zur Stelle; Paulus sah die Erhörung seines Gebets noch mit Augen, und der Abschied verband sich nicht mit einer Totenklage, sondern mit freudigem Dank für Gottes wunderbare Hilfe. Diese Fülle des Glaubens des Apostels und die Macht seines Gebets heißt uns Lukas im Auge behalten, damit wir seinen Weg verstehen.

20,13: *Wir aber gingen voraus zum Schiff und fuhren nach Assos ab, da wir von dort an Paulus zu uns nehmen wollten. Denn er hatte es so angeordnet, da er selbst zu Fuß gehen wollte.* In Troas schloß

Paulus mit einem Schiffer, der nach Milet fuhr, ein Abkommen. Da aber der Schiffer in Assos, südlich von Troas, landen wollte, ordnete Paulus an, daß nur seine Begleiter das Schiff benützen sollten, während er allein zu Fuß nach Assos ging. Auch Paulus hatte solche stillen Tage nötig, an denen er, von Menschen nicht gestört, allein mit seinem Gott wanderte.

20,14-16: *Als er aber mit uns in Assos zusammentraf, nahmen wir ihn zu uns und kamen nach Mitylene, und von dort fuhren wir am folgenden Tag ab und gelangten bis dahin, wo uns Chios gegenüberlag; am nächsten Tag landeten wir bei Samos; am folgenden aber kamen wir nach Milet. Denn Paulus hatte sich entschlossen, an Ephesus vorbeizufahren, damit er nicht in der Provinz Asia Zeit verlieren müßte. Denn er eilte, um, wenn es ihm möglich wäre, am Pfingsttag in Jerusalem zu sein.* Von Assos fuhr das Schiff jeweilen am Tag der Küste entlang, während es in der Nacht vor Anker lag. Die Stationen waren Mitylene auf der Insel Lesbos, das Festland gegenüber Chios, das Vorgebirge Trogyllion am Festland Samos gegenüber und am fünften Tag von Troas her Milet. In Trogyllion mußte sich Paulus entscheiden, ob er aussteigen und nach Ephesus hinüberfahren wolle. Er setzte die Fahrt fort und ließ somit Ephesus ostwärts liegen; denn er wünschte, am Pfingsttag in Jerusalem zu sein. Er mochte den Schein nicht auf sich nehmen, absichtlich die Feste versäumt zu haben, und hatte am Pfingstfest wahrscheinlich Gelegenheit, viele Brüder aus den Dörfern Judäas in Jerusalem zu sehen.

20,17: *Von Milet aus schickte er aber nach Ephesus und berief die Ältesten der Gemeinde.* In Milet hatte er, wahrscheinlich weil er das Schiff wechseln mußte, Aufenthalt; er benützte ihn, um die Ältesten von Ephesus herüberzubestellen. Da Paulus die Gemeinden in eine bestimmte Ordnung brachte, gab er ihnen auch einen Vorstand. Dieser hat den alten, von der jüdischen Gemeinde her üblichen Namen „Älteste" (Presbyter) geführt; zugleich war aber, wie V. 20 zeigt, auch der Name „Aufseher" (Bischöfe) für ihn üblich, der in den griechischen Städten den Beamten, die über die Ordnung in der Stadt die Aufsicht hatten, z. B. wenn die Stadt Bauten errichtete, zukam. Die Vorsteher der Gemeinde hatten nun, da der Apostel abreiste, in seine Nachfolge einzutreten. Was er als besondere Kraft und Sendung empfangen hatte, konnte er freilich nicht auf sie übertragen; sie hatten mit der geringeren Gabe, die ihnen vom Herrn verliehen war, ihren Dienst zu tun. Doch gilt nun von ihnen, nachdem er den Grund gelegt hatte: „Ein anderer baut darauf."

Wir hören durch die dritte Rede des Paulus, was er den Ältesten als ihre Aufgabe zugewiesen hat; so rückt die Rede die innerliche Seite an der Wirksamkeit des Apostels, wie er sich zu den Christen hielt, in helle Beleuchtung. Zuerst belebt er in den Ältesten die Erinnerung daran, was sie an ihm gesehen haben; sein Vorbild kann sie sowohl in ihrem eigenen Christenleben als auch in ihrem Verhalten gegen die Gemeinde als wirksamer Antrieb leiten. Nicht auf einzelne Regeln verwies er sie, sondern darauf, wie sie selbst ihn handeln sahen; daran haben sie die Richtschnur für ihr Leben und ihr Amt. 20,18-21: *Als sie aber bei ihm eintrafen, sagte er ihnen: Ihr wißt vom ersten Tag an, da ich die Provinz Asia betrat, wie ich mich bei euch die ganze Zeit verhielt, wie ich dem Herrn diente mit aller Demut und mit Tränen und mit Versuchungen, die mir durch die Anschläge der Juden widerfuhren, wie ich euch nichts von dem, was heilsam ist, vorenthielt, so daß ich es euch nicht verkündigt und gelehrt hätte öffentlich und in den Häusern, und Juden und Griechen die Buße zu Gott und den Glauben an unseren Herrn Jesus bezeugte.* Auf den Ephesern lag eine besondere Verantwortung, weil ihnen Paulus besonders viel gegeben hatte. Seine ganze Arbeit in der Provinz Asia gehörte ihnen. Sie hatten es daher deutlich vor Augen wie sein ganzes Leben ein Dienst des Christus war, wie er nicht sich selber lebte und der Sünde diente, sondern mit allem Denken und Wirken an den Herrn gebunden war. Diesen Dienst hat Paulus ausgerichtet mit aller Demut. Das ist das erste, was er den Bischöfen nennt als sein unvergeßliches Erbe, das sie zu bewahren haben. Er hat keine Herrschaft über die Gemeinde geübt und nicht sich selbst hoffärtig in die Höhe gereckt. Paulus weiß, was als Versuchung an jeder geistlichen Arbeit und an den leitenden Stellungen in der Kirche hängt, wie sich daran die Neigung ansetzt, die anderen zu entmündigen, nur der eigenen Meinung zu folgen, die bescheidenen Dienste zu verachten und bloß auf das bedacht sein, was glänzt und einen großen Erfolg darstellt. Wenn die Treue im Kleinen und die

Ehrerbietung gegenüber den Geringeren aus der Gemeinde weicht, stirbt sie ab.

Noch ein zweites aus ihren Erinnerungen an die gemeinsam verlebte Zeit prägte er ihnen ein: „Ich diente dem Herrn mit Tränen", nicht mit lauter Jubel, als läge nur Liebliches und Erfreuliches in seinem und ihrem Beruf. Er will, daß die Ältesten vor den Schmerzen nicht fliehen, die ihr Dienst notwendig mit sich führt. Wenn sie weichlich sind und nichts durch ihre Widersacher leiden mögen, auch nicht mitleiden mögen mit den zur Sünde Versuchten und in allerlei Kampf Verwickelten, bleiben sie nicht seine Nachfolger. Darum fügt er die Erinnerung an die Gefahren und Kämpfe hinzu, die ihm durch den Haß der Judenschaft bereitet wurden. Sie dienten ihm als Versuchung, die alles ans Licht brachte, was an Glauben und Liebe in ihm war; er sieht mit Dank auf jene schweren Stunden zurück, weil sie der Gemeinde die Lauterkeit seines Christenstands sichtbar machten. Solche Erprobungen bleiben aber auch denen nicht erspart, die an seine Stelle treten. Der Kampf mit dem Heiden- und Judentum liegt nun auf ihren Schultern; doch Paulus ging ihnen in solchem Leiden voran.

Auf die Demut, Leidenswilligkeit und Tapferkeit baute er ihre besondere Amtspflicht auf; deshalb erinnerte er daran, daß er ihnen alles darbot, was für sie nützlich war. Zurück hielt er nur, was der Gemeinde Schaden bringen konnte. Dagegen alles, was Nutzen zu schaffen vermochte, hat er mit ihr geteilt. Er hat keine Erkenntnis, kein Erleben im Umgang mit dem Herrn oder mit den Menschen, das auch für sie fruchtbar werden konnte, ihnen vorenthalten, kein Wort der Zucht und Warnung unterdrückt, das wirklich Hilfe zu bringen geeignet war, keine Tröstung und Stärkung unterlassen, die aufrichten konnte. Dieser Sinn, der jederzeit an die Gemeinde denkt und sich voll in ihr gemeinschaftliches Leben hineinstellt, ist nun auch ihre Pflicht.

Dadurch hat Paulus ihnen alles verkündigt und sie alles gelehrt. Er denkt an den zweifachen Inhalt seiner Botschaft: Sie verkündigt die Werke Gottes und die in ihnen geoffenbarte, unerschütterliche Wahrheit; zugleich ist sie die Antwort auf die Fragen des Hörers, geht auf dessen besondere Anliegen und Schwierigkeiten ein und hilft ihm zum Verständnis seiner Lage und zur rechten Entscheidung in ihr. So wird auch die Weise, wie Paulus das Wort darbot, eine doppelte: Er tat es öffentlich in der Gemeinde oder in der Synagoge oder vor den Heiden; in solchen Versammlungen war er darauf bedacht, offen und tapfer alles zu sagen, was Nutzen schuf. Er hat aber auch von Haus zu Haus den Familien und Hausgemeinden das Wort gegeben. War hier der Kreis der Hörer kleiner, so konnte Paulus hier das Wort faßlicher darbieten, so wie es für den besonderen Fall geeignet war. So hat er das göttliche Wort zu den Juden und den Griechen gebracht. Jetzt wird den Ältesten dies doppelte Missionswerk, in der Synagoge und unter den Heiden übertragen, ohne daß über dem einen das andere versäumt werden soll. Den Inhalt seines Zeugnisses faßt der Apostel in die zwei Worte: „Umkehr zu Gott und Glaube an unseren Herrn Jesus Christus". Daß der Mensch sich aus seiner Gottlosigkeit heraus hin zu Gott wende, nun aber auch wirklich zu Gott, und daß er an Jesus glaube, das heißt, ihn als seinen Herrn ergreife, darauf war die Predigt des Paulus gerichtet, nur darauf, darauf aber auch mit jedem Wort. Das Wort wird in der Gemeinde so lange gesund bleiben, als es auf dieses Ziel gerichtet ist.

Paulus hat die Ältesten zunächst an das erinnert, was sie an ihm gesehen haben. Dann blickte er auf die Zukunft, erst auf das, was ihm selbst bevorstand. 20,22.23: *Und jetzt, seht! durch den Geist gebunden gehe ich nach Jerusalem, ohne zu wissen, was mir dort begegnen wird, nur daß mir der heilige Geist von Stadt zu Stadt bezeugt und sagt, daß Bande und Bedrängnisse auf mich warten.* Die Reise liegt als Pflicht und Notwendigkeit auf Paulus; er darf nicht anders. Sie ist ihm durch eine deutliche und vielfach bestätigte Weisung des göttlichen Geistes befohlen. Ihren Ausgang kennt er nicht, nur darauf ist er durch vielfache Weissagungen, die sich von Gemeinde zu Gemeinde wiederholten, vorbereitet, daß er ins Gefängnis und in schwere Not hineinzieht. Das hält ihn aber nicht zurück. 20,24: *Aber ich lege auf das Leben keinen Wert, so daß es mir teuer wäre, wenn ich meinen Lauf vollenden kann und den Dienst, den ich vom Herrn Jesus empfing, die gute Botschaft von der Gnade Gottes zu bezeugen.* Der Apostel bemüht sich nicht, sein Leben zu erhalten; er hat es in den Dienst des Herrn gestellt und hält es nur so lange für kostbar, als er diesem zu seinem Werk brauchbar ist.

Für ihn ist nur eins wichtig, nicht aus der Rennbahn auszutreten, nicht vor dem Ziel den Lauf aufzugeben, sondern seine ganze Kraft daran zu setzen, daß er das vom Herrn ihm gesteckte Ziel erreiche. Den Lauf vollenden heißt, den Dienst zum Ende führen, den er vom Herrn bekam, als er zum Zeugen der Botschaft bestellt wurde, durch die sich die Gnade Gottes der Menschheit offenbart. Dazu gehört auch der Besuch in Jerusalem; dorthin hat Jesus seine Boten gestellt, und Paulus kann davon für seine Person keine Ausnahme machen. Er wäre nicht mehr der Apostel Jesu, weigerte er sich, das Evangelium in Jerusalem zu vertreten, etwa der Bande wegen, in die ihn sein Dienst dort bringt.

Für die Gemeinden, unter denen Paulus in den letzten Jahren gearbeitet hat, ergibt sich daraus, daß er jetzt für immer von ihnen Abschied nimmt. 20,25-27: *Und jetzt, seht! ich weiß, daß ihr mein Angesicht nicht mehr sehen werdet, ihr alle, bei denen ich durchzog und die Herrschaft Gottes verkündigte. Deshalb bezeuge ich euch am heutigen Tag, daß ich vom Blut aller rein bin. Denn ich entzog euch nichts, daß ich euch nicht den ganzen Rat Gottes verkündigt hätte.* Paulus scheidet mit reinem Gewissen, mit dem Zeugnis, daß, wenn sie verlorengehen, die Schuld nicht auf ihn fällt. Er hat ihnen den ganzen Willen Gottes ohne Verhüllung und Verheimlichung vorgelegt. Er könnte ihnen nicht mehr geben, als was sie von ihm empfingen. Sie haben nur in dem zu bleiben, was sie von ihm gelernt haben, nur zu tun, was ihnen sein Wort zeigte, so bleiben sie in der Wahrheit Gottes auf dem Weg zum Leben.

20,28: *Gebt acht auf euch und auf die ganze Herde, in der euch der heilige Geist zu Aufsehern bestellt hat, damit ihr die Gemeinde Gottes weidet, die er sich durch sein eigenes Blut erworben hat* (1. Petr. 5,2). Da die Ältesten von Paulus eine volle Unterweisung erhalten haben, sind sie für den Ausgang ihres Lebens selbst verantwortlich, und da sie das Hirtenamt erhalten haben und die Fürsorge für die Gemeinde ihnen anvertraut ist, schulden sie auch dieser Achtsamkeit. Ein göttlicher Ruf hat sie in dieser zu Aufsehern bestellt; darin liegt ihr Trost, ihre Stärke, aber auch ihre Verantwortlichkeit und Schuld, wenn sie sich ihrem Beruf entziehen. Er ist an sie durch den heiligen Geist ergangen; denn der Apostel übergab ihnen ihr Amt, die Propheten in der Gemeinde stimmten ihm bei, und die gesamte Gemeinde lebte im Geist und schöpfte aus ihm ihr Urteil. Paulus spricht auch hier in der vollen Gewißheit, daß das, was er für die Kirche und mit der Kirche tat, mit dem Willen und der Kraft Gottes geschehen ist. Heißen sie Hirten, so ist damit gesagt, daß sie der Gemeinde alles darzubieten haben, was ihr Pflege und Schutz gewährt. Sie dienen damit der Gemeinde Gottes. Paulus umfaßt hier wie immer Gott und Christus mit demselben Blick: Die Gemeinde gehört Gott, weil sie Christus angehört, und erworben ist sie durch sein eigenes Blut. Mit seinem Sterben hat Christus sie für sich erkauft; in dieser seiner Liebe liegt die Regel, nach der die, die ihr dienen, ihre Arbeit messen müssen. Was dem Herrn so teuer war, dürfen sie nicht geringschätzen.

20,29.30: *Ich weiß, daß nach meinem Weggang wilde Wölfe zu euch kommen werden, die die Herde nicht schonen* (Matth. 7,15), *und aus euch selbst werden Männer auftreten, die Verkehrtes reden, um die Jünger hinter ihnen drein auf ihren Weg zu ziehen.* Die Gemeinde bedarf treuer Hirten, weil es auch nicht an Feinden fehlen wird, die sie zu verderben suchen. Paulus weiß, daß noch schwere Kämpfe zu überstehen sind. Sein Weggang wird die Feinde ermutigen. Das ist aber nicht die einzige Gefahr. Er rechnet nicht darauf, daß wenigstens in der Gemeinde alle im Glauben und in der Wahrheit bleiben, sondern die Verführung kommt auch aus der Christenheit selbst. Es wird in ihr Männer geben, denen das Evangelium des Apostels nicht auf die Dauer gefällt; sie werden es durch ihre Meinungen ersetzen, dafür um den Beifall der Jünger werben und diese an ihre Person und Lehre ketten wollen. Das Merkmal derer, die den Glaubensstand verkehren, ist, daß sie für ihren eigenen Einfluß arbeiten und die Gemeinde sich unterwerfen wollen. 20,31: *Deshalb seid wach und denkt daran, daß ich während drei Jahren* (19,1c) *bei Nacht und Tag nicht abließ, mit Tränen jeden besonders zu ermahnen* (1. Thess. 2,11). Paulus erinnert die Ältesten nochmals an die Weise, wie er seine Arbeit tat: Jeden hat er vor dem Bösen gewarnt unablässig zu jeder Zeit, ob es Tag war oder Nacht, jeden mit starker Bewegung seines Herzens, nicht in gleichgültiger, vornehmer Ruhe, sondern so, daß er um seine Seele rang. Daher kommt sein gutes Gewissen, mit dem er von ihnen geht; er ist rein von aller Blut.

Er hat sie aber nicht allein an das zu verweisen, was er ihnen bisher gewesen ist. 20,32: *Und für jetzt übergebe ich euch dem Herrn und dem Wort seiner Gnade* (23,26), *das vermag, aufzubauen und das Erbe zu geben unter allen, die geheiligt sind* (26,18). Gott bleibt bei den Ältesten, und das Wort seiner Gnade wird ihnen nicht entzogen. Diesem Wort übergibt Paulus sie; es kommt nicht von Menschen, sondern von oben; deshalb ist es lebendige Gottesmacht, mit der Kraft ausgestattet, aufzubauen, sie selbst und die Gemeinde vor Fall und Verderben zu bewahren und sie an das Ziel ihrer Berufung zu bringen, zum Erbe mit allen, die Gott als sein Eigentum mit sich vereint.

20,33-35: *Kein Silber oder Gold oder Gewand habe ich begehrt. Ihr selber wißt, daß für meine Bedürfnisse und für die, die bei mir sind, diese Hände gesorgt haben* (1. Kor. 4,12; 9,6; 1. Thess. 2,9; 2. Thess. 3,8). *Ich habe euch alles gezeigt, daß man sich so anstrengen und den Gebrechlichen helfen und die Worte des Herrn Jesus im Sinn behalten muß, da er selbst sprach: Seliger als das Nehmen ist das Geben.* Der Apostel bespricht noch einen besonderen Punkt, der für das Leben der Gemeinde wichtig war: Er hat von niemand Lohn und Gewinn begehrt, vielmehr für sich und seine Gefährten durch seine eigene Arbeit gesorgt. Das hat er nicht nur seiner selbst wegen so gehalten, sondern damit auch den Ältesten ein Vorbild gegeben. Nicht nur darauf dringt er, daß auch die Ältesten von der Gemeinde nichts empfangen, sondern nur von ihrer eigenen Arbeit leben; damit würde ihnen vielleicht in manchen Fällen die ihnen zustehende Freiheit verkürzt. Was sie vom Verhalten des Apostels zu lernen haben, liegt tiefer und erstreckt sich in ihre ganze Arbeit hinein. Er hat die Handarbeit darum getan, damit sie lernen, wie man hilft, nicht nur dann, wenn man es ohne Unbequemlichkeit, ohne jeden Abbruch am eigenen Vorteil kann, sondern auch dann, wenn man es nur durch Mühe und Arbeit ermöglichen kann. Es liegt ihm daran, daß die Gemeinde ernst und treu für die Ihrigen sorge; sie kann dies aber nicht, wenn sie nur vom Kapital zehrt und sich nicht tapfer für die erwerbende Arbeit hergibt. Aber auch das hat er den Gemeinden durch sein Beispiel gezeigt, wem sie helfen sollen: den Gebrechlichen, die wegen des Alters und Geschlechts, wegen Krankheit oder irgendwelcher Verhinderung nicht selbst für sich sorgen können. Nicht für die, die arbeiten können, hat die Gemeinde einzutreten. Dem Mißbrauch ihrer Liebe hat der Apostel dadurch gewehrt, daß er sogar für sich selbst keinen Nutzen aus ihr zog. Wenn er von der Handarbeit nicht ließ, dachte er auch an die, die die Arbeit verdroß und die sich gern an die Brüder hängten, um sich ernähren zu lassen; nun durften sie es aber nicht, weil ihnen das Beispiel des Apostels vor Augen stand und auch sie antrieb, sich der Arbeit nicht zu schämen. So sollen die Bischöfe auch fernerhin die Arbeit ehren, damit die Gemeinde für die, die ihrer Wohltat bedürfen, nur für sie, für sie aber auch reichlich, mit Mitteln zur Hilfe ausgestattet sei.

Dadurch bleibt das Wort Jesu bei ihnen; eines ruft Paulus den Ältesten noch als Schlußwort seiner Rede ins Gedächtnis. Es ist uns nur hier, nicht in den Evangelien, erhalten und beschreibt lieblich den Sinn und die Meinung reiner Liebe. Dadurch ist es geeignet; nicht nur in der Geld- und Arbeitsfrage, sondern in allen Dingen den Ältesten bei der Ausrichtung ihres Dienstes den Weg zu weisen. Als die, die geben, nicht nehmen wollen, sind sie der Gemeinde vorgesetzt; diesen Sinn haben sie von Jesus zu lernen, der bezeugt, daß geben zu können das Seligste im Leben ist.

Dann folgte das gemeinsame Gebet und darauf angesichts der bevorstehenden Trennung der bewegte Ausdruck der Liebe und des Schmerzes. 20,36-38: *Und als er das gesagt hatte, kniete er nieder mit ihnen allen und betete. Es gab aber eine große Klage bei allen, und sie fielen Paulus um den Hals und küßten ihn, vor allem durch das Wort betrübt, das er gesagt hatte, daß sie sein Angesicht nicht mehr sehen werden. Sie geleiteten ihn aber zum Schiff.* Die Gewißheit, daß es der letzte Abschied ist, machte den Ältesten die Stunde schwer. Das kam auch am Hafen noch lebhaft zum Ausdruck, als Paulus und seine Gefährten zur Abfahrt einstiegen. Die Beschreibung dieses Abschieds soll uns ermessen lassen, wie groß das Opfer war, das Paulus Jerusalems wegen brachte, als er seine griechischen Gemeinden verließ. Doch sehen wir an dieser Rede zugleich, warum er seine Arbeit hier für vollendet ansehen und mit gutem Gewissen die Aufgabe in Jerusalem und Rom anfassen durfte.[1]

[1] Wegen dieser Beziehung des Berichts auf den Hauptzweck der Darstellung läßt sich aus ihm nicht mit Sicherheit der Schluß ziehen, daß Paulus später von Rom aus nie mehr auf kurze Zeit in Ephesus war. Der Abschied behält in der Lebensgeschichte des Paulus sein volles Gewicht, auch wenn er in den letzten Jahren die Gemeinde nochmals besuchen konnte.

21,1-3: *Als es aber geschah, daß wir abfuhren, nachdem wir uns von ihnen losgerissen hatten, hatten wir gerade Fahrt und kamen nach Kos, am folgenden Tag nach Rhodos und von dort nach Patara. Und wir fanden ein Schiff, das nach Phönizien hinüberfuhr, stiegen ein und fuhren ab. Nachdem uns aber Cypern sichtbar geworden war und wir es zur Linken gelassen hatten, fuhren wir nach Syrien und landeten in Tyrus. Denn dort mußte das Schiff die Fracht ausladen.* Das Schiff lief über die Inseln Kos und Rhodos nach Patara an der lyzischen Südküste Kleinasiens. Dort traf Paulus ein nach Tyrus bestimmtes Schiff, das ihn in direkter Fahrt, indem es Cypern nördlich ließ, nach Tyrus brachte.

21,4: *Wir suchten aber die Brüder auf und blieben sieben Tage dort. Sie sagten Paulus durch den Geist, daß er nicht nach Jerusalem aufbrechen solle.* Auch der Gemeinde von Tyrus hat Paulus sieben Tage gegönnt. Wie das mit dem Wunsch, auf den Pfingsttag in Jerusalem zu sein, zusammenging, ist nicht deutlich zu erkennen. Die Berechnung der Tage läßt sich mit den Angaben des Lukas nicht zu einem klaren Ergebnis führen, weil er uns nicht sagt, wie lange der Aufenthalt in Milet dauerte; auch nicht, wie rasch sie von Patara wieder abfuhren. Die Fahrt von Patara hinüber nach Tyrus wird nicht mehr als fünf Tage erfordert haben. Entweder hatte Paulus noch etwa vierzehn Tage bis zum Pfingsttag vor sich und gab deshalb den Tyrern eine Woche. Oder er hatte seine Absicht schon damals aufgegeben und hielt es für wichtiger, mit der Gemeinde von Tyrus und nachher mit derjenigen in Cäsarea einige Tage zu verleben. In Tyrus erneuerte sich die von den Brüdern unter prophetischem Antrieb ausgesprochene Warnung an Paulus, nicht nach Jerusalem zu gehen. Sie erfolgte also nicht nur in den mazedonischen Gemeinden, sondern auch hier, wo den Brüdern die Lage in Jerusalem deutlicher bekannt war. Nicht das sagt der Geist, es sei nicht des Herrn Wille, daß Paulus nach Jerusalem gehe; vielmehr blieb allen klar, daß die Warnung sich nur darauf bezog, daß Paulus dort Schweres erleben wird und seine Reise nicht vollenden darf, wenn er nicht mit entschlossenem Mut sein Leben und seine Arbeit zu opfern willig ist. Ebenso deutlich war es aber, daß Paulus der in ihm befestigten Gewißheit zu gehorchen hat; auf des Herrn Weg bleibt er, wenn er trotz des klaren Vorblicks in das auf ihn wartende Leiden dennoch vom Gehorsam nicht weicht, sondern auch jetzt mit Freuden sein Apostelamt vollführt, auch wenn es ihn ins Gefängnis bringt. Das hat Lukas schwerlich erzählt, ohne an den Gang Jesu nach Jerusalem zu denken. Mit weissagenden Worten der Schrift sprach Jesus selbst wiederholt aus, was in Jerusalem auf ihn warte; aber er wich deshalb nicht zurück, sondern vollendete willentlich und frei den Gang ans Kreuz. Jetzt hatte ihn Paulus auf dem Kreuzesweg nachzufolgen; auch er tat es mit klarem Bewußtsein, frei und fest.

21,5.6: *Als es aber geschah, daß wir die Tage zu Ende brachten, zogen wir fort und reisten ab, wobei uns alle mit den Frauen und Kindern bis vor die Stadt hinaus begleiteten, und wir knieten am Strand nieder, beteten und grüßten einander. Und wir stiegen ein in das Schiff; sie aber kehrten in ihre Häuser zurück.* Da Paulus ein Schiff nach Ptolemais benützte, fand der Abschied von den Christen aus Tyrus am Strande statt; er war auch hier im Blick auf die kommenden Ereignisse tief bewegt. Die ganze Gemeinde war um ihn versammelt, nicht nur die Männer, sondern auch ihre Familien. Der Gemeindeverband hat auch das Familienleben umschlossen, so daß auch die Frauen und Kinder am Besuch des Apostels und am Abschied teilnahmen.

21,7-9: *Wir aber vollendeten die Fahrt von Tyrus weg und kamen in Ptolemais an, und wir grüßten die Brüder und blieben bei ihnen einen Tag. Am folgenden Tag aber zogen wir fort und kamen nach Cäsarea. Und wir gingen in das Haus des Evangelisten Philippus, der zu den Sieben gehörte, und blieben bei ihm. Dieser hatte vier Töchter, die Jungfrauen waren und weissagten.* Von Ptolemais, der nächsten großen Stadt südlich von Tyrus, brachte ein Tagesmarsch Paulus nach Cäsarea, wo er unmittelbar vor dem Aufbruch nach Jerusalem stand; hier fiel die letzte Entscheidung über die Vollendung der Reise. Er war mit seinen Gefährten bei Philippus zu Gast, von dem wir schon 8,40 hörten, daß er nach Cäsarea zog. Erwähnt werden weiter seine vier Töchter, die die Ehe ausgeschlagen hatten und im Haus des Vaters lebten; sie haben durch ihre prophetische Gabe in der Kirche Ansehen erlangt. Einige Zeit nachher, vielleicht als die kriegerischen Ereignisse in Judäa nahten, zog Philippus mit seinen Töchtern in die kleinasiatische Kirche hinüber und hatte zuletzt seinen Wohnsitz in Hierapolis. Auch dort wurde das prophetische

Wort dieser Frauen geschätzt, und ihr Grab blieb bis ins zweite Jahrhundert in Ehren.

21,10-14: *Als wir aber mehrere Tage blieben, kam aus Judäa ein Prophet herab mit Namen Agabus, und er kam zu uns und nahm den Gürtel des Paulus, band sich die Füße und die Arme und sagte: Dies sagt der heilige Geist: Den Mann, dem dieser Gürtel gehört, werden die Juden in Jerusalem so binden und in die Hände der Heiden überantworten. Als wir dies hörten, baten wir und die Einheimischen, daß er nicht nach Jerusalem hinaufgehe. Da antwortete Paulus: Was macht ihr, daß ihr weint und mein Herz bedrückt? Denn ich bin für den Namen des Herrn Jesus nicht nur bereit, mich binden zu lassen, sondern auch in Jerusalem zu sterben. Da er sich nicht überzeugen ließ, wurden wir still und sagten: Der Wille des Herrn geschehe.* Zur letzten Entschließung über die Reise nach Jerusalem kam es, als von Judäa her Agabus eintraf, der Paulus schon von Antiochia her kannte; nun, ehe er Jerusalem betrat, überbrachte er ihm einen prophetischen Spruch. Er stellte dem Apostel sein Geschick bildlich vor Augen, indem er sich mit dessen Gürtel, einem langen, mehrfach um den Leib gewundenen Stück Tuch, die Hände und Füße zusammenband als Zeichen der Kette, mit der Paulus an Händen und Füßen gefesselt werden wird. Über die bisherigen prophetischen Worte ging die Weissagung des Agabus dadurch hinaus, daß er sagte, die Juden würden Paulus den Heiden, also dem römischen Statthalter, ausliefern. Daß er hierbei den Tod finde, sagte die Weissagung nicht; sie sprach nur von der Kette und der Überführung vor die Römer. Noch war es Zeit zur Umkehr, und die Begleiter des Paulus, vereint mit den Christen Cäsareas – wir werden zuerst an Philippus zu denken haben – baten ihn, der Gefahr auszuweichen. Er tat es nicht; des Kerkers wegen nicht nach Jerusalem zu gehen, hielt er für eine Untreue, mit der er aus Schonung für sich seinen Aposteldienst versäumt hätte. Er machte seinen Freunden deutlich, daß sie ihm mit ihren Bitten nur Schmerz bereiteten. Es ist keine verständige Liebe, die sie ihm so erweisen; sie sollen ihm ihre Liebe vielmehr dadurch erzeigen, daß sie tapfer mit ihm nach Jerusalem gehen und auf sich nehmen, was auf sie wartet. Er selbst ist längst auf alles gefaßt; die Weissagung des Agabus bringt ihm kein Schwanken. Hätte sie ihm verkündigt, daß er sterben müsse, so hätte er auch hierzu die volle Willigkeit. Nun rangen sich auch die Begleiter des Paulus zu entschlossenem Gehorsam durch und stillten ihre Wünsche im Gebet, daß Gottes Wille geschehe.

21,15.16: *Nach diesen Tagen aber versorgten wir uns und zogen nach Jerusalem hinauf. Es kamen aber auch einige von den Jüngern aus Cäsarea mit uns, die uns zu Mnason aus Cypern, einem alten Jünger, führten, bei dem wir herbergen sollten.* Als der Aufbruch nach Jerusalem beschlossen war, wurde für Reittiere gesorgt. Es waren zwei Reisetage erforderlich und dazwischen ein Nachtquartier, wahrscheinlich bevor der Aufstieg ins Bergland unternommen wurde, in Antipatris, Bethoron, Emmaus oder einem in der Nähe gelegenen Ort. Sie herbergten hier bei Mnason, der von Anfang an zur Christenheit gehört hatte. Für die Begleiter des Paulus war es von Wichtigkeit, Männer wie Philippus in Cäsarea und hier Mnason zu sehen und zu hören, deren Erinnerung in die Tage Jesu und der ersten Gründung der Gemeinde Jerusalems zurückreichte.

21,17.18: *Als wir aber nach Jerusalem kamen, nahmen uns die Brüder gern auf. Aber am folgenden Tag ging Paulus mit uns zu Jakobus und es kamen alle Ältesten dorthin.* Nach der Ankunft in Jerusalem gewährten die dortigen Christen Paulus und seinen Begleitern, als wilkommenen Gästen mit Freuden Gastfreundschaft. Schon der nächste Tag brachte die wichtige Verhandlung zwischen Paulus und den Ältesten Jerusalems, unter denen Jakobus die erste Stimme besaß. Einen Apostel nennt uns Lukas nicht, woraus wir sehen, daß Petrus und Johannes damals nicht mehr in Jerusalem waren.

21,19-22: *Und er begrüßte sie und erzählte Punkt für Punkt, was Gott unter den Heiden durch seinen Dienst getan hatte. Wie sie es aber hörten, priesen sie Gott und sagten zu ihm: Du siehst, Bruder, wie viele Tausende es unter den Juden gibt, die gläubig geworden sind, und sie sind alle Eiferer für das Gesetz. Sie wurden aber über dich unterrichtet, du lehrest alle Juden, die unter den Heiden sind, den Abfall von Mose und sagest, sie sollen die Kinder nicht beschneiden und nicht nach den Sitten wandeln. Wie steht es nun? Jedenfalls werden sie hören, daß du gekommen bist.* Paulus gab Jakobus und den Männern, die mit ihm die Christenheit Jerusalems leiteten, Bericht über das, was durch seine Arbeit unter den Griechen erreicht worden war. Sie erfuhren also, wie es in Ephesus, in Mazedonien und Korinth mit der Christenheit stand. Das war für die Christen Jerusalems ein Grund zu großer Freude. Gott hatte dies getan, darin waren sie mit Paulus eins und priesen dafür den Herrn. Doch nun kamen ihre Sorgen zum Wort. Auch die jüdische Christenheit war stark gewachsen: Sie war im Eifer, mit dem sie den Ordnungen des Gesetzes gehorchte, eines Sinnes mit der Judenschaft. Das hat auch Paulus vor Augen; er kann sich der Bedeutung dieser Tatsache nicht entziehen. Darin liegt aber für die gegenwärtige Lage eine Schwierigkeit. Weil die Christen Judäas gegen Paulus Klagen erhoben, wird eine Verhandlung unvermeidlich. Ihre Unzufriedenheit mit dem, was Paulus tat, muß sich offen äußern können; es geht nicht an, daß ihnen das Wort entzogen wird. In der Christengemeinde herrscht Freiheit und Wahrheit; wer gegen den Bruder Verdacht und Klage hat, er handle, wie es vor Gott nicht recht ist, der murrt nicht heimlich, sondern bringt seine Beschwerde offen vor. Dazu ist ja die Gemeinde verbunden, daß sie sich gemeinsam gegen die Sünde wehre und ihre Glieder einander brüderlich dazu helfen, den Willen Gottes zu tun. Darum genügte es nicht, daß Paulus und Jakobus einander verstanden und unter den Ältesten kein Argwohn gegen Paulus herrschte. Die Gemeinde mußte ebenfalls die Gelegenheit erhalten, ihr Urteil über die Arbeit des Apostels zu berichtigen. Die Beschwerde der Christen in Palästina richtete sich nicht gegen die Lehre, die Paulus den Heiden brachte. Diese Frage war durch den Beschluß der Apostel erledigt; an ihm rüttelte niemand, niemand nämlich von denen, die mit Jakobus und der Gemeinde Jerusalems in einem Sinn verbunden waren. Dagegen beschwerten Judenchristen in Jerusalem sich über das Verhalten der christlichen Juden in den Gemeinden des Paulus. Von ihnen sagte man in Palästina, sie hätten das Gesetz preisgegeben und die jüdische Sitte verlassen – und dies mit der ausdrücklichen Billigung des Paulus; dieser leite sie an, vom mosaischen Gesetz abzufallen, ihre Kinder unbeschnitten zu lassen und die gottesdienstlichen Sitten, also z. B. den Sabbat, abzuschaffen. Das hielten die Christen Judäas für verwerflich; sie urteilten, für die Juden sei es Pflicht, im göttlichen Gesetz zu bleiben; der Glaube an Christus berechtige sie nicht, das Gesetz zu lassen; vielmehr seien sie als Glaubende erst recht daran gebunden.

Diese Berichte, die über Paulus in Jerusalem verbreitet waren, stammten nicht nur aus böswilliger Verleumdung, sondern hatten einen durchsichtigen, sachlichen Grund. Paulus trennte das Gesetz von der Rechtfertigung ganz: Ohne Zutun des Gesetzes wird auch dem Beschnittenen die Gerechtigkeit, die Gott im Kreuze Jesu schenkt, durch den Glauben zuteil. So fielen alle mosaischen Regeln in den Bereich der christlichen Freiheit; es kam zweifellos auch bei den anderen Judenchristen häufig vor, was Paulus für sich selbst als sein gutes Recht geübt hat: Er lebte mit denen, die ohne Gesetz waren, als hätte er kein Gesetz, wie er mit denen, die unter dem Gesetz waren, lebte, als wäre er unter dem Gesetz (1. Kor. 9,20.21). Viele Juden sahen hierin offenkundigen Gesetzesbruch: Sie erklärten, das Gesetz höre auf, Gesetz zu sein, wenn es ohne Sünde übertreten werden könne; das Gesetz sei eben als Gesetz nicht der menschlichen Freiheit untergeben. Letzteres sagte aber Paulus ausdrücklich: Christus sei das Ende des Gesetzes auch für den glaubenden Juden; Christus habe auch diesen an nichts gebunden als an sein eigenes Regiment. Dennoch waren die Vorwürfe, die diese Judenchristen gegen Paulus erhoben, falsch. Lukas hat sie unzweifelhaft als grundlos bezeichnet; er sagt auch, daß weder Jakobus noch Paulus diese Anschauung von seiner Lehre als richtig anerkannten. Abfall vom mosaischen Gesetz zu lehren, einen Juden zu verpflichten, sein Kind nicht zu beschneiden oder den Sabbat zu brechen, wenn er sich, im Gewissen an das Gesetz gebunden, dazu verpflichtet fühlte, kam nie in den Sinn des Paulus; dergleichen hat er nicht ein einziges Mal getan; denn das hat er als Sünde verdammt. Nie kam ein Gedanke in sein Herz oder ein Wort über seine Lippen, womit er das Gesetz geschmäht oder den Gehorsam gegen das Gesetz gescholten hätte. Nur darauf sah er, daß die Gnade Christi nicht an das Gesetz gebunden werde; an seinem Ort, als die dem Juden gegebene Regel, ehe Christus und der Glaube kamen, behielt das Gesetz für ihn die volle Würde der göttlichen Einsetzung. Er riet demgemäß auch dem gläubigen Juden, daß er in seiner Berufung bleibe und als Jude lebe, nachdem er als Jude berufen worden war (1. Kor. 7,17-19).

21,23-25: *Darum tue das, was wir dir sagen: Wir haben vier Männer, die ein Gelübde auf sich haben. Nimm diese, und mache dich mit ihnen rein, und bezahle die Kosten für sie, daß sie das Haupt scheren können* (4. Mose 6,2.14), *und alle werden erkennen, daß nichts von dem vorliegt, was ihnen über dich berichtet worden ist, sondern daß auch du dich zu uns hältst und das Gesetz bewahrst. Über die Heiden aber, die gläubig geworden sind, haben wir Weisung gegeben und entschieden, daß sie sich hüten sollen vor dem Götzenopfer und dem Blut und dem Erstickten und der Unzucht* (15,29).

Damit kein unnötiger Streit und keine Verbitterung entstehen, schlugen Jakobus und die Ältesten Paulus vor, öffentlich einen gottesdienstlichen Akt im Tempel zu vollziehen und damit kundzutun, daß auch er sich von Israel nicht geschieden habe und kein vom Gesetz Abgefallener, sondern jederzeit imstande und bereit sei, nach der mosaischen Weise Gott zu dienen, natürlich ohne Verletzung und Verleugnung seines Christenstands. Wenn Paulus dies tat, war die Verhandlung in der Gemeinde wesentlich erleichtert; sie bezog sich dann nicht mehr bloß auf Gerüchte, in Ephesus oder in Korinth habe dieser oder jener Christ dies oder das getan, sondern hatte eine offenkundige Tatsache zur Grundlage, die allen zeigte, wie Paulus zu den mosaischen Vorschriften stand. Gegen diesen Vorschlag hatte Paulus nichts einzuwenden; es war ihm immer wieder eine Freude, im Tempel zu stehen und sein Bürgerrecht in der Gemeinde auszuüben, der „die Sohnschaft und die Herrlichkeit und die Testamente und die Gesetzgebung und der Gottesdienst und die Verheißungen und die Väter und der Christus nach dem Fleisch eigen sind" (Röm. 9,4).

Eine Gelegenheit hierzu zeigte ihm Jakobus: Es befanden sich unter den Christen Jerusalems damals vier Nasiräer, bei denen die von ihrem Gelübde umspannte Zeit verstrichen war. Sie hatten also jetzt im Tempel ihr Haar zu scheren und die für den Nasiräer angesetzten Opfer darzubringen. Nun war es in der jüdischen Gemeinde eine verbreitete Sitte geworden, daß für arme Nasiräer wohlhabende Leute eintraten und die Kosten ihrer Opfer bestritten. Das soll für diese vier Männer Paulus tun. Dazu soll er sich nach der vorgeschriebenen Weise reinigen, um den Tempel betreten und hernach für die Nasiräer dem Priester das Opfer übergeben zu können. Darin lag ein sichtbarer Beweis, daß Paulus denen, die nach der jüdischen Ordnung verfuhren, nicht nur kein Hindernis bereite, sondern ihnen bei der Beobachtung ihres Gottesdienstes behilflich sei. Er stellte dadurch seine grundsätzliche Übereinstimmung mit der von den Judenchristen vertretenen Würdigung des Gesetzes als des Israel gegebenen göttlichen Gebotes ins Licht. Paulus stimmte zu, weil von ihm nur verlangt wurde, was in der Schrift für den Juden angeordnet war; dazu hatte er jederzeit Freiheit, sowie keine Verleugnung des Christus daran hing. Während in der Sache für ihn nichts Unmögliches lag, gab es starke Gründe, die ihn zur Annahme des Vorschlags bewegen konnten. Denn der Verdacht, er sei ein Abtrünniger und im Aufruhr und Widerspruch gegen die alttestamentliche Schrift, griff den Kern des Evangeliums an und zerstörte seine ganze Wirksamkeit. Nimmermehr konnte er zugeben, daß er, weil Christus ihn in die Gerechtigkeit und Freiheit des Glaubens versetzt hatte, die Israel gegebene Offenbarung verleugne und die Heiligkeit des Gesetzes bestreite. Gerade er hatte in der Festigkeit seines Glaubens und im vollen Gebrauch seiner Freiheit auch den Beruf zu erweisen, daß die Rede vom Abfall der Christen eine Torheit und Christus nicht der Zerstörer, sondern der Vollender des Alten Testaments sei. Dies darzutun war gerade der Zweck seiner Reise nach Jerusalem; der Vorschlag des Jakobus gab ihm nur ein Mittel in die Hand, wirksam und öffentlich zu erreichen, was sein Ziel war. Absichtlich wurde die Vorschrift des Gesetzes, zu deren Erfüllung sich Paulus erbot, nicht den moralischen Ordnungen des Gesetzes, nicht der zweiten Tafel des Dekalogs entnommen. Denn auf diese bezog sich weder die wütende Einrede der Judenschaft noch der in der Christenheit gegen Paulus entstandene Verdacht. Nur diejenigen Satzungen, die sich auf den abgesonderten Bestand Israels und auf seinen Tempel bezogen, kamen in Frage. Darum war die Besorgung der drei Opfer für jeden Nasiräer für den Zweck des Apostels ein besonders brauchbares Mittel; er unterstützte damit eine gottesdienstliche Handlung, die nur im Tempel möglich und nur für den Juden angeordnet war. Zugleich hatte er für sie auch später noch Zeugen, da die vier Männer, denen er die Opfer schenkte, jederzeit wieder bekunden konnten, was Paulus mit ihnen und für sie getan hatte.

21,26: *Da nahm Paulus die Männer, machte sich am folgenden Tag mit ihnen rein und ging in den Tempel und zeigte an, daß die*

Tage der Reinigung abgelaufen seien, so daß für einen jeden von ihnen das Opfer dargebracht werden konnte. Zuerst mußte Paulus für seine eigene levitische Reinheit sorgen, um den inneren Hof des Tempels betreten und am Opfer teilnehmen zu können. Er ging also sogleich am nächsten Tage mit den Nasiräern in den Tempel und meldete, daß er für sie die Opfer bringe und für sich die Reinigung begehre. Dazu waren für Paulus sieben Tage erforderlich. Da er aus dem Heidenland und intimer Gemeinschaft mit den Griechen kam, hatte er die große Unreinigkeit an sich, wie sie z. B. die Berührung von Toten zur Folge hatte. Er konnte davon nicht nur durch ein Bad mit dem Sonnenuntergang desselben Tages rein werden, sondern mußte nach 4. Mose 19,12 zweimal, am dritten und am siebenten Tag, vom Priester mit dem Reinigungswasser besprengt werden. Als die sieben Tage schon fast vorüber waren, wahrscheinlich nach der zweiten Besprengung am siebten Tag, brach aber der Zorn der Juden gegen ihn los.

Kapitel 21,27–23,35

Die Gefangenschaft des Paulus in Jerusalem

21,27-30: *Als aber die sieben Tage fast zu Ende gegangen waren, sahen ihn die Juden, die aus der Provinz Asia stammten, im Tempel und erregten die ganze Menge. Und sie legten die Hände an ihn und riefen: Ihr Männer aus Israel, helft! Dies ist der Mensch, der alle an allen Orten gegen das Volk und das Gesetz und diesen Ort unterrichtet. Zudem hat er auch Griechen in den Tempel hineingeführt und diesen heiligen Ort entweiht. Denn sie hatten vorher Trophimus aus Ephesus in der Stadt bei ihm gesehen* (20,4), *von dem sie meinten, Paulus habe ihn in den Tempel geführt. Und die ganze Stadt wurde erregt, und es entstand ein Auflauf des Volks, und sie ergriffen Paulus und schleppten ihn zum Tempel hinaus, und sofort wurden die Türen verschlossen.* Wahrscheinlich hatte Paulus bereits die Ermächtigung erhalten, das innere Heiligtum zu betreten, als ihn aus der Provinz Asia, wohl aus Ephesus, herübergekommene Juden erkannten. Da Paulus ihnen als der schlimmste Feind des Judentums galt, gerieten sie, als sie ihn sogar auf dem heiligen Boden des Tempels wiederfanden, in einen furchtbaren Zorn. Sie hatten ihn schon vorher in der Stadt erkannt, als er von Trophimus begleitet war, der ihnen als Epheser wohlbekannt war, und schon dies hatte sie argwöhnisch gemacht. Wie sie nun Paulus im Heiligtum entdeckten, schrieben sie ihm sofort die Absicht zu, den Tempel zu entweihen, und sagten, er, dem nichts an der Beschneidung liege, habe sicher den unbeschnittenen Trophimus hineingeführt. Jedenfalls habe er überall die gegen Israel, das Gesetz und den Tempel feindseligen Lehren verbreitet. Deshalb ergriffen sie ihn; hier sollte er seiner Bestrafung nicht mehr entgehen. Der Lärm verbreitete sich sofort in der Stadt. Das gibt, weil die Stadt auf drei Seiten um den Tempel lag und an diesem die ganze Bevölkerung mit dem mächtigsten Interesse hing, keinerlei Anlaß zur Verwunderung. Einige laute Rufe von der Tempelmauer hinüber in die Stadt: „Der Tempel wird entweiht", genügten, sie in Erregung zu bringen. Ein solcher Ruf pflanzte sich durch die Gassen fort und zog Tausende herbei, die jederzeit ihr Leben für den Schutz des Tempels zu wagen bereit waren. Mit dem Zulauf der Leute wuchs denen, die Paulus festhielten, der Mut, von den Scheltreden zur Gewalttat überzugehen; sofort, ohne erst vor einen Richter gestellt zu werden, sollte er getötet werden, nur nicht im Tempel. Er wurde also hinausgeschleppt.[1] Auch diesmal hat der Rest von Gottesfurcht, der im Juden lebte und ihn ängstlich machte, den Tempel mit Blut zu entweihen, den Apostel gerettet. Die um ihn lärmende Menge beschloß, ihn zuerst aus dem Tempel herauszuziehen; dann wurden seine Tore geschlossen, als ob er in der größten Gefahr stehe und gegen Verbrecher, die ihn entweihen wollen, geschützt werden müsse. Daß der Tempelhauptmann der Wache diesen Befehl gab, zeigt, wie mächtig die grundlose Aufregung um sich griff. Vielleicht denkt Lukas mit innerer Bewegung an den Vorgang auch als an ein Zeichen, daß von nun an der Gemeinde Jesu das alte Heiligtum verschlossen und dieses dem Untergang verfallen war.

Weil der Versuch des Paulus, am Opferdienst noch teilzunehmen, diesen Ausgang nahm, dürfen wir den Rat, den ihm Jakobus gegeben hat, nicht beklagen oder schelten, als habe er Paulus ins Un-

[1] Josefus veranschaulicht dies deutlich; er selbst hatte nur ein lockeres Verhältnis zum Gesetz; aber das Blutvergießen im Tempel in den Kriegsjahren verabscheute er als furchtbaren Frevel.

glück gebracht. Solche Urteile stimmen nicht mit der Meinung des Lukas und ebensowenig mit der des Paulus überein. Dieser hat es vielmehr als eine glückliche Fügung betrachtet (vgl. 24,17), daß er, eben als er sich für das Opfer rüstete, ergriffen wurde. Dadurch war offenkundig geworden, wie grundlos der Verdacht war, er sei ein Apostat. So ging er mit ruhigem Gewissen und vollem Frieden ins Gefängnis; es traf ihn bei einer Handlung, zu der jeder Jude nach dem Gesetz berechtigt war. Auch seine Rettung hing daran, daß er im Tempel überfallen wurde; die größte Gefahr für ihn war in Jerusalem die, daß er plötzlich in irgend einer Gasse niedergestoßen werde und verschwinde. So aber geschah der Angriff auf ihn öffentlich und mit dem Erfolg, daß seine Person unter die Bewachung der Römer und seine Sache vor den kaiserlichen Richter kam.

21,31.32: *Während sie ihn zu töten suchten, kam Meldung zum Obersten der Truppe hinauf, daß ganz Jerusalem erregt sei. Dieser nahm sofort Soldaten und Hauptleute und eilte zu ihnen. Als sie aber den Obersten und die Soldaten sahen, hörten sie auf, Paulus zu schlagen.* Sowie in der Stadt das Schreien und Rennen der Leute nach dem Tempel begann, wurde dem obersten Offizier, Claudius Lysias, dem Kommandeur der Kohorte, die die Besatzung Jerusalems bildete, Meldung gebracht. Unverzüglich war er mit Soldaten und Offizieren zur Stelle; er wußte recht wohl, wie leicht in Jerusalem die religiösen Leidenschaften in große Unruhen ausarteten. Zwei Punkte in der Stadt waren damals jedenfalls von den Truppen besetzt, die Antonia, ein gewaltiger Turm an der Nordwestecke des äußeren Tempelhofs, und das frühere Königsschloß des Herodes beim Jaffator. Hier ist wahrscheinlich unter dem „Lager" die Antonia gemeint, da Paulus über eine Treppe in dasselbe hinaufgetragen wurde. 21,33-36: *Da kam der Oberst herzu, ergriff ihn und befahl, daß er mit zwei Ketten gefesselt werde, und fragte, wer er sei und was er getan habe. Aber die einen riefen dies, die anderen das in der Menge. Da er nichts Sicheres erfahren konnte wegen des Lärms, befahl er, daß er in das Lager geführt werde. Als er aber bei den Stufen war, geschah es, daß er von den Soldaten getragen wurde wegen der Gewalt des Volks. Denn die Menge des Volks folgte nach und rief: Fort mit ihm!* Als der Offizier eintraf, lebte Paulus noch; die Menge wagte keine Widersetzlichkeit gegen die

Truppen und wich aus. Lysias ließ Paulus sofort fesseln und versuchte festzustellen, was er getan habe. Die Antwort war fanatischer Lärm, durch den nichts zu erfahren war als die furchtbare Erhitzung der Wut. Der Offizier marschierte samt dem Gefangenen zu den Stufen, die den Aufgang zur Burg bildeten. Ist von der Antonia die Rede, so ist an die Treppe zu denken, durch die sie mit dem Dach der Nordhalle des äußeren Tempelhofs verbunden war. Jetzt kam es dem Volk zum Bewußtsein, daß Paulus durch die Römer seinem Grimm entrissen werde. Es drängte darum nochmals mit Gewalt auf die Soldaten ein, um sich im letzten Augenblick seiner zu bemächtigen. Um vorwärts zu kommen, hoben die Soldaten Paulus in die Höhe und trugen ihn hinauf. 21,37.38: *Als Paulus aber in das Lager hinaufgeführt werden sollte, sagte er zum Obersten: Darf ich etwas zu dir sagen? Er aber sagte: Verstehst du griechisch? Bist du also nicht der Ägypter, der vor diesen Tagen einen Aufruhr anrichtete und die viertausend Männer von den Sikariern in die Wüste hinausführte?* Die griechischen Worte, die Paulus an den Obersten richtete, setzten diesen in Erstaunen; denn er hatte die Vermutung, einen falschen Propheten gefangen zu haben, der vor kurzem aus Ägypten gekommen war und im Lande eine aufrührerische Bewegung angestiftet hatte. Dieser hatte das Volk aufgefordert, mit ihm in die Wüste zu ziehen; denn Israels Blick richtete sich sehnsüchtig nach der Wüste als nach dem Ort, wo das Reich Gottes erscheinen werde. Schon den Sinaibund hatte Gott in der Wüste mit Israel geschlossen; in der Wüste, sagte Jesaja, ertöne die Stimme, die das Nahen der Heilszeit offenbart, und in die Wüste, stand bei Hosea, werde Gott Israel zurückbringen, um sich dort neu mit ihm zu verloben. Viertausend Sikarier schlossen sich ihm an; so hieß man den aufgeregten Teil des Volks, der mit Dolch und Mord die Heiden und die Abtrünnigen in Israel auszurotten unternahm. Auch Josefus hatte eine Nachricht über diesen Propheten; er habe, so berichtet er, seine Leute auf dem Ölberg versammelt und ihnen verheißen, sie würden die Mauern Jerusalems einstürzen sehen. Die Römer unterdrückten zwar die Bewegung gewaltsam, fingen aber den Propheten nicht. Nun schloß Lysias aus der Aufregung und dem Geschrei der Leute mit Recht, es handle sich bei Paulus nicht um ein gemeines Verbrechen, sondern um eine religiöse Schuld. Da lag der Gedanke an jenen Ägypter nahe; er erwies sich aber als unrichtig, weil Paulus griechisch sprach, während jener nie anders als in der heiligen Sprache zu Israel geredet und den Gebrauch des weltlichen Griechisch gänzlich vermieden hatte.

21,39-22,2: *Paulus aber sagte: Ich bin ein jüdischer Mann aus Tarsus, Bürger einer bedeutenden Stadt in Cilicien. Ich bitte dich aber: Gestatte mir, zum Volk zu reden! Als er es ihm gestattete, stand Paulus oben an den Stufen und winkte dem Volk mit der Hand. Als aber eine völlige Stille entstand, redete er sie in hebräischer Sprache an und sagte: Ihr Männer, Brüder und Väter, hört jetzt meine Verteidigung vor euch an! Als sie aber hörten, daß er in hebräischer Sprache zu ihnen redete, verhielten sie sich noch ruhiger.* Da Lysias nicht wußte, was eigentlich geschehen sei, gestattete er Paulus eine Rede an das Volk. Für die Sicherheit des Paulus bürgte der Ort. Die Treppe zur Burg war abgesperrt und ihre ganze Besatzung zur Stelle. So durfte Paulus oben auf der Treppe dem Volk zu erkennen geben, daß er sprechen wolle. Er wählte nicht das Griechische, sondern das Hebräische;[1] denn er sprach jetzt nicht für den Obersten, um sich vor ihm zu verteidigen, sondern als Apostel Jesu zu Israel. Er wußte aber, daß dieses aufmerksamer hörte, wenn er nicht griechisch sprach.

Paulus hat der Menge seine Geschichte erzählt; das ist seine Verteidigung und zugleich der wirksamste Aufruf an sie zum Glauben. Zu dem, was uns Lukas früher aus der Predigt des Paulus vorlegte, sind diese neuen Reden eine Ergänzung, sofern sie in das eigene, inwendige Verhältnis des Apostels zum Herrn hineinblicken lassen.

22,3-5: *Und er sagt: Ich bin ein jüdischer Mann, in Tarsus in Cilicien geboren, aber auferzogen in dieser Stadt, zu Gamaliels Füßen unterwiesen in der genauen Erfüllung des väterlichen Gesetzes. Und ich war ein Eiferer für Gott, wie ihr es heute alle seid. Ich habe diesen Weg bis zum Tod verfolgt, fesselte Männer und Frauen und lieferte sie in die Gefängnisse ein, wie mir auch der Hohepriester und die ganze Versammlung der Ältesten bezeugen. Von ihnen bekam ich auch die Briefe an die Brüder und ging nach Damaskus, um auch die, die dort waren, gebunden nach Jerusalem zu führen, damit sie*

[1] Ob er mehr im Ton der Schule (hebräisch) oder in dem des Volks (aramäisch) sprach, läßt sich nicht sagen.

gestraft werden. Alles, was die Juden jetzt noch sind, war einst auch er. Seine Geburt fällt nach Tarsus, aber seine Erziehung nach Jerusalem; seinen Unterricht empfing er von Gamaliel; er brauchte den Namen nur zu nennen, um jedermann in Jerusalem deutlich zu machen, von welcher Art seine Frömmigkeit in seinen jungen Jahren war. Gamaliel galt ja als ein tadelloses Muster für die Genauigkeit im väterlichen Gesetz. Paulus war mit ganzem Herzen bei der Erfüllung des göttlichen Gebots und stellte alles hinter dem einen Ziel zurück, Gott zu ehren und ihm zu gehorchen. Welchen Ernst er an seinen Gottesdienst wandte, bewies er dadurch, daß er die christliche Gemeinde auszurotten unternahm. Was er unter „diesem Weg" verstand, brauchte er nicht näher zu beschreiben; jedermann wußte: Paulus ist Christ. Keine Strafe war ihm für die Christen zu hart. Sein Anteil an der Verfolgung bestand darin, daß er viele, und zwar nicht nur Männer, sondern auch Frauen – denn er wollte die Christenheit ausrotten und Israel völlig von diesem Schandfleck befreien –, in Bande legte und in die Gefängnisse transportierte, nachdem er als sachkundiger Theologe festgestellt hatte, daß sie sich zu Jesus als zum Christus bekannten und nicht willig waren, ihn zu lästern. Das war eine öffentlich bekannte Sache, für die ihm die Häupter des Volks ihr Zeugnis nicht verweigern können. Denn mit ihrer Vollmacht ging er nach Damaskus.

22,6-11: *Es begegnete mir aber, als ich wanderte und nahe bei Damaskus war, daß um den Mittag plötzlich vom Himmel her viel Licht rings um mich erglänzte, und ich fiel auf den Boden und hörte eine Stimme, die mir sagte: Saul, Saul, warum verfolgst du mich? Ich antwortete: Wer bist du, Herr? Und er sagte zu mir: Ich bin Jesus, der Nazarener, den du verfolgst. Die aber, die bei mir waren, sahen zwar das Licht, hörten aber die Stimme dessen, der zu mir redete, nicht. Ich sagte aber: Was soll ich tun, Herr? Der Herr aber sprach zu mir: Steh auf und geh nach Damaskus, und dort wird dir alles gesagt werden, was dir aufgetragen ist zu tun. Da ich aber wegen der Herrlichkeit jenes Lichts nicht sehen konnte, wurde ich von denen, die bei mir waren, an der Hand geführt und kam nach Damaskus.* Zum Glauben an Jesus kam er dadurch, daß Jesus sich ihm offenbarte. Nicht seine Wahl oder eigene Überlegung machte ihn zum Christen; Jesus selbst hat ihn dazu gemacht. Er glaubt, weil er ihn gesehen hat; er kann nicht anders; was er sah, das ist ihm Gewißheit; er glaubt aus voller Überzeugung. Die Erzählung ist im wesentlichen dieselbe wie 9,1 ff.; nur der Anteil seiner Begleiter an dem Geschehen ist V. 9 anders beschrieben als 9,7. Früher hieß es: Die Begleiter hörten die Stimme, sahen aber niemand; hier: Sie sahen das Licht, hörten aber die Stimme dessen, der zu mir sprach, nicht. Beidemal sollen durch diese Angaben zwei Dinge zugleich heraustreten: einmal, daß auch die Begleiter des Paulus vom Vorgang mitbetroffen wurden; darin lag die Gewähr, daß nicht nur eine Erschütterung der eigenen Seele ihm ein Bild vorspiegelte; sodann, daß die Erscheinung Jesu nur Paulus galt und Jesus einzig seinetwegen kam, weil er ihn zu seinem Boten erwählt hatte. Daß der Ausdruck wechselt, ergibt jedoch kaum eine Schwierigkeit; die Hauptsache und das mit Sicherheit zu Beschreibende war von Anfang an nur das, was Paulus selbst erlebt hatte.

22,12-16: *Aber ein gewisser Ananias, ein gottesfürchtiger Mann nach dem Gesetz, der von allen dort wohnenden Juden das Zeugnis erhielt, kam zu mir und sagte, als er bei mir stand: Bruder Saul, werde sehend! Und ich konnte in derselben Stunde ihn ansehen. Er aber sagte: Der Gott unserer Väter hat dich schon vorherbestimmt, daß du seinen Willen erkennest und den Gerechten sehest und die Stimme aus seinem Munde hörest. Denn du wirst für ihn Zeuge bei allen Menschen sein für das, was du gesehen und gehört hast. Und jetzt, warum zögerst du? Steh auf, und laß dich taufen, und wasche deine Sünden ab, indem du seinen Namen anrufst!* In Damaskus wurde nicht ein Abtrünniger, sondern ein nach dem Gesetz frommer Mann, dem das Zeugnis der ganzen Judenschaft zur Seite stand, sein Führer. Er wurde ihm beglaubigt durch die Gottesmacht, mit der er ihm das Auge wiedergab. Dieser war es, der ihm vollen Aufschluß über das brachte, was er erlebt hatte: daß er den Gerechten gesehen habe, den, der den ganzen Willen Gottes tut und daß er dadurch zu seinem Zeugen vor allen Menschen bestimmt sei und das erste, was er nun zu tun habe, die Taufe auf den Namen Jesu sei, mit der ihm die Vergebung seiner Sünden geschenkt werde.

So wurde Paulus Christ. Aber wie wurde er der Apostel der Heiden? Auch hierfür stützt sich Paulus nicht auf seine eigne Meinung und Neigung, sondern auf die Offenbarung Jesu. Er konnte auch hier nicht anders; das, was jeder Pharisäer hochhielt als den Kern aller Frömmigkeit, der Gehorsam, er allein hat seinen Lebenslauf und die Art seiner Arbeit bestimmt. 22,17-21: *Es begegnete mir aber, als ich nach Jerusalem zurückgekehrt war und im Tempel betete, daß ich in eine Verzückung kam und ihn sah, der zu mir sagte: Eile und gehe rasch aus Jerusalem weg; denn sie werden dein Zeugnis über mich nicht annehmen. Und ich sagte: Herr, sie wissen selber, daß ich die, die an dich glaubten, in das Gefängnis legte und in den Versammlungen geißelte, und als das Blut des Stephanus, deines Zeugen, vergossen wurde, stand ich dabei und stimmte zu und bewachte die Mäntel derer, die ihn töteten. Und er sagte zu mir: Geh; denn ich werde dich zu den Heiden in die Ferne senden.* Am heiligen Ort, im Tempel befahl der Herr Paulus in einem Gesicht, Jerusalem zu verlassen. Das stritt aber gegen seinen Wunsch und gegen das, was ihm selbst als Erfolg seines Worts hier erreichbar schien. Sie kannten ihn in Jerusalem als Verfolger; mußte es nicht Eindruck auf sie machen, wenn er jetzt an Jesus glaubt und für ihn zeugt? Paulus hebt wieder solche Vorgänge aus der Verfolgungszeit hervor, die öffentlich geschehen und darum jedermann bekannt waren. Er hat in den Versammlungen vor vielen Zeugen den Christen die 39 Hiebe wegen ihrer angeblichen Gotteslästerung erteilt, und jedermann wußte, wie er sich zum Tod des Stephanus verhielt. Aber der Herr bestand darauf, daß er Jerusalem verlasse; denn er hat ihm eine andere Aufgabe zugeteilt, nicht, daß er in Jerusalem als Zeuge Jesu sterbe, sondern daß er die Heiden zu ihm berufe. So wurde er im Tempel vom Himmel her aus Jerusalem weggeschickt und für die Heiden zum Boten des Evangeliums bestellt. Was ihm Christus damals sagte, war jetzt erfüllt. Israel hat sich verhärtet und nimmt sein Zeugnis nicht an; ebenso offenbar war aber durch den Erfolg seiner Arbeit, daß Jesus selber ihn zu den Heiden gesandt hatte und dort bei ihm war. Nun weiß Israel, gegen wen sein Grimm wütet; seine Anklagen treffen nicht Paulus, sondern den, der vom Himmel her königlich waltet, vor dem Paulus nur der Knecht ist, der gehorsam den Befehl des Herrn tat.

22,22-24: *Sie hörten ihn aber an bis auf dieses Wort, und sie erhoben ihre Stimme und sagten: Fort von der Erde mit einem solchen; denn es ist nicht recht, daß er lebe. Und als sie schrien und die*

Mäntel abwarfen und Staub in die Luft schleuderten, befahl der Oberst, ihn in das Lager hineinzuführen, und sagte, er solle mit Geißelhieben verhört werden, damit er erfahre, aus welchem Grund sie ihm mit solchen Rufen antworteten. Als Paulus aussprach, daß er durch eine himmlische Offenbarung zum Apostel der Heiden bestellt worden sei, brach die Menge wieder in ihr Toben aus. Sie zogen ihre Mäntel aus, als wollten sie sich zu einem gewaltsamen Angriff auf ihn rüsten, und schleuderten Staub in die Luft zum Zeichen, daß sie ihn steinigen würden, wenn sie nur dürften und Steine hätten. Der Offizier sah den erneuten Wutausbruch, wußte aber wiederum nicht, was ihn erregte. Er wollte darum Paulus selbst verhören und behandelte ihn zunächst wie einen rechtlosen Mann, einen unterworfenen Provinzialen oder Sklaven, den man erst verhörte, nachdem er gefoltert war. Paulus ließ es bis zur Bindung für die Geißelung kommen; dann, als das rechtswidrige Verfahren eingeleitet war, berief er sich auf sein Recht als römischer Bürger. 22,25-29: *Als sie ihn aber mit Riemen festbanden, sagte Paulus zum Hauptmann, der dabeistand: Ist es euch erlaubt, einen Menschen, der Römer und noch nicht verurteilt ist, zu geißeln? Als es aber der Hauptmann hörte, ging er zum Obersten, meldete es ihm und sagte: Was willst du tun? Denn dieser Mensch ist Römer. Aber der Oberst kam herbei und sagte zu ihm: Sage mir, bist du Römer? Er sagte: Ja. Der Oberst antwortete: Ich habe dieses Bürgerrecht um eine große Summe gekauft. Paulus sagte: Ich dagegen bin in ihm geboren. Nun traten die, die ihn verhören sollten, sofort von ihm zurück, und der Oberst fürchtete sich, weil er erfahren hatte, daß er Römer sei, und weil er ihn gebunden hatte.* Lysias war es nicht nur durch seine Amtspflicht verboten, Paulus den Schutz zu versagen, den ihm das römische Bürgerrecht gewährte; er war hierzu auch deshalb nicht bereit, weil er selbst sich dessen Vorteile mit beträchtlichen Kosten verschafft hatte. Paulus war dagegen nicht erst seit kurzem durch irgendein vielleicht unlauteres Mittel in den Besitz des Bürgerrechts gekommen, sondern besaß es durch seine Geburt.

Lysias sah, daß sich seine Vermutungen über Paulus immer wieder als falsch erwiesen, und die Übereilung, daß er die Geißelung befohlen hatte, ehe irgendein Verhör mit Paulus angestellt war, war ihm unangenehm. Er befahl nun, daß der jüdische Rat über

Paulus verhandle. 22,30: *Aber am folgenden Tag, da er zuverlässig erfahren wollte, welche Anklage von den Juden gegen ihn erhoben werde, band er ihn los und befahl, daß die Hohenpriester und der ganze Rat zusammenkämen, und führte Paulus hinab und stellte ihn vor sie.* Der jüdische Rat hatte nicht als Gerichtshof über Paulus zu urteilen; das blieb Sache der Römer; vielmehr sollte zuerst die gegen Paulus vorliegende Anklage bestimmt und der Tatbestand, der ihr zugrunde lag, womöglich festgestellt werden. Da der Rat nicht als Richter über Paulus zu befinden hatte, wurde er ihm auch nicht als Verbrecher vorgeführt; es sollte ja erst noch untersucht werden, ob überhaupt eine Anklage gegen ihn vorhanden sei. Darum ließ ihn Lysias ohne Kette in die Ratsversammlung führen, bei der auch er selbst zugegen war.

23,1: *Paulus aber sah den Rat an und sagte: Ihr Männer und Brüder, ich habe mein Leben mit völlig gutem Gewissen für Gott geführt bis auf diesen Tag* (24,16; 2. Tim. 1,3; 2. Kor. 1,12; Hebr. 13,18). Paulus richtete frei und männlich als ihresgleichen das Wort an die Priester und Lehrer Jerusalems. Wenn ihn nicht der Ruf Jesu auf eine andere Bahn gestellt hätte, säße auch er jetzt mit hohen Ehren im Kreis seiner früheren Genossen. Daß Jesus ihn in seinen Dienst gezogen hat, hat ihm an seiner Ehre nichts genommen und auch seine Liebe zu seinen Richtern nicht geschwächt. Sie aber verstanden die Wendung in seinem Leben nicht, begriffen nicht, wie aus dem Jünger Gamaliels der Jünger Jesu und aus dem Verfolger der Christenheit der Begründer der Heidenkirche werden konnte. Sie suchten hierin eine versteckte Schurkerei und Gottlosigkeit. Diesem Verdacht tritt Paulus entgegen. Ob sie begreifen, was aus ihm geworden ist oder nicht, sie sollen wissen: Ein Bruch in seinem Gewissen ist nicht geschehen; die Bindung an Gott blieb fest, und von Täuschung und Trug und eigensüchtigen Bestrebungen weiß er nichts. Auf dem Wege, der ihn aus seiner pharisäischen Zeit in den Apostelдienst für Jesus führte, ist er ohne Schwankung allezeit geblieben. Immer hat er mit Lauterkeit nichts gesucht und gewollt als Gott zu gehorchen und in seinem Dienst zu stehen. Dafür darf er sich auf sein Gewissen berufen und sich jede Erklärung seines Wirkens verbitten, die ihm irgendeine Bosheit unterschiebt.

23,2: *Aber der Hohepriester Ananias befahl denen, die neben ihm standen, ihn auf seinen Mund zu schlagen* (Joh. 18,22). Ananias, der Sohn des Nebedaios, war ungefähr im Jahr 48 zum regierenden Priester ernannt worden und hatte diese Stellung während der Zeit besessen, in der Kumanus der kaiserliche Statthalter war. Das Amt verlor er wegen der blutigen Fehde, die zwischen den Juden und den Samaritern entstanden war; deshalb schickte ihn der Regent von Syrien, Ummidius Quadratus, vor das kaiserliche Gericht nach Rom. Von dort nach Jerusalem zurückgekehrt, wurde er allmählich der reichste und mächtigste unter den Hohenpriestern. Da es den Sadduzäern daran lag, daß Paulus ihnen jetzt nicht entwische, ist es nicht auffallend, daß dem gewalttätigsten Mann aus ihrer Schar die Leitung des gerichtlichen Verfahrens gegen Paulus übertragen wurde. Ananias hieß die Erklärung des Paulus frechen Trotz, wollte ihn in die Rolle eines Verbrechers hinunterzwingen und stieß den Anspruch, daß er ihm keine schlechten Motive unterschieben dürfe, mit rohem Hohn von sich.

Paulus stand vor ihm in dem feierlichen Bewußtsein, daß er die Sache des Christus führe und das Wort Gottes in seiner Person verachtet und mißhandelt werde; er machte Ananias darum den Ernst der Stunde klar. 23,3: *Da sprach Paulus zu ihm: Schlagen wird dich Gott, du weiß bestrichene Wand* (Matth. 23,27). *Du sitzest als der, der mich nach dem Gesetz richtet, und übertrittst das Gesetz, da du befiehlst, mich zu schlagen?* Das trotzige Sündigen, wie der Hohepriester es übt, fällt unter die Vergeltung Gottes. Wie die Wand durch den weißen Anstrich glänzt und ihre Schäden und Baufälligkeiten sich darunter verbergen, so steht sein Richter vor ihm im Glanz der Gesetzestreue, als läge es ihm an der Wahrheit Gottes und seinem Recht; dieser Schein ist aber nichts vor Gott. Vor seinen Schlägen wird dieser aufgeblähte Trotz zerbrechen und ans Licht treten, was hinter diesem Gepränge steckt. Schein ist es, daß er sich stellt, als ob ihm der Sitz des Richters gebühre, als ob er nach dem Gesetz darüber erkennen wolle, was am Werk des Paulus Sünde sei. Denn er übertitt mit seinem Befehl das Gesetz. Dieses hat den Richter verpflichtet zu untersuchen, die Wahrheit ans Licht zu bringen und erst dann das Urteil zu sprechen. Ananias will dagegen nicht hören, was Paulus sagt; er will ihn zum Verbrecher machen, ob er es sei oder nicht; damit geschieht ein Gesetzesbruch.

Das drohende Wort des Paulus hat sich erfüllt. Als in Jerusalem der Freiheitskampf begann, war Ananias den Kämpfenden als abtrünniger Römling besonders verhaßt. Er mußte sich in die Burg flüchten, die noch von einer römischen und jüdischen Besatzung gehalten wurde. Darauf wurde sein Haus niedergebrannt, und als die jüdische Besatzung der Burg den Kampf aufgab, fiel er mit seinem Bruder in die Hände der Eiferer und wurde umgebracht.

23,4.5: *Aber die neben ihm Stehenden sagten: Schmähst du den Hohenpriester Gottes? Und Paulus sagte: Ich wußte nicht, Brüder, daß er Hoherpriester ist. Denn es ist geschrieben: Den Obersten deines Volks sollst du nicht schelten* (2. Mose 22,27). Die Diener des Rats, die neben Paulus standen und ihn bewachten, hielten ihm vor, der Hohepriester sei heilig; denn sein Amt sei von Gott eingesetzt. Auf diese Zurechtweisung ging Paulus sofort mit freundlicher Ruhe ein. Er gesteht zu, daß das Amt, auch wenn es zur Missetat mißbraucht wird, heilig bleibt, weil die göttliche Stiftung es ehrwürdig macht, auch wenn sein Träger sündigt. Daß er mit voller Wahrhaftigkeit sagte, er kenne den Hohenpriester nicht, daran zu zweifeln, hat niemand das Recht. Vielleicht war Ananias damals, als Paulus zur Verhandlung mit den Aposteln von Jerusalem in der heiligen Stadt war, der regierende Hohepriester; daß Paulus ihn aber damals nicht kennenlernte, ist nicht verwunderlich, und seit Ananias nicht mehr als einer der Hohenpriester, wenn auch der mächtigste unter ihnen war, hatte Paulus vollends keinen Anlaß, ihm näherzutreten. Warum und wie weit Paulus die Drohung gegen Ananias zurücknahm, erläutert er durch das Gebot der Schrift. Nicht an den willkürlichen Befehl des Ananias, wohl aber an das Wort der Schrift ist Paulus innerlich gebunden, und er ist bereit, auch Ananias die Ehre zu erweisen, die die Schrift für die Obrigkeit verlangt. Für den Ausgang der Verhandlung war dieser Vorfall deshalb nicht bedeutungslos, weil sich schon hier der Gegensatz der Parteien, der Pharisäer und der Sadduzäer, kundtat. Die Pharisäer haben mit ernst gemeintem Eifer darauf gedrungen, daß man im Gericht sorgfältig verfahre. Mißhandlung eines Verklagten, ehe er als schuldig befunden war, widersprach ihrer Regel. So roh als Richter zu verfahren, wie Ananias es gegen Paulus tat, dazu war nur ein Sadduzäer imstande. Die pharisäischen Schriftgelehrten gaben Paulus darin recht, daß er das eine Übertretung des Gesetzes hieß.

23,6: *Da aber Paulus erkannte, daß der eine Teil aus Sadduzäern, der andere aber aus Pharisäern bestand, rief er im Rat: Ihr Männer und Brüder, ich bin ein Pharisäer, ein Sohn von Pharisäern* (26,5; Phil. 3,5; Gal. 1,14; 2. Tim. 1,3). *Wegen der Hoffnung und der Auferstehung der Toten werde ich gerichtet* (26,6). Beide Parteien, die miteinander um die Macht über das Volk rangen, waren im Rat vertreten. Das wußte Paulus von früher her; er sah es wieder daran, wie die Versammlung über die Tat des Hohenpriesters urteilte. Nur die Sadduzäer lobten die ihm zugefügte Gewalttat; die Pharisäer schämten sich dessen, was der Hohepriester tat. Hier setzte Paulus ein, um dem Rat die Lage zu zeigen, wie sie wirklich war. Die verdammten ihn, die selbst die Grundwahrheit der Schrift verleugneten und auf die Hoffnung Israels verzichteten; damit wird offenbar, was Israel mit der Verdammung des Apostels tut. Mit ihm werden zugleich die den Pharisäern heiligsten Überzeugungen verdammt, ohne die der Pharisäismus zur leeren Form wird. Was wurde ihm zum Verbrechen gemacht? Er glaubte von Jesus, daß er auferstanden ist und, weil er auferstanden ist, der Christus ist. Daß die Sadduzäer, die die Hoffnung auf die Auferstehung einen Wahn hießen, den Apostel deshalb verfolgten, war in Ordnung; sie trafen damit aber nicht bloß diesen, sondern auch die Pharisäer, die diese Hoffnung als göttliche Wahrheit und Verheißung eifrig gegen die Sadduzäer verteidigten. Als ein Abgefallener erschien Paulus allen. Sogar die Brüder in Judäa waren ängstlich geworden, ob er nicht den Abfall vom Gesetz lehre; den anderen Juden galt dies als erwiesene Tatsache; sie trauten ihm das Schlimmste, die Entweihung des Tempels und die Verhöhnung des Gesetzes, zu. Und doch war dies völlig falsch; er ist eben als Christ und Apostel Jesu der rechte Jude, mehr noch, er ist der rechte Pharisäer, der einzige, der es in dieser Versammlung wirklich war.

Was Paulus tat, war nicht eine kluge Ausflucht. Freilich verhinderte er, daß der Haß der Sadduzäer sich hemmungslos an ihm austoben konnte, und bewog er durch seinen Hinweis die pharisäischen Lehrer, genau aufzumerken, daß an ihm nichts als Verbrechen verurteilt werde, was auch sie glaubten und verteidigten. Allein der

Standpunkt, von dem aus Paulus seine Verteidigung führte, ergab sich ihm aus dem tiefen Bewußtsein um den Ernst der Lage. Israel verdammt ihn unter dem Vorwand, er sei ein Abgefallener. Dieser Vorwand muß ihm genommen werden. Paulus hat als Christ und Apostel das volle Bürgerrecht in Israel, und zwar hat er seinen Platz nicht bei den Sadduzäern, sondern bei den Pharisäern, diese konnten ihn nur verdammen, wenn sie ihre eigenen Überzeugungen verleugneten. Ebensowenig kann davon die Rede sein, daß Paulus den Hauptpunkt der Anklage umgangen oder verdeckt hätte. Jedermann wußte längst, daß er Christ war; Paulus hatte es ja am vorhergehenden Tag allem Volk öffentlich erzählt, wie Jesus ihn berufen hatte und er ihn auch den Heiden verkündigte. Vor dem Rat wurde aber nicht darüber verhandelt, ob Paulus Christ sei, sondern darüber, was am Glauben an Jesus sündlich und todeswürdig sei. Für Paulus beruhte dieser Glaube auf der Auferstehung Jesu, und er mußte seinen pharisäischen Richtern sagen: Eben mit meinem Glauben an Jesus bin ich ein Pharisäer; durch ihn ist mir die Auferstehung nicht ein Wahn, auch nicht nur eine „Lehre“, die mit der Wirklichkeit nichts zu tun hat, sondern gewisse, verpflichtende Wahrheit. Wer mir das zur Sünde macht, tritt den Sadduzäern bei und macht aus dem Pharisäismus ein Verbrechen. Was die Judenchristen gegen Paulus aufgeregt hatte, daß er nämlich die jüdischen Gläubigen von der Beobachtung des Gesetzes abführe, spielte jetzt vor dem Rat keine Rolle. Hier war die Verhandlung auf die Hauptfrage konzentriert, ob er als Christusgläubiger den Tod verdient habe. Dann, sagte Paulus, muß ich sterben, weil ich glaube, daß Jesus auferstanden ist; dann sind aber alle ebenso schuldig, die glauben, sie würden einst im Reich Gottes auferstehen.

Noch ein anderer Streitpunkt zwischen den Parteien kam in Frage. Auf die Erscheinung Jesu hatte sich Paulus berufen und bezeugt, er habe nichts getan als der Offenbarung, die ihm gegeben wurde, Gehorsam geleistet. Darin, erklärte er wiederum mit vollstem Recht, bin ich Pharisäer. Wer mir das zum Verbrechen anrechnet, muß leugnen, daß es Offenbarung gibt und Gott durch einen Engel oder Geist mit dem Menschen reden kann. Fragte er die Pharisäer, was er denn hätte tun sollen, nachdem er die Offenbarung gehabt hatte, so konnten sie ihm nur sagen: Wenn du das wirklich erlebt hast, mußtest du gehorchen! Die Sadduzäer freilich sagten ihm: Deine Offenbarungen sind Wahn; Engel oder Geist gibt es nicht, nämlich nicht so, daß sie in das menschliche Leben eingriffen und als göttliche Boten Offenbarungen vermittelten. Wenn ihm aber die Sadduzäer zur Schuld machten, daß er der von ihm erlebten Offenbarung gehorsam war, so verdammten sie mit ihm zugleich die Pharisäer insgesamt.

23,7-9: *Als er dies sagte, entstand Streit zwischen den Pharisäern und den Sadduzäern, und die Menge teilte sich. Denn die Sadduzäer sagen, es gebe keine Auferstehung, auch keinen Engel oder Geist. Die Pharisäer aber bekennen beides. Es entstand aber ein großes Geschrei, und einige von den Schriftgelehrten aus der Partei der Pharisäer standen auf, stritten und sagten: Wir finden an diesem Menschen nichts Böses. Ob aber ein Geist oder ein Engel zu ihm geredet hat?* Die beiden Parteien lagen miteinander in heftigem Kampf, und wenn eine Frage zur Verhandlung kam, die den zwischen ihnen bestehenden Gegensatz berührte, legte sich sofort große Leidenschaft in die Verhandlung. Zugleich ist daran zu denken, daß bei den Pharisäern die geschulten und ernst gesinnten Lehrer die Führung hatten, die sich der Bedeutung einer solchen Entscheidung wohl bewußt waren. Die Frage, was man am Christentum zum todeswürdigen Verbrechen machte, hatte die wichtigsten Folgen. Über die Ausbreitung der Kirche in der Judenschaft daheim und draußen war man im Rat unterrichtet. Die Pharisäer wehrten sich deshalb aufs entschiedenste gegen die Aufstellung des Rechtssatzes, daß das Bekenntnis zur Auferstehung Jesu mit dem Tod zu bestrafen sei. Wenn aber das Christentum geduldet werden mußte, kam diese Duldung auch Paulus zugut. Die Pharisäer hielten seinen Glauben an Jesus für falsch und dessen Ausbreitung für schädlich; aber ein Verbrechen war es nicht, davon überzeugt zu sein, daß Jesus auferstanden sei, und auch das war kein Verbrechen, daß Paulus ein Gesicht gehabt hatte. Ein solches Erlebnis konnten die Pharisäer nicht mit dem Tod bestrafen.

Nun wurde die Verhandlung stürmisch. 23,10: *Als aber ein großer Streit entstand, fürchtete der Oberst, Paulus könnte von ihnen zerrissen werden, und befahl, daß die Soldaten herabkämen und ihn aus ihrer Mitte fortzögen und in das Lager führten.* Die Sadduzäer hatten vor Augen, daß sie mit Paulus eine Hauptstütze des Christenglaubens in ihrer Gewalt hatten; daß sie ihn fahrenlassen sollten, erregte ihre Wut. Sie drangen auf ihn ein, so daß Lysias für sein Leben besorgt wurde; es war Gefahr da, daß sie ihn in der Versammlung selbst in Stücke rissen. Lysias ließ daher die Truppen in den Saal treten und führte Paulus ab. So endete die Verhandlung für den Obersten ohne ein Ergebnis, für die Christenheit dagegen mit dem wichtigen Erfolg, daß es noch nicht zu einer Verdammung ihres Glaubens gekommen, sondern die Zugehörigkeit der jüdischen Gläubigen zu Israel verteidigt worden war. Paulus hatte es zu verhüten gewußt, daß sich an seine Verhaftung eine Verfolgung der ganzen Gemeinde Jerusalems anschloß.[1] Schwerlich erzählt Lukas dies ohne Rückblick auf den Argwohn, mit dem die Judenchristen Paulus betrachteten. Sie hatten den, der so tapfer auch ihre Sache vor dem Rat führte, in Verdacht, er lehre Abfall vom Gesetz; Paulus aber konnte die Verhandlung so erfolgreich führen, weil er erwies, daß er bei Jesus ein rechter Pharisäer geblieben, ja dies gerade durch ihn wirklich geworden war, war er doch nun befreit von pharisäischer Verblendung und Heuchelei und dadurch fest gegründet in der Hoffnung Israels.

Wie sich das Geschick des Apostels weiter wende, war noch ungewiß; da bekam er die Tröstung Jesu. 23,11: *In der folgenden Nacht trat der Herr zu ihm und sagte: Sei getrost! Denn wie du, was ich tat, Jerusalem bezeugt hast, so mußt du es auch Rom bezeugen.* Mit dem Lob des Herrn empfing Paulus auch die Bestätigung dafür, daß seine Entscheidung, die Reise nach Jerusalem nicht aufzugeben, richtig war. Der Herr wollte, daß seine Auferstehung und sein Christusamt durch ihn nochmals in Jerusalem bezeugt werde. Vor beiden Teilen des Volks, vor der Gemeinde und vor ihren priesterlichen und gelehrten Führern, war dies geschehen. Auch vor dem Rat hat Paulus nur den Namen Jesu bezeugt; denn um Jesu Auferstehung ging ja der ganze Kampf. Nun, nachdem in Jerusalem die Arbeit des Apostels getan war, hat der Herr noch ein anderes Werk

1 Ein ähnlicher Vorgang hat sich nach dem Tod des Festus wiederholt, als der Hohepriester Hannas, Sohn des Hannas, eine Christenverfolgung in Gang brachte. Da haben die Pharisäer sie ebenfalls dadurch verhindert, daß sie die Absetzung des Hannas bewirkten.

für ihn bereit; nun muß er seine Auferstehung und Herrlichkeit auch noch in Rom verkünden. Auch wenn wir nichts weiteres über das Ende des Paulus wüßten, wären wir durch dieses Wort darüber unterrichtet, daß Paulus auch vor den römischen Machthabern das Evangelium vertreten hat.

Schon der nächste Tag brachte die Wendung. 23,12-15: *Als es aber Tag wurde, rotteten sich die Juden zusammen, verfluchten sich und sagten, sie würden weder essen noch trinken, bis sie Paulus getötet hätten. Es waren aber mehr als vierzig, die diese Verschwörung veranstalteten. Sie kamen zu den Hohenpriestern und den Ältesten und sagten: Wir haben uns mit schwerem Fluch verflucht, daß wir nichts genießen, bis wir Paulus getötet haben. Darum gebt jetzt ihr mit dem Rat dem Obersten Nachricht, daß er ihn zu euch herabführe, als wolltet ihr seine Sache genauer untersuchen. Wir aber sind bereit, ihn, bevor er in eure Nähe kommt, zu töten.* Der Ausgang der Ratsversammlung fand bei vielen Juden die schwerste Verurteilung. Daß die Lehrer einen Rechtsgrund suchten, um die Verurteilung des Paulus zu stützen, und, weil sie keinen fanden, diese gehindert hatten, hießen sie eine unnötige, übertriebene Ängstlichkeit. Ihnen erschien die Ermordung des Paules nicht nur wohlbegründet, sondern auch ohne Aufschub nötig, damit sein Abfall gerächt und die Judenschaft vor Verführung geschützt werde. Über vierzig Männer nahmen mit schwerer Verfluchung ihrer Person den Eid auf sich, weder Speise noch Trank zu genießen, bis sie Paulus ermordet hätten. Um Paulus aus dem Lager herauszubekommen, mußten ihnen die Hohenpriester helfen. Diese sollten Lysias vorspiegeln, sie hätten eine zweite Ratsversammlung angeordnet, zu der Paulus hergebracht werden müsse. Unterwegs wollten ihn die Verschworenen erstechen; daß sie selbst dabei im Kampf mit den römischen Soldaten ihr Leben wagten, fiel für sie nicht in die Waage, wenn nur Paulus beseitigt war. Wir haben auch bei Josefus mehrfache Zeugnisse dafür, daß es so in Jerusalem stand, wie es dieser Bericht beschreibt. Der Eifergeist, der mit dem Dolch der göttlichen Gerechtigkeit nachhalf, war eine öffentliche Macht geworden, vor der auch die Obrigkeiten sich beugten. Die Verschworenen verhandelten frank und frei mit den Hohenpriestern; freilich trafen in diesem Fall ihre Absichten zusammen; sie wußten aber, daß sich auch die Priester und Lehrer dem Fanatismus nicht zu widersetzen wagten, der ihnen den Dolch entgegenhielt.

In ihrem kecken Trotz hatten die Verschworenen nicht ausreichend dafür gesorgt, daß ihr Plan geheim bleibe. 23,16-24: *Da aber der Sohn der Schwester des Paulus den Anschlag hörte, kam er herbei und ging in das Lager und berichtete es Paulus. Paulus aber rief einen der Hauptleute herbei und sagte: Führe diesen Jüngling zum Obersten; denn er hat ihm etwas zu melden. Dieser nahm ihn, führte ihn zum Obersten und sagte: Der gefangene Paulus rief mich herbei und bat, daß ich diesen Jüngling zu dir führe, da er dir etwas zu sagen hat. Der Oberst faßte ihn an der Hand, ging auf die Seite und fragte ihn für sich allein: Was ist das, was du mir zu melden hast? Er sagte: Die Juden haben sich vereinigt, dich zu bitten, daß du Paulus morgen in den Rat hinabführest, als wolltest du über ihn noch etwas Genaueres erfahren. Nun tue du ihnen ihren Willen nicht. Denn es lauern ihm mehr als vierzig Männer von ihnen auf, die sich verflucht haben, daß sie weder essen noch trinken, bis sie ihn getötet haben, und jetzt sind sie bereit und erwarten deine Zusage. Nun entließ der Oberst den Jüngling und befahl ihm: Sage niemand, daß du mir dies bekannt gemacht hast. Und er rief zwei von den Hauptleuten und sagte: Macht zweihundert Soldaten bereit, daß sie nach Cäsarea ziehen, und siebzig Reiter und zweihundert Schützen von der dritten Stunde der Nacht an und daß sie Reittiere bereitstellen, damit sie Paulus darauf setzten und ihn sicher zum Statthalter Felix brächten.* Auf die Nachricht, die ihm der Neffe des Paulus brachte, beschloß Lysias, ihn sofort nach Cäsarea hinabzubringen. Die Verschwörung zeigte ihm, daß sich des Apostels wegen der jüdische Eifer in so gefährlicher Weise regte, daß Kämpfe von unberechenbaren Folgen daraus entstehen konnten. Dadurch, daß Paulus in die Gewalt des Statthalters kam, war sowohl für seine persönliche Sicherheit als für die Ruhe in Jerusalem gesorgt. Die ängstliche, heimliche Weise, mit der der Offizier verfuhr, entsprach völlig der damaligen Lage in Jerusalem. Der Transport des Paulus wurde auf die Nacht verlegt, um einen Kampf mit den Verschworenen zu vermeiden; dazu wurde eine so große Truppenmacht aufgeboten, daß man erwarten konnte, jedem jüdischen Angriff überlegen zu sein. So verließ Paulus in der Nacht, von römischen Truppen umringt, Jerusalem, das er nie mehr sah. Die Auswahl der Truppen entsprach der Art des Geländes und der dadurch gegebenen Gefahr bei diesem nächtlichen Marsch. Man zog auf der Straße über Bethoron nach Antipatris; der Marsch führte also zuerst durch das schwierige Bergland, wo die Reiter keinen Schutz gewährten, sondern Schwerbewaffnete erforderlich waren, um einen Angriff auf Paulus abzuwehren. Neben den Schwerbewaffneten waren im bergigen Gelände die mit der Schleuder bewaffneten Schützen nützlich; sie deckten die Umgebung der Straße und verhinderten so einen plötzlichen Angriff. In Antipatris erreichte man dagegen sicheren Boden; hier war die Bevölkerung nicht mehr ausschließlich jüdisch, und die Ebene erschwerte einen Überfall. Für den Marsch durch die Ebene nach Cäsarea waren siebzig Reiter dabei; sie kamen allein mit Paulus rascher vorwärts, während die Fußtruppen umkehrten.

23,25-30: *Und er schrieb einen Brief, der diesen Inhalt hatte: Claudius Lysias an den hoch zu ehrenden Statthalter Felix. Freude sei dir! Diesen Mann, der von den Juden ergriffen und nahe daran war, von ihnen getötet zu werden, rettete ich, indem ich mit den Soldaten hinzukam, weil ich erfuhr, daß er Römer ist. Und da ich die Ursache erfahren wollte, wegen derer sie ihn verklagten, führte ich ihn in ihren Rat hinab. Ich fand, daß er wegen Streitfragen ihres Gesetzes verklagt wird, dagegen keine Anklage auf sich hat, die des Todes oder der Bande wert wäre. Da mir aber angezeigt wurde, daß ein Anschlag gegen den Mann bestehe, schickte ich ihn sofort zu dir und befahl auch den Verklägern, vor dir gegen ihn zu reden.* Der Bericht des Lysias an den Statthalter stellte die für Paulus günstige Tatsache fest, daß sich nach seinen Ermittlungen sein Vergehen nur auf die religiösen Streitfragen der Juden bezog. 23,31-35: *Nun nahmen die Soldaten Paulus, wie es ihnen befohlen war, und führten ihn während der Nacht nach Antipatris. Am anderen Morgen aber ließen sie die Reiter mit ihm ziehen und kehrten in das Lager zurück. Als diese nach Cäsarea kamen und dem Statthalter den Brief übergaben, führten sie ihm Paulus vor. Als er ihn gelesen und gefragt hatte, aus welcher Provinz er sei, und erfuhr, er sei aus Cilicien, sagte er: Ich werde dich verhören, wenn auch deine Ankläger eingetroffen sind. Und er befahl, daß er in der Burg des Herodes verwahrt werde.* Der Statthalter, Antonius Felix, ließ sich vorerst nur berichten, aus welcher Provinz Paulus war; dies konnte unter Umständen auf den Gang des Prozesses Einfluß haben. Das Verhör dagegen verschob Felix bis zur Ankunft der Verkläger des Apostels. Dieser wurde im früheren Palast des Herodes in Haft gehalten.

Kapitel 24-26

Die Gefangenschaft des Paulus in Cäsarea

Dem Hohenpriester hatte Lysias den Bescheid erteilt, er habe sich in der Sache des Paulus von nun an an Felix zu wenden, bei dem sich Paulus jetzt befinde. Das tat der Hohepriester mit einer Abordnung des Rats ohne Zögern. 24,1: *Am fünften Tag kam der Hohepriester Ananias mit einigen Ältesten und einem gewissen Tertullus, einem Redner, herab, die dem Statthalter gegen Paulus Bericht erstatteten.* Der Hohepriester betrieb die Verfolgung des Paulus mit großem Eifer; schon fünf Tage nach dessen Ankunft konnte die Verhandlung gegen ihn stattfinden; die Reise der jüdischen Abgesandten nach Cäsarea erforderte notwendig zwei von diesen Tagen. Die Juden hatten einen rechts- und redekundigen Mann mitgebracht, der die Führung des Prozesses berufsmäßig übernahm. Dieser Rhetor hielt die Anklagerede, die hernach die jüdischen Machthaber mit ihrer Autorität bekräftigten. Obwohl bei dieser Verhandlung die innerlichen Fragen, die die Schrift, die Lehre, den Glauben betrafen, notwendig zurücktraten, hielt Lukas sie doch mit Recht für lehrreich; es wurde auch durch sie erwiesen, daß die Judenschaft Paulus ausstieß, obwohl er sich nicht von ihr trennte, sondern mit aller Kraft seine und der Christenheit Zugehörigkeit zu Israel wie vor dem Rat, so auch vor dem Statthalter verteidigte.

24,2-9: *Als er aber herbeigerufen war, begann Tertullus, ihn anzuklagen, und sagte: Da wir durch dich großen Frieden erlangen und Verbesserungen für dieses Volk durch deine Fürsorge geschehen, so nehmen wir das in jeder Weise und an jedem Ort, hoch zu ehrender Felix, mit aller Dankbarkeit an. Damit ich dich aber nicht weiter bemühe, bitte ich, du wollest uns in Kürze nach deiner Güte hören. Denn wir fanden in diesem Mann einen Verderber und Anstifter von Streitigkeiten unter allen Juden in der ganzen Welt und einen Vorkämpfer der Partei der Nazoräer, der auch den Versuch machte, den Tempel zu entweihen. Diesen haben wir darum ergriffen und nach unserem Gesetz richten wollen. Aber Lysias, der Oberst, kam herbei und führte ihn mit großer Gewalt aus unseren Händen fort und befahl, daß seine Verkläger vor dich kommen sollten.*[1] *Von ihm selbst kannst du, wenn du ihn verhörst, all das erfahren, womit wir ihn verklagen. Es stimmten aber auch die Juden zu und sagten, so verhalte sich das.* Für die Juden war die Lage deshalb schwierig, weil auch sie von Anklagen bedroht waren; denn ihr Verfahren gegen Paulus ließ sich leicht als Aufruhr und Mordversuch deuten. Sie mußten dartun, Lysias habe Paulus nicht mit Recht unter den Schutz des Statthalters gestellt. Der jüdische Redner wandte die Kunststücke an, die für solche Gelegenheiten bei den Griechen üblich waren; ohne sie hätte eine Rede als ungebildet und abstoßend gegolten. Die Amtsführung des Felix wurde mit prunkenden Worten gerühmt; damit sollte der Verdacht abgewehrt sein, als könnte in der Sache des Paulus irgend etwas gegen die Rechte des Statthalters geschehen sein; die Judenschaft schätzte ihn ja aufs höchste und verehrte ihn mit größter Dankbarkeit. Dann bedauerte der Redner, daß er ihn mit dieser Sache belästigen müsse, und tat, als ob er sich aus Rücksicht auf ihn auf das Notwendigste beschränke. Nun kamen die Vergehungen des Paulus an die Reihe, zuerst, daß er wegen seines bösartigen Charakters überall in der Welt unter den jüdischen Gemeinden Zwietracht und Aufruhr gestiftet habe. Solche Unruhestifter einzufangen und hinzurichten gehöre überall im Reich zur Pflicht der Statthalter, besonders da den jüdischen Gemeinden die ungestörte Ausübung ihrer Religion durch das römische Gesetz zugesichert sei. Weiter sei Paulus ein Haupt der Partei der Nazarener. Die Christen zu unterdrücken und ihre Häupter zu fangen, erklärten die Juden für ihr gutes Recht; sie legten dem Statthalter nahe, es sei seine Pflicht, ihnen dabei behilflich zu sein. Endlich habe Paulus versucht – mehr durften sie nicht sagen –, den Tempel zu entweihen. Sie erklärten es darum für vollständig berechtigt, daß sie

1 Der Satz über Lysias ist nicht einstimmig überliefert. Er ist aber schwerlich zu entbehren, weil die Juden darüber Auskunft geben müssen, wie Paulus unter den Schutz der Römer gekommen ist und weil die genau entsprechende Antwort des Paulus in V. 17-21 zu diesem Satz das Gegenstück gibt.

Paulus ergriffen; dabei sei allein dies ihre Absicht gewesen, ihn nach ihrem Gesetz zu richten. Sie beschwerten sich deshalb über Lysias, dessen Gewalttätigkeit einzig schuld sei, daß sie jetzt die Hilfe des Statthalters gegen Paulus nachsuchen müßten. Das werde Paulus alles selbst zugeben müssen, wenn ihn Felix verhören wolle.[1]

Obwohl die Juden alles rechtfertigen wollten, was sie Paulus angetan hatten, sagte sich dieser auch vor dem Statthalter von der jüdischen Gemeinde nicht los, sondern verfocht den Satz, er sei auch als Christ ein Glied Israels und habe darum an allen Rechten eines solchen teil. 24,10-13: *Und Paulus antwortete, als ihm der Statthalter winkte, er dürfe reden: Da ich weiß, daß du seit vielen Jahren für dieses Volk Richter bist, verteidige ich mich mit frohem Mut, da du erfahren kannst, daß es nicht mehr als zwölf Tage sind, seit ich hinaufzog, um in Jerusalem anzubeten. Und sie fanden mich weder im Tempel im Gespräch mit jemand oder daß ich einen Volksauflauf verursachte, noch in den Versammlungen noch in der Stadt, und sie können dir nichts von dem beweisen, womit sie mich jetzt verklagen.* Auch Paulus begann mit einem an Felix gerichteten Vorwort, das seine Zuversicht zum Urteil des Statthalters aussprach, jedoch ohne Schmeichelei. Paulus hob nur das eine hervor, daß Felix schon mehrere Jahre im Lande als Vertreter des Kaisers und höchster Richter steht, somit die Verhältnisse in der Judenschaft recht wohl kennt. Er freut sich dessen, daß er vor einem sachkundigen Richter sprechen konnte.

Zuerst wies er darauf hin, daß er den Juden keinen Anlaß zu ihren Gewalttätigkeiten gegeben habe. Schon die Kürze seines Aufenthalts in Jerusalem widerlegt diesen Verdacht.[2] Sodann hat er sich völlig ruhig gehalten und weder im Tempel noch in den Synagogen oder sonst in der Stadt sich bemerklich gemacht.

Der Grund der Feindschaft der Juden gegen ihn ist, daß er Christ ist, und dies verheimlicht er nicht. 24,14.15: *Dies aber bekenne ich*

1 Auch die andere Fassung dieser Worte ist möglich: Lysias müsse dies alles bestätigen, wenn ihn Felix vernehmen wolle.

2 Die zwölf Tage nennen seinen Aufenthalt in Jerusalem; wie lange er seither in Haft in Cäsarea war, war für die Frage gleichgültig und dem Statthalter ohnehin bekannt. Lukas nennt die zwölf Tage vollständig: der Tag der Ankunft 21,17; der Tag der Verhandlung mit dem Ältesten 21,18; die sieben Tage der Reinigung 21,27; der Tag der Verhandlung vor dem Rat 22,30; der Tag, an dem die Verschwörung entdeckt wurde 23,12; und der Tag des Transports nach Cäsarea 23,32.

dir, daß ich nach dem Weg, den sie eine Partei heißen, so dem Gott der Väter diene, daß ich allem, was im Gesetz steht, und dem, was in den Propheten geschrieben ist, glaube und zu Gott Hoffnung habe, die auch sie selbst annehmen, es werde eine Auferstehung der Gerechten und der Ungerechten stattfinden. Den Namen „Partei" braucht Paulus nicht für die Christengemeinde; denn parteisüchtige Sonderzwecke sind dieser fremd. Freilich unterscheidet sie sich von der übrigen Judenschaft durch ihre Überzeugungen, bildet also innerhalb derselben einen besonderen „Weg". So entsteht die schwerwiegende, bedeutungsvolle Frage: Ist Paulus, weil er Christ ist, ein Abtrünniger und dadurch rechtlos, oder hat er als Christ noch denselben Anspruch auf den Rechtsschutz, den jeder Jude hat? Alle Beteiligten, Felix, Ananias, Paulus, waren sich darüber klar, wieviel an der Entscheidung dieser Frage hing. Paulus machte zuerst geltend, daß er dem Gott der Väter diene. Die Christen haben keinen neuen Gott; den Gott Israels verehren sie jetzt wie früher. Sodann ist die Schrift, sowohl das Gesetz als die Propheten, ihnen ebenso heilig wie den Juden; ja, sie sind dabei in besonderem Sinn schrifttreu: Sie glauben allem, was im Gesetz und in den Propheten steht. Die Schriftworte sind ihnen nicht mehr leer, unverständlich und fremd; jetzt – und dies verdanken sie gerade ihrem Christenglauben, ihrer Kenntnis Jesu – steht sowohl das Gesetz als die Verheißung der Schrift als helle Wahrheit in ihrem Herzen und wird in allem für sie zum geglaubten Wort. Endlich ist auch ihre Hoffnung dieselbe wie die der Judenschaft. Freilich war Ananias selbst Sadduzäer und wies die Auferstehungshoffnung ab. Dennoch konnte Paulus mit Recht sagen: „Auch sie selbst nehmen diese Hoffnung an." Denn die Erwartung der Auferstehung war die herrschende Überzeugung der Gemeinde; die Sadduzäer mußten zufrieden sein, wenn sie geduldet wurden. Da die drei fundamentalen Sätze des Judentums, die Einzigkeit Gottes, die kanonische Geltung des Alten Testaments und die Auferstehungslehre, unerschüttert auch die Überzeugungen der Christenheit geblieben sind, haben die Juden kein Recht, Paulus, weil er Christ ist, als vogelfrei und rechtlos zu behandeln.

Auch sein Wandel gibt ihnen dazu keinerlei Anlaß, weil er mit seinen Überzeugungen nicht weniger, als es die frommen Juden tun, für sein Leben Ernst macht. 24,16: *Deshalb bemühe ich mich auch, vor Gott und den Menschen stets ein unverletztes Gewissen zu haben* (23,1). Wer auf die Auferstehung und Gottes Gericht hinaussieht, hat darin den starken Ansporn, alles zu vermeiden, was sein Gewissen verletzt. Er kann nicht leichtfertig über das Böse denken, nicht träge in der Achtsamkeit auf den Willen Gottes sein. Auf diese Folge aus seinem Glauben war Paulus stets mit klarem Ernst bedacht, nicht weniger als die Juden.

Die Darlegung des Apostels hat volle Richtigkeit. Das Judentum hatte damals keine anderen Dogmen als die, die Paulus aufzählt: Einzigkeit Gottes, Inspiration der Schrift, Auferstehung; es war kein leeres Vorgeben, sondern völlig aufrichtig gesprochen, wenn er die Erklärung abgab, diese Glaubenssätze ständen für ihn und die ganze Christenheit in ungeschwächter Geltung und die in ihnen begründete moralische Verpflichtung werde von ihr völlig anerkannt. Was das Trennende zwischen ihm und den Juden war, kam dabei nicht zur Erörterung. Es war gerichtskundig, daß dies im Glauben an Jesus bestand. Aber einerlei, wie dieser Glaube beurteilt wurde, ob er als Wahrheit oder Aberglaube galt, die Frage war die, was sich daraus für das den Christen als Juden zustehende Recht ergab. Dazu führte Paulus unwiderleglich den Beweis, daß durch das Bekenntnis zu Jesus nichts von dem berührt wurde, was die jüdische Obrigkeit von den Mitgliedern der Synagoge forderte; darum konnte den Christen wegen ihres Glaubens an Jesus ihr Anrecht auf den Schutz der Obrigkeit nicht verlorengehen.

Nun hatte Paulus noch nachzuweisen, was denn in Jerusalem geschehen war, was das römische Militär zum Eingreifen nötigte und die ganze Verhandlung vor Felix veranlaßte.

24,17: *Aber nach mehreren Jahren kam ich, um für mein Volk Wohltaten auszurichten und Opfer* (1. Kor. 16,1-6; 2. Kor. 8,9; Röm. 15,25-27). Seit dem letzten Besuch des Apostels in Jerusalem waren jedenfalls drei Jahre verflossen. Hier erwähnt auch Lukas die Kollekte, die wesentlich zum Entschluß des Paulus beitrug, wieder nach Jerusalem zu gehen. Daß ihr Ertrag für die Christenheit Jerusalems bestimmt war, ergab für die Rechtslage keinen Unterschied. Die Judenchristen waren auch Glieder „meines Volkes", und Paulus unterstützte sie deshalb, weil sie Jerusalemiten waren. Nicht für die griechischen Christen sammelte er, sondern für die Gemeinde

Jerusalems. Sodann erklärt er seinen Besuch in Jerusalem dadurch, daß er opfern wollte. Wenn er dies wegen des Rats des Jakobus beabsichtigte, so machte das sein Wort nicht unrichtig. Paulus wußte, wie es in Jerusalem stand; er mußte die Stadt meiden, wenn er nicht opfern wollte. Er hatte freilich bei seiner Reise zunächst die Christenheit und ihre Eintracht im Auge; diese aber förderte er gerade dadurch, daß er dem Tempel und dem Altar die Ehre gab, die das Gesetz ihnen zusprach, und sich als Heidenapostel mit Israel im Heiligtum vereinigte. Auffallend würde dieses Wort nur dann, wenn wir uns vorstellten, er sei nur verdrossen und mit halbem Gewissen in den Tempel gegangen. So plagten wir uns aber mit leeren Träumen. Paulus durfte es mit vollem Recht seinen Verklägern vorhalten, er habe deshalb seine Reise unternommen, weil ihm Israel als sein Volk teuer und der Tempel als die Gründung Gottes heilig war. 24,18.19: *Bei diesen fanden sie mich, nachdem ich gereinigt worden war, im Tempel, nicht mit einem Volkshaufen und nicht mit Lärm; es waren aber einige Juden aus der Provinz Asia, die vor dir gegenwärtig sein und mich verklagen sollten, wenn sie etwas gegen mich haben.* Paulus zertrat, als er opferte, die im Heiligtum geltenden Ordnungen nicht; er ließ sich ordnungsgemäß die Weihe geben, die er, weil er aus dem Heidenland kam, um zu opfern, brauchte. Und nicht bei einem gegen den Tempel gerichteten Akt, sondern während er sich in aller Stille für den Besuch des Tempels rüstete, ergriffen ihn einige Juden aus der Provinz Asia. Sie tragen die Schuld am ganzen Auflauf; jetzt aber sind sie wieder verschwunden.

24,20.21: *Oder diese hier sollen sagen, was sie für ein Unrecht fanden, als ich vor dem Rat stand – nichts als dies eine Wort, das ich, als ich unter ihnen stand, rief: Wegen der Auferstehung der Toten werde ich heute vor euch gerichtet.* Von der Verhandlung des Rats, die nachher über Paulus stattfand, sind Ananias und seine Genossen selbst dafür Zeugen, daß diese nicht zu seiner Verurteilung führte und kein Vergehen ans Licht brachte; sie beschäftigte sich einzig damit, daß Paulus seinen Glauben an die Auferstehung bekannt und diesen als das Vergehen bezeichnet hatte, für das er verfolgt werde. Von der Verschwörung gegen ihn schwieg er, wie er auch bei den Vorgängen im Tempel nicht weiter davon geredet hatte, daß er ohne Recht und Urteil ermordet werden sollte. Er verstand auch dann zu vergeben, wenn er für sein und der ganzen Christenheit Recht mit aller Umsicht stritt. Er begehrte nicht, daß die Missetaten der Juden bestraft werden, sondern nur, daß ihm die Freiheit werde. Seit die Lage der Christenheit im Reiche schwer wurde, machte diese reichlich die Erfahrung, daß es nicht leicht ist, an Ehre, Leib und Leben Unrecht zu leiden, ohne sich gegen den Verfolger zu erbittern. Auch darauf hat Lukas seinen Blick gerichtet, wenn er uns erzählt, wie ruhig, über jeden Wunsch der Rache und allen leidenschaftlichen Zorn erhaben, Paulus Unrecht auf Unrecht litt und verzieh.

24,22.23: *Aber Felix vertagte sie, da er genau wußte, wie es mit dem Wege stand, und sagte: Wenn Lysias, der Oberst, herabkommt, werde ich eure Sache entscheiden. Und er gab dem Hauptmann den Befehl, daß er zu verwahren und ihm Ruhe zu gewähren sei und niemand von den Seinen daran gehindert werden dürfe, ihm zu dienen.* Die Wichtigkeit der Sache war Felix klar, da er wußte, was es um die Kirche war und wie ihr Verhältnis zur Judenschaft sich bisher gestaltet hatte. Vom Kaiser her hatten die Statthalter damals noch keine Anweisung, die Christen zu verfolgen, und von sich aus die römische Macht dem Haß der Juden gegen die Christen dienstbar zu machen, mußte jeder Statthalter Palästinas für bedenklich halten. Ebensoklar war aber, daß den Häuptern der Judenschaft an der Beseitigung des Apostels viel gelegen war und der Statthalter mit ihrem Groll rechnen mußte, wenn er ihren Willen durchkreuzte. Demgemäß wählte Felix den Mittelweg; er schob die Urteilsfällung auf. Den Vorwand bot ihm, daß die Gegenwart des Lysias zuvor nötig sei. Den Juden wäre die Verurteilung des Paulus das liebste gewesen. Wenn sie aber nicht zu erreichen war, dann war es für ihre Zwecke das beste, wenn der Prozeß verschleppt wurde und Paulus für lange Zeit im Gefängnis verschwand. Die Juden waren darum über den Ausgang der Verhandlung schwerlich mißvergnügt. Die Haft wurde Paulus nicht hart gemacht. Die Gefährten des Paulus hatten freien Zugang zu ihm, wohl ebenso die Christen Cäsareas und Judäas; durch ihre Vermittlung blieb er wenigstens in einigem Verkehr mit seinen Gemeinden und konnte an der Erhaltung und Fortsetzung seines Apostelwerks arbeiten. Was Paulus im Verkehr mit den Brüdern erlebte und arbeitete, erzählt uns Lukas nicht; wir dürfen aber daraus nicht schließen, daß die Gemeinschaft der palästinischen Christen mit Paulus unterbrochen gewesen sei.

24,24-26: *Nach einigen Tagen kam Felix mit seiner Frau Drusilla, die eine Jüdin war, und ließ Paulus kommen und hörte ihn an über den Glauben an Christus Jesus. Da er sich aber über die Gerechtigkeit und die Enthaltsamkeit und das künftige Gericht mit ihm besprach, bekam Felix Furcht und antwortete: Für jetzt geh; wenn ich Zeit bekomme, werde ich dich rufen lassen. Zugleich hoffte er auch, daß ihm von Paulus Geld gegeben werde. Darum ließ er ihn auch mehrmals kommen und unterredete sich mit ihm.* Felix benutzte die Gefangenschaft des Paulus, um sich über den Christenglauben und den Apostel näher zu unterrichten. Denselben Wunsch hatte seine jüdische Gemahlin Drusilla, die Tochter Agrippas I., eine leidenschaftliche, zuchtlose Frau, wie es die meisten Prinzessinnen des herodeischen Hauses waren. Als Paulus vor den Statthalter und seine Gemahlin geholt und eingeladen wurde, darzulegen, was der Christenglaube sei, sprach er nicht mehr über die Rechtsfrage, auch nicht bloß über das Wunder im Ausgang Jesu; er legte vielmehr dar, wie das Evangelium sich aller Sünde widersetzt, uns an die Gerechtigkeit und Keuschheit als an heilige Pflichten bindet und so zum künftigen Gericht vorbereitet. Dieses Gerichtes wegen bedürfen wir des Heilands, der uns als Erlöser von der Sünde gegeben ist, damit uns das Gericht Gottes nicht zum Verderben sei. Dieses Zeugnis des Apostels stieß mit den vielen dunklen Dingen im Leben des Felix und mit der Macht der kranken Begierden, die in ihm brannten, zusammen. Er brach ab und schob die weitere Besprechung auf. Wie die Athener wohl erkannten, daß ihr Götterdienst leer und falsch war, aber nicht den Mut fanden, mit ihm zu brechen (17,32), so sah auch der römische Staatsmann deutlich, was als Ungerechtigkeit an ihm hing; aber auch er hatte nicht die Kraft, es abzutun, sondern wich der Entscheidung aus. Doch ließ er Paulus auch später noch zu Unterredungen vor sich bringen; dieser sollte merken, daß er geneigt sei, ihn freizulassen; nur mochte er das nicht umsonst tun.[1] Warum bot ihm Paulus nicht eine beträchtliche Summe an? An Mit-

[1] Es ist nicht nur möglich, sondern wahrscheinlich, daß Felix auch von Jerusalem her Geld bekam, damit er Paulus im Gefängnis behalte. Lukas sagt aber nur, was er weiß.

teln konnte es ihm nicht fehlen, da er ja die große Kirche hinter sich hatte, die ihm alles gab, was er wünschte. Paulus aber hat sich auf nichts Krummes eingelassen, obwohl ihm die glänzenden Gründe, mit denen sich in solchen Fällen die Bestechung ungerechter Beamter rechtfertigen läßt, so gut bekannt gewesen sind als uns. Er konnte alles, gefangen bleiben und sterben, ebensowohl mit neuer Rüstigkeit seine Arbeit wieder beginnen; nur in das verdorbene Verlangen des Felix einzuwilligen, vermochte er nicht. „Wir, die wir der Sünde gestorben sind, wie sollten wir in ihr leben können?" (Röm. 6,2)

24,27: *Als aber zwei Jahre voll geworden waren, erhielt Felix Porkius Festus zum Nachfolger, und da Felix den Juden eine Gunst gewähren wollte, ließ er Paulus gebunden zurück.* Es geschah wahrscheinlich im Jahre 57, daß Nero Felix von der Statthalterschaft abberief und Festus an seine Stelle setzte. Felix war aber bei seinem Abgang noch besonders darauf angewiesen, die unter Nero in Rom einflußreichen jüdischen Priester nicht zu reizen; denn jedem vom Amt entsetzten Statthalter konnte eine Klage vor dem Kaiser ernste Gefahren bringen. Der Nachfolger mochte sehen, wie er die Angelegenheit des Paulus zu Ende führe. So blieb Paulus bei der Abreise des Felix in Haft.

Gleichwohl führte der Wechsel in der Statthalterschaft im Schicksal des Paulus die Wendung herbei. 25,1-6: *Als nun Festus die Provinz betreten hatte, ging er am dritten Tag von Cäsarea nach Jerusalem hinauf, und die Hohenpriester und die Ersten unter den Juden gaben ihm gegen Paulus Bericht, baten sich gegen ihn eine Gunst aus und drangen in ihn, daß er ihn nach Jerusalem kommen lasse, da sie einen Hinterhalt bereit hielten, um ihn unterwegs umzubringen. Nun antwortete Festus, Paulus werde in Cäsarea verwahrt, er selbst aber wolle rasch abreisen. Darum sollen die bei euch Regierenden, sagt er, mit hinabziehen und ihn verklagen, wenn etwas Ungehöriges an dem Manne ist. Er verweilte aber nicht mehr als acht oder zehn Tage bei ihnen und ging nach Cäsarea hinab. Am folgenden Tag setzte er sich auf den Richterstuhl und befahl, daß Paulus vorgeführt werde.* Da der neue Statthalter gleich nach seiner Ankunft im Lande Jerusalem besuchte, hielten die Gegner des Paulus die Gelegenheit für günstig, um mit Paulus zum Ende zu kommen, solange der Statthalter noch unerfahren war. Sie stellten ihm Paulus als Missetäter dar und baten sich die Gunst aus, daß er ihn jetzt sogleich verurteile und ihn dazu nach Jerusalem führen lasse. Unterwegs sollte dafür gesorgt werden, daß er niedergestoßen werde. Es gab immer noch wie vor zwei Jahren Männer, die für diesen Zweck ihr Leben ohne Bedenken wagten. Festus wollte aber den Aufenthalt in Jerusalem nicht verlängern und ebensowenig das Urteil anderen überlassen. Er lud also die jüdischen Machthaber ein, nachdem sie mit solchem Eifer auf die Bestrafung des Paulus gedrungen hatten, ihm in Cäsarea ihre Klagen gegen Paulus vorzulegen. Da der Aufenthalt des Festus nicht lange währte, verstrichen kaum drei Wochen seit seiner Ankunft, bis die Verhandlung über Paulus zustandekam.

25,7.8: *Als er aber herbeikam, stellten sich die Juden, die aus Jerusalem herabgekommen waren, rings um ihn und brachten viele und schwere Anklagen vor, die sie nicht beweisen konnten, da Paulus sich verteidigte: Ich habe mich weder gegen das Gesetz der Juden noch gegen den Tempel noch gegen den Kaiser in irgendeinem Punkt verfehlt.* Die Verhandlung verlief ebenso wie unter Felix. Die Juden bemühten sich, Paulus als bösartig und gefährlich hinzustellen; dieser dagegen wies erfolgreich nach, daß weder in seinem Verhältnis zum mosaischen Gesetz noch in seinem Verhalten gegen den Tempel noch in seiner Stellung dem Kaiser gegenüber irgend etwas vorliege, was ein römischer Richter als strafwürdig beurteilen könne. 25,9: *Festus aber, der den Juden eine Gunst gewähren wollte, antwortete Paulus und sprach: Willigst du ein, nach Jerusalem hinaufzugehen und dort vor mir über diese Dinge gerichtet zu werden?* Festus erkannte wohl, daß der Kampf zwischen den Juden und Paulus einen religiösen Grund hatte und kein gemeines Vergehen dabei im Spiele war; zugleich mußte er sich sagen, daß ihm die Freilassung des Paulus gleich zu Beginn seiner Regierung einen heftigen Streit mit den in Jerusalem regierenden Männern eintragen würde. Er machte darum ähnlich wie Felix einen vermittelnden Vorschlag: Paulus sollte einwilligen, daß in Jerusalem über ihn verhandelt werde. Der Statthalter versprach ihm, vor ihm selbst werde er dort gerichtet werden, so daß das Verfahren gegen ihn von ihm, dem Staathalter, überwacht und die Entscheidung von ihm gefällt werde. Dies sollte aber mit Rücksicht auf die religiöse Art der Streitfragen in Jerusalem geschehen, also unter der Mitwirkung der jüdischen Autoritäten, denen Festus damit über das in der Judenschaft Zulässige ein maßgebendes Urteil zugestand. Immerhin anerkannte er, daß er zu diesem Verfahren ohne die Zustimmung des Paulus nicht berechtigt war. Ein Grund, ihm die Einwilligung zuzumuten, schien aber daraus ableitbar, daß Paulus den Satz verfocht, es ständen ihm alle Rechte zu, die jeder Jude habe. Wenn er ein Jude sein wollte, schien es nicht unbillig, ihm zuzumuten, daß er sich dem Urteil des jüdischen Rats unterwerfe.

25,10-12: *Aber Paulus sprach: Ich stehe vor dem Richterstuhl des Kaisers; hier muß ich gerichtet werden. Den Juden habe ich kein Unrecht getan, wie auch du deutlich einsiehst. Wenn ich Unrecht tue und etwas getan habe, was des Todes wert ist, so weigere ich mich nicht zu sterben. Wenn aber das nichts ist, womit mich diese verklagen, so kann mich niemand ihnen übergeben. Den Kaiser rufe ich an. Da besprach sich Festus mit seinen Beratern und antwortete: Du hast den Kaiser angerufen; zum Kaiser sollst du ziehen.* Durch den Vorschlag des Festus war für Paulus der Ausweg nach Rom erreichbar gemacht. Auf das jüdische Gericht ließ er sich nicht ein; schon der Weg nach Jerusalem war für ihn gefahrvoll, und er wußte nicht, ob die pharisäischen Lehrer ihn nochmals gegen die Priester zu schützen vermochten. Daß er bei Festus keinen Schutz fände, war klar. Nun hatte dieser sich aber bereit erklärt, das Urteil in der Sache des Paulus an andere Richter abzugeben, da er nicht ausreichend über sie unterrichtet sei. Darum konnte der Apostel nun mit Erfolg die Berufung an den Kaiser geltend machen. Er stehe schon jetzt vor den kaiserlichen Richtern, so daß seine Auslieferung an die Juden unmöglich sei; er rufe die persönliche Entscheidung des Kaisers an. Nicht als ob er damit seinen Prozeß verschleppen oder sich einer gerechten Bestrafung entziehen wolle; er sei bereit zu leiden, was er verdient habe; verhüten wolle er nur, daß er wider das Recht dem Haß der Juden preisgegeben werde. Festus beriet sich mit seinen Beamten, die ihn auch bei den richterlichen Geschäften mit ihrem Rat zu unterstützen hatten, und erklärte nach dieser Beratung, die Berufung des Paulus sei angenommen; er werde nach Rom gebracht werden. Festus kam dieser Ausgang der Verhandlung schwerlich unerwünscht.

Das brachte Paulus zunächst die Gelegenheit, dem König Agrippa II. darzutun, was der Christenglaube sei. Schon bei der Bekehrung hatte der Herr es zu seinem Beruf gemacht, seinen Namen vor die Könige zu tragen (9,15). Für Palästina ging dies jetzt in Erfüllung; er wurde nicht früher aus dem Land weggebracht, ehe er dem jüdischen König das Evangelium vorgelegt hatte. 25,13: *Als aber einige Tage vergangen waren, trafen der König Agrippa und Berenike in Cäsarea ein und begrüßten Festus.* Agrippa II. war der Sohn Agrippas I., den wir Kap. 12 trafen. Claudius hatte ihm nach dem Tod seines Vaters das Königtum von Jerusalem nicht anvertraut; doch besaß er beträchtliche Stücke Palästinas: außer dem Hauran auch das galiläische Ufer des Sees von Genezareth mit Tiberias und Kapernaum und das südliche Stück der Ostseite der Jordanebene gegenüber Jericho. Sodann hatte er zu Jerusalem und zur ganzen Judenschaft dadurch amtliche Beziehungen, daß ihm das Recht, die Hohenpriester zu ernennen, und die Aufsicht über den Tempel übergeben war. Berenike war seine Schwester, eine wegen ihrer Schönheit und Herkunft einflußreiche, aber zuchtlose Frau. Der Fürst und die Fürstin machten dem neuen Statthalter ihren Besuch, und in dessen Verlauf besprach Festus mit Agrippa auch die Sache des Paulus. 25,14-22: *Da sie mehrere Tage dort verweilten, legte Festus dem König die Sache des Paulus vor und sagte: Ein Mann ist von Felix als Gefangener zurückgelassen worden, über den mir, als ich in Jerusalem war, die Hohenpriester und die Ältesten der Juden Bericht gaben, da sie gegen ihn eine Verurteilung verlangten. Ich antwortete ihnen, daß es bei den Römern nicht Sitte sei, einen Menschen auszuliefern, bevor der Verklagte seine Verkläger vor sich habe und Raum zur Verteidigung gegen die Anklage erhalte. Da sie nun mit mir hierher kamen, ließ ich es zu keinem Aufschub kommen, sondern setzte mich am folgenden Tag auf den Richterstuhl und befahl, daß der Mann vorgeführt werde. Gegen ihn brachten die Ankläger, die auftraten, keine Beschuldigung wegen böser Dinge vor, die ich vermutet hatte, sondern sie hatten einige Streitfragen wegen ihres eigenen Gottesdienstes gegen ihn und wegen eines gewissen Jesus, der gestorben ist, von dem Paulus sagte, er lebe. Da ich aber nicht in der Lage bin, solche Fragen zu untersuchen, sagte ich, ob er willig sei, nach Jerusalem zu gehen und dort deshalb gerichtet zu werden. Da sich aber Paulus darauf berief, daß er bis zur Entscheidung des Kaisers verwahrt werde, gab ich den Befehl, daß er verwahrt werde, bis ich ihn zum Kaiser schicken kann. Agrippa aber sprach zu Festus: Ich möchte selbst den Menschen hören. Morgen, sagt er, wirst du ihn hören.* Agrippa war über den Glauben der Christen unterrichtet und hatte vielleicht schon früher manches von Paulus gehört. Auch in seinen Ländern breitete sich das Christentum aus; er hielt es deshalb für eine interessante Sache, einen der Führer der Christenheit selbst zu sehen.

25,23-27: *Nun kamen am folgenden Tag Agrippa und Berenike mit großer Pracht und traten in den für die Verhöre bestimmten Saal mit den Obersten und den angesehensten Männern der Stadt, und als es Festus befahl, wurde Paulus vorgeführt. Und Festus sagt: König Agrippa und ihr Männer alle, die ihr mit uns hier seid, ihr seht den, wegen dessen die ganze Menge der Juden in Jerusalem und hier in mich drang mit dem Geschrei, er dürfe nicht mehr leben. Ich aber nahm wahr, daß er nichts getan hat, was den Tod verdiente. Da er aber selbst den Kaiser anrief, habe ich entschieden, ihn abzusenden. Über ihn habe ich nichts Zuverlässiges, was ich dem Herrn schreiben könnte. Deshalb führte ich ihn euch vor und besonders dir, König Agrippa, um dadurch, daß ein Verhör stattfindet, zu bekommen, was ich schreiben kann. Denn es scheint mir nicht richtig zu sein, einen Gefangenen abzusenden, ohne die gegen ihn erhobenen Anklagen anzugeben.* Wir hören hier, daß die Priester in Jerusalem und in Cäsarea auch die Volksmenge als Mittel benützt hatten, um Festus zu zeigen, wie verbreitet und tief der Haß gegen Paulus unter dem Volke sei. Es war ihnen ein Leichtes, in beiden Städten Scharen zusammenzurufen, die das „Fort mit ihm!" unablässig erschallen ließen. Nun hatte aber die Untersuchung des Statthalters kein Verbrechen ans Licht gebracht, das Paulus begangen hätte; daraus ergab sich der praktische Zweck dieser Verhandlung. Sie sollte feststellen, wie die auf Paulus liegende Anklage dem Kaiser darzustellen sei.

26,1-3: *Agrippa aber sprach zu Paulus: Es ist dir verstattet, für dich zu sprechen. Da streckte Paulus die Hand aus und verteidigte sich: Da ich mich über alles, womit ich von den Juden verklagt werde, heute vor dir, König Agrippa, verteidigen kann, so halte ich mich für glücklich, da du in besonderer Weise ein Kenner aller Sit-*

ten und Streitfragen bist, die unter den Juden bestehen. Deshalb bitte ich dich, du wollest mich geduldig hören. Paulus dankte Agrippa zuerst dafür, daß er sich vor ihm verteidigen darf; denn er als Jude verstand sofort und richtig, was Paulus zu sagen hatte. Er kennt die Sitten, nach denen die Judenschaft ihren Gottesdienst übt, und die Streitfragen, die in der Gemeinde die verschiedenen Lehrformen hervorbrachten.

Die Verteidigung des Apostels besteht auch hier wieder darin, daß er seine Geschichte erzählt. Diese kennen heißt ihn verstehen. 26,4-7: *Über mein Leben von Jugend an, das von Anfang an in meinem Volk und in Jerusalem geschah, wissen alle Juden, die mich von früher her kennen, wenn sie Zeugnis geben wollen, daß ich nach der genauesten Partei unseres Gottesdienstes als Pharisäer lebte. Auch jetzt (23,6) stehe ich hier und werde gerichtet wegen der Hoffnung auf die Verheißung, die von Gott unseren Vätern gegeben wurde, zu der die Zwölfzahl unserer Stämme* (Jak. 1,1; Matth. 19,28) *zu gelangen hofft und darum mit Anstrengung bei Nacht und Tag Gott dient. Dieser Hoffnung wegen, o König, werde ich von Juden verklagt!* Als Pharisäer wuchs Paulus auf, und ein solcher ist er geblieben. Er stellt sich wieder an denselben Ort wie gegenüber dem jüdischen Rat. Er hat die Hoffnung auf die den Vätern gegebene Verheißung bewahrt und lebt gläubig in ihr; er hat damit, was am Pharisäismus heilig und biblisch ist, bei sich zur vollen Kraft gebracht. Aber gerade dies wird ihm zum Verbrechen gemacht. Paulus hebt den ergeifenden Gegensatz heraus: Auf der einen Seite stehen die zwölf Stämme, das gesamte Israel, das hier absichtlich mit dem alten heiligen Namen genannt ist; es übt mit Anstrengung bei Nacht und bei Tag Gottesdienst. Agrippa wußte, wie sehr diese Beschreibung zutraf, wie in allen jüdischen Häusern bei Anbruch der Nacht wie beim Anbruch des Tags das Lob Gottes erscholl und unablässig der Fleiß des Volkes darauf gerichtet war, Gott den Dienst zu erweisen, den sein Gesetz vorgeschrieben hat. Wozu dieser Eifer und diese Arbeitsamkeit? So hoffen sie, die Verheißung zu erlangen! Dorthin sehen ihre Blicke; dort winkt ihnen für alle Mühsal der Lohn; bei ihrem emsigen, unablässigen Gottesdienst denken sie an den Tag, an dem Gott seine Verheißung erfüllen wird. Auf der anderen Seite steht Paulus, der darum so glühend gehaßt und so furchtbar gescholten wird, weil er in dieser selben Hoffnung lebt und Israel die Verheißung Gottes verkündigt, nach der seine Sehnsucht steht!

Was erzeugt diese seltsame Lage? Paulus sieht, wie Argippa weiß, die Verheißung im auferstandenen Jesus erfüllt; auf ihn setzt er seine Hoffnung. Das gilt Israel als Torheit, und Paulus erwartet, daß Agrippa nicht anders denke. Er fragt ihn darum sogleich, warum er so denke. 26,8: *Warum wird es bei euch für unglaublich erklärt, wenn Gott Tote auferweckt?* Auferweckung der Toten erwartet Paulus nicht von einem Menschen, nicht von der Natur, nicht vom Zufall; Gott ist es, der dies tut. Warum ist das unglaublich? Ist nicht eben das die rechte Offenbarung jener Macht und Gnade, in denen Gottes Herrlichkeit besteht?

Doch wie kam Paulus zu der Gewißheit, daß die Verheißung Gottes sich in der Auferweckung Jesu erfüllt hat, daß durch ihn allen die Auferstehung verbürgt ist? Hierüber gibt seine Bekehrungsgeschichte Aufschluß. Nicht dann erzählte er sie, wenn er das Evangelium den Völkern predigte. Dann redete er nicht von sich, sondern verkündigte Jesus; er hieß die Leute ihren Glauben nicht auf das stellen, was er selbst erlebt hatte, sondern auf das, was Jesus durch das Kreuz und die Auferstehung allen gab. Wenn Paulus aber darüber Auskunft zu geben hatte, was aus ihm selbst wurde und wie sein Leben diese Wendung nahm, dann mußte er jene Stunde beschreiben, in der Jesus ihm entgegentrat. Aus ihr fließt sein Glaube, sein Werk, sein Apostelamt; alles, was er geleistet hat, stammt von dort.

Zuerst stellt Paulus wieder seinen Kampf gegen die Christenheit dar, hier mit besonders eindringendem Ernst. 26,9-11: *Ich freilich meinte, ich müsse viel Feindseliges gegen den Namen Jesu, des Nazareners, tun, und ich tat dies auch in Jerusalem, und viele von den Heiligen verschloß ich in die Gefängnisse, da ich die von den Hohenpriestern erteilte Vollmacht erhielt, und wenn sie getötet wurden, gab ich die Stimme ab und habe in allen Bethäusern sie oft gezüchtigt und sie dadurch zum Lästern gezwungen, und weil ich übermäßig gegen sie wütete, verfolgte ich sie sogar bis in die auswärtigen Städte* (8,3; 22,4.19; Gal. 1,13; Phil. 3,6; 1. Tim. 1,13). Viele lieferte Paulus ins Gefängnis ein, damit sie von dort aus vor ihre Richter gestellt würden. Oft war er auch beim zweiten Akt, wenn sie aus dem Gefängnis vor die Richter und von dort zum Richtplatz gehen mußten, mitbeteiligt dadurch, daß er unter den das Urteil sprechenden Richtern saß.[1] Sodann denkt Paulus an das, was er damals in den Synagogen tat, mit tiefem Schmerz zurück; dort zwang er die Christen zu lästern. Es gab auch damals wie in jeder Verfolgungszeit Furchtsame, die vor Schmerz, Schande und Tod erschraken und den Herrn verleugneten. Das Bild derer, die er so zum Lästern zwang und in die Sünde hineinstieß, blieb vor der Seele des Paulus, ihm immer zur Demütigung. Wie ernst seine Feindschaft gegen die Jünger Jesu war, wird auch daran sichtbar, daß es ihm nicht genügte, die im jüdischen Gebiet entstandenen Christengemeinden zu zerstören, sondern daß er auch in die auswärtigen Städte zog. Wir kennen von diesen seinen Unternehmungen nur die eine, die gegen die Christenheit in Damaskus gerichtet war. Schwerlich dürfen wir deshalb bei seinen Worten nur an einen Vorsatz denken, den er später auszuführen gedachte; ehe Damaskus an die Reihe kam, wird er in den näher liegenden Städten des Ostjordanlandes gewesen sein. Paulus betont, daß er bei diesen Unternehmungen nicht eigenmächtig handelte, sondern durch die Vollmacht, die ihm die Hohenpriester gaben, gedeckt war. Er konnte sich einreden, sein Verfahren sei gerecht – der Sache nach, weil die Christen eine lügnerische, wider Gottes Ehre streitende Lehre hätten, der Form nach, weil er nur im Auftrag der rechtmäßigen Obrigkeiten handelte.

Da trat Jesus ihm in den Weg. 26,12-18: *Als ich darum mit der Vollmacht und Erlaubnis der Hohenpriester nach Damaskus* (9,3-6; 22,6-11) *zog, sah ich mitten am Tage auf dem Wege, o König, ein Licht, das mich und die, die mit mir zogen, vom Himmel her umglänzte heller als der Glanz der Sonne, und als wir alle zur Erde stürzten, hörte ich eine Stimme, die zu mir in hebräischer Sprache sagte: Saul, Saul, warum verfolgst du mich? Es ist schwer für dich, gegen den Stachel auszuschlagen. Ich aber sagte: Wer bist du, Herr? Der Herr aber sagte: Ich bin Jesus, den du verfolgst. Aber steh auf, und stelle dich auf deine Füße! Denn ich bin dir dazu erschienen,*

1 Damit ist nicht gesagt, daß Paulus Mitglied des Rats war. Nach jüdischem Recht waren Todesurteile keineswegs ausschließlich dem Rat vorbehalten, und nachdem dieser die gesetzlichen Normen für die Christenprozesse festgestellt hatte, können die kleineren Gerichtshöfe die einzelnen Fälle behandelt haben. Auch bei der Christenverfolgung nach dem Tode des Festus fällte ein besonderer Gerichtshof die Todesurteile.

um dich zum Diener und Zeugen dafür zu bestellen, wie du mich sahst und wie ich mich dir zeigen werde, und ich rette dich vor dem Volk und vor den Heiden, zu denen ich dich sende, um ihre Augen zu öffnen und sie von der Finsternis zum Licht zu bekehren (Kol. 1,13) *und von der Macht des Satans zu Gott, damit sie Vergebung der Sünden und das Los unter den Geheiligten empfangen durch den Glauben an mich* (20,32; Kol. 1,12). Mit dem Zuruf Jesu ist hier das Wort verbunden, es werde für Paulus schwer und qualvoll werden, wenn er gegen den Stachel ausschlagen wollte. Die sprichwörtliche Wendung „ausschlagen gegen den Stachel" ist vom Zugtier hergenommen, das der Treiber mit seinem langen, vorn spitzigen Stock regiert. Wenn es diesen fühlt, soll es sich fügen; schlägt es aus, so bekommt es den Stich des Stachels nur schärfer zu empfinden. Sein Widerstand hilft ihm nichts, sondern bringt ihm nur Schmerzen und tiefere Verwundung. Das Wort drückt die ernste Warnung Jesu aus; er tut jetzt Paulus, was der Treiber dem widerspenstigen Tier tut und setzt ihm den Stachel an. Nun hat er zu gehorchen. Setzt er sein Sträuben fort, lehnt er sich weiter gegen Jesus auf, obwohl er ihn in seiner Herrlichkeit sah, dann fällt er und bereitet sich ein schweres Los. Was er bisher tat, ist ihm verziehen; nicht als Rächer seiner Sünde erscheint ihm der Christus, sondern damit er sein Jünger und Bote sei. Nur muß er jetzt seinen Widerstand aufgeben, jetzt sich vor Jesus beugen, seine Schuld gestehen, die Gnade Jesu erfassen. Setzt Paulus seinen Ansturm gegen Jesus fort, dann stürzt er sich in den Tod. Besondere Gnade war ihm erwiesen, wie sie sonst von den Glaubenden keiner empfing. Alle seine Genossen im Christenhaß ließ Jesus in ihrer Verblendung; ihn allein rief er zu sich. Aber diese besondere Gnade hat auch ihren besonderen Ernst in sich. Sie will ergriffen sein. Stößt Paulus sie weg, so ist seine Schuld größer als die der anderen, und sein Weg endet in Nacht und Tod. Das Wort ist hier erwähnt, weil es mit dazu hilft, Agrippa und jedermann deutlich zu machen, daß für Paulus nach der Erscheinung Jesu nichts anderes übrigblieb als der Glaubensweg. Er mußte gehorchen; hielt er jetzt den Unglauben und Widerstand noch fest, so brachte ihm das den unheilbaren Sturz.

Weiter hat Paulus hier die Geschichte seiner Bekehrung nicht erzählt, was sich in Damaskus zutrug, erwähnt er nicht. Dafür sind mit der Offenbarung die Worte Jesu verbunden, die ihm das Apostelamt auftragen und dessen Zweck erläutern. Damit soll nicht das in Kap. 9 Erzählte und in Kap. 22 Wiederholte beseitigt oder korrigiert werden; vielmehr wird hier nur in einem Bericht zusammengefaßt, was sich der Zeit nach auf mehrere Erlebnisse verteilte. Denn Paulus lag jetzt daran, die volle Bedeutung der Offenbarung Jesu ans Licht zu stellen, damit die Absicht Jesu bei seiner wunderbaren Berufung klar heraustrete. Mit der Erscheinung Jesu war Paulus zur Erde gestürzt; der Herr ist aber nicht deshalb zu ihm gekommen, um ihn zu zerschmettern, vielmehr richtet er ihn auf. Denn er ist Paulus dazu erschienen, um ihn in seinen Dienst zu nehmen, der im Zeugenamt besteht. Paulus hat zu sagen, was er sah; das bildet die ehrliche, reine Pflicht, die er von nun an auszuüben hat; das begehrt Jesus als Dank für seine Gnade von ihm. Es wird ihm zugleich die Verheißung gegeben, daß der Herr ihm je und je neue Offenbarungen gewähren und er durch den lebendigen Verkehr mit ihm in seinem Apostelamt getragen sein wird. Die Bedenken gegen diesen Auftrag lagen in jedermanns Blick; der, der sich eben noch mit aller Macht der Gemeinde widersetzt hatte, wußte am besten, daß er durch diesen Auftrag ins Leiden hineinversetzt sei. Darum gibt ihm Jesus die Verheißung mit, daß er ihn beschirmen werde. Wie der Herr die Christenheit Jerusalems gegen Paulus geschützt und ihre Verfolgung als ihm angetan betrachtet hat, so wird er von nun an Paulus gegen Israel und die Heiden schützen, nicht so, daß er ihm das Leid ersparen, aber so, daß er ihn durch das Leiden in seinem Dienst erhalten wird.

Gesandt ist Paulus sowohl zu den Juden als zu den Heiden, damit er ihre Augen öffne; wenn die Verblendung weicht, die sie jetzt täuscht, dann wenden sie sich weg von der Finsternis hin zum Licht und weg von der Gewalt des Satans hin zu Gott. Das ist des Apostels großes Werk, das er mit der ihm aufgetragenen Bezeugung ausrichtet; durch sie vertreibt das von Gott her strahlende Licht die Dunkelheit, die alle unter der Sünde und dem Tode Gefangenen, Juden und Heiden, umgibt; es macht die vom Verführer Geknechteten, dem jetzt ihr böser Wille gehorcht, frei und führt sie zu Gott hin, der ihnen die Vergebung und ein Erbe und Eigentum bei den durch seine Berufung Geheiligten schenkt. Nun empfangen sie, ob sie Juden oder Heiden seien, die Einbürgerung in die für Gott geheiligte Gemeinde mit dem Anteil an ihrem ewigen Lebensgut. Das teilt der Apostel dadurch an alle aus, daß er den Glauben an Jesus in ihnen erweckt; denn der an Jesus Glaubende hat, was seine Verheißung beschreibt.

Über den ferneren Verlauf seines Lebens kann Paulus sich kurz fassen, nachdem er erläutert hat, wie er zu seinem Amt gekommen ist und worin dieses besteht. Dadurch war ihm sein Weg vorgeschrieben. 26,19.20: *Deshalb, König Agrippa, war ich gegen die himmlische Erscheinung nicht ungehorsam, sondern verkündigte zuerst denen in Damaskus und Jerusalem und in der ganzen Landschaft Judäas und den Heiden, daß sie Buße tun und sich zu Gott bekehren und der Buße würdige Werke tun.* Paulus überschaut kurz den Bezirk, den er mit seiner Arbeit umspannt hat: Damaskus, Jerusalem, die ganze Landschaft Judäas[1] und die Heiden, ähnlich wie er es Röm. 15,19 tut: von Jerusalem und im Kreis herum bis nach Illyrien. Der Inhalt seines Worts war für alle derselbe: Buße, Umkehr zu Gott; dies aber so, daß es nicht bei einem leeren Meinen und Fühlen blieb, daß vielmehr Ernst und Wahrheit in der Umkehr lag und darum von nun an so gehandelt wurde, wie es der Umkehr zu Gott entspricht.

26,21-23: *Deshalb ergriffen mich die Juden im Tempel und versuchten, mich umzubringen. Da ich nun Hilfe von Gott erhielt, stehe ich bis auf diesen Tag und bin Zeuge für die Kleinen und die Großen und sage nichts anderes, als wovon die Propheten sagten, daß es geschehen werde, und Mose, ob der Christus leiden soll, ob er als erster aus der Auferstehung der Toten das Licht dem Volk und den Heiden verkünden soll.* Die Arbeit des Paulus hat vorerst dadurch ein Ende gefunden, daß die Juden ihn im Tempel überfielen. Aber

1 Es kann auffallen, daß auch die ganze Landschaft Judäas genannt ist. Im Bericht über die Arbeit des Paulus war bisher nur Jerusalem genannt, ohne daß sich bei den Reisen dorthin an einen längeren Aufenthalt in der Landschaft denken läßt, ausgenommen 15,3, als Paulus durch Samaria nach Jerusalem reiste. Es kommt hier Lukas darauf an, daß die ganze Judenschaft in heller Öffentlichkeit, nicht nur die in Jerusalem Wohnenden, durch seinen Dienst auf Jesus hingewiesen worden sind. Ein gewisses Recht zu diesem Ausdruck gab Paulus schon dies, daß wegen der besonderen Kraft seines Zeugnisses ganz Judäa bewegt wurde, auch wenn er selbst in Jerusalem blieb. Von der Rede 22,1ff. konnte er z. B. mit Recht sagen, sie tönte durch ganz Judäa hindurch (vgl. Gal. 1,22). Alle Gemeinden Judäas hörten von seiner Bekehrung, ebenso auch alle Synagogen.

die Hilfe Gottes hat ihn erhalten, so daß er jetzt den Regenten der Judenschaft das Evangelium sagen kann und sein Zeugnis allen, den Jungen und den Alten, nicht weniger auch den Geringen und den Vornehmen ausrichtet. Sein Wort aber bewährt er dadurch, daß es nichts als Gottes Wort verkündigt und nicht über die Schrift hinausführt, über das hinaus, was von den Propheten und von Mose schon gesagt war. Paulus nennt die Fragen, die sich von der Schrift her stellen und durch das Evangelium beantwortet werden. Darum sagt er hier nicht: „Ich sage nichts anderes als die Propheten", nämlich „daß" der Christus gelitten hat, sondern „ob er ins Leiden gestellt wird". Denn immer wieder war dies die Frage, die ihm bald mit Sehnsucht, die nach Glauben verlangte, bald mit Zweifel und Widerspruch entgegengerufen wurde: Ist wirklich Leiden das Amt des Christus? Teilt ihm die Schrift die Kreuzesgestalt zu? Daran hängte sich aber sofort eine zweite Frage, ohne die die erste ein undurchdringliches Geheimnis blieb. Zur Leidensgestalt des Christus kommt in den Propheten und im Evangelium die Botschaft, daß er der Erstling von den Toten sei, der, an dem die Auferstehung der Toten schon zur Wirklichkeit geworden sei und durch den sie allen verbürgt werde. Als Auferstandener verkündigt Christus nun nicht nur Israel, sondern auch den Heiden den Aufgang des Lichts; denn Tod und Sünde vergehen durch ihn. „Steht dies auch in der Schrift?" fragt der Jude. Paulus antwortet freudig: „Ja!", und weil es in der Schrift steht, kehrt es auch in dem Evangelium Jesu wieder, das Paulus Juden und Heiden bringt.

26,24: *Als er das zu seiner Verteidigung sagte, sagt Festus mit lauter Stimme: Du bist wahnsinnig, Paulus; die vielen Schriften lassen dich in Wahnsinn verfallen.* Paulus hatte ein Gesicht als den Grund seiner ganzen Wirksamkeit bezeichnet; aus diesem zog er sein unbegreiflich großes Amts- und Selbstbewußtsein; die Welt wollte er bekehren, das Judentum und das Heidentum überwinden und alle zur Buße rufen; als das Mittel, womit er das erreichen wollte, sollte ihm die Erzählung vom Gekreuzigten, der auferstanden sei, dienen. Das ging nach der Meinung des Festus über das hinaus, was ein klar in den Weltlauf blickender, vernünftiger Mann sich vornehmen könne. Nach seinem Urteil ist Paulus der Gewalt von Einbildungen erlegen; aus ihnen stamme diese Glut des Empfindens, die aus ihm strahlt, stammen auch diese kühnen Worte und Taten, die ihm sein Geschick bereiteten, die aber nicht mehr unter der Aufsicht ruhiger Vernünftigkeit stehen. Festus findet es auch begreiflich, daß Paulus in solche Überspannungen hineinglitt; er hat ja immer die Bibel in der Hand, ist zum Schriftgelehrten von Jugend auf erzogen und bis zur Stunde der Schriftforscher geblieben. Weil er sich zuviel in die Schriften versenkt hat, weiß er nicht mehr, was in der wirklichen Welt geschieht. Ähnlich wie Festus haben nachher die hochgebildeten römischen Beamten wie Plinius und Tacitus geurteilt, als sie das Christentum einen „maßlosen Aberglauben" nannten. Nur daß Festus nicht mit dem Haß der Späteren redet, sondern vom eigenen Wort des Apostels ergriffen mit einigem Wohlwollen die Sache zum besten deutet und sie aus dem Übermaß seiner Studien in den heiligen Büchern erklärt.

26,25-27: *Paulus aber sagt: Ich bin nicht wahnsinnig, hoch zu ehrender Festus, sondern spreche Worte der Wahrheit und Besonnenheit aus. Denn der König ist über sie unterrichtet, an den ich auch mit Freudigkeit das Wort richte. Denn ich kann nicht annehmen, daß ihm irgend etwas davon unbekannt geblieben ist. Denn das ist nicht in einem Winkel vollbracht worden. Glaubst du, König Agrippa, den Propheten? Ich weiß, daß du glaubst.* Wahrheit ist das Merkmal der Worte des Paulus; denn das, was er sagt, ist geschehen. Ebenso ist Besonnenheit das Merkmal seiner Worte; denn sie sind in ruhiger Wahrnehmung und verständiger Schätzung der Menschen und Dinge begründet. Dafür beruft er sich auf Agrippa. Der Jude wird in der Sache anders urteilen als der Römer; Agrippa hört den Bericht über Jesus nicht zum erstenmal und weiß daher, daß er keine Einbildung des Paulus ist, sondern öffentlich geschehene Ereignisse bezeugt. Der jüdische König hat außerdem vor dem Heiden den großen Vorsprung, daß er die Schrift kennt. Hier setzt Paulus an, um Agrippa persönlich zu fassen und ihn aus der kühlen Haltung des Richters herüberzuziehen zur eigenen Entscheidung, damit er das Evangelium für sich selbst ergreife. Wie stellt sich Agrippa inwendig zur Schrift? Wer den Propheten glaubt, ist zur Erkenntnis des Christus vorbereitet und vermag in seiner Kreuzesgestalt das göttliche Versöhnen, in seiner Ostergestalt das Reich Gottes zu sehen. Agrippa antwortet nicht, aber Paulus antwortet für ihn; denn er weiß, daß der König die Schrift nicht verleugnen kann, sondern unter ihrer Macht steht und weiß, daß die Propheten in Kraft der Sendung Gottes geredet haben. Auf das Wort der Propheten baut sich jetzt das Evangelium auf; es ist die mit dem prophetischen Zeugnis übereinstimmende Offenbarung Gottes, in der die Verheißung erfüllt ist. Wer darum den Propheten glaubt, nimmt das Evangelium an. Die Verhandlung hat eine Wendung genommen, die der Fürst nicht erwartet hatte. Der Wahrheitsernst des Apostels ließ keine Darstellung des Evangeliums zu, die man mit vornehmer Überlegenheit aus der Ferne anhören konnte. Paulus nahm den Hörer persönlich in Anspruch, stellte ihm die Glaubensfrage und nötigte ihn ohne Aufdringlichkeit, durch das innere Gewicht seines Worts und den Ernst seiner Bezeugung, zu einer eigenen Entscheidung. Aus einer Verteidigungsrede des auf Tod und Leben Verklagten war ein Missionswerk geworden.

Agrippa schlug das Evangelium aus. Wie sollte er es sich auch nur vorstellen können: er, der jüdische König, ein Christ! 26,28: *Aber Agrippa sagte zu Paulus: Es währt nicht mehr lange, so beredest du mich, mich als Christen zu geben.* Paulus war darüber gewiß nicht verwundert. Er tat, indem er Agrippa das Evangelium gab, seine Pflicht in der Kraft der Liebe, die alles hofft und nicht an der Aussicht erlahmt, es nütze doch nichts, die sich aber auch nicht Täuschungen hingibt und deshalb nicht enttäuscht ist, wenn sie vergeblich gearbeitet hat. Nun konnte der Apostel nur noch durch eine bescheidene, aber herzliche Fürbitte dem König erkennbar machen, wie sehr er es ihm gönnte, wenn sein Wort ihm den Weg zu Gott zeigte. 26,29: *Paulus aber sagt: Ich bete zu Gott, daß, ob in kurzer, ob in langer Zeit, nicht nur du, sondern alle, die mich heute hören, solche werden, wie ich bin, abgesehen von diesen Banden.* Paulus hatte sein Wort zunächst dem König ins Gewissen gelegt; jetzt spricht er aus, daß ihm alle seine Hörer am Herzen liegen; für sie alle hat er nichts Besseres zu wünschen, als daß Gott ihnen gebe, was er selbst besitzt: jenes Erbe unter den Geheiligten, das im Glauben an Jesus empfangen wird. Nur seine Kette nimmt er von dieser Gemeinsamkeit aus. Seinen Leidensweg behält er für sich und geht ihn in aller Tapferkeit; andere vermag der Herr anders, auf leichterer Bahn zu führen. Paulus hat aber mit diesem Hinweis auf seine

Kette dem Aufruf an seine Hörer noch besondere Kraft gegeben. Es liegt etwas Großes in dieser im Glauben an Jesus gegründeten Freude, die in der Kette dem König sagen kann: Gebe dir Gott die Gnade, daß du werdest wie ich!

26,30-32: *Und der König und der Statthalter und Berenike und die neben ihm saßen, standen auf, zogen sich zurück, besprachen sich miteinander und sagten: Dieser Mensch treibt nichts, was Tod oder Bande verdient. Agrippa aber sagte zu Festus: Dieser Mensch könnte freigelassen werden, hätte er nicht den Kaiser angerufen.* Als aus dem Wort des Apostels ein Aufruf an das Gewissen und den Glauben seiner Zuhörer geworden war, hatte er gesagt, was zu sagen war. Er wurde abgeführt; es fand nun die Beratung seiner Zuhörer über ihn statt. Er hatte erreicht, daß kein Verdacht mehr Raum hatte, als verberge sich hinter seiner Wirksamkeit ein dunkles, bösartiges Geheimnis. Soweit glaubten ihm alle, daß er ohne Vorbehalt darlegte, was seine Überzeugung war und was er durch seine Arbeit erstrebte. Man kannte den Mann: Im hellen Licht stand er vor ihnen. Mochte er verrückt sein, ein Lügner war er nicht. Daraus ergab sich aber, daß nichts Verbrecherisches, das Tod oder Gefängnis verdiente, in seiner Wirksamkeit vorlag. Besonders wichtig war hierbei das Urteil Agrippas, weil dieser nach Geburt und Amt die jüdischen Interessen vertrat. Auch er sprach sich dahin aus, daß die Freilassung des Paulus nur durch seine Berufung an den Kaiser verhindert sei. Das Verlangen der Priester und des Volks, Paulus müsse getötet werden, hieß auch der jüdische König unberechtigt; auch er fand es billig, wenn der Kaiser in diesem Fall die Forderungen der Judenschaft abweise. Wie der Bericht des Festus an Nero lautete, erzählt uns Lukas nicht. Den des Lysias an Felix legte er uns vor, da er bei den Verhandlungen vor Felix und Festus sicher zur Verlesung kam. Was Festus über Paulus an den Kaiser schrieb, erfuhren Paulus und seine Freunde noch nicht; erst bei der Verhandlung vor Nero, die Lukas nicht mehr beschreibt, wird dieses Aktenstück, falls es nicht etwa beim Schiffbruch verlorenging, ans Licht gekommen sein. Nur das zeigt der Ausgang der Verhandlung, daß es für Paulus nicht ungünstig lauten konnte. Die Schuld an seiner Gefangenschaft und an der Überweisung des Prozesses vor den Kaiser muß Festus nicht auf Paulus, sondern auf die Juden gelegt haben.

Kapitel 27,1–28,16

Die Reise nach Rom

Was Paulus und seine Gefährten zunächst hörten, war der Entscheid, wann die Abfahrt nach Rom stattfinde. 27,1.2: *Als aber entschieden war, daß wir nach Italien fahren, übergaben sie Paulus und einige andere Gefangene einem Hauptmann mit Namen Julius von der kaiserlichen Kohorte. Wir bestiegen aber ein adramyttenisches Schiff, das nach den in der Provinz Asia liegenden Häfen fahren sollte, und fuhren ab; dabei war Aristarchus, der Mazedone aus Thessalonich, mit uns.* Hier setzt Lukas wieder das „Wir" in die Erzählung ein, weil bei der Reise Paulus nicht mehr allein nach seinem besonderen Amt handelte, sondern neben seinen Begleitern stand und von denselben Erlebnissen betroffen wurde wie sie. Außer Lukas war auch Aristarchus bei Paulus, der nicht erst vom Aufbruch nach Jerusalem an wie Lukas, sondern schon während der Arbeit des Paulus in Ephesus dessen Genosse war. Er ist auch Kol. 4,10 und Philem. 24 als Gefährte des Paulus im Gefängnis genannt. Mit Paulus wurden noch andere Gefangene nach Rom geschafft, wahrscheinlich in der Mehrzahl solche, die schon verurteilt waren und in Rom bei den Spielen den Tod finden sollten. Der ganze Transport und die ihn bewachenden Soldaten standen unter dem Befehl eines Hauptmanns Julius, in dessen Händen während der Reise Leben und Schicksal des Paulus lag.[1]

Die Abfahrt geschah, weil ein nach Adramyttium gehörendes Schiff den Hafen von Cäsarea verließ. Adramyttium lag in Mysien, im nördlichen Teil der Westküste Kleinasiens, südöstlich von Troas. Man benützte das Schiff, weil es die an der Südküste Kleinasiens liegenden Häfen anlief, wo man weitere Schiffsgelegenheit nach Italien finden konnte. 27,3: *Und am nächsten Tag landeten wir in Sidon, und Julius, der sich menschenfreundlich gegen Paulus verhielt, erlaubte ihm, zu den Freunden zu gehen und Verpflegung zu bekommen.* Schon hier zeigt sich, wieviel Vertrauen und Hochachtung der Hauptmann Paulus erwies. Da er ihm gestattete, zu den sidonischen

[1] Seine Kohorte führte den Titel „kaiserlich"; er kommt mehrfach bei Truppenteilen der kaiserlichen Armee vor, doch ist er bis jetzt für Cäsarea sonst nicht nachgewiesen.

Christen an Land zu gehen, erhielten diese die Gelegenheit, Paulus ihre Liebe zu erweisen und ihn für die Reise mit den nötigen Nahrungs- und Geldmitteln zu versehen. 27,4.5: *Und als wir von dort abgefahren waren, fuhren wir unten an Cypern durch, weil die Winde uns entgegen waren, und nachdem wir die offene See bei Cilicien und Pamphylien durchfahren hatten, kamen wir nach Myrrha in Lycien.* Der Weg südlich von Cypern nach Kleinasien hinüber war dem Schiff verschlossen, weil Westwind wehte; es fuhr also „unten" an Cypern durch, d. h. so, daß Cypern an der Windseite lag, längs der Ostseite der Insel hin und dann hinüber zur kleinasiatischen Küste. Der Hafen, den sie dort anliefen, war die lycische Stadt Myrrha. 27,6: *Und da der Hauptmann dort ein alexandrinisches Schiff fand, das nach Italien fuhr, brachte er uns in dieses.* Im Hafen von Myrrha trafen sie mit einem der großen alexandrinischen Getreideschiffe zusammen, wie sie zur Versorgung Roms mit ägyptischem Korn unablässig zwischen Alexandria und der Hauptstadt auf Fahrt waren. Der Westwind hatte auch dieses Schiff genötigt, den Kurs nach der Südküste Kleinasiens zu nehmen. Da es nach Italien weiterfuhr, vertauschte der Hauptmann das nach Adramyttium bestimmte Schiff mit dem alexandrinischen. 27,7.8: *Wir hatten aber an vielen Tagen langsame Fahrt und kamen mit Mühe in die Nähe von Knidos, und da uns der Wind nicht herzuließ, fuhren wir unten an Kreta hin bei Salmone und kamen mit Mühe längs der Küste voran und gelangten an einen Ort, der „Gute Häfen" heißt, in dessen Nähe eine Stadt Lasaia liegt.* Obgleich der starke Westwind anhielt, kam das Schiff doch an der Südküste Kleinasiens langsam vorwärts, weil die Meeresströmung hier nach Westen geht und auch die Landwinde zur Weiterfahrt halfen. Die langsame Fahrt erforderte jedoch viele Tage. Als man bei Knidos die Südwestspitze Kleinasiens hinter sich hatte und damit die Hilfe verlor, die die Strömung und der Landwind bisher darboten, fuhr das Schiff Kreta zu, um dort wieder in ähnlicher Weise an der Küste entlangzufahren, wie es bei Kleinasien geschehen war. Salmone ist das Vorgebirge an der Ostspitze der Insel. Als man ostwärts vom Vorgebirge Matala an einem Strand, der „Gute Häfen" hieß, lag, war Paulus überzeugt, die Weiterfahrt sei unmöglich; man müsse hier überwintern. 27,9.10: *Da aber viele Zeit verstrichen und die Fahrt schon gefährlich war, weil auch der Fasttag schon vorüber war, mahnte Paulus und sagte ihnen: Ihr Männer, ich sehe, daß die Fahrt mit Verletzung und großem Schaden nicht nur für die Fracht und das Schiff, sondern auch für unser Leben geschehen wird.* Man war schon tief in den Herbst hineingekommen. Der Fasttag, d. h. der jüdische Versöhnungstag, an dem die ganze Judenschaft nichts genoß, war schon vorbei. Die griechischen Schiffe konnten aber nur bei hellem Wetter den Kurs bestimmen, wußten dagegen bei bedecktem Himmel nicht, wo sie waren. Darum unterbrach man die Schiffahrt während der Wintermonate, da man in dieser Zeit zugleich mit den starken Stürmen rechnen mul te. Paulus sah voraus, nicht nur das Schiff komme in Gefahr, sondern auch die Menschen müßten viel leiden, wenn man weiterfahre, und legte seine Überzeugung dem Hauptmann dar. Daß seine Ansicht erwogen wurde, zeigt wieder, welche Achtung sich Paulus erworben hatte. Man gestand ihm zu, was man anderen Gefangenen nie gestattet hätte; denn man war überzeugt, daß er nur das Beste aller wolle, und dies mit einer alle überragenden Klarheit des Geistes. 27,11.12: *Der Hauptmann aber glaubte dem Steuermann und dem Schiffsherrn mehr als dem, was von Paulus gesagt wurde. Da aber der Hafen zum Überwintern ungeschickt war, faßte die Mehrzahl den Plan, von dort abzufahren, ob sie vielleicht nach Phönix gelangen und dort überwintern könnten, einem Hafen Kretas, der nach Südwest und Nordwest sieht.* Der Hauptmann holte die Meinung des Schiffsherrn, der der Fracht wegen mitfuhr, und des Steuermanns, dem die Führung des Schiffs oblag, ein. Diese hielten es aber nicht für nötig, die Fahrt schon hier zu unterbrechen. Paulus konnte nicht beweisen, daß die Weiterfahrt verderblich sei; auch war der Hafen ungeschickt zur Überwinterung. Der Rat der anderen ging darum dahin, noch Phönix zu erreichen, einen weiter westlich an der Südküste Kretas liegenden Hafen, der besseren Schutz gewährte.

Es war wieder eine schwere Stunde für Paulus, als das Schiff von den „Guten Häfen" abfuhr, wie er wußte, in den Sturm hinein. Sein Auge war auf Rom gerichtet und auf seinen hohen Beruf, dort den das ganze Reich beherrschenden Männern zu sagen, wer Jesus sei. Nun türmten sich zwischen ihm und seinem Ziel neue Hindernisse auf, und er hatte nicht die Macht, die Kurzsichtigkeit derer zu überwinden, die über sein Geschick verfügten. In solchen Stunden hat Paulus das durchlebt, was er den „Kampf des Glaubens" nennt (1. Tim. 6,12; 2. Tim. 4,7).

27,13-16: *Da aber ein Südwind zu wehen begann, meinten sie, sie hätten ihren Vorsatz erreicht, hoben die Anker und fuhren der Küste von Kreta entlang. Nach kurzer Zeit warf sich aber auf Kreta ein Wind wie ein Orkan, den man Nordostwind nennt. Da aber das Schiff mitgerissen wurde und nicht gegen den Wind fahren konnte, überließen wir es ihm und fuhren dahin, und da wir ein Inselchen unterliefen, das Klauda heißt, waren wir mit Mühe imstande, den Kahn in unsere Gewalt zu bekommen.* Zunächst schien sich der Vorschlag des Steuermanns als der bessere zu bewähren, weil ein Südwind wehte, mit dessen Hilfe man dicht an der Küste vorwärts kommen konnte. Als dann aber ein sturmartiger Nordostwind einsetzte, mußten sie das Schiff in südwestlicher Richtung treiben lassen. So wurden sie von Kreta abgelenkt und fuhren südlich an Klauda vorbei, einem Inselchen, das im Süden von Kreta liegt. Als die Insel den Wellenschlag brach, waren sie imstande, das hinter dem Schiff herschleppende Boot, das beim hohen Wellengang voll Wasser war und das Schiff unlenksam machte, an Bord zu ziehen. 27,17a: *Als sie dieses emporgezogen hatten, halfen sie sich dadurch, daß sie das Schiff gürteten.* Sie zogen wahrscheinlich Taue um die Längsseiten des Schiffs herum, damit es nicht bei seiner schweren Last auseinanderbreche, wenn es auf den Wellenkämmen und deshalb teilweise nicht mehr im Wasser stand. 27,17b: *Und da sie fürchteten, sie könnten in der Syrtis an den Strand laufen, ließen sie das Geschirr hinab und fuhren so.* Die Schiffsleute fürchteten, wenn der Sturm anhalte, würden sie an die Syrtis getrieben, an die nordafrikanische Küste, die nicht nur weit abseits von ihrem Ziel lag, sondern auch wegen ihrer Gefährlichkeit gefürchtet war. Man suchte darum die Schnelligkeit der Fahrt möglichst zu hemmen und ließ dazu das Geschirr herab; vielleicht ist gemeint, daß sie mit den Ankern eine Schleppvorrichtung bildeten, die die Fahrt langsamer machte. 27,18.19: *Da wir aber einen heftigen Sturm hatten, warf man am folgenden Tag von der Fracht aus, und am dritten warfen wir mit eigener Hand das Schiffsgeschirr ins Meer.* Um das Schiff zu erleichtern, warf man zuerst einen Teil der Fracht ins Meer; da aber auch am folgenden Tag der Wellenschlag noch so heftig war, daß er das Schiff in Gefahr brachte, warf man auch alles hinaus, was auf dem Deck nicht durchaus nötig zur Ausrüstung des Schiffes war, „mit eigener Hand“: nicht etwa die über Bord schlagenden Wellen rissen es fort.

27,20.21a: *Da sich aber manche Tage lang weder die Sonne noch Sterne zeigten und ein nicht kleiner Sturm uns bedrängte, wurde uns weiter jede Hoffnung genommen, daß wir gerettet werden könnten. Und als niemand mehr Nahrung nahm, stellte sich Paulus in ihre Mitte und sagte.* Weil der Himmel fortwährend bewölkt war, so daß sie nicht wußten, wo sie waren, und der Sturm heftig blieb, entstand eine tiefe Niedergeschlagenheit in der großen Menschenzahl, die in engsten Räumen und unter schweren Entbehrungen beisammensaß. Da die Größe dieser Segelschiffe sehr beträchtlich und der Verkehr zwischen Alexandria und Rom lebhaft war, ist es nicht verwunderlich, daß wir hören, 276 Menschen seien im Schiff gewesen. Angst und Hoffnungslosigkeit, Seekrankheit und die Schwierigkeiten, sich beim Schwanken des Schiffs zu bewegen und Nahrung zu bereiten, bewirkten, daß man kaum mehr aß. Da griff Paulus ein.
27,21b-24a: *Man sollte zwar, ihr Männer, mir gehorcht haben und nicht von Kreta abgefahren sein und dieses Leiden und diesen Schaden uns erspart haben. Für jetzt ermahne ich euch, getrost zu sein. Denn es wird nicht zum Verlust einer Seele bei euch kommen, nur zu dem des Schiffs. Denn ein Engel des Gottes, dessen ich bin, dem ich auch diene, stand in dieser Nacht bei mir und sagte: Fürchte dich nicht, Paulus; du mußt vor dem Kaiser stehen.* Der Apostel erinnerte an seinen Rat, die Küste von Kreta nicht zu verlassen. In allen Teilen war, was er vorausgesagt hatte, jetzt eingetroffen; die Fracht war verloren und die Leute litten. Daran erinnerte er aber nicht, um sich zu beklagen, sondern nur deshalb, damit sein Wort jetzt nicht wieder vergeblich sei, sondern Glauben finde. Er kann ihnen jetzt einen Trost bringen: Alle Menschen an Bord werden gerettet werden, wenn auch das Schiff verloren ist. Er hat in der Nacht durch einen himmlischen Boten die Verheißung empfangen, daß dieser Sturm ihn nicht daran hindern wird, sein Amt zu vollenden, das ihn zum Zeugen Jesu vor dem Kaiser macht. In Jerusalem hatte ihm der Herr gesagt: Du mußt in Rom zeugen; nun wird ihm noch

ein deutlicherer Blick in seinen Beruf gegeben: Vor den Kaiser führt ihn Gott. Das lag nicht notwendig darin, daß er an ihn appelliert hatte; denn der Kaiser gab die Entscheidung solcher Rechtsfragen häufig an Stellvertreter, z. B. an die Präfekten von Rom ab. Doch kam es auch nicht selten vor, daß der Kaiser persönlich mit einem Rat hochgestellter Männer das Verhör führte und das Urteil sprach. Paulus wußte nun, daß er vor Nero selbst stehen wird. Damit wird er seinen Beruf vollends ausführen: „Vor die Könige sollst du meinen Namen tragen."

Nachdem dem Apostel die Verheißung erneuert war, die ihn über den Ausgang dieser Fahrt beruhigte, lag ihm noch eine weitere Bitte in der Seele: „Soll ich allein gerettet werden?" Dabei dachte er nicht einzig an seine Gefährten in der Gefangenschaft und im Werk des Herrn, sondern an alle, die mit ihm auf dem Schiff waren und Tag um Tag geängstigt an den Tod dachten. Der Engel brachte ihm die Erhörung seiner Fürbitte. 27,24b: *Und sieh, Gott hat dir alle, die mit dir fahren, geschenkt.* Paulus sind sie geschenkt; denn er ist hier auf dem Schiff um seines Apostelberufs willen die Hauptperson. Seinetwegen darf das Schiff nicht scheitern, daß er umkäme, und ihm und seiner Fürbitte ist auch die Rettung der anderen gewährt. Seine Botschaft wird seine Hörer befremden, da sie nicht wissen, was er an seinem Gott hat. Wie sie es mit ihr halten mögen, ob sie glauben oder nicht, Paulus weiß, was eine solche Verheißung Gottes wert ist. 27,25.26: *Deshalb seid getrost, ihr Männer! Denn ich glaube Gott, daß es so geschehen wird, wie mir gesagt worden ist. Wir müssen aber an einer Insel an den Strand laufen.* Daß der Apostel Gott Glauben erweist, macht ihn wohlgemut, während die Leute im Schiff verzagt sind; er lädt sie ein, auch zu glauben, wie er es tut. Er deutet ihnen noch an, wie es kommen wird. Da das Schiff verlorengeht, die Leute dagegen gerettet werden, müssen sie an einer Insel stranden, so nahe am Land, daß es ihnen im Schiffbruch erreichbar ist.

27,27-32: *Als aber die vierzehnte Nacht kam, während wir im Adriatischen Meer dahinfuhren, vermuteten die Schiffer mitten in der Nacht, es nahe sich ihnen Land. Und sie warfen das Senkblei aus und fanden zwanzig Klafter, und in geringer Entfernung warfen sie es wieder aus und fanden fünfzehn Klafter, und da sie fürch-*

teten, daß wir irgendwo auf felsige Stellen aufliefen, warfen sie vom Hinterteil des Schiffs vier Anker aus und wünschten, es würde Tag. Als aber die Schiffer aus dem Schiff zu entfliehen suchten und das Boot in das Meer hinabließen mit dem Vorwand, sie wollten vom Vorderteil aus Anker ausspannen, sagte Paulus zum Hauptmann und den Soldaten: Wenn diese nicht im Schiff bleiben, könnt ihr nicht gerettet werden. Da hieben die Soldaten die Seile des Boots durch und ließen es dahintreiben. Vierzehn Tage nach der Abfahrt von Kreta trieb das Schiff auf den Strand von Malta zu; der Sturm war somit überwiegend Ostwind geworden. In der Nacht bemerkten die Schiffer, daß Land in der Nähe sein müsse, und die Messungen zeigten, daß die Tiefe des Wassers rasch abnahm. Da sie fürchteten, der Strand, gegen den sie trieben, könnte felsig sein, legten sie das Schiff vor Anker. Dann ließen die Schiffer das Boot ins Wasser und sagten, sie wollten das Schiff auch vom Vorderteil aus verankern; dazu mußten sie mit den Ankern im Boot etwas gegen das Land hinfahren. Paulus traute ihnen nicht. Mit dem Boot erreichten die Schiffer leicht das Land, während sie das Schiff seinem Geschick überließen. Nach dem Rat des Paulus vereitelten der Hauptmann und die Soldaten den Plan; sie durchschnitten die Taue, an denen das Boot herabgelassen wurde. So ging freilich das Boot verloren, aber die Bemannung blieb im Schiff.

Bevor der Tag anbrach, ließ sich nichts unternehmen. Da trieb sie Paulus an zu essen. Es kam jetzt darauf an, daß sie in den nächsten Stunden mit Kraft und Ruhe besorgen konnten, was nötig war. 27,33-40: *Bis es aber Tag wurde, ermahnte Paulus alle, Speise zu nehmen, und sagte: Heute ist der vierzehnte Tag, daß ihr wartet und beständig ohne Nahrung bleibt und nichts zu euch nehmt. Deshalb ermahne ich euch, Speise zu nehmen. Denn daran hängt eure Rettung. Denn keinem von euch wird ein Haar vom Haupt verlorengehen* (Matth. 10,30). *Als er das gesagt hatte, nahm er ein Brot, sagte Gott vor allen Dank, brach es und begann zu essen. Alle wurden aber getrost und nahmen auch selbst Speise. Wir waren aber im ganzen 276 Seelen im Schiff. Als sie sich aber mit Nahrung gesättigt hatten, erleichterten sie das Schiff dadurch, daß sie den Weizen ins Meer warfen. Als es aber Tag wurde, erkannten sie das Land nicht, sie nahmen aber eine Bucht wahr, die einen Strand hatte; an diesen wollten sie, wenn es ihnen möglich wäre, das Schiff hintreiben. Und sie machten die Anker los und ließen sie ins Meer, banden zugleich die Riemen der Steuerruder los und zogen das kleine Segel für den Wind auf und hielten auf den Strand.* Um das Schiff gegen den Strand hinzusteuern, gaben sie die Anker preis; die Steuerruder, die, solange das Schiff stand, festgebunden waren, wurden losgebunden und ein kleines Segel aufgezogen. Es schien auch, das Schiff sei noch zu retten und alles gehe besser, als Paulus gesagt hatte. 27,41: *Sie gerieten aber auf eine Stelle, die auf beiden Seiten tiefes Meer hatte, und trieben das Schiff auf sie, und das Vorderteil fuhr auf und blieb unbeweglich; das Hinterteil aber riß sich durch die Gewalt der Wellen los.* Nachdem das Schiff geborsten war, mußte es verlassen werden. 27,42-44: *Bei den Soldaten entstand aber der Plan, die Gefangenen zu töten, damit keiner wegschwimme und entrinne. Der Hauptmann aber, der Paulus retten wollte, hinderte sie an ihrem Willen und befahl, daß die, die schwimmen konnten, sich ins Meer werfen und zuerst an das Land gehen sollten, und dann die anderen, die einen auf Brettern, die anderen auf irgendeinem Gerät aus dem Schiff. Und so geschah es, daß alle an das Land gerettet wurden.*

Ehe Paulus das Schiff verlassen konnte, war er noch in Gefahr: Die Soldaten wollten die Gefangenen, statt sie loszuketten, niederstechen. Die meisten von ihnen werden bereits zum Tode verurteilt gewesen sein. Aber der Hauptmann untersagte den Soldaten ihr Vorhaben. Nun schwammen die, die schwimmen konnten, zuerst ans Ufer. Die anderen folgten auf Brettern oder anderem Schiffsgerät und wurden von denen, die ans Land geschwommen waren, aufgefangen. So erlebte Paulus, wie die ihm gegebene Verheißung sich erfüllte, das Schiff verloren war und dennoch alle gerettet wurden.

28,1.2: *Und als wir gerettet waren, da erfuhren wir, daß die Insel Malta heiße, und die Eingeborenen erwiesen uns ungewöhnliche Freundlichkeit. Denn sie zündeten einen Holzstoß an und nahmen uns alle zu sich wegen des Regens, der eingetreten war, und wegen der Kälte.* Am Ufer trafen die Schiffbrüchigen Einwohner von Malta, die sich freundlich zu ihnen stellten. „Barbaren“ nennt sie Lukas, weil sie aus der Zeit, als die Karthager diese Insel besiedelt und beherrscht hatten, noch die punische Sprache behalten hatten. Auch hier richteten sich die Augen aller sofort wieder auf Paulus. 28,3-6: *Als aber Paulus einen Haufen Reisig zusammenlas und auf den Holzstoß legte, kam eine Schlange wegen der Hitze heraus und packte seine Hand. Als die Eingeborenen das Tier an seiner Hand hängen sahen, sagten sie zueinander: Dieser Mensch, den die Vergeltung, obwohl er aus dem Meer gerettet wurde, nicht leben läßt, ist gewiß ein Mörder. Nun schüttelte er das Tier in das Feuer und erlitt nichts Schlimmes. Sie aber erwarteten, der Brand stelle sich bei ihm ein oder er falle plötzlich tot um. Nachdem sie aber lange darauf gewartet hatten und sahen, daß nichts Unheilvolles an ihm geschah, änderten sie ihr Urteil und sagten, er sei ein Gott* (14,11). Zuerst faßte die Malteser, als sie sahen, daß Paulus gebissen war, ein tiefes Grauen. Eben war er der größten Todesgefahr entronnen; nun verfiel er doch unrettbar dem Tod. Er mußte von der das Verbrechen rächenden Vergeltung in besonderer Weise verfolgt sein. Dann, als ihre Erwartung, die tödlichen Folgen des Bisses würden sich zeigen, widerlegt war, waren sie geneigt, ein übermenschliches Wesen in ihm zu sehen. So schwankten hier die Heiden ähnlich wie in Lystra in ihrem Urteil über Paulus vom tiefsten Abscheu zur abergläubischen Verehrung hinüber; sie fanden in ihren herkömmlichen Begriffen den Maßstab nicht, nach dem er zu verstehen war.

28,7-10: *Aber in der Nachbarschaft jenes Orts gehörten Landgüter dem Ersten der Insel mit Namen Publius, der uns aufnahm und während drei Tagen freundlich bewirtete. Es geschah aber, daß der Vater des Publius an Fiebern und Ruhr krank lag. Als Paulus zu ihm hineingegangen war und gebetet hatte, legte er die Hände auf ihn und heilte ihn. Als aber dies geschehen war, kamen auch die anderen, die auf der Insel Krankheiten hatten, herbei und wurden geheilt. Sie erwiesen uns auch große Ehren, und als wir abfuhren, versahen sie uns mit dem, was nötig war.* Da Publius, der römische Beamte mit dem Titel der „Erste von Malta", der die Insel unter dem Statthalter von Sizilien verwaltete, in der Nähe des Strandes, an dem das Schiff gescheitert war, Landgüter hatte, wurden die römischen Soldaten dort für die nächsten drei Tage aufgenommen, bis anderweitig in Malta für sie gesorgt werden konnte; auch Paulus erhielt mit seinen Begleitern dort Herberge. Da durfte er für den an Fieber und Ruhr kranken Vater des Publius die Genesung erbitten. Das gab dem ganzen Aufenthalt eine freundliche Gestalt. Andere Kranke wandten sich an Paulus und empfingen dieselbe Hilfe. Auch das Wort hat der Apostel den Maltesern gewiß nicht versagt, wenngleich Lukas nicht von der Gründung einer Gemeinde in Malta spricht. Die Dankbarkeit der Leute war groß und zeigte sich auch bei der Abfahrt des Apostels; sie statteten ihn mit dem zur Reise Nötigen, mit Lebensmitteln, Decken und ähnlichem aus.

28,11-13: *Aber im dritten Monat fuhren wir in einem Schiff ab, das bei der Insel überwintert hatte, das aus Alexandria stammte und als Abzeichen die Dioskuren hatte. Und wir landeten in Syrakus und blieben dort drei Tage. Von da fuhren wir herum und kamen nach Regium, und nach einem Tag, als der Südwind eintrat, kamen wir in zweitägiger Fahrt nach Puteoli.* Nach drei Monaten, ungefähr Anfang März 58, trat ein alexandrinisches Schiff, das ebenfalls bei Malta überwintert hatte, die Weiterfahrt an; es trug das Zeichen der Dioskuren, der Schutzgötter der Seefahrer. Auf ihm schiffte sich auch Julius mit seinem Transport ein. Die Fahrt ging an die Ostküste Siziliens nach Syrakus. Obwohl der Aufenthalt dort drei Tage währte, wird nicht erzählt, daß Paulus dort Brüder fand; es gab somit damals in Syrakus noch keine christliche Gemeinde. Der nächste Aufenthalt erfolgte in Regium, wo noch einen Tag wahrscheinlich auf günstigen Wind gewartet wurde. Als der Südwind eintraf, ging die Fahrt rasch zu Ende. In zwei Tagen war man im Golf von Neapel, im großen Hafen von Puteoli, wo der größte Teil des Seeverkehrs zwischen Rom und dem Orient ein- und ausging. Hier war die Seereise des Apostels zu Ende. Den letzten Teil der Reise nach Rom legte er mit seinen Gefährten zu Fuß zurück.

28,14: *Dort fanden wir Brüder und wurden eingeladen, bei ihnen sieben Tage zu bleiben. Und so kamen wir nach Rom.* In Puteoli bestand damals schon eine Christengemeinde, die Paulus zu sich einlud. In ihre Einladung und Gastfreundschaft war der Hauptmann an erster Stelle mit eingeschlossen, da von seinem Befehl die Anordnung der Reise abhing; vielleicht war er damals schon Christ. In der Zwischenzeit wurde an die römische Christenheit die Nachricht übermittelt, daß und wann Paulus komme. 28,15: *Und von dort kamen die Brüder, da sie hörten, wie es mit uns stand, uns entgegen bis zum Forum des Appius und den drei Tabernen. Als Paulus sie sah, sagte er Gott Dank und bekam Zuversicht.* Die römischen Christen gingen Paulus einen Tagesmarsch entgegen und erwarteten ihn in zwei Abteilungen an der Appischen Straße. In der Art, wie sie ihm entgegenkamen, sah Paulus einen großen Erweis der göttlichen Gnade, der ihn zum Preis Gottes bewegte. Nun war er da, wohin er so oft seinen Wunsch gerichtet hatte, bei der römischen Christenheit! Die wunderbare Wendung seines Weges, daß er nach langer Gefangenschaft in Banden kam und noch den Urteilsspruch des Kaisers vor sich hatte, störte sein Verhältnis zu den Brüdern nicht. Sie schämten sich seiner Bande nicht, sondern warteten mit herzlichem Verlangen auf ihn. Jetzt öffnete sich ihm auch wieder die Tür zur Arbeit. Die lange Zeit des geduldigen Wartens war vorüber; das letzte große Stück seines Werkes, das er in Jesu Dienst in Rom zu vollführen hatte, begann.

28,16: *Als wir aber nach Rom hineinkamen, wurde Paulus erlaubt, für sich zu bleiben mit dem Soldaten, der ihn bewachte.* Es war von Wichtigkeit, wo Paulus in Rom der Aufenthalt angewiesen wurde. Er kam nicht in ein Gefängnis, sondern erhielt die Erlaubnis, sich eine eigene Wohnung zu verschaffen; nur war ihm ein Soldat beigegeben, an dessen Arm er angekettet war. Die eigene Wohnung war für die Arbeit des Apostels von hohem Wert; so war sein Verkehr mit denen, die ihn aufsuchten, ungehindert.

Kapitel 28,17-31

Die Arbeit in Rom

Über die Arbeit des Apostels in Rom berichtet Lukas genau in denselben Grenzen, die er durch das ganze Buch hindurch innehielt. Was Paulus in den Versammlungen der Gemeinde sprach und für die Gemeinde tat, wird nicht dargestellt. Hierüber sagt Lukas nur, daß sich die Gemeinschaft des Paulus mit den römischen Christen schon vor seiner Ankunft in Rom hergestellt hatte. Er beschreibt ausschließlich die Missionsarbeit des Apostels, und hier steht ihm wie immer obenan, was er für Israel tat.

28,17a: *Es geschah aber, daß er am dritten Tag die zusammenrief, die unter den Juden die Ersten waren.* Sobald er konnte, nachdem nur ein einziger Tag nach seiner Ankunft verstrichen war, wandte sich Paulus an die Vorsteher der römischen Judenschaft. Es läßt sich nicht leicht ein stärkerer Beweis für die Treue denken, mit der Paulus sein Apostelamt an Israel ausrichtete, als dieser: Sogleich, nachdem er vor der jüdischen Verfolgung aus Palästina entkommen war, trat er mit dem Evangelium wieder zu den Juden. Kein Haß, keine Leiden brachen seine Treue; ihm war es eine klare Gewißheit, daß der gerade Weg für ihn stets der sei, zuerst der Judenschaft das Wort zu bringen; dann erst ging er mit freiem Gewissen zu den Heiden. Da der Apostel in Rom unter der Bewachung eines Soldaten stand, war es nicht schicklich, daß er in den Synagogen erschien und den Versuch machte, dort zu predigen. Er berief darum die Vorsteher der Juden zu sich. Auch seine eigentümliche Lage machte dies ratsam. Da er gegen den Hohenpriester und den jüdischen Rat an den Kaiser appelliert hatte, konnte es leicht geschehen, daß er bei den römischen Juden sofort in den Verdacht kam, er sei ihr Gegner, so daß sein Wort von vornherein abgewiesen wurde. Er mußte ihnen sein Verhalten, das ihn in diese Lage gebracht hatte, erläutern; dazu war eine Verhandlung in seinem Zimmer das geeignete Mittel.

28,17b-20: *Als sie aber zusammengekommen waren, sagte er zu ihnen: Obwohl ich, ihr Männer und Brüder, nichts Feindseliges gegen das Volk oder gegen die väterlichen Sitten getan habe, bin ich doch als Gefangener aus Jerusalem den Händen der Römer überantwortet worden. Als diese mich verhörten, wollten sie mich freilassen, weil keine Schuld, die den Tod verdiente, an mir ist. Da aber die Juden widersprachen, wurde ich gezwungen, den Kaiser anzurufen, nicht als ob ich eine Anklage gegen mein Volk hätte. Aus diesem Grunde lud ich euch ein, um euch zu sehen und mich mit euch zu besprechen. Denn ich bin wegen der Hoffnung Israels mit dieser Kette beladen* (24,6; 26,6.7). Paulus erklärte den Juden, daß er nicht an seiner Verhaftung und an der Appellation an den Kaiser die Schuld trage. Er hat Israel nichts zuleide getan; daß er ihm das Evangelium Gottes bringt, damit tut er ihm die höchste Wohltat; das ist nicht Feindseligkeit. Auch gegen die von den Vätern überlieferten Sitten hat er nichts getan; er hinderte keinen Juden daran, sich an sie zu halten. Die Berufung an den Kaiser hat er nur deshalb eingelegt, weil der Statthalter wegen des Widerspruchs der Juden nicht wagte, ihn freizulassen. Die Absicht, die Judenschaft vor dem Kaiser zu verklagen, hat er nicht. Der Grund, weshalb er gefangen ist, ist die Hoffnung Israels: das Reich Gottes, Christus, das ewige Leben. Was die Verheißung Israel verkündigte, was Israel mit heißer Sehnsucht erwartet, erfaßt Paulus im Namen Jesu als selige Hoffnung und im Glauben erfahrene Wirklichkeit; nur dies ist der Grund, weshalb er gefangen ist. So konnte gerade seine Kette Israels Vertreter willig machen, auf ihn zu hören. Der, der um der Hoffnung Israels willen die Kette trug, mußte ihnen ehrwürdig sein.

28,21.22: *Sie aber sagten zu ihm: Wir haben weder Briefe aus Judäa über dich bekommen, noch kam einer von den Brüdern an und berichtete oder sagte etwas Böses über dich. Wir begehren aber von dir zu hören, was du im Sinn hast. Denn es ist uns von dieser Partei bekannt, daß ihr überall widersprochen wird.* Es ergab sich zunächst, daß die Lage für die Absicht des Paulus ungleich günstiger war, als er erwarten durfte. Die Juden in Rom hatten von Jerusalem her keinen Bericht über Paulus erhalten. Es wäre sehr wohl möglich gewesen, daß der Rat Jerusalems einen Brief an die römische Judenschaft gesandt hätte, der ihr den Verkehr mit Paulus verbot und sie anwies, mit allen Kräften seine Verurteilung zu bewirken; oder der Rat konnte einen Abgeordneten nach Rom schicken, der sie gegen Paulus aufhetzte. Nichts von dem war geschehen; die Führer der römischen Judenschaft waren bereit, selbst mit Paulus zu verhandeln und sich von ihm sagen zu lassen, was seine Meinung sei. Daran lag ihnen um so mehr, weil sie von der Christenheit wußten, daß sie weit verbreitet sei, aber überall auf Widerspruch stoße. Es war ihnen deshalb erwünscht, den Apostel zu hören und sich an seinem Wort ein Urteil zu bilden, wie sie sich selbst zu ihm stellen wollten.

Daß die Führer der römischen Judenschaft sich nicht feindseliger gegen Paulus verhielten, war auch für sein eigenes Geschick von Bedeutung; falls sie ihm von vornherein mit Haß widerstanden, konnten sie wenigstens den Versuch machen, den Kaiser gegen ihn zu beeinflussen. Ein solcher Versuch wäre bei der damaligen Lage in Rom durchaus nicht aussichtslos gewesen. Aber weder Paulus selbst noch Lukas haben auf diese Seite der Sache geachtet. Für Paulus hatte der Wunsch, sein Apostelamt auszurichten, viel mehr Gewicht als die Sorge um seine Sicherheit. Als es sich herausstellte, daß die Juden über ihn nicht unterrichtet waren, hätte er, falls er an seine Sicherheit dachte, am besten geschwiegen. Er dachte aber nur an die Gelegenheit, die ihm dadurch für seine Missionsarbeit gegeben war. Auch Lukas hat bei seiner Erzählung nur dies im Auge, daß es Paulus ermöglicht war, den römischen Juden das Evangelium ruhig und vollständig darzulegen; so führte er auch hier Israels bewußte Entscheidung gegen Christus herbei. Aus dem Bericht des Lukas läßt sich nicht schließen, daß die Führer der Judenschaft vom Bestehen der römischen Gemeinde nichts wußten. Er zeigt nur, daß es in Rom noch nicht zu einem Bruch gekommen war und die Christen noch nicht dem Bann und Ausschluß aus der Synagoge verfallen waren. Das wird ebensosehr an den römischen Christen als an den Juden gelegen haben: daran, daß jene, soweit sie zur Synagoge gehörten, im öffentlichen Gottesdienst nicht häufig das Wort nahmen, sondern die Mission auf den persönlichen Verkehr beschränkten und ihre eigenen Zusammenkünfte pflegten. Die Großstadt, die den jüdischen Gemeindeverband lockerer machte, als er in kleinen Orten war, half dazu mit; vielleicht wirkten auch die Erfahrungen der früheren Zeit nach, die zur Austreibung der Judenschaft durch Claudius geführt hatten. Als die jüdische Gemeinde sich wieder sammelte, mußte man sich auf beiden Seiten sagen, daß man in Rom Kämpfe, die öffentliches Aufsehen erregten, vermeiden müsse.

So kam es zur Versammlung einer größeren Zahl römischer Juden im Gemach des Paulus. 28,23-28: *Sie bestimmten ihm aber einen Tag und kamen in größerer Zahl zu ihm in die Herberge. Mit diesen besprach er sich, bezeugte die Herrschaft Gottes und suchte sie für Jesus zu gewinnen vom Gesetz Moses und von den Propheten aus vom frühen Morgen an bis zum Abend. Und die einen gehorchten dem, was gesagt wurde, die anderen aber waren ungläubig. Sie waren aber untereinander nicht eines Sinnes und entfernten sich, als Paulus ein einziges Wort sagte: Mit Grund hat der heilige Geist durch den Propheten Jesaja zu euren Vätern gesagt: Geh zu diesem Volk und sage: Hören werdet ihr und nicht verstehen, sehen und nicht wahrnehmen. Denn das Herz dieses Volkes ist gefühllos geworden, und mit ihren Ohren haben sie schwer gehört, und ihre Augen haben sie geschlossen, damit sie nicht mit den Augen sehen und mit den Ohren hören und mit dem Herzen verstehen und sich bekehren, damit ich sie heile* (Jes. 6,9.10, vgl. Matth. 13,14.15; Joh. 12,40). *Darum sei es euch bekannt, daß dieses Heil Gottes den Heiden gesandt wurde; sie werden hören.* Als Paulus den Juden darlegte, was die Herrschaft Gottes und das Werk Jesu in sich schließt, waren sie darüber nicht derselben Meinung. Bei den großen religiösen Unterschieden in der jüdischen Gemeinde war dies nicht anders zu erwarten. Der Ausgang des Gesprächs war aber negativ; die Juden gingen fort. Der Punkt, an dem ihr Gegensatz gegen Paulus scharf wurde, war wieder die Heidenfrage. Paulus konnte über das, was er im Römerbrief Kap. 11 sagt, nicht mit Stillschweigen hinweggehen; es mußte gesagt sein, daß jetzt in der Regierung Gottes die Zeit der Heiden angebrochen sei, Israel dagegen unter Gottes Gericht stehe und Verstockung leide. Paulus hielt den jüdischen Führern, wie es schon Jesus selbst Matth. 13,14 tat, das gewaltige Wort vor, daß am Anfang der Wirksamkeit Jesajas steht; er verlangt von ihnen, daß sie sich darunter beugen, wie er selbst innerlich mit ihm einverstanden war. Das Bußwort, das der heilige Geist an Israel richtete, ist wahr und sein Urteil, das es von der Gnade Gottes trennt, gerecht. Keinem Juden war dadurch der Weg zum Glauben verschlossen; denn die Auswahl Gottes berief auch jetzt, während sein Gericht über Israel erging, manche aus ihrer Zahl in sein Reich. Für diejenigen aber, die zum Glauben kamen, war es eine große Hilfe, daß Paulus sie von der Anhänglichkeit an die alten Autoritäten und an den bisherigen Bestand der Gemeinde frei machte. Sie konnten nicht auf die Majorität der Judenschaft warten und Jesus nicht erst dann annehmen, wenn er zuerst von ihren Obersten erkannt war; sie mußten lernen, daß eine enge Pforte, die wenige finden, auf den Weg zum Leben führt und daß dies damals für Israel mit besonderem Ernste galt. Hieran aber stießen sie sich, es kam wieder ans Licht, daß die Judenschaft das Evangelium deshalb verwarf, weil es auch den Heiden gegeben war.

So erhielt Paulus den Juden gegenüber freie Hand. Er hatte ein reines Gewissen, wenn er von nun an, ohne sich an sie zu binden, das Wort von Christus allen sagte, die er in seinen Verhältnissen erreichen konnte. 28,30.31: *Er blieb aber volle zwei Jahre in der eigenen Mietwohnung und nahm alle auf, die zu ihm kamen, verkündete die Herrschaft Gottes und lehrte vom Herrn Jesus Christus mit aller Freudigkeit ungehindert.* Zwei Jahre lang konnte Paulus, der seine eigene Wohnung behalten durfte, sich aller annehmen, die ihn aufsuchten, ohne daß ihn die Judenschaft oder die Regierung hinderten. Es liegt ein dankbarer, frohlockender Ton in diesem Wort. Lukas schließt in der Überzeugung, er habe uns die Arbeit des Apostels und das durch sie bewirkte Wachstum der Kirche bis zu ihrem Höhepunkt dargelegt. So hoch er das schätzt, was Paulus in Jerusalem vollbracht hat, daß er, ehe über Jerusalem das Gericht kam, dem Volk und den Fürsten nochmals sagte, daß Jesus der Christus ist – die Arbeit in Rom fügte doch noch etwas Größeres hinzu. In Jerusalem fand das Zeugnis des Paulus keinen Glauben; in Rom dagegen verkündigte er ungehindert die herrliche Offenbarung Gottes und die Botschaft Jesu zwei volle Jahre hindurch. Damit hatte die Kirche im Bereich der heidnischen Völker Wurzel geschlagen, und Theophilus wußte jetzt, warum und wie die Gemeinde Jesu zwar in Jerusalem begründet worden war, dann aber unter den Griechen ihr Wachstum zur Größe erhalten hat.

Über das Ende des Paulus unterrichtet Lukas uns nur durch die Worte Jesu, die Paulus in Jerusalem und auf dem Schiff erhalten hat. „So mußt du in Rom zeugen, wie du es in Jerusalem tatest", sagte ihm Jesus in der Nacht, nachdem Paulus sich vor dem jüdischen Rat verteidigt hatte (23,11), und: „Du mußt vor den Kaiser treten", sagte er ihm auf dem Schiff (27,24). Das letzte, was Paulus oblag, war, daß er vor dem kaiserlichen Gericht das Evangelium bezeugte, und die Christenheit wußte, daß er in der Ausführung dieses Auftrags sein Leben ließ. Am leichtesten verständlich wäre dieser Schluß des Buches, wenn er uns zugleich die Zeit angäbe, in der Lukas seine Berichte über Jesus und über die Apostel für Theophilus verfaßte. Aber auch dann, wenn die Annahme, Lukas habe eben damals seinen Bericht geschrieben, nicht das Richtige träfe, dürften wir diesen Schluß des Buches nicht unverständlich heißen. Lukas sah in seiner ganzen Darstellung des Paulus nie nur auf die Persönlichkeit und die Leidensgeschichte des Apostels, sondern immer auf das Werk, das er als Knecht Jesu ausgerichtet hat. Er hat ihn als das Werkzeug vor Augen, durch das Gott seine Gemeinde schuf. Dabei hat Lukas uns hell erkennbar gemacht, mit welch freudiger Tapferkeit Paulus jederzeit bereit war, sein Leben im Dienste Jesu zu lassen. Als das Größte und Herrlichste am Apostel gilt ihm jedoch nicht sein Martyrium, sondern seine Arbeit an den Juden und Heiden, die er zur Bekehrung zu Gott berief. Eben dadurch blieb Lukas mit der Weise des Paulus in Übereinstimmung. „Ihr seid mein Ruhm, mein Brief, das Siegel meines Apostelamts", schrieb dieser (1. Kor. 9,2; 2. Kor. 1,14) und sah dabei auf die Gemeinde, der er den Glauben an Jesus gebracht hatte. Zu der Art, wie Lukas das Buch schließt, mag, falls der Schluß des Buches von der Zeit seiner Abfassung durch einen längeren Zeitraum getrennt sein sollte, auch mitgewirkt haben, daß er die Ereignisse nicht nur mit wenigen Worten beschreiben konnte, während das Berichtete den Umfang seines Buches bereits füllte. Es haben sich wahrscheinlich noch schwere und freudige Erlebnisse in der letzten Lebenszeit des Paulus gehäuft.[1] Wie fruchtbar diese Arbeit des Apostels in Rom war, zeigte sich im Herbst des Jahres 64 an den Hunderten, die damals in den Tod gingen, als der Brand von Rom Nero die Veranlassung zu schrecklicher Verfolgung der Christen gab. Der Apostel war aber schwerlich in der Zahl der damals Getöteten.[2] Nach den zwei Jahren, während deren Paulus darauf zu warten hatte, wie der Kaiser die von Jerusalem gegen ihn erhobene Klage beurteilte, scheint Nero die Freilassung des Paulus verfügt zu haben. Verliefen die Dinge so, so folgte für Paulus nochmals eine Arbeitszeit; aber auch diese schloß, vielleicht bevor die schrecklichen Ereignisse in Rom geschahen, mit seiner Verhaftung, und, nachdem er wieder nach Rom gebracht war, endete dort seine Gefangenschaft mit seiner Hinrichtung.

[1] Ob der Abschluß der Erzählung an dieser Stelle damit zusammenhängt, daß Lukas daran dachte, die späteren Ereignisse, die für den Bestand der Kirche wichtig waren, in einem dritten Buch darzustellen, entzieht sich sicherer Beurteilung. In der Kirche zeigt sich keine Spur von einem Bericht des Lukas über die späteren Vorgänge.

[2] Denen, die die Apostelgeschichte von der römischen Arbeit des Paulus durch einen längeren Zeitraum trennen, sagt sie, daß Lukas nicht zugleich mit Paulus umkam, obgleich er bis zum Ende bei Paulus war (2. Tim. 4,11). Ebensowenig kam Timotheus damals um (vgl. Hebr. 13,23). Fiele das Ende des Apostels in den großen römischen Christenmord, so wären seine Begleiter mit ihm weggerafft worden.

Inhalt

Die Apostelgeschichte